国家社会科学基金项目“日本企业‘走出去’战略中的协同支持体系研究”(项目编号：15BGJ061)研究成果

天津社会科学院出版基金资助项目成果

国家社科基金丛书
GUOJIA SHEKE JIJIN CONGSHU

日本企业“走出去”战略中的协同支持体系研究

Research on the Collaborative Support System in the “Going Out” Strategy of Japanese Enterprises

程永明 著

人民出版社

目　录

绪　论

所谓企业"走出去"战略,是指企业充分利用国际国内"两个市场、两种资源",通过跨国经营配置优势资源,以对外直接投资、对外工程承包、对外劳务合作等形式积极参与国际竞争与合作,拓展生存与发展空间的一种经营活动体系。

企业突破国家边界"走出去"参与国际化经营,是一个国家经济实力发展到一定阶段的表现形式,是实现一个国家经济可持续发展的现代化强国战略,也是企业依靠比较优势进入全球市场获取资源与利益并增强国际竞争力的重要途径。

企业"走出去"战略的实施并非单一而孤立的存在,而是深嵌于所处的社会关系网络之中(包括国际与国内两个子网络)。尤其是进入21世纪以来,随着科技进步、竞争方式向知识经济转变、国际分工日趋细化等经营环境的变化,"走出去"战略的实施仅依靠企业自身已日益难以应对,尤其需要政府及各类相关机构给予多元化的支持、协调与配合。

对外开放作为我国长期的、基本的国策,其内容主要包括如下两个方面:一是引进来,二是走出去。历史经验证明,中国的发展离不开世界。党的十一届三中全会明确提出要"在自力更生基础上,积极发展同世界各国平等互利的经济合作"。1992年,党的十四大报告明确指出要"积极扩大我国企业的对外投资和跨国经营”。党的十五大报告进一步提出要“更好地利用国内国外两个市场、两种资源,积极参与区域经济合作和全球多边贸易体系,鼓励能够发挥我国比较优势的对外投资”。2001 年,“走出去”战略被提升到国家战略层面,并写入了我国《国民经济和社会发展第十个五年计划纲要》。2013 年中国提出“一带一路”倡议后,更是为中国企业“走出去”战略的实施提供了难得的机遇和重要的平台。中国《“十四五”规划》和《2023 年发展愿景》中提出了加快构建以国内大循环为主体,国内国际双循环相互促进的新发展格局,中国企业“走出去”更是成为中国“双循环”战略格局实施的重要和关键的节点之一。

企业“走出去”战略的实施是一项系统性工程,既需要国际管理、国际运营等方面经验的积累,同时也需要国家、地方政府乃至相关社会团体予以支持与协调。尽管改革开放后我国经济取得了迅猛的发展,但无论是与美、德、日等发达国家的企业“走出去”相比较,还是与我国“引进来”战略的实施相比较,我国企业“走出去”战略的实施时间都相对较短,还处在一个逐渐探索“走出去”模式、积累“走出去”经验的过程中。

第二次世界大战后,日本不仅迅速恢复了经济,发展成为世界第二大经济强国,而且日本的许多企业更是在 20 世纪 50、60 年代就走出国门,积极参与国际化经营。经过数十年的发展,日本不仅在企业国际化方面积累了丰富的经验,更涌现出一大批全球知名的跨国公司。与此同时,日本的政府及相关组织也在助推本国企业“走出去”,积极参与国际经营方面建立起一套较为完善的协同支持体系。

“他山之石,可以攻玉”,借鉴日本企业在“走出去”战略中的有益经验,借鉴其在助推企业“走出去”中协同支持体系的构建与运行机制,对于已经“走出去”或者即将“走出去”的中国企业来说,是一个借鉴国际经验、避免“走弯路”、降低“学习成本”、增强国际竞争力的成长过程。

本研究以日本企业“走出去”战略中的协同支持体系作为研究对象。联邦德国理论物理学家哈肯（H. Haken）于20世纪70年代创立了协同学（Synergetics，哈肯自创的英文词），协同学认为，一个系统从无序转化为有序的关键在于组成该系统的各子系统在一定条件下，通过相互作用，产生空间结构、时间结构或功能结构上的有序。

协同（Synergy）一词，是指协调两个或两个以上的不同资源或个体，协调一致地完成某一既定目标的过程或能力。从上述表述可知，协同既是一个过程，也是一种能力。协同过程或协同能力可产生协同效应，协同效应（Synergy Effect）就是在复杂的系统中大量子系统相互作用而产生的整体效应。基于管理系统内部的协调配合、共同围绕目标有序运作，就能产生“1+1>2”的协同正效应。反之，就会出现“1+1<2”的负效应。

协同包括两层含义，与竞争相对立的合作、协作谓之狭义的协同，而既包括合作也包括竞争在内则属于广义的协同。由于竞争的存在，系统内部以及系统与系统之间将会产生较大的差异，呈现非均匀性、不平衡性的特征。

随着经济全球化和科学技术的迅猛发展，越来越多的企业开始认识到，单凭企业自身的力量很难在竞争激烈的市场环境中求得生存和发展。20世纪80年代以来，世界经济呈现出全球化、网络化、知识化、信息化等发展趋势，表现为与以往所不同的新的经济形态。西方国家的企业尤其是跨国企业迫于强大的竞争压力，开始对企业竞争关系进行战略性调整，纷纷从对立竞争走向大规模的合作竞争，也因此使得合资、战略联盟、供应链伙伴关系等组织形式成为诸多企业用以实现资源和战略共享而实施的核心战略，合资、战略联盟、供应链伙伴关系等组织形式就是协同的几种表现形态。据统计，全球500强中有60%的企业采用了战略联盟的形式。而这一数字在日本是69%，而且研究学者发现这一比例还在以一定的速率增长。①

本研究将主要运用关系网络理论来展开研究。关系网络理论，源自于关

① 郭劲光、高静美：《网络、资源与竞争优势：一个企业社会学视角下的观点》，《中国工业经济》2003年第3期。

系营销思想以及新经济社会学的“嵌入性”思想。该理论认为企业经济行为与其他社会行为一样，并非孤立存在，而是深深地嵌入于其所处的社会关系网络之中，亦即企业经济行为的社会嵌入性（Social Embeddedness）。之所以将关系网络理论运用于企业“走出去”战略中的协同支持体系研究，其理由源于企业“走出去”过程中表现的四个特性。

其一，是“走出去”过程中企业资源的依赖性。资源依赖理论认为，企业开展国际化经营必然要获取不同的资源（包括原材料、人力资本、信息源、资金源等），然而这些不同的资源不可能完全都由企业组织自己提供。为了获得上述资源，企业必须与生存的环境进行交易。因此，开展国际化经营的企业必须依赖环境以求资源，必须依赖其他单位所提供的各种资源来维持自身正常的国际化运作，这种企业与不同资源拥有者所形成的资源依赖关系，即构成一种关系网络。一方面，企业通过对既有资源进行整合并应用于企业国际化实践；另一方面，也不断通过其所处的关系网络获取更多的外部资源，通过这种内外部资源的整合与有效配置来更好地促进企业的国际化。

其二，是“走出去”过程中企业价值链的互补性。企业的生产、经营是由多种活动构成的，而这些活动不可能都是在企业内部进行。如一家制造企业不仅涉及价值链上游的原材料供应商、生产设备制造商等，还涉及下游的产品销售商、售后服务等。此外，即便是企业的内部运营也需要人力资源、资金、信息等方面的支持等。价值链中所涉及的所有环节不可能都在企业内部完成，需要与具有其他比较优势的分工合作者以互补的方式实现，那么企业与其所在价值链环节中的优势互补者也构成一种关系网络。不同的网络参与者处于价值链的不同环节，其所具有的优势差异决定了其在网络中的角色定位。

其三，是“走出去”过程中企业同业间的竞合性。在传统的商业运营模式下，同一行业的企业间一般呈现一种激烈的竞争姿态，彼此间相互争夺资源、市场、信息等。但在全球化不断推进、信息网络急速发展的新经济条件下，企业发现同一行业的企业组织间并非只有单纯的对抗性竞争，竞争仅仅是经济主体相互作用的一种表现形式。彼此间进行适当的合作,将使得双方获得更多的利益。过去那种对抗性、排他性的竞争模式,不仅会加大竞争成本,而且难以发挥自身所具有的优势,只有合作下的竞争才有利于企业的生存和发展。[①] “合作竞争”、“竞争性合作”、“竞合模式”正不断得到企业界的肯定,而在竞合模式下表现出的战略联盟、虚拟企业等企业间关系均是关系网络的组成部分。企业之间的竞争与合作关系会产生一种系统效应(Systematic Effects),帮助企业国际化且获取国际化的成长能力。

其四,是“走出去”过程中企业经济的社会性。作为社会的基本经济组织,企业的一切活动(包括国际化在内)都可视为社会活动,此即企业的社会性。企业的社会性决定了企业国际化经营必然受到广义层次上的利益相关者的影响。例如企业的国际化经营活动离不开母国政府的政策支持,也需要东道国政府优惠的外资政策,既需要市场及消费群体对其产品或服务的认可,也需要舆论媒体的支持,甚至需要行业团体、国际组织等的协调。可见,进行国际化经营的企业置身于一个广泛而复杂的关系网络之中。

企业“走出去”战略中构建的关系网络具有如下四个方面的特点。

其一,企业关系网络是一种新兴的组织安排。企业关系网络是一种社会意义上的企业间关系的建构,它是一种通过契约或协议将各个节点相联结的组织安排,是企业适应知识社会、网络经济与组织创新等新形式、新要求的新型网络组织。组织间的关系体现为合作协调关系,网络中的各方抛弃了短期的机会主义行为,以获取共同利益为基础,着眼于未来收益的开放性合约,通过资源共享和对长期利益的追求,以实现共同的、可持续发展。

其二,企业“走出去”战略行为的效用取决于关系网络中其他节点的反应。该关系网络中的每一个行动体可称之为网络的“节点”(Node),每一节点根据其具有的优势、发挥功用的不同决定了其在关系网络中扮演角色的不同

① 巨荣良:《竞争合作范式与网络化企业组织研究》,中国社会科学出版社2009年版,第3页。

以及节点间联结方式的不同。如企业与供应商之间主要是围绕产品、服务或零部件等形成的供需关系、企业与银行之间主要是围绕资金而形成的借贷关系等。企业不仅与单一节点连接形成特定关系,也可同时与诸多节点连接形成一个更大的网络联结关系,如企业间的合资关系、长期契约关系以及战略联盟关系等。

其三,企业"走出去"所具有的竞争优势与其嵌入的关系网络是相关联的。① 企业的竞争优势不仅与企业自身的实力有关,而且与其嵌入的关系网络密切相关。关系网络的形成使得各个节点专注于价值链中具有比较优势的活动,每一节点都可通过网络整合,产生一种正向的网络效应,取得相应的网络竞争优势。企业通过关系网络所取得的竞争优势要远远大于企业自身单独活动所具有的竞争优势,企业在关系网络中的"网络优势"和"网络位势"决定了企业"走出去"进程的快慢与绩效的大小。

其四,企业嵌入关系网络具有四个结构维度。主要包括网络的强度(Strength)、网络的密度(Cohesion)、网络的尺度(Volume)、网络的周期(Longevity)四个方面。② 网络的强度反映了网络内主体间联系的力度,如合作力度、亲密程度等,网络密度是指信息流的大小、行动者之间接触的频度等;网络的尺度指网络内主体拥有的关系数量;而网络的周期是指网络关系从开始到消亡的时间跨度。

总之,企业面临的国际国内环境、所处的市场及其产业本身都是以网络的形式存在的,而企业"走出去"的过程是企业与供应商、银行、客户、竞争者、合作方、东道国政府、母国政府等企业内外部的利益关系者互动的过程,是企业不断构建关系网络的过程,也是企业在网络中进行关系建构、关系延伸、关系

① 郭劲光、高静美:《网络、资源与竞争优势:一个企业社会学视角下的观点》,《中国工业经济》2003 年第 3 期。

② 郑准:《基于关系网络的企业国际化理论与实证研究》,经济科学出版社 2010 年版,第 71 页。

渗透以及关系整合的过程。企业关系网络具有空间上的可渗透性和形式上的灵活性、虚拟性，企业与关系网络内的其他节点形成一种“竞合”关系，彼此间通过持续的互动，以取得自身所需的互补性资源，同时获取相应利益、实现共同发展。

企业是否向海外发展以及在海外如何发展，企业的实力、能力以及发展战略固然重要，但还需考量企业所处的关系网络。企业所处关系网络中的每一节点所扮演的不同角色以及节点间联结方式的不同，都将对企业的海外发展产生影响。总体来看，日本企业“走出去”过程中可能受到的影响因素主要有三个方面：宏观环境因素、母国因素以及东道国因素（详见图 0-1）。

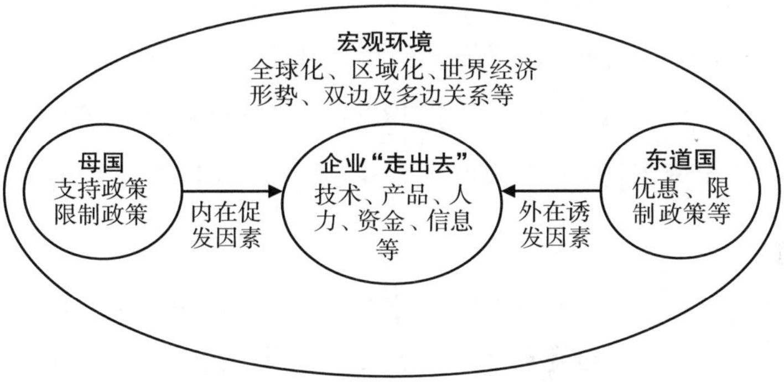

图 0-1　日本企业“走出去”的影响因素

宏观环境因素主要涉及全球化的时代背景、区域化的进程、世界经济形势的变化以及多边、双边关系的影响等，这些因素将从整体上对日本企业是否向海外发展以及如何在海外开展经营活动产生影响。例如日本的任何一次投资高潮都几乎与日元升值有联系，[①]而日元的升值则是客观环境影响下的一种体现形式。

根据国际直接投资理论，企业进行海外直接投资主要因为企业拥有所有

① 陈建安等：《产业结构调整与政府的经济政策——战后日本产业结构调整的政策研究》，上海财经大学出版社 2002 年版，第 61 页。

权、内部化、区位等优势所致,而其中所有权优势和内部化优势来自于进行直接投资的企业本身,而区位优势取决于投资国和东道国双方。①

东道国(即日本企业“走出去”的目的国)因素,属于外在诱发因素,如东道国与日本的双边关系、东道国的市场准入程度、治理基础、制度环境、优惠政策、自然资源、基础设施环境、人力资源成本、劳动力数量、市场规模、合作方以及地理距离等,都将对日本企业“走出去”过程中的区位选择、进入方式、投资模式等产生影响。美国学者罗伯特·吉尔平在谈到美国的跨国公司与美国政府的关系时谈到,“跨国公司的确反映了美国的经济扩张主义,因而它不可能脱离美国外交政策的大目标;美国与西欧之间在防务上的联系,为美国跨国公司的海外扩张大开方便之门;美国统治下的和平为这些经济活动以及其他跨国活动提供了一种政治框架。”②东道国的政策既可能鼓励直接投资,也可能限制直接投资。例如,某国严格的进口替代政策往往会诱致国外投资者前往该国从事生产性投资;而东道国的投资优惠政策则能增强跨国企业的区位优势。③

而母国(即日本)因素属于内在促发因素,主要包括两个方面:其一,是母国的限制政策。如母国对高耗能产业施以一定限制政策,将令相关产业和企业被迫转移至海外。如根据 1971 年日本通产省发表的指导方针,电器、汽车和机床工具等研究和开发密集型、装配型、高附加价值行业被定为朝阳产业,而传统的重工、化学工业被定为夕阳产业,最终使得一些资源密集、污染大的产业无法在国内立足而不得不转至海外生产。④ 其二,是有利于企业向海外

① 金仁淑:《投资大国的兴衰——日本对外直接投资模式及效用研究》,吉林人民出版社 2002 年版,第 147 页。

② [美]罗伯特·吉尔平:《国际关系政治经济学》,杨宇光等译,上海人民出版社 2011 年版,“英文版前言”第Ⅵ页。

③ 金仁淑:《投资大国的兴衰——日本对外直接投资模式及效用研究》,吉林人民出版社 2002 年版,第 248 页。

④ 金仁淑:《投资大国的兴衰——日本对外直接投资模式及效用研究》,吉林人民出版社 2002 年版,第 91 页。

发展的支持和鼓励政策。如日本政府往往通过税收、金融等政策工具作为撬动杠杆为企业"走出去"提供便利等。宏观环境因素、东道国因素(外在机制、外在诱发因素)以及母国因素(内在机制、内在促发因素)三者对企业的"走出去"战略发挥着复合式影响作用。但在不同时期、不同东道国,具有不同机制的催化作用结合。

宏观环境因素与东道国因素是各国企业"走出去"时所共同面对的,但母国政府是否采取以及如何采取支持和鼓励的方式却存在明显差异。由于国内市场空间狭小且竞争激烈,日本企业从20世纪60年代起就陆续向海外发展,尤其是进入80年代后其海外发展的势头更是迅猛加速。而在此过程中,日本政府及相关机构构建的协同支持体系无疑有力地支持了企业的海外发展。

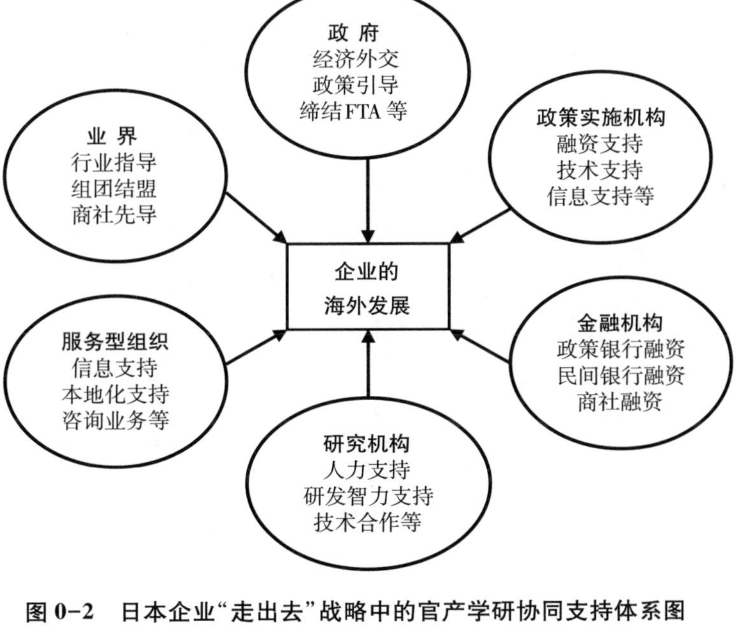

图 0-2　日本企业"走出去"战略中的官产学研协同支持体系图

本研究的基本思路与框架由如下四个部分内容构成。第一部分是本研究的序章,对本研究的选题由来、主要理论以及基本思路等予以说明阐述。第二部分是本研究的第一章,对日本企业"走出去"的发展过程进行阶段性梳理,并把握各个发展阶段的主要特征。第三部分是本研究的主要内容(详见图0-2),将从政府实施的导向型制度安排、官民间协同机制的构建、施策机构的协同支持、金融机构搭建的多元化融资平台、业界多渠道的协同合作、综合商社的协调与统筹功能、服务型组织构建的全方位服务网络以及高校和研究机构的智力支持等,分层次、分领域、分主体地对日本企业“走出去”战略中构建的协同支持体系进行详细的研究与剖析。第四部分是本研究的终章,将在前述对日本“走出去”战略中的协同支持体系进行研究和分析的基础上,结合我国企业“走出去”的现状及存在的问题,总结出值得我国学习和借鉴的有益经验,并提出具体的参考建议。以期更好地构建我国企业“走出去”的官民协同支持体系,共同助推中国企业在全球范围内“走得更远”“走得更久”“走得更好”。

第一章　日本企业“走出去”的发展历程

日本企业“走出去”战略的过程经历了如下六个阶段:第一个阶段是从20世纪50年代初到60年代后半期,属于恢复与缓慢发展阶段;第二个阶段是从20世纪60年代后半期到70年代中期,属于高速增长阶段;第三个阶段是从20世纪70年代中期到80年代中期,属于回避贸易摩擦型投资阶段;第四个阶段是20世纪80年代中期到90年代初期,属于急速扩张阶段,第五个阶段是从20世纪90年代初到21世纪初期,属于调整阶段;第六个阶段是从21世纪初至今,属于优化阶段(详见表1-1)。

表1-1　日本企业“走出去”战略的发展阶段

时期	阶段	基本特征
20世纪50年代初—60年代后半期	恢复与缓慢发展阶段	◇投资规模小 ◇投资类型主要是以资源开发型、商业服务型投资为主 ◇在地区分布上,自然资源主要集中在亚太地区的发展中国家;商业服务业的投资约80%集中在美欧发达国家
20世纪60年代后半期—70年代中期	高速增长阶段	◇对外直接投资带动产业转移及产业结构升级,重心从出口转向现地生产 ◇对发达国家的贸易顺差增大,为避开贸易壁垒,对发达国家的投资迅速增长 ◇制造业投资比重较低,资源开发型投资和商业金融投资占比较大

续表

时期	阶段	基本特征
20 世纪 70 年代中期—80 年代中期	回避贸易摩擦型投资阶段	◇与欧美等发达国家的贸易摩擦日趋激烈 ◇"贸易立国"向"投资立国"、"技术立国"转变 ◇投资领域从制造业逐渐向商业、不动产等领域扩展 ◇投资地区逐渐从经济落后地区向发达地区转移
20 世纪 80 年代中期—90 年代初期	急速扩张阶段	◇投资地区主要面向欧美国家 ◇金融、保险、不动产业的直接投资活跃 ◇向亚洲各国尤其是东亚的投资增加 ◇亚洲"四小龙"→高附加值的技术密集型和资本密集型投资;东南亚各国→制造业投资;中国→以劳动密集型投资为主
20 世纪 90 年代初期—21 世纪初期	调整阶段	◇投资目标:资源获取型、贸易促进型→全球市场型 ◇投资地区:转向经济蓬勃发展的东亚地区 ◇投资形式:发达国家:独资建厂→并购方式;发展中国家:合资→独资、合资、合作等形式共存 ◇投资结构:进一步优化,以化学化工、电子、金融保险、商业贸易和交通服务等高附加值行业为主,初级产品和轻纺等劳动密集型产业的对外投资比重很小。
21 世纪初期至今	优化阶段	◇海外企业并购案猛增 ◇生产基地向海外转移加速 ◇中小企业的海外发展明显加速 ◇内需型产业(如农产品、水务、医疗、食品、旅游、时装、日用品等)成为海外投资重点行业,向海外推广日本模式 ◇非制造业对外直接投资超过制造业,保险、银行、证券等行业加速海外业务的拓展 ◇基础设施相关企业的海外业务拓展明显加速

第一节　恢复与缓慢发展阶段

第二次世界大战结束时,日本作为战败国已丧失了全部对外投资。伴随着战后经济的复兴,从 20 世纪 50 年代初开始,日本企业重新开始"走出去"。

其一,是产品的"走出去"。对于战后初期的日本来说,企业"走出去"主要是产品的"走出去",即利用从海外进口的大量资源,在日本国内加工成产品,然后再出口到欧美国家,即所谓的"加工贸易"。① 扩大出口是这一时期日本对外经济关系的主要特点和目标。

其二,是出现了向海外的小规模投资。从 20 世纪 50 年代初开始,首先是松下、索尼、三菱等公司在美国以及泰国、中国台湾、巴西、印度等地设立分公司。从 1957 年开始,丰田也陆续在美国、巴西、泰国、秘鲁和澳大利亚等国家和地区设立子公司。这一时期日本企业对外投资的主要特点是以直接投资且以合资形式为主,平均每项投资额只有 100 万美元左右,采取从日本进口零部件而在当地进行最后的程序——组装的形式。由于当时日本的产业结构以重化工业为中心,因此具有进口原材料加出口产品的所谓加工贸易特征,②涉及行业主要有汽车组装和纤维、电子产品等劳动密集型产业。汽车组装行业以丰田汽车公司为代表,纤维行业以东丽公司为代表,电子行业以松下电器公司为代表。由于该时期的日本对外直接投资受日本政府对跨国公司资本交易严格限制的影响,导致日本企业对外直接投资的数量极少。据统计,在 1951—1962 年期间,日本企业对外直接投资年平均额为 439 万美元(年平均件数为 61. 8 件)③。

其三,是投资领域较为狭窄,多以资源开发型、商业服务型投资为主。1962 年以前的日本企业"走出去",一方面在于获取战后日本经济恢复所需的各类资源,尤其是对东南亚的投资中,向矿物资源较丰富的国家进行的资源开发型直接投资比率较高。比如 20 世纪 60 年代初,日本对印尼进行石油开采,对印度、马来西亚投资开采铁矿石,对菲律宾铜矿等的直接投资等等。这种资源开发型的投资,其目的主要是为了使企业长期占有天然资源且解决日本经

---

① 伊藤元重:《国际经济学导论》(修订第三版),张季风、叶琳译,社会科学文献出版社 2011 年版,第 1 页。

② 松野弘、小阪隆秀:『現代企業の構図と戦略:転換期の産業社会と企業活動の革新』、中央経済社 1999 年、第 177 頁。

③ [日]小岛清:《日本的海外直接投资》,文真堂 1985 年版,第 88—89 页。

济高速增长的瓶颈——原材料不足问题。在投资方式上，投资出资率较低，投资形式较多地采取贷款方式，而偿还贷款也主要是向日本提供天然资源。因此，也称之为融资买矿。①

另一方面，为了增加商品出口，开拓海外市场，日本在许多国家展开商业服务业领域的投资，以图建立产品的全球销售体系，因此该时期的商业服务业比重较高。这一时期，日本企业“走出去”的商业服务业大大增加，其比重达40.21%，资源开发为31.3%，制造业为26.48%。②

其四，是从企业“走出去”的地区来看，主要是东南亚地区、拉丁美洲地区及中东地区。20世纪60年代初日本企业的产品出口主要面向东南亚、拉丁美洲等比日本技术落后、劳动力低廉的发展中国家。该时期日本把地理上相近，运输及通信费用、工资水平也较低的东北亚和东南亚作为对外直接投资处女地，部分民间企业“走出去”多以东南亚的劳动密集型产业的投资为中心。另外就是中东地区，主要是因为中东地区石油资源丰富，对于日本经济发展具有重要意义。日本发展经济所需各种自然资源主要集中在发展中国家，因而对亚太地区的发展中国家投资较多。同时，商业服务业的投资约80%集中在美欧发达国家。

日本作为后起的资本主义国家，充分享受和利用“后进国优势”，创造了举世瞩目的经济奇迹，既实现了经济的高速增长，在20世纪60年代后半期一跃成为世界第二经济大国，同时开始了真正意义上的企业“走出去”战略。

第二节　高速增长阶段

日本企业真正开始实施企业“走出去”战略是在20世纪60年代后半期。

---

① 金仁淑：《投资大国的兴衰——日本对外直接投资模式及效用研究》，吉林人民出版社2002年版，第68页。

② 张汉英：《日本对外直接投资的发展历程及90年代的特点》，《现代日本经济》2000年第5期。

实施企业“走出去”战略对于日本国内产业结构的升级换代具有如下益处:其一,是将国内的部分夕阳产业转移至国外,从而对国内夕阳产业的过剩部分进行“消肿”,进而降低夕阳产业在国民经济中的比重,提高新兴产业的相应比重,这本身就是产业结构高级化的过程。其二,是日本对将夕阳产业向国外转移的部分提供一定的资金补偿,从而使得这些企业有余力向新兴产业实行转产,促进产业的结构升级。其三,是国内夕阳产业存留下来的企业减轻了设备废弃的负担,“轻装上阵”,增强了参与国际市场竞争的能力。其四,是实行对外直接投资,将工厂设在海外,而将核心技术和研发等部门仍留在日本国内,在收益不减少的情况下减少了日本国内的环境污染。

从20世纪60年代后半期开始,东南亚及拉丁美洲等地区为了发展本国产业,解决外汇不足问题,逐渐开始实行进口替代政策。进口关税提高后,日本产品的出口受到大幅度限制,日本企业为了维护既有产品的出口市场,决定将最后一道生产工序转移至海外,建立组装(KD)工厂。许多日本生产商把部分产品(如纺织品、手表、电视机、照相机和计算机等)的生产转移到马来西亚、印度尼西亚、泰国、新加坡和菲律宾等国,其目的就是为了对在一些主要的海外市场遭遇的日本进口货受到的限制作出的反应。①

1969年日本海外直接投资额为6.65亿美元。1971年尼克松水门事件后,日元迅速升值,同年日本政府取消了对海外投资额的限制,日本对外直接投资额迅猛上升,1973年达到35亿美元,成为历史上的一个高峰。

直接投资的地区主要是东南亚、拉美等较日本技术落后且劳动力低廉的发展中国家和地区。此外,由于石油危机的出现,以确保资源(如石油、铁矿石等)稳定供应的投资也在持续增长。可以说,获取资源与廉价劳动力是这一时期日本企业“走出去”的主要动机。

日本对东亚的直接投资,始于资源开发型投资,这与当时日本经济的高速

---

① [美]默里·L. 韦登鲍姆:《全球市场中的企业与政府(第6版)》,张兆安译,上海人民出版社2006年版,第225页。

增长以及资源严重缺乏的情况是相吻合的，是日本经济实现现代化中的必要手段。而东亚各国和地区，刚刚从殖民地统治或落后的经济体制中摆脱出来，经济、产业结构均处于较低的水平，虽然拥有丰富的自然资源，但无法开采。于是东亚国家采取了利用日本的技术和资金，开采资源，实现进口替代型工业化的发展战略。①

第三节　回避贸易摩擦型投资阶段

随着日本经济实力的增长，以及在世界经济中地位的上升，靠“贸易立国导向型”实现的现代化战略日益受到欧美等发达国家的抵制。激烈的贸易摩擦及日趋升级的经济矛盾迫使日本改变“贸易立国”战略，继而提出了“投资立国”“技术立国”的新战略。日本通产省 1987 年的《通商白皮书》将 20 世纪 70 年代后期到 80 年代前期的投资称之为回避贸易摩擦型投资，把 80 年代后半期的对外投资称之为回避贸易摩擦型投资和面向亚洲的降低成本型投资。② 这一方面源于贸易对象国的保护政策和贸易壁垒（主要表现为日美贸易摩擦的加剧），另一方面则源于日本的自主出口限制政策，两方面因素迫使日本企业将部分生产转移至海外，以降低生产成本。③

20 世纪 80 年代日本企业的“走出去”战略，在东亚地区主要表现为出口导向型经济。这一时期东亚吸引日资已不再仅仅为了单纯利用日资来开采资源，更重要的是利用日本先进的技术来发展以制造业为主的工业化，实现“出

---

① 金仁淑：《投资大国的兴衰——日本对外直接投资模式及效用研究》，吉林人民出版社 2002 年版，第 124 页。

② 陈建安等：《产业结构调整与政府的经济政策——战后日本产业结构调整的政策研究》，上海财经大学出版社 2002 年版，第 60—61 页。

③ 窪川耕治、深井淳：『日本企業のアジア・極東経済圏に対するグローバル戦略：戦略的相互依存関係の確立に向けて』、http://www-cres.senda.hiroshima-u.ac.jp/publications/bulletin/kiyo/vol11/11-09.pdf。

口导向型”的工业现代化。

从对外投资视角而言，日本在该时期对外直接投资的领域从以制造业为核心逐步开始向商业、不动产业等多种领域扩展，其投资目的也从利用资源型向占领市场，构建以日本为核心的新的国际水平分工体系转变。

尽管受第一次石油危机的影响，日本的对外直接投资有所下降，但在五年后再次攀升，1978 年达到 46 亿美元。除受外部投资环境和政策影响之外，日本企业国际竞争力和国际经营能力的提升也是其贸易额和海外投资额增加的重要原因。

从对外直接投资的地区来看，该时期日本企业海外投资的方向发生了质变，其直接投资的地区从经济落后地区逐步转向发达地区，开始在美国、欧洲等发达国家和地区建厂生产电器、机械等产品。其投资方式也从原有的合资形式逐渐更多地采取独资的投资形式。投资目的也由以获取市场和利用当地廉价劳动力的市场导向型投资逐渐向以资本和知识密集型产业投资转变，其目的在于获取当地的市场准入。尤其是将对外直接投资重点转向了以回避贸易摩擦为目的的欧美地区。其原因：一是日美间贸易摩擦加剧。二是日本政府对本国出口采取限制，例如 1977 年日本对美彩电出口实行“自主”限制即属此类。有些时候，限制主义的原动力来自于政府本身，并通常是作为对外政策的一个附属部分，这些抑制经常瞄准的目标是限制出口，而不是限制进口。① 三是日本国内工资与欧美等国的差距在缩小；四是 20 世纪 70 年代日本的生产管理方式已在世界舞台上初露端倪，部分企业具备了整合世界经营资源的能力。但在发达国家投资经验不足，因此投资额度较小，基本以组装工厂为主。日本汽车制造商也在其他国家生产相当数量规模的汽车，尤其是在美国。这种方式不仅使得日本公司能够直接进入当地的市场，而且在当地生产还能把受到当地政府不利政策的影响降低到最小程度。更为重要的是，当

① ［美］默里·L. 韦登鲍姆：《全球市场中的企业与政府：第 6 版》，张兆安译，上海人民出版社 2006 年版，第 234 页。

地政府还允许日本企业的产品出口到其他国家的市场，而这些国家原本对日本本土生产的产品是设置有障碍的。例如，日本本田公司通过在美国俄亥俄州的生产厂把汽车销售到了中国台湾、韩国和以色列，而这三个地区或国家传统上是禁止从日本直接进口汽车的（本田公司注意到，在美国生产的低成本足以保证其在日本本土市场的一些出口）。①

另外，日本企业也开始在中国台湾、中国香港以及新加坡、韩国等亚洲新兴工业国家和地区（NICS 地区）投资建厂，其产品反向出口欧美国家或日本国内市场，投资行业多为劳动密集型。在上述国家或地区投资的原因，一是亚洲 NICS 地区实行出口导向型工业化政策；二是日本经济的高速发展使得国内工资大幅提高；三是通过第三国的反向出口可以减少与先进国家的贸易摩擦。日本向亚洲新兴工业国家和地区（NICS 地区）的直接投资，涉及的产业主要有制造业中的汽车、电机、矿业、化学等。

可见，20 世纪 80 年代之前，日本对亚洲和拉美地区发展中国家或经济体的直接投资以劳动密集型产业投资为主，旨在实施本国的边际产业转移，之后演变成以获取市场和利用当地廉价劳动力为主要目的的市场导向型投资。80 年代，日本对北美和欧洲进行的资本和知识密集型产业投资，则以获取当地市场准入为主要目的。

第四节　急速扩张阶段

这一时期是日本企业“走出去”急速发展的时期。1985 年广场协议后日元大幅升值加剧了日本对外出口的困境，而进入 20 世纪 90 年代后与欧美国家间贸易摩擦涉及的领域也在不断扩大，双重因素迫使日本企业不得不采取更为积极的全球发展战略。

---

① ［美］默里·L. 韦登鲍姆：《全球市场中的企业与政府：第 6 版》，张兆安译，上海人民出版社 2006 年版，第 238 页。

20 世纪 70 年代，日本年平均海外直接投资额大致在 20 亿—40 亿美元左右；80 年代后，日本许多领域的国内市场趋于饱和，企业纷纷在世界范围内多层面、全方位地寻找有利的投资机会，其海外直接投资速度成倍增长。1981 年达到 89 亿美元；1984 年突破 101 亿美元；1989 年创历史最高水平，达到 675 亿美元。从制造业看，70 年代平均每年投资约 11 亿美元，80 年代约 22 亿美元，正好是其 2 倍。特别是 1985—1989 年为日本企业海外投资快速发展阶段，日本在该时期的对外投资规模超过美国，成为世界最大的投资国和债权国。

以 1986 年为拐点，日本企业“走出去”战略由以往的以出口为中心转变为以海外生产为主。① 该时期日本企业海外生产激增的原因，一是贸易摩擦进一步激化。从国际收支看，贸易顺差 1986 年增加到 827 亿美元，是 10 年前的 34 倍（1976 年为 24 亿美元），达到历史顶峰。随着日本企业在高附加值生产方面国际竞争力的增强，贸易摩擦涉及的领域也随之不断扩大。1981 年日本政府开始对美出口汽车实行“自主”限制，欧洲对日本汽车、录放机等产品实行进口限制，日美间还缔结了半导体协定。二是 1985 年以后日元的急剧升值。1985 年在美国纽约 Plaza 饭店举行的五国财政部长会议，达成了著名的 Plaza 协议（也称广场协议），日元与美元的兑换比率上升到 140 日元（比升值前增加 40%）。日元的大幅升值使得日本产品尤其是低附加值产品失去了与亚洲其他各国进行价格竞争的优势，加剧了日本对外出口的困境。迫使日本企业采取全球投资战略，开始大规模将生产转移至亚洲各国，并将其作为向欧美出口产品的生产基地。另一方面，尽管日元升值使得产品出口欧美变得更加困难，但有利之处在于大幅降低了在欧美本地的生产成本，加速了日本企业在欧美的现地化生产，尤其是与对象国贸易摩擦大的汽车、半导体等行业。

这一时期也是日本企业国际化经营战略全面展开的时期。日本改变产品

---

① 吉原英樹：『国際経営』、有斐閣 1996 年、第 111—113 頁。

主要在日本生产、再出口的战略，以建立全球化生产基地为目标，在企业内部进行国际化分工，20 世纪 80 年代，日本企业在东南亚全境确立了跨越国界的分工结构。①

这一时期日本企业“走出去”的特点，一是投资规模大型化。随着日本企业积累了在先进国家投资生产的经验，逐渐开始在先进国家投资大型工厂。贸易摩擦大的领域多为投资大的行业，例如本田、日产、丰田率先在美国建立了一体化生产的汽车工厂，日产同时还向意大利进军。半导体的前期生产工程开始在美国、英国进行。促使日本到欧洲投资的重要原因之一是担心欧盟缔结会造成今后的出口困难。

二是投资行业领域、内容也在发生变化：(1)投资领域基本覆盖所有产业，特别是半导体、新材料、新型化学制品等高科技领域以及金融、房地产等服务业投资增加显著。广场协议之后，日本本国的房地产泡沫不断“吹大”，同时日元大幅升值也反衬出海外不动产的价格优势，日元升值使得在海外购入资产变得相对便宜，使得海外购入不动资产和并购企业之风盛行，不少日本人将收购的目光瞄准在了房地产业。此外投资在金融、保险、不动产等非制造业的比重也明显增大。② 1982 年以后，日本的银行纷纷在海外设立当地法人和事务所，交易对象不再限于在当地投资的日资企业，逐渐扩大到非日资企业、当地政府、自治体；业务范围也从银行业务扩展到证券业务、租赁业务。此外，还新设立了许多非银行金融机构。(2)不仅在海外投资建厂，还设立研究所，积极开展技术交流，推进适合于当地市场需要的研究开发。(3)企业通过把海外多个生产据点有机结合起来，按照生产流程对企业内部进行合理化的国际分工。例如，在墨西哥进行劳动集约型生产，在美国进行半成品组装等。

三是海外投资的出资形式多样化。20 世纪 70 年代以前，日本企业海外

---

① 伊藤元重：《国际经济学导论》(修订第三版)，张季风、叶琳译，社会科学文献出版社 2011 年版，第 2 页。

② [日]石井昌司：《日本企业的海外战略》，林青华译，花城出版社 1998 年版，第 3 页。

投资以发展中国家合资、发达国家100%独资的形式为主，进入80年代后出资形式多元化，与当地企业成立新的合资公司的企业增加。例如，丰田公司与美国GM成立新的合资工厂等。

可以说，这一时期的日本企业“走出去”战略处于摩擦回避型与成本优势型投资的重叠期。

第五节　调整阶段

首先，随着泡沫经济的崩溃，日本也随之进入了所谓的“平成萧条期”，日本在海外的不动产业、金融业等领域的投资急剧缩水。在1989—1992年世界性经济衰退期间，国际直接投资流量明显下降，这个时期日本的海外直接投资实际金额也从680亿美元降至340亿美元。其次，随着日本经济发展进入成熟期，对工厂、机器等实际经济层面的固定设备投资相应减少。最后，日本人口减少和老龄化现象日趋明显，内需市场日益缩小。受上述三方面因素影响，为生存而计的多数日本企业采取迁移工厂和海外并购等方式加速进军海外市场，以市场立地型投资与企业功能国际分工型投资为目的的企业逐渐增加。

从1993年开始，日本对外直接投资逐渐有所复苏。1993年，日本海外直接投资流量已稍有回升，达到360亿美元。根据日本进出口银行国际投资和发展研究所1994年9月对237家制造业跨国公司的调查，计划增加海外投资的日本企业数已接近81%，而这一比例在1992年时仅有51%。到了1996年，日本企业的境外投资、在境外法人的当地产值规模甚至超过了日本的出口总额。

从这一时期日本企业“走出去”的地区来看，日本对亚洲的投资大幅度增加，而对欧美的直接投资呈下降趋势。1994年日本对亚洲的投资超过了欧洲地区，成为仅次于美国的第二大海外直接投资市场，尤其是中国在日本企业“走出去”战略中的地位迅速上升。

日本加大对亚洲的直接投资，主要是基于以下三方面的原因。其一是随着世界经济重心的逐步东移,亚洲正成为新一轮经济发展的热点,亚洲经济蓬勃发展,市场容量增大,使得日本与亚洲各国间的市场贸易往来日益密切。其二是由于亚洲地区多数为发展中国家,日本在亚洲地区的投资效益明显高于欧美地区。其三是由于日元升值,日本对亚洲投资可以利用低工资成本,把亚洲地区作为向世界市场供应产品的生产基地。

20 世纪 90 年代以来,日资在东亚地区对机电、化工等为主的技术、资本密集型投资不断增加,较大幅度地提高了东亚的投资创业结构水平,同时也导致东亚许多国家在对外资的依赖中产生了创业结构的类同化,进而成为导致东亚金融危机的催化剂。

从日本企业的投资行业来看,主要以机械、电机、运输机械等为主。通过迁移工厂的方式进军海外市场的代表性企业是日本最大汽车厂家丰田,当时其产量的一半左右依赖于海外工厂。又如 1996 年 6 月,日本松下电器产业和松下电子工业,投资 300 亿日元在中国和马来西亚新设三条制造显像管的流水线,年产量达 870 万只。

另外,值得一提的是,在此期间,企业并购在日本企业“走出去”战略中占据重要地位。1997—1999 年间,主要由企业并购驱动的日本对欧盟直接投资呈两位数增长。同样,在企业并购驱动下,1999 年日本对美国的直接投资也增长 116%。

进入 21 世纪后,随着日本经济的持续低迷,日本企业的海外发展事业时有起伏,处于一种不稳定状态。具体而言,日本的海外事业发展从 2000 年开始呈现下降态势,这种状况一直持续到 2005 年才有所好转,究其原因在于东亚各国特别是中国经济的快速发展为其提供了良机。

第六节　优化阶段

进入 21 世纪以后,日本企业逐步加快了海外事业的发展步伐,尤其是

2008 年美国次贷危机的爆发,无疑为日本企业提供了海外扩张的良好机遇。

21 世纪的前十年左右,日本企业的海外事业发展更是掀起了一个新的高潮,同时也出现了一些新的动向。究其原因,既有日本传统的约束性因素,也有国内经营环境恶化的因素,同时也有近年来出现的一些新变化,多重因素叠加共同促成了此次日本企业大批向海外发展的浪潮。

(一)新一轮日本企业“走出去”浪潮兴起的原因

对于进入 21 世纪后日本企业“走出去”的发展状况,日本国际协力银行(JBIC)在 2011 年 12 月发表了“我国制造业企业海外事业展开的调查报告——2011 年度海外直接投资问卷调查结果”的报告①。该问卷调查有效回答企业数为 11006 家,其中对日本企业加速向海外发展的原因也进行了调查分析,现结合该调查结果分析如下。

一是日本传统的约束性因素。随着日本经济的不断发展,日本的劳动力成本在不断增加。尤其是广场协议之后的 1986 年,日本的周工资水平首次超过了美国,此后日本的劳动力成本一直居高不下。2000 年日本的劳动力成本比美国高出 37.7%。国际协力银行的问卷调查也显示,有 39.5%的企业(4351 家)认为日本国内的成本高,有 12.9%(1420 家)的企业认为国内在原材料等的调配方面费用高,有些企业还指出日本国内在社会保障和企业用地方面费用高等因素。可见,高成本是日本企业加速发展海外事业的基础性原因之一。此外,日本有着较高的企业税,2011 年《福布斯》列出了全球企业所得税税率高低排名,日本成为全球企业所得税最高的国家。日本的法定企业所得税为 40%,本土公司实际税率为 37%,大型跨国公司实际税率为 38%,均为全球最高。可见高税率也是日本企业离开本土寻求向海外发展的原因之

① 日本国際協力銀行:『特集　アンケートから読み解く海外事業展開動向— 2011 年度「わが製造業企業の海外事業展開に関する調査報告」、『JBIC TODAY JANUARY』2012 年 11 号、4—8 頁。http://www.jbic.go.jp/ja/report/jbic-today/2011/201201/jtd_201201.pdf。

一。问卷调查显示，约有28.3%(3111家)的企业认为日本税制(法人税及优惠税)是阻碍日本企业在国内发展的因素。

二是国内经营环境恶化。首先，进入21世纪以来，日本汽车、电子等行业的国内竞争日益加剧，仅靠国内经营已难以为继；其次，日本经济持续低迷，经济增长前景堪忧，民众消费能力增长乏力，国内市场容量有限、需求不断萎缩；最后，日本正面临着老龄化程度高、新生儿出生率低的困境，适龄劳动人口的减少对国内企业的雇佣也产生了一定影响。国际协力银行的调查资料也显示，企业认为因人口减少而加速“走出去”的占到了23.4%(2574家)，而回答国内优秀人才少的也占到了2.7%(293家)。上述日本国内经营环境的恶化也对日本企业经营产业了一定的影响。另有数据显示日本企业的设备投资萎靡不振，导致日本的GDP连续下滑。而获得空前利润的日本企业在设备投资方面“按兵不动”，主要原因就在于相比需求难以增长的日本国内，海外投资更容易实现企业的利润增加。正如日本经济同友会干事小林喜光所说的那样，企业将利润大部分投资到了海外①，大部分企业都将海外业务视为企业增长的主要引擎。

三是近年来的一些冲击性因素。首先，是东日本大地震及海啸的影响和冲击。2011年3月的东日本大地震以及随后引发的海啸，不仅对位于日本东北部的企业造成严重影响，订单数量大幅下降，甚至导致日本国内乃至全球部分生产供应链断裂，而随之发生的福岛核电站核泄漏危机又对日本的出口业造成巨大冲击。据帝国数据库2012年10月29日发布的调查数据显示，截至东日本大地震过去1年7个月的2012年10月26日，受地震影响而破产的日本企业数已达1000家，被牵连失业的员工则达2.4万人。从行业来看，制造业所波及的破产企业最多，共215家，其次为批发业的206家和服务业的205家。② 东日本大

① 日经中文网：《日企在设备投资上“按兵不动”有原因》，2015年11月25日。

② 帝国データバンク：『特別企画：「東日本大震災関連倒産」1000件の内訳と今後の見通し』、http://www.tdb.co.jp/report/watching/press/pdf/p121005.pdf。

地震使日本企业意识到了自身产业链的脆弱性，不少企业在收缩国内业务的同时开始积极向海外扩张，如丰田汽车公司决定在印尼郊区建设一家大型汽车生产工厂，将受灾严重的日本东北地区的部分产能移至海外。

其次，是电力供给短缺问题。随着核电的急剧下降，日本全国大部分地区都面临供电紧张的局面，为此日本政府不得不实行夏季节电政策等措施来缓解供电压力，这对日本的制造业来说无疑是雪上加霜。国际协力银行的问卷调查显示，约有 37.9%（4174）的企业认为电力等能源供给问题是促使其向海外发展的原因。

最后，是东日本大地震后不久即出现并一直持续的日元大幅升值状况。这对于日本的出口企业来说更是如同灾难一般，大大削弱了日本出口商品的竞争力。根据国际协力银行的问卷调查，在全部 11006 家有效回答企业中，有 5414 家企业是鉴于日元升值这一因素而考虑向海外发展的，占全部有效回答企业数的 49.2%，所占比例最高。日本经济产业省中小企业厅在 2011 年 8 月面向国内 90 多家中小企业进行了一项紧急调查。调查结果显示，针对当时美元兑日元汇率维持在 1∶77 的历史高位这一状况，约 73%的企业认为“企业收益已因此遭受损失。”而对于倘若日元升值持续半年以上的影响，约有 28%的企业回答“将考虑提高海外生产的比重”，另有 7%以上的企业还表示会将生产和研发基地迁移至海外。另据大阪市信用金库在 2011 年 10 月对与其存在业务关系的 1370 家中小企业进行的调查也显示，认为日元升值对其产生负面影响的企业达到了 24.2%，其中制造业为 30.8%，销售业为 28.0%，零售业为 15.8%，建筑业为 17.8%，运输业为 24.3%，服务业为 9.6%。而从中小企业的具体应对策略来看，有 9.5%的制造业、14.9%的非制造业认为应该扩大海外市场，加速推进海外战略。①

四是机遇性因素。其一是庞大的海外市场对日本企业的吸引力。国际协

① 大阪市信用金庫.「中小企業における」、www.osaka-shishin.co.jp/houjin/keiei/pdf/超円高と産業空洞化問題等について/2011-10-13.pdf。

力银行的问卷调查显示,约有 22.4%(2461 家)的企业向海外发展业务的原因是鉴于新兴国家等海外市场的成长性。其二是日本企业拥有充盈的资金优势。日本央行数据显示,截至 2012 年 6 月底,日本企业(银行业除外)所持有的现金及存款总价值超过 2.6 万亿美元,超过美国企业的 2.2 万亿美元。其三是欧美经济不振。由于美国经济复苏缓慢,欧债危机致使欧洲经济元气大伤,国内消费能力大减,出售企业的数量在不断增加,这为日本企业提供了绝好的并购良机。

(二)新一轮日本企业“走出去”浪潮的基本动向

此次日本企业大规模“走出去”浪潮,其基本动向体现在如下四个方面:一是海外企业并购案件猛增;二是加速或扩大生产基地的海外转移;三是中小企业“走出去”明显加速;四是尽量减少出口的同时加大进口力度。

1. 海外企业并购猛增

以开拓市场、技术革新、确保资源供给等为目标的跨国 M&A 交易日益频繁,日本企业也在积极参与海外 M&A 交易。2009 年,日本的海外 M&A 交易数量一度减少,与世界趋势相同。2010 年,日本的海外 M&A 大幅回升,多达 347 起,金额高达 340 亿美元,比 2009 年的金额增长了 64.5%,交易数量高居历史第 2 位。2011 年,交易数量也同样表现出增加趋势。过去,日本企业的 M&A 一直以美国市场为主,而近年来日本在亚洲地区的 M&A 表现活跃,由 2009 年的 86 起增加到 2010 年的 129 起。同时,日元汇率偏高,也加快了日本企业在亚洲地区的 M&A 步伐。①

日本市场相对狭小,持续的少子化又造成了劳动力的极度短缺,于是“走出去”就成为日本企业摆脱困境的重要选项。直接并购外国尤其美欧国家的企业,是日本企业的“发展战略”之一。

---

① 福川伸次:《“日本再生战略”决定海外投资方向》,《博鳌观察》2013 年 1 月。

2. 加速生产基地的海外转移

出于运输成本以及零部件供应链等因素，目前有许多日本企业将出口基地转移至海外，以使其生产基地更靠近于市场。在汽车行业，大多日企将印度等地作为自己的海外出口基地。2012 年 4 月 4 日，丰田印度子公司的中川宏经理谈道：“印度是面向世界市场的战略基地。”印度国内汽车市场年销售量超过 3000 万台，居世界第 6 位。日产、铃木以及韩国的现代汽车都在印度设有工厂并将其作为出口基地。上述汽车企业之所以在印度投资设厂，就是在于利用印度的良好港口，面向东南亚诸国、欧洲、中东、南美洲等地出口。① 在电子通信行业，松下公司将高级小型摄像机的生产线转移至巴西，在新兴国家中开拓市场，②松下公司甚至还决定在 2012 年夏季将手机终端的生产全部转移至海外，这在日本国内厂家中还是首次。其中，约 5 成的国内生产转移到中国北京和马来西亚。③ 此外，有许多日本企业将继续扩大海外投资。如日本 JFE-holdings 于 2012 年 4 月 20 日发表的 2012—2014 年度中期经营计划中指出，预见新兴国家钢铁的需求增大，决定将此前以出口为中心的业务转为出口与海外现地生产并重的两轮战略。计划在未来 3 年内投资 1 兆日元，扩充海外生产基地等业务，投资大部分为钢铁行业。④

日本经济产业省于 2012 年 3 月 28 日公布的 2010 年度海外事业活动基本调查报告，对在海外拥有当地法人的 4243 家日本企业（金融、保险业、不动产业除外）和 18599 家当地法人为对象进行了调查。调查结果显示，2010 年

---

① 「インド、車生産も輸出も：世界大手、拠点化の動き」、『朝日新聞』2012 年 4 月 5 日、第 6 版。

② 上久保誠人：「新しい日本」を創り上げる牽引車として、日本企業の自己変革能力に期待する，http://diamond. jp/articles/print/15535。

③ 「携帯生産　全面海外へ——パナソニック、今夏にも」、『朝日新聞』2012 年 4 月 2 日、第 5 版。

④ 「JFE、海外拠点を拡充」、『朝日新聞』2012 年 4 月 21 日、第 7 版。

度(2010年4月1日至2011年3月31日)日本制造业的海外生产比率为18.1%,同比提高了1.1个百分点。其中,通信机械和通用机械等多个行业的海外生产比率上升,运输机械和电力机械的海外生产比率则小幅下跌。另外,海外设备投资比率为17.1%,同比提高了1.2个百分点。2010年度,日本海外当地法人的销售额为183.2万亿日元,同比增长11.4%,尤其是信息通信机械等产品的销售额大幅增长。从地区来看,亚洲、欧洲、北美的销售额均大幅增加,经营利润为10.9万亿日元,同比增长56.3%,当地净利润为7.7万亿日元,同比增长64.3%。① 另据国际协力银行在2011年7—9月间对日本国内约970家制造业企业的问卷调查显示,产品在海外的生产比率占到了总生产的33%左右,这是自1989年该问卷统计开始以来的历史最高值。该调查指出,日本国内市场饱和与日元的持续走高等,是造成日本制造业在海外发展和生产的事例进一步增加的推动性因素。该调查还预计3年后的2014年,日本制造业的海外生产比率将上升至38%左右,其中电机、电子产业更是预计会达到53%。在海外国家或地区的选择方面,中国和印度依然是日本各企业所青睐的最重要的投资生产地。

3. 中小企业扩展海外业务

20世纪日本曾出现过多次向海外转移生产的浪潮,尤其是在80年代中后期,日本曾有大批企业向海外拓展业务。此前日本企业“走出去”战略的主体多为大型企业或大型综合商社,但进入21世纪以后呈现出向中坚企业和中小企业领域扩展的趋势。据内阁府2011年1月份的调查结果显示,中坚企业及中小企业的海外生产比率从2004年的1.4%快速升至2009年的5.7%,估计2015年达8.2%。尽管中坚企业及中小企业的这一海外生产比率低于大企业的22.6%(2009年),但有逐渐接近的趋势。日本经济新闻社于2011年9月所做的调查也显示,今后3年将有350家日本制造业的中坚企业及中小企

---

① 日本経済産業省.『第41回海外事業活動基本調査結果概要-平成22(2010)年度実績-』、http://www.meti.go.jp/statistics/tyo/kaigaizi/result/result_41/pdf/h2c420nj.pdf。

业进军东南亚，主要以印度尼西亚、泰国、菲律宾、越南为中心，“走出去”的企业多为汽车零部件企业和电子机械零部件企业。如丰田汽车在印尼建新工厂，松下将采购物流本部迁至新加坡等。

此次日本中小企业加速“走出去”的原因有如下四个方面：一是随着汽车、电器等大型制造业企业扩大海外生产规模，提高海外零部件采购比例，与上述大型制造业企业存在业务关系的中小企业或其零部件供应商也随之“走出去”；二是由于近期日元大幅升值，致使日本的许多中小企业也开始在海外寻找发展机会，尤其是因涉足外汇衍生品而濒临破产的日本中小型进口企业正在急剧加速向海外发展；三是近年来日本国内市场的竞争逐渐加剧，生存压力增大；四是东日本大地震后导致电力供应严重不足，为分散生产基地、规避风险，日本的许多中小企业也纷纷开始扩展海外业务。

4. 减少出口并加大从海外的进口

日本企业“走出去”战略的第四个动向是加大从海外的进口，以降低国内产品的生产成本。例如，日产汽车公司决定扩大海外零部件的进口，进口地区主要是中国和韩国。松下公司也计划大幅提高零部件的进口比率，以此来应对日元升值的压力。三菱汽车公司总裁西冈桥也表示，面对日元持续走强的压力，三菱已失去了继续压缩成本的空间和余地，需要加快海外零部件采购的速度来应对日元升值压力。而本田汽车公司也计划在今后十年内大幅消减本国生产汽车的出口量，这一行动与本田公司将80%—90%的国外生产、就地销售的计划相互配合，以此来减少汇率波动带来的负面影响。另外，日本的服装业和服装专卖店大多不在日本国内设立工厂，而主要采取在海外设立工厂进行生产并通过贸易公司进口至日本的方式。因人工费低廉，这些业务主要集中在中国，从中国进口的比率已经高达8成。但近五年中国人工费上涨了约1倍，为满足日本国内低价位的产品需求，这些服装企业不得不另辟可确保赢利的生产渠道。日本服装业纷纷扩大从人工费用较低的新兴经济体的采购，日本各综合商社及贸易公司竞相扩大东南亚的服装生产和采购，主要的对象国有缅甸、越南、柬埔寨以及印尼等。[①] 为此，日本大商社加速在东南亚建设工业园区，完善电力、道路、水处理等基础设施，为缺乏资金实力的中小企业进驻创造条件。

（三）新一轮日本企业“走出去”浪潮的基本特征

此次日本企业大规模实施“走出去”战略，在发展海外事业的行业、所选择的地区或国家以及具体的事业领域等方面都呈现出一些新的特征。

其一，从海外并购来看，与前几次的并购浪潮相比，本轮日本企业大规模的海外并购行为具有如下两方面的特征：一是与20世纪80年代末日本经济强劲且股市、房市飙涨的背景下进行的海外并购完全不同，近年来日本企业的海外并购行为更为谨慎，在注重价格的同时更加追求资产的外溢价值，往往只选择有利于其工业发展的战略性目标。二是此前日本企业的海外并购主要以欧美企业为对象，近期从中国、巴西、印度等新兴经济体国家并购企业的案例显著增加，且以并购上述经济体国家中经营状况较好的实体企业为主。

其二，从日本企业生产基地的海外转移来看，此前日本企业生产基地的海外转移多属于主动转移型，即将高污染、低利润的环节转至海外，而核心技术或核心部门留在日本国内。而此次则属于被迫转移，鉴于日元升值等因素，日本企业将会转移出更多的核心技术环节以及部分新开发的产品，甚至研发总部、供应链总部以及制造总部也将随之转移至海外。从企业规模来看，除大型企业进一步加速生产基地的海外转移外，许多中坚企业和中小型企业也随之大幅跟进，而且有的还呈现出“集团转移”的动向。如群马县的行业组织——“金型工业协会”计划集体向墨西哥迁移，而静冈县浜松市工业园区内的汽车零部件、纺织、建筑等10家中小企业，也成立了以向东南亚发展为目的的“事业协同组合”，并在印尼等地收集信息为工业团地向海外的共同发展提供前

① 中国纺织网：《日本服装企业扩大东南亚的生产和采购》，http://info.texnet.com.cn/content/2012-05-07/397022.html。

期准备工作。① 再从海外转移的目的来看，此前主要是利用海外投资对象国的优惠政策，进一步靠近销售市场，以降低生产成本。而此次则是为了规避汇率风险、优化产能布局以及确保产业链。因此，此次日本企业生产基地的大规模海外转移，更具有战略性意义，也必将对整个产业链产生巨大影响。

其三，从加速"走出去"的企业所属行业来看，日本的对外投资由已往的制造业为主逐步转向服务业。从 2005 年的数据来看，日本在亚洲地区的对外直接投资增长率中，制造业的增长率为 9.1%，而非制造业的增长率为 14.9%。近年来，在日本上市企业的自有资金创历史新高的背景下，日本企业的投资对象逐渐转向金融、保险、信息、流通、大型零售店等服务性行业。(1)由于受到日本步入老龄化社会、适龄劳动人口减少以及经济增长动力不足等因素的影响，国内市场需求不断萎缩，因此海外内需替代行业就成了日企并购的重点。近年来日企完成的海外并购项目有 1/3 分布在医药、食品、零售等内需领域。(2)制造业尤其是机械类制造业企业"走出去"的步伐明显加速的同时，保险、银行、证券等非制造行业也加速向海外拓展业务。(3)基础设施关联行业的海外业务拓展。日本有着丰富的基础设施建设经验和系统运营经验，例如新干线、城市交通、水务、节能等基础设施在海外存在着巨大商机，同时拥有先进的土木建筑技术的日本企业也可借机扩大海外业务。总之，日本对外经济结构的特征已开始由过去的"商品输出"和"资本输出"向"服务输出"和"系统输出"转变。

此外，在政府的鼓励和支持下，日本大企业集团加大了对海外能源企业的收购，用来弥补国内核电站停止运转后暂时的能源短缺，能源和上游资源依然是日本企业并购的最爱。由于日本本土资源十分有限，而且福岛核事故之后日本政府推行"去核能化"政策，为了寻求替代能源和确保能源的充分供给，

① 上久保誠人:『「新しい日本」を創り上げる牽引車として、日本企業の自己変革能力に期待する』、http://diamond.jp/articles/print/15535。

日本企业追逐海外能源和上游资源的脚步变得更为坚定。

其四，从日本企业加速“走出去”的区域来看，从20世纪80年代以后直至2010年前后，日本的对外直接投资重点转向中国及亚洲地区。[①] 具体来看，面向亚洲地区的投资占日本企业海外投资总体的38.7%，领先于西欧(25.3%)、北美(15.8%)和大洋洲(11.2%)等传统投资地域。亚洲地区的经济快速发展以及紧密的产业链，是呈现上述特征的原因。[②]

近年来日本所采取的是“中国+1”的战略布局。随着中国外汇储备逐年增加，中国已经停止了外资中出口加工制造业务以及劳动密集型业务的优惠措施。另外，随着中国经济的迅速发展，沿海地区的各项成本都有所增加，再加之对中日关系这一不稳定性因素的考量，马来西亚、泰国、印度尼西亚等东盟国家以及中国台湾，这些与中国大陆邻近的国家和地区将在近年来日本企业“走出去”战略中受益，而中国内地并未在日本产业转移的第一阵营内。已经在中国发展的日资企业中，希望从中国转移至他国的回答仅有10%，而多数日本企业希望继续留在中国，试图进行经营的效率化，不仅限于出口，也寄希望于中国巨大的国内市场。但正准备向海外市场发展的日本企业，则多选择避开中国，希望在印尼、越南、泰国、柬埔寨，甚至是孟加拉国、缅甸等国投资建厂，最近日资企业发展的海外事业较多地选择的国家是泰国、越南、印尼。[③] 2011年日本对东盟的直接投资已经增至1.5万亿日元，是上一年的2.4倍，已经连续两年超过对中国的投资。日本对东盟的投资在2012年4—6月为3800亿日元，同比增长了4成，7—8月为1800亿日元，均超过同期日本的对华直接投资。可见，日本企业在重视中国市场的前提下，将围绕中国周边进行布局，尤其是东南亚地区。

---

① 福川伸次：《“日本再生战略”决定海外投资方向》，《博鳌观察》2013年1月。

② 福川伸次：《“日本再生战略”决定海外投资方向》，《博鳌观察》2013年1月。

③ 星野達哉：「現地情勢のマイナス変化への対応　(残るか、他国に移るか、撤退か)」，http://www.iist.or.jp/wf/magazine/0811/0811_J.html。

其五，以推广“日本模式”为主要特征。20 世纪 80、90 年代，日本企业的国际化主要是制造业产品生产的国际化以及资本的国际化，此次日本企业的海外发展浪潮则以在海外“复制日本模式”为其特征。无论是水务、高铁还是医疗，除对设备的要求外，更多地是对运营体系、管理技术等的要求。尤其是在医疗产业领域，日本凭借先进的技术和管理经验，致力于日本医疗管理体系、就诊系统的国际化。例如在柬埔寨合作设立“柬埔寨国日本式健康体检、诊察中心”、在印尼设立利用 ICT 的日本式医疗合作推进中心、在越南进行的“日本型接触透镜诊断・普及项目”等都属此类。

第二章　政府：导向型制度安排

政府与国民经济活动之间的关系，可能是政治经济学研究当中最悠久、最基本的问题。[①] 如果政府所推行的政策有利于国民经济活动的顺利进行，则会推动整个国家经济的发展，否则将影响国民经济活动的顺利开展甚至对其产生阻滞后果。目前，全球经济都处于一种大变革的时代，现实世界的变革已使得经济与政治之间的关系比以往任何时候都更加紧密。[②]

日本政府与经济抑或政府与企业之间的关系有其独特之处，实施的是一种导向型经济政策，无论是国内经济的运行还是在支持企业"走出去"方面，均是如此。充分分析日本政府与企业之间的关系、探讨政府的导向型制度安排以及选择怎样的政策工具来予以具体实施，是本部分的主要内容。

第一节　日本的政企关系与导向型政策

一个国家的经济要想发展，无法离开政府的政策支持，即便是在市场化程

① ［美］查墨斯·约翰逊：《通产省与日本奇迹——产业政策的成长（1925—1975）》，金毅、徐洪艳、唐吉洪译，吉林出版集团有限责任公司 2010 年版，"前言"第 1 页。

② ［美］罗伯特·吉尔平：《国际关系政治经济学》，杨宇光等译，上海人民出版社 2011 年版，第 1 页。

度较高的国家或经济体中也难以例外。国民经济活动的主体是企业,企业的流动性包括人力、资本和信息等要素的流动,而这种流动性有时会削弱政府的有效力量。因此,公共部门的决策者们不得不认识到,他们必须把国际竞争融入他们所制定的经济政策中去。[①] 但如何定位政府在国民经济中的角色,如何处理政企关系,无疑是至关重要的。正如日本银行界的行家路易·马尔肯(Lonis Mulkern)曾说:“我认为,80 年代大国最大的弱点在于,不能明确政府在国民经济中的角色。”[②]

(一)日本的政企关系

对于企业与政府的关系来说,一方面,政府力量的增强是要达到一系列的公共目标;另一方面,政府要在一定程度上渗透到国内企业的决策。[③] 因此,在一个动态的社会中,企业和政府的关系是不断变化的,而公共部门和私人部门的界线也是不断变化的。[④]

总体而言,政府对私有经济活动采取的方针大致有两种,即管理方针和扶持方针,并由此产生了两种不同的政企关系。例如,美国是管理方针的典型代表,而日本则是扶持方针的典型代表。管理型或市场引导型国家关心经济竞争的形式、程序和规则,但并不会过问经济活动的具体实务。例如,美国政府的诸多法规,涉及与禁止垄断有关的企业组织的规模问题,但它不干预什么产业应该存在,什么产业不需要存在。相反,扶持或计划引导型国家的主要功能

---

① [美]默里·L. 韦登鲍姆:《全球市场中的企业与政府:第 6 版》,张兆安译,上海人民出版社 2006 年版,第 229 页。

② Louis Mulkern,“U. S. -Japan Trade Relations: Economic and Strategic Implications”, in *Abegglen* et al. pp. 26-27. 转引自[美]查默斯·约翰逊:《通产省与日本奇迹——产业政策的成长(1925—1975)》,金毅、许鸿艳、唐吉洪译,吉林出版集团有限责任公司 2010 年版,第 19 页。

③ [美]默里·L. 韦登鲍姆:《全球市场中的企业与政府:第 6 版》,张兆安译,上海人民出版社 2006 年版,第 16 页。

④ [美]默里·L. 韦登鲍姆:《全球市场中的企业与政府:第 6 版》,张兆安译,上海人民出版社 2006 年版,第 19 页。

就在于制订社会和经济发展的具体计划。① 在发达资本主义国家中，日本政府在国民经济中所发挥的作用较为突出，政府通过制定各种政策、措施引导企业实现宏观经济目标，调整企业的微观计划，对外直接投资的发展也不例外。②

日本与西方帝国主义在19世纪初次接触后，被迫签订了一系列不平等条约，直到1911年才有关税自主权。这意味着，当时的明治政府不能通过保护关税或采取当时自由经济理论所推崇的其他措施来支持本国的工业。因此明治政府决定，如果要国家取得经济独立，政府就必须直接介入经济的发展。明治维新时代的日本开始从企业国营转向政府与私营企业合作，优先照顾能够迅速采用新技术的企业和能够加速经济发展、加强军事力量的企业。这个转变促进了政府和大企业间的合作关系。③

尤其是“二战”后，政府在处理战后经济、调整产业上发挥了很重要的作用。④ “二战”后需要恢复经济并摆脱外国援助，不大可能改行其他体制，故计划体制依旧保留。大多数的经济增长设想由政府提出，而企业界则以“遵从附和”的态度作出反应。正常情况下，政府不会向企业下达直接指示。但是那些遵从政府指示并采取相应行动的企业，会在信贷、减税和引进国外技术或建立合资企业计划被批准等方面得到优惠。⑤ 另外，日本的这种计划引导型经济政策与日本的银行制度也不无关系。

---

① [美]查默斯·约翰逊：《通产省与日本奇迹——产业政策的成长(1925—1975)》，金毅、许鸿艳、唐吉洪译，吉林出版集团有限责任公司2010年版，第20页。

② 金仁淑：《投资大国的兴衰——日本对外直接投资模式及效用研究》，吉林人民出版社2002年版，第86页。

③ [美]查默斯·约翰逊：《通产省与日本奇迹——产业政策的成长(1925—1975)》，金毅、许鸿艳、唐吉洪译，吉林出版集团有限责任公司2010年版，第24页。

④ [日]池田信夫：《失去的二十年：日本经济长期停滞的真正原因》，胡文静译，机械工业出版社2012年版，第196页。

⑤ [美]查默斯·约翰逊：《通产省与日本奇迹——产业政策的成长(1925—1975)》，金毅、许鸿艳、唐吉洪译，吉林出版集团有限责任公司2010年版，第25页。

战前,日本所有公司的自有资本率是66%左右,这比得上目前美国的52%,而迟至1972年,这个比率下降到16%左右,整个战后时期基本如此。日本的大企业通过向城市银行贷款取得资金,城市银行由于超额借债,又对日本央行的信用担保极为依赖,而日本央行经过1950年的奋力挣扎之后,实际上又沦为了受大藏省操纵的工具。所以政府和大企业,特别是战略性工业大企业的命运便直接、紧密地联系在一起。这种企业和政府的关系在形式上和法律上显得远远超过其他市场经济国家内的同类关系。1974年通产省公开引入"计划导向的市场经济制度"这个概念时,不仅是为自己进行宣传,而且是对它先前20年(经过尝试和错误,他们花费了20年使这个制度趋向完善)的所作所为进行的命名和总结。① 计划导向的市场经济制度必然包含一些与"其他民主制度"不同的特征,其中之一就是对于经济奇迹本身的关切和扶持。②

美国学者查默斯·约翰逊的上述论述阐明了日本政府和企业之间的特殊关系是如何形成的。即通过银行抑或金融手段固着政府与大企业之间的关系,而大型企业由于与为数众多的中小企业之间的系列制,进而使得政府与基本上所有的企业之间形成了类似于"命运共同体"的存在模式。一方面,企业要想顺利发展,必须从政府获得相应的政策或资源,"私人企业体系的成功在很大程度上依赖于政府以及政府法律力量的实施"③。换言之,按照政府的意图或意愿,则会得到来自于政府的"眷顾",否则将很难发展。另一方面,政府也意识到,对企业或产业提供计划型引导,将有利于企业按照国家的整体战略意图发展,如同政府修通了一条轨道,只有运行在该轨道上的电车才不会翻车。

---

① Industrial Structure Council, *Japan's Industrial Sturcture: A Long Range Vision*, Tokyo: JETRO, 1975, p. 9.

② [美]查默斯·约翰逊:《通产省与日本奇迹——产业政策的成长(1925—1975)》,金毅、许鸿艳、唐吉洪译,吉林出版集团有限责任公司2010年版,第10—11页。

③ [美]默里·L. 韦登鲍姆:《全球市场中的企业与政府:第6版》,张兆安译,上海人民出版社2006年版,第6页。

此外,日本政企间还存在着类似于美国"旋转门"的惯行。即官员从政府高层机构退休后进入私营企业担任领导职务的"空降制度"。从政府部门一退休(在日本退休年龄在50—55岁之间),他们就转到民营企业、银行、政界或国营公司,担任有权势的职位,这与美国由商而仕的传统完全相反。① 这一惯行在一定程度上使得政府与企业之间的关系不仅变得更为紧密而且也变得复杂起来。

以日本贸易振兴机构(JETRO)的理事级成员来看,目前JETRO共有理事长和副理事长各1名,理事6名。其中现任理事长为石毛博行,其行政履历是1974年入职通商产业省(现更名为经济产业省),2004年任经济产业省制造产业局局长,2006年任中小企业厅长官,2007年任经济产业省通商政策局局长,2008年任经济产业省经济产业审议官,2010年7月从经济产业省退职,同年10月任损害保险日本(国有企业)的顾问,2011年9月退职,10月进入日本贸易振兴机构任理事长一职。此外,副理事长赤星康和理事入野泰一都是由经济产业省退职后转任于日本贸易振兴机构的,而理事水井修则退职于财务省。8名理事级别的成员中有一半都是在政府部门退职后转任的。

官民协同组织为官员"下凡"提供了更多的机会。美国的"旋转门"现象一般是"双向"的,即学者、实业者可以成为政府官员,而政府官员也可以转变身份成为学者或实业者,但日本的官员下凡则往往是单向的,即官员在政府部门任职时为企业尽力帮忙,而在其退休或即将退休时(另外一种情况是在职位难以继续晋升时不得不辞职,因为各省厅的职位是有限的),便将其安排到半官方机构、公营公司或私营企业中担任重要职务、高薪职务。

政府拥有广泛的发照权和审批权,是私营企业接收退休官员的理由之一。"政府职能部门利用手中的权力,采用各种方式,谋求各种利益。在职期间,

① [美]查默斯·约翰逊:《通产省与日本奇迹——产业政策的成长(1925—1975)》,金毅、许鸿艳、唐吉洪译,吉林出版集团有限责任公司2010年版,第22页。

他们将利润丰厚的合同下达给自己的直属机构,甚至可以不通过任何招标方式。作为回报,他们在退休后,就理所当然地到私营企业或公益法人部门任闲职,心安理得地获取丰厚的薪金。”[①]

也正因如此,为了安排已退休和即将退休的高级官员,每个省必然设立足够的下属公营公司、外围企业团体和“殖民地机构”。这些义务使每个省成为一个“福利团体”,而这又反过来使它受到成员的拥戴,而不仅仅是一个非人格化的官府。[②]

官员下凡制度开辟了政府向社会输出人才的重要途径,增加了各省与商工界之间联系的另外一种渠道和方式,并且成为企业界与官方联系的主要渠道。

官员下凡制度之所以重要,是因为在共同的利益面前,双方的认同是一致的。因此它有助于公私双方制定共同的目标,并竭尽全力地促使其实现。退休的前辈官员与在职的晚辈官员之间的协商被日本人称为“疏通”,也就是为政府与企业关系之间的协同决策打下基础。这种做法往往使局外人认为公私部门“认识一致”。

总之,政府的战略意图多数情况下与企业的利益诉求是一致的。也有人将日本政府与工业界的这种紧密结合称之为“官府、工业联合体”。[③] 进一步延展上述理解,企业“走出去”战略与国家的“走出去”战略也具有一致性。

此外,还需注意的是,在处理政府与企业关系的过程中,日本政府会发现,对企业实施计划型导向经济政策进行一定的支持,而非任其自由发展,有时候更节省成本。例如在对待濒临破产的企业时,那些提供给企业支持的人声称,

① 科尔:《犬与鬼——现代日本的坠落》,周保雄等译,中信出版社 2006 年版,第 9 页。

② Sakakibara, Nov. 1977, p. 71. 转引自[美]查默斯·约翰逊:《通产省与日本奇迹——产业政策的成长(1925—1975)》,金毅、许鸿艳、唐吉洪译,吉林出版集团有限责任公司 2010 年版,第 85 页。

③ Shibagaki Kazuo, “Sangyō kōzō no henkaku”, in Tokyo University, 1975 8:89.

在任何情况下向企业提供政府支持要比承受企业破产的成本来得低。① 因此,“日本虽然也有行政、民事的和刑事的规制手段,但很少使用刑事诉讼的法律手段,一般都是以行政指导的方式进行处理。”②可见,在一定程度上,日本的全部经济政策主要体现了亚当·斯密的思想,而不是约翰·梅纳德·凯恩斯的思想。③

(二)导向型制度的路径选择

日本经济属于“计划引导”类型,通过实施具体的经济计划,引导企业的经营行为,最终使得政治决策与政治利益对经济活动产生影响。在长期的发展过程中,在日本政府的导向型制度安排下,官方机构、半官方机构、金融机构和企业、商社紧密互动,形成“宏—中—微”一体化合作机制④,共同为企业的海外发展构建起系统的支持体系。日本的导向型制度安排基本遵循如下路径选择,即“经济形势前瞻→特定产业选择→关联政策倾斜→诱发趋向形成”。(详见图 2-1)

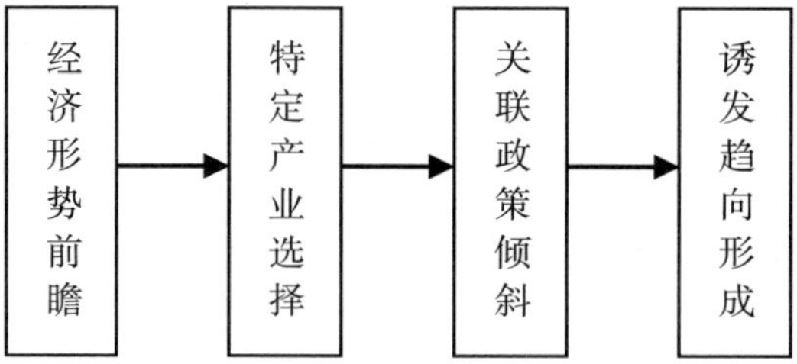

图 2-1　日本政府导向型制度安排路径

---

① ［美］默里·L. 韦登鲍姆:《全球市场中的企业与政府:第 6 版》,张兆安译,上海人民出版社 2006 年版,第 317 页。

② 徐平:《战后日本经济发展阶段考察——兼谈赶超经济的体制性缺陷》,《日本学刊》2013 年第 3 期。

③ ［美］罗伯特·吉尔平:《国际关系政治经济学》,杨宇光等译,上海人民出版社 2011 年版,第 196 页。

④ 邵学峰、李翔宇:《矿产资源开发利用国际化战略:日本的经验与启示》,《现代日本经济》2015 年第 4 期。

1. 经济形势前瞻与特定产业选择

首先,日本政府通常会结合国内外经济形势,对某些产业在未来的发展趋势、产业的优势与劣势等作出综合研判,并选定某一或某些产业作为国家中长期发展战略的支柱产业。

例如为了应对日元升值,日本政府于 2011 年 9 月 20 日发布了题为"日元升值综合对策"的中间报告(以下简称"中间报告"),对日元升值形势及应采取的对策进行了综合研判。中间报告主要提出了减轻日元升值所带来的痛苦、构建抵抗风险的强韧经济、充分有效利用日元升值的益处三项具体对策。关于第三项对策"充分有效利用日元升值的益处",其具体措施也有三条,其一,是利用日元升值的益处,促进企业海外兼并,获取海外资源及能源权益;其二,是对外派遣日本留学生,引进高级人才;其三,是在电力和燃气等公共费用方面促进日元升值益处的"可视化"。该报告同时指出,通过实施日元升值综合对策和 2011 年度第三次补充预算等措施,最大限度地降低经济景气的下行风险,使日本经济切实步入持续增长之路。报告认为,如果今后汇率的水准长期化,不仅大型企业的海外转移将进一步增加,而且中小企业的海外转移也必将加速。日本认为应对日元升值的措施之一就是鼓励日本企业对海外企业进行并购以及确保资源、能源权益的获取。换言之,就是鼓励企业将手中的日元换成美元到海外攻城略地,抢购资源,增持资产,客观上增加对美元的需求。据日本财务省的估算,利用日元升值对策可以将 5 万—6 万亿日元的民间资金转变为美元。

2012 年 7 月,日本政府通过了"日本再生战略"。该战略将医疗、健康、护理以及能源环境、农林水产业、文化产业作为重点发展领域,并强调要积极地向海外拓展相关领域,促进东亚地区的共同发展。

2012 年 12 月 16 日,日本自民党在第 46 届众议院选举中以绝对优势获胜,自民党总裁安倍晋三再度组阁出任日本第 96 任首相。组阁不久的安倍政权,随即加速实施了一系列刺激经济的政策,称为"安倍经济学",以大胆的金融政策、机动的财政政策以及以刺激民间投资为中心的"成长战略"为三个主轴。[①] 尤其是在作为第三主轴的"成长战略"中,安倍所提出的"开放战略"、"积极的经济外交"、"基础设施建设出口战略"等政策[②],近年来日本举全国之力,官民并举向海外推广日本的基础设施建设体系,即始于此。

日本政府对某一产业发展前景的前瞻尤以向海外推广水务事业最为典型。2009 年 10 月,日本以经济产业省牵头成立了"水务国际展开研究会"。该研究会于 2010 年 4 月向政府提交了题为《水务国际展开的课题与具体对策》的研究报告[③],对全球水问题的现状、国内外水务事业的现状以及日本应采取的对策等进行了研判。

该研究报告指出,地球上的水量尽管约有 13.86 亿立方千米,但其中仅有约 0.001 亿立方千米(不到地球总水量的 1%)是可供人类利用的淡水资源。而据有关资料显示,到 2025 年,世界的取水量将由 2000 年的 3973 立方千米增加到 5235 立方千米,增长 30%,其中亚洲取水量将占到全球取水量的 60%。水资源的极度短缺与取水量的逐渐增大,凸显了用水效率提升的意义所在。

研究报告认为,世界水务市场存在着巨大的商机(详见表 2-1),该报告认为世界水务市场的规模将由 2007 年的约 36 万亿日元发展到 2025 年的约 86.5 万亿日元,到 2065 年更将达到 110 万亿日元。其中,运营管理维护、原材料供给、建筑施工等产业链都几乎拥有同等程度的市场规模。尤其是消费领域的上下水道,其市场规模将由 2007 年的 32.5 万亿日元增加到 2025 年的 74.3 万亿日元。此外海水淡化、工业用水・工业排水处理以及水资源再利用

---

① 首相官邸. 新たな成長戦略—「日本再興戦略-JAPAN is BACK-」を策定! —http://www.kantei.go.jp/jp/headline/seicho_senryaku2013.html。

② 安倍晋三. 成長戦略スピーチ. [2013-05-17]. http://www.kantei.go.jp/jp/headline/seicho_senryaku2013.html。

③ 水ビジネス国際展開研究会:『水ビジネスの国際展開に向けた課題と具体的方策』、2010 年 4 月、http://www.meti.go.jp/committee/summary/0004625/pdf/g100426b01j.pdf。

等的市场规模也将在2007年的基础上到2025年增长3倍。另据有关资料显示,即便从亚洲的水务市场来看,也将在2010年的基础上产生1537.93亿美元的市场需求(其中新的市场需求增长475.68亿美元、水务相关设备的更新需求增长1062.24亿美元)①。总之,海外水务事业存在着巨大的市场商机。

表2-1　世界水务市场的领域、业务别发展预测　　单位:万亿日元

	素材、部材供给;咨询、建设、设计	管理、运营服务	合计
上水	19.0万亿日元(6.6万亿日元)	19.8万亿日元(10.6万亿日元)	38.8万亿日元(17.2万亿日元)
海水淡化	1.0万亿日元(0.5万亿日元)	3.4万亿日元(0.7万亿日元)	4.4万亿日元(1.2万亿日元)
工业用水 工业下水	5.3万亿日元(2.2万亿日元)	0.4万亿日元(0.2万亿日元)	5.7万亿日元(2.4万亿日元)
再利用水	2.1万亿日元(0.1万亿日元)	—	2.1万亿日元(0.1万亿日元)
下水	21.1万亿日元(7.5万亿日元)	14.4万亿日元(7.8万亿日元)	35.5万亿日元(15.3万亿日元)
合计	48.5万亿日元(16.9万亿日元)	38.0万亿日元(19.3万亿日元)	86.5万亿日元(36.2万亿日元)

注:1.()外为预计2025年的市场规模,()内为2007年的市场规模;2.灰色部分为发展数值(市场增长3倍以上),其余为消费领域数值(市场增长2倍以上,市场规模在10万亿日元以上)。
数据来源:Global Water Market 2008以及日本经济产业省试算;注:1美元=100日元换算。
资料来源:水ビジネス国際展開研究会:『水ビジネスの国際展開に向けた課題と具体的方策』、2010年4月、http://www.meti.go.jp/committee/summary/0004625/pdf/g100426b01j.pdf。

另外,随着经济的复苏缓慢以及少子化等因素,致使日本国内水务市场的需求日渐萎缩,且近年来水务系统急需更新老旧设备又面临庞大的财政支出。有鉴于此,日本认为向海外发展水务事业不仅可以借重庞大的海外市场为水务相关企事业体寻求发展途径,也可缓解财政投资的压力。

之所以选择向海外发展水务事业,除看重海外水务市场的潜在规模外,在

① 「アジアインフラ争奪」、『週刊エコノミスト』2015年5月19日号、第19頁。美元以2008年为基准。

水务领域具有的优势也是日本政府的重要考量(详见图 2-2)。

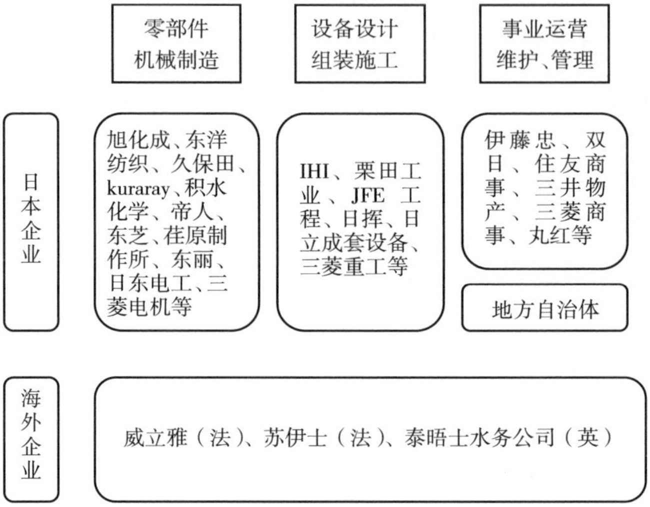

图 2-2　世界水务市场

研究报告认为日本在水泵、汽轮机、发电机及污水处理等领域拥有先进的技术,如日本的供水相关产业在海水淡化的逆浸透膜和水泵等个别技术领域占据了近 70%的世界市场,拥有日立、三菱重工、栗田工业、东丽、日东电工、东洋纺织等一批技术和设备先进的水务关联企业,日本的部分地市自治体(如北九州、大阪、横滨等)也在水务事业的运营管理、服务及维修等方面拥有丰富的经验。尽管日本的上下水道等水务事业大都由国家或地方公共事业团体来运营,但近年来 PPP(公私伙伴关系)等模式已在一些基础设施领域有所发展,日本认为今后民营化市场的增长率将达到年均 8.4%,占市场全体增长率的 4.7%①,这些既有经验和模式也可适用于水务事业的海外发展。

日本原有的产业政策较为忽视强化竞争政策,注重在已有产业内部进行结构调整。面对来自其他发达国家和新兴工业国家(地区)的竞争压力,近年

① 水ビジネス国際展開研究会:『水ビジネスの国際展開に向けた課題と具体的方策』、2010 年 4 月、http://www.meti.go.jp/committee/summary/0004625/pdf/g100426b01j.pdf。

来,日本已认识到该政策的缺陷及其带来的问题。因此,日本改变以往的政策,以鼓励企业突破原有的产业框架,参与新的产业领域的竞争,并在此基础上确定和建立新的主导产业。① 这一认识也体现在日本对世界水务市场的研判方面。日本认识到,国际上诸如法国的苏伊士环境集团、威立雅环境集团以及英国的泰晤士水务等欧美跨国巨头在国际水务市场已占先机(见表 2-2),且新加坡、韩国、西班牙等新兴国家的水务企业也纷纷崛起,已处于劣势的日本若再无行动将失去更多的市场。而国内则是日本的机械设备制造商、系统设计和组装建设企业、负责运营管理维护的综合商社及各地水务事业团体三者间呈各自分割状态,缺乏必要的整合与协调,更多的是作为出资参与或作为供给资材设备的分包商出现,未能形成横贯整个水务事业的“产业链”。唯有官民协同,方是可行之策。

表 2-2　三大水务巨头的规模(2008 年)

企业名	水部门收益	相关从业人员	供水人口
苏伊士(法)	1.9 万亿日元	72000 人	1.1 亿人口
威立雅(法)	1.6 万亿日元	78000 人	1.2 亿人口
泰晤士水务(英)	0.6 万亿日元	15000 人	0.7 亿人口

资料来源:吉村和就:『日本の水戦略—ビジネスモデルは—』、http%3A//www.meti.go.jp/committee/materials2/downloadfiles/g100129d03j.pdf。

据上述研判,日本政府最终选定将水务海外发展作为其重点支持的支柱性产业,并为此制定了一系列相关政策。

2. 关联政策倾斜与诱发趋向形成

在政府综合研判的基础上,日本政府及相关省厅、地方自治体据此制定相关的支持措施或倾斜政策,支持该支柱产业的发展。当然,也有相反的情况,

① 陈建安等:《产业结构调整与政府的经济政策——战后日本产业结构调整的政策研究》,上海财经大学出版社 2002 年版,第 12 页。

若政府对某一行业的综合研判是限制其发展的话，那么相关省厅或地方自治体会相应地制定限制政策，而这也同样会对企业“走出去”产生影响。政府的行业研判、产业选择以及政府的引导支持政策会对该行业及其关联企业产生一定的诱发趋向，使得该行业的相关企业积极按照政府的指导路径从事生产经营和战略布局，并尽力达到政府所期望的效果。在这一层次，具体的立法或政策出台是主要的体现形式。

经济立法是战后日本有效控制经济运行的重要支柱和强制手段，政府对企业不断增强的影响是致力于政府规章的运用。① 一般经济法、部门调节法、省厅地位法三者结合，共同构成了日本整套经济法的基础。在一般经济法和省厅地位法提供基础保障的前提下，20 世纪 70 年代作为部门调节法主要表现形式的临时措施法起到了非常重要的作用。从 1978 年 5 月实施《特定萧条产业安定临时措施法》开始，日本陆续确定了 10 个结构调整行业，按照法律规定的程序制定“基本稳定计划”，并对过剩设备进行处理。1978 年 7 月颁布了《特定机械情报产业振兴临时措施法》，将机械、电子、软件开发三大行业列为政策扶持重点，并指定与之相关的 88 种设备或机种作为法律适用对象，明确规定在融资、税收政策上实行倾斜性支持。另一方面也确定了政府主管部门的权力和责任，树立了这些部门制定相关政策和战略的权威性。在法律保障下，形成了精干、善于协调各方的政府控制系统和权威的“领航机构”。

例如在海外资源及能源获取方面，在促进企业获取海外能源权益过程中，日本政府通过顶层设计，始终发挥着至关重要的导向作用，通过顶层的制度设计为能源企业提供法制保障。一方面是制订日本能源的战略与计划，明确日本能源利用和开发的总体规划和发展理念。相关的能源战略有 1978 年的《面向 21 世纪的能源战略》、2005 年的《面向 2030 年的中长期能源战略》以及 2006 年的《新国家能源战略》等，相关的能源计划则有 2003 年、2007 年、2010

① ［美］默里·L. 韦登鲍姆：《全球市场中的企业与政府：第 6 版》，张兆安译，上海人民出版社 2006 年版，第 13 页。

年以及2014年的《能源基本计划》等；另一方面则是制定能源的相关法律，如1962年的《石油业法》、1973年的《石油供需法》、1975年的《石油储备法》、1979年的《节能法》以及2002年的《能源政策基本法》等。

同样，在政府选定将水务事业的海外发展作为重点支柱产业的制度安排下，各相关省厅（主要有国土交通省、外务省、经济产业省以及厚生劳动省等）根据其职责功能分担，都分别制定了具体的支持措施①。

从政策层面来看，明确提及水务海外发展战略的有四个文件。其一，是日本政府在2010年5月21日的《知识产权推进计划2010》中确定了三个战略（国际标准化特定战略、推进强化以内容产业为核心的成长战略以及知识产权的横向强化对策），其中在"国际标准化特定战略"领域中，明确提出根据技术动向、市场动向以及日本优势将先进医疗、水务、新一代汽车、铁路、能源管理、内容媒体及机器人七项领域作为发展重点，并指定厚生劳动省、经济产业省、国土交通省和环境省为负责部门。② 其二，是在2010年6月18日的《新成长战略》中确定环境・能源大国战略、健康大国战略、亚洲经济战略、观光・地域活性化战略、科学・技术・信息通信立国战略、雇用・人才战略和金融战略为7大新成长战略，其中在亚洲经济战略中，明确提出要推进一揽子型基础设施建设的海外展开，其中包括策定、推进自治体水道局等公共事业体的海外展开。③ 其三，是在2013年5月17日制定的《基础设施建设出口战略》中，指出包括水务、废弃物回收在内的生活领域将有着1万亿日元左右的市场规模。④ 其

① 国土交通省：『第2回「海外水インフラPPP協議会」の開催結果概要及び資料の公表について・資料3・各省・関係機関における取り組み』、2011年2月16日、http://www.mlit.go.jp/common/000135513.pdf。

② 知的財産戦略本部：『知的財産推進計画2010』、2010年5月21日、https://www.kantei.go.jp/jp/singi/titeki2/2010keikaku.pdf。

③ 『新成長戦略—「元気な日本」復活のシナリオ—』、2010年6月18日、http://www.kantei.go.jp/jp/sinseichousenryaku/sinseichou01.pdf。

④ 『インフラシステム輸出戦略』、2013年5月17日、https://www.kantei.go.jp/jp/singi/keikyou/dai4/kettei.pdf。

四是2013年6月14日制定的《日本复兴战略-JAPAN is BACK-》，提出海外基础设施建设收益要由目前的10万亿日元扩大至2020年的30万亿日元。①

国家经济计划的中心思想，是政府在经济活动的未来方向上起到一个有远见的引导作用。这种引导力量有时是比较明确的，而有时则表现得较为模糊，但相当多的细节、具体的推行措施则由政府下属的组织结构或相关负责部门来提供。政府会同各地方、私人企业、行业协会、金融机构以及各类民间组织等一起展开工作。

具体到日本而言，在日本政府就经济形势进行综合研判并选定发展产业的情况下，会形成一种政策诱导。在此基础上，日本的相关省厅及金融部门会根据国家的制度安排相应地制定相关法律或支持政策，而具体的政策实施和具体推行则由政策实施机构来辅助完成，同时相关的经济团体和行业协会也会采取一定的支持措施。除上述政府层面外，在企业具体的行为实施前期、中期、后期，还会有科研机构、综合商社、民间银行、相关企业、政府外派机构以及各类咨询机构等提供多领域、全方位的支持，从而构建起日本多主体、多层面地积极支持企业海外发展的官民协同体系。

（三）政策工具选择

所有国家都会出于各种原因干预本国经济，所不同的是政府出于何种目的干预，又是如何进行干预的。日本通常采取的方式是经济上国家干预与市场经济并重，日本干预经济的方式，大体上可以分为制定经济计划，制定宏观的财政政策和金融政策，实行企业国有化以及制定与执行产业政策等方面。重视国家的经济职能，将所谓“看得见的手”和“看不见的手”紧密有机的结

① 首相官邸：『日本再興戦略－JAPAN is BACK－』、2013年6月14日、https://www.kantei.go.jp/jp/singi/keizaisaisei/pdf/saikou_jpn.pdf。

合,形成软硬适度、富于弹性的经济发展体制。①

一国干预经济的方式通常通过经济政策来进行。所谓经济政策,即是在一定的社会经济条件下,政策主体(政府)有意识、有计划地运用一定的政策工具,以实现特定的政策目标。② 日本经济政策的工具主要有财政政策、金融政策、收入政策、贸易政策及外汇政策、直接统制政策、产业政策、对外援助政策以及制定改革政策等。

政府对经济的干预可以分为宏观、补偿和调整三种政策。③ 产业的发展需要配置和利用资源,从根本的意义上说,资源的配置是由社会需求所决定的。当社会需求发生变化,必然要求资源进行重新配置,而对资源的重新配置又必然影响到产业结构的调整。需求结构影响产业结构的机制可以表示为:收入水平提高→消费结构变化→需求结构改变→产业结构变动。④ 自主地调整资源要素的投入,能够实现最优的资源配置,这一过程就是合理化的过程。经济发展之所以需要不断调整产业结构,是为了使其向合理化和高级化的方向转变。国家通过一定的政策来介入资源的配置,进而达到调整产业结构的目的,这便是产业政策。

就日本而言,经济政策中最主要、也是最具特色的当属产业政策。"计划引导国家首先考虑的是产业政策,即关注本国的产业结构并注重完善能加强国际竞争力的产业结构。产业政策的存在就意味着国民经济具有长远的、定向的发展方针。"⑤产业政策是一个土生土长的日本的名词,无法在西方经济

---

① 陈建安等:《产业结构调整与政府的经济政策——战后日本产业结构调整的政策研究》,上海财经大学出版社 2002 年版,第 211 页。

② 陈建安等:《产业结构调整与政府的经济政策——战后日本产业结构调整的政策研究》,上海财经大学出版社 2002 年版,第 1 页。

③ [美]罗伯特·吉尔平:《国际关系政治经济学》,杨宇光等译,上海人民出版社 2011 年版,第 196 页。

④ 陈建安等:《产业结构调整与政府的经济政策——战后日本产业结构调整的政策研究》,上海财经大学出版社 2002 年版,第 187 页。

⑤ [美]查默斯·约翰逊:《通产省与日本奇迹——产业政策的成长(1925—1975)》,金毅、许鸿艳、唐吉洪译,吉林出版集团有限责任公司 2010 年版,第 20 页。

学专业辞典中找到。所谓产业政策，是指一套复杂的政策，涉及保护本国产品，发展战略工业，调整产业结构，以适应当前或未来国内外经济形式的变化。① 日本产业政策是政府为修正市场机制作用和优化经济发展过程，对产业及其结构发展与调整所采取的各种经济政策。② 日本的产业政策，其雏形形成于20世纪50年代。与经济的微观层面与宏观层面相对应，可以将产业政策分为产业合理化政策（与微观对应）和产业结构政策（与宏观对应）。产业合理化政策就是国家制定微观政策，采用旨在改善私人企业经营的措施对企业经营细节的干预，包括企业经营管理的合理化、企业环境的合理化以及企业行业的合理化等。而产业结构政策则主要指政府根据国家利益，改变和调节农业、采矿业、制造业、服务业在国家总生产中的比例，其核心是决定战略工业得到发展还是改行转产。换言之，产业结构政策包括四个方面。

其一，是产业保护政策。日本的产业主要分布在两大领域，一类是面向出口的企业，如家用轿车、家用电器、机械设备及钢铁等生产企业。尽管这些企业的规模不大，只占日本GDP的15%，但由于很早就参与国际竞争，具有很高的生产效率。而另一类则是市场主要面向国内的企业，如服装制造、食品加工业、流通行业、医疗服务业、农业、建筑业等，其经济规模占日本GDP的85%，吸纳了全国90%的劳动人口。③ 第二类产业的生产效率较低，并不具备很强的国际竞争力，但这类产业是受到日本政府的产业保护政策保护的。

其二，是产业扶植政策。扶植将来可能成为主导产业的幼稚产业，即发现新的产业或诱导新的产业生成，这一政策的制定和推行在日本通常是经济产业省（即原来的通商产业省）来负责。日本认为，单纯依靠市场力量永远不会产生迫切需要的转变，即建立起急需的行业。因此，通产省的重要职责就是在

① ［美］查默斯·约翰逊：《通产省与日本奇迹——产业政策的成长（1925—1975）》，金毅、许鸿艳、唐吉洪译，吉林出版集团有限责任公司2010年版，第27页。

② 陈淮：《日本产业政策研究》，中国人民大学出版社1991年版，第3页。

③ 徐平：《战后日本经济发展阶段考察——兼谈赶超经济的体制性缺陷》，《日本学刊》2013年第3期。

经济活动中培养愿意把能源和资金投入新行业和新经济领域的大企业。[①] 例如,近年来日本向海外力推的医疗产业、基础设施建设产业、文化产业等,都属于此类。

其三,是产业促进政策。即通过一定的产业政策,促使已具备一定比较优势和竞争力的行业更好地发展。例如有学者指出,“政府的产业政策在某些战略性行业的投资率方面起了积极作用,比如为石化工业和汽车工业提高质量和拓展市场。”[②]

其四,是产业限制政策。产业的发展如同产品一样,同样具有生命周期。在一批新兴产业发展成熟的同时,必然伴随着另外一批产业的衰落。人们习惯上将这些已经衰落或濒临衰落的产业称之为“夕阳产业”。日本对“夕阳产业”的调整采取了两种方式:或是设备废弃,费用由政府和保留下来的企业负担,或是进行对外直接投资,把过剩设备向海外转移。例如根据 1971 年日本通产省的咨询机构发表的指导方针,将电器、汽车和机床工具等研究和开发密集型、装配型、高附加价值行业定为朝阳产业,而将传统的重工化学工业作为夕阳产业对待。这样使得一些资源密集、污染大的产业无法在国内立足而不得不转移至海外生产。可以说这类企业是上述产业限制政策下被迫向海外发展的。这一政策也促使更多的日本企业在 70 年代以后急速增加对东亚等发展中国家的投资。

产业保护政策属于旧保护主义的范畴,而产业扶植政策和产业促进政策从某种意义上说属于新保护主义的范畴。旧保护主义的主要目的是保护受威胁的产业,支持进口替代战略。而新保护主义与先前的保护主义和国家干预主义有所不同,因为通常它们是有选择的、确定具体部门的,而不是包揽一切

---

① [美]查默斯·约翰逊:《通产省与日本奇迹——产业政策的成长(1925—1975)》,金毅、许鸿艳、唐吉洪译,吉林出版集团有限责任公司 2010 年版,第 30 页。

② [美]查默斯·约翰逊:《通产省与日本奇迹——产业政策的成长(1925—1975)》,金毅、许鸿艳、唐吉洪译,吉林出版集团有限责任公司 2010 年版,第 9 页。

的，并且它们的目的在于扶植或促进特定的工业部门的发展，其主要目的是建立比较优势和在国际上有竞争力的产业，特别是“高附加价值”的部门，并且推动以出口为导向的发展战略。①

谈到产业结构调整的效果，从日本的对外贸易角度来看，在20世纪50年代前半期，将近30%的出口仍然是纤维和纺织品，另外20%是杂货，只有14%属于机械类别。但到60年代前半期，在投资热之后，出口结构发生了最大变化。纤维和纺织品下降到8%，杂货降为14%，而机械则居首要地位，上升到30%，其次26%是金属制品。② 同样，再从日本的对外直接投资来看也是如此。日本对外直接投资领域在不同时期的变化也反映了日本产业结构调整的顺序。如20世纪50—60年代，对外直接投资主要集中在纤维、日用品等劳动密集型的轻工业；70年代对外投资主要以钢铁、造船、石油化学等重化学工业为中心；80年代，投资领域转向了汽车、电气机械、工作机械等组装加工工业。③ 可见，日本国内进行的产业结构调整深深地影响着日本对外直接投资领域的结构变化。这一结果可以说是在上述多重产业结构调整复合作用之下产生的。

实施产业政策的方式一般有三种，即行政控制、民间自我协调和行政指导。④ 日本的行政指导很有特色，尤其是原来的通产省（现今的经济产业省）的行政指导极其重要。据说通产省非正式的行政指导的效力就根源于它的“武士刀”：政府和产业界都发现，按这个基础行事要比实际运用诉讼和惩罚之剑更为方便。⑤ 极其生动而形象地说明了行政指导的“威力”。

---

① ［美］罗伯特·吉尔平：《国际关系政治经济学》，杨宇光等译，上海人民出版社2011年版，第195页。

② ［美］查默斯·约翰逊：《通产省与日本奇迹——产业政策的成长（1925—1975）》，金毅、许鸿艳、唐吉洪译，吉林出版集团有限责任公司2010年版，第33页。

③ 陈建安：《面向21世纪的日本经济》，上海科学技术文献出版社1994年版，第17页。

④ ［美］查默斯·约翰逊：《通产省与日本奇迹——产业政策的成长（1925—1975）》，金毅、许鸿艳、唐吉洪译，吉林出版集团有限责任公司2010年版，第31页。

⑤ ［美］查默斯·约翰逊：《通产省与日本奇迹——产业政策的成长（1925—1975）》，金毅、许鸿艳、唐吉洪译，吉林出版集团有限责任公司2010年版，第43页。

为达到一定的政策目标,就需要使用一定的政策工具,政策目标和政策工具组成一个复杂的体系,且政策工具之间相互影响和相互制约,使得政策工具的选择及其搭配成为决定目标能否实现的决定性因素。① 那么在产业结构调整政策之下,日本政府又选择了哪些具体的政策工具支持企业向海外发展呢?

(1)提供出口补贴。即政府直接为某些面向出口的企业或产业提供补贴,以增强其国际竞争力。“政府以许多方式给私人活动提供补贴。通过承担一部分私人生产的成本,补贴提高了被补贴产品和相关其他项目的需求。”②日本政府为支持企业的海外发展,有时会在年度预算中不断增加对企业海外事业发展的财政支持。以 2011 年为例,日本政府曾在 2011 年内四次追加预算,使 2011 年度预算总额达 107.5 万亿日元(约合 1.38 万亿美元),主要用于灾后重建以及促进企业的海外发展。这是自 1947 年以来日本首次在一个财政年度中提出四次补充预算。第四次补充预算 25345 亿日元中,3000 亿日元(38.4 亿美元)用于恢复此前实施过的环保汽车销售补贴,约 7314 亿日元(93.7 亿美元)用于帮助受到泰国洪灾和日元升值打击的中小企业,另有 2 亿日元将用于获得稀土等海外资源。③ 再如为促进企业海外能源权益的获取,日本设立了海外矿产资源勘查开发补助金制度,为本国企业在海外进行的矿产资源调查、开发等给予资金支持。补助金由国家财政支出,规模约为 6—7 亿日元,补助金年率为 0.4%左右,基本上属于无偿性质。

财政支出的效果基本上限于支出当年,预算补贴在几年后也会用完,所以财政政策虽然有助于促使经济自动恢复,但是并不能改善经济状况本身。民

① 陈建安等:《产业结构调整与政府的经济政策——战后日本产业结构调整的政策研究》,上海财经大学出版社 2002 年版,第 3 页。

② [美]默里·L. 韦登鲍姆:《全球市场中的企业与政府:第 6 版》,张兆安译,上海人民出版社 2006 年版,第 12 页。

③ 日本経済産業省:「経済産業省関連　平成 23 年度第四次補正予算の概要」、2012 年 2 月、http://www.meti.go.jp/main/yosan2011/20120213-1.pdf。

间消费和投资才是维系经济持续增长的关键所在,当两者萎靡不振时增大支付财政支出仍然无济于事。所以在凯恩斯看来,政府的作用只限于解决短期性问题。他在《货币理论》中说过一句非常有名的话:"'长远'往往会误导对时事的判断。从长远来看,我们都是要死的。"①可见,财政预算方面的支持有其局限性。

(2)调整税制。日本政府通常利用税收这一权利,向市场发出强烈的信号,并将税收优惠作为指导民间企业向海外发展、开展经营活动的一种激励举措,并最终影响企业决策。自从道奇停止了通过价差和复兴金融银行贷款所形成的补贴后,通产省企业局就决定从税收方面另辟蹊径。早在 1951 年,日本政府为了执行其产业政策,就以税收减免为主要手段来代替直接的补贴。②日本政府为鼓励出口,实施了出口收入扣除制度,即从应税收入中扣除一定比例的出口收入,这项制度也起到了减税及增加投资的效果。1957 年下半年,适用于出口收入扣除制度的部分在钢铁企业的总收入中占 11.8%,仅次于适用于特别折旧部分的 13.20%。1963 年废除这项制度后,改为出口增额折旧制度(1977 年废除)和开拓国外市场准备金制度。1972 年以后,后者只适用于资本金在 10 亿日元以下的中小企业,1977 年更名为"中小企业开拓国外市场准备金制度"。③ 为了鼓励企业积极开发和获取海外能源,日本设立有备用金制度(主要有探矿备用金和海外探矿备用金两种)和税费特别扣减制度(适用于海外新矿床探矿费用、采矿坑道、采矿排水通风坑道费用的特别扣减及补加折旧等)。④ 又如日本内阁 2010 年 12 月 17 日批准数项税收改革议案,同

① [日]池田信夫:《失去的二十年:日本经济长期停滞的真正原因》,胡文静译,机械工业出版社 2012 年版,第 51 页。

② Nakamura,1969,p. 309. 转引自[美]查默斯·约翰逊:《通产省与日本奇迹——产业政策的成长(1925—1975)》,金毅、许鸿艳、唐吉洪译,吉林出版集团有限责任公司 2010 年版,第 255 页。

③ 陈建安等:《产业结构调整与政府的经济政策——战后日本产业结构调整的政策研究》,上海财经大学出版社 2002 年版,第 82 页。

④ 姜雅:《日本的能源战略机制是如何建立的》,《国土资源情报》2010 年第 6 期。

意降低企业所得税税率 5 个百分点,以刺激国内经济走出萧条。这是日本 12 年来首次削减企业所得税,税率调整后,日本公司每年将节省大约 1.5 万亿日元(约合 178 亿美元)。2011 年 6 月通过的“新成长战略”还进一步下调了法人税,以使其更加符合国际标准,以支持日本企业的海外发展①。减免税收政策要优于补贴,因为税收优惠只有在企业完成政府指定的任务之后才能实现,而补贴则是在完成任务之前发放,所以补贴有时不能对企业的成就起到促进作用。②

(3)由政府系统金融机构实施低息贷款。例如日本进出口银行为解决 70 年代以来国际收支顺差持高不下的问题,采取了外汇贷款制度,下调了进出口银行的海外投资金融利率,扩大海外投资损失准备金制度等各种激励对外直接投资的措施。再如为应对日元升值,日本政府从 2011 年夏季起开始实施支持日本企业开展海外并购的贷款制度(该制度使用“外汇资金特别账户”的美元资金,规模达 10 万亿日元)。“在现实中,这些信贷项目是一种隐性的补贴形式,并代表着一种关键性的机制。政府凭借这种机制,就能够影响到私人企业的命运。……其一般意义就在于为了激励某种活动,通常是为了促使竞争性市场不愿投入经营的领域能够更多地生产和消费。”③

(4)外汇配额管理。如 20 世纪 50 年代以后,在进出口方面,日本通过制定《外汇及外国贸易管理法》,对所扶植的产业和企业优先分配外汇,以利于它们从国外进口必要的先进技术和设备。

(5)在政府主导下成立相关机构或公司。如 1955 年 12 月设立的石油资

① 経済産業省:『「新成長戦略」実現に向けて(これまでの進展と、今後の課題)』、2011 年 1 月。

② Ekonomisuto Editorial Board,1:51-52. 转引自[美]查默斯·约翰逊:《通产省与日本奇迹——产业政策的成长(1925—1975)》,金毅、许鸿艳、唐吉洪译,吉林出版集团有限责任公司 2010 年版,第 256 页。

③ [美]默里·L. 韦登鲍姆:《全球市场中的企业与政府:第 6 版》,张兆安译,上海人民出版社 2006 年版,第 303 页。

源开发公司，其成立资金 10.2 亿日元中，政府提供的资金占到了 56.5%。此外还有 1966 年设立的国际石油开发公司也是日本政府成立的国策企业，经济产业省持有 36%的股份，政府控股的石油资源开发公司持 12.9%的股份。上述在日本政府主导下成立的公司或机构，因其设立性质及充足的资金，在日本的海外能源开发中发挥了重要作用。

(6)对企业间的合作予以行政指导。有时日本政府会有意识地引导企业间的合作，“日本人的合作也许是、有时确实是日本政府和其他机构刻意策动的”①。合并与改组政策一直被认为是产业政策中最得力的政策手段之一，是进行产业结构调整不可或缺的内容。因为主导产业成长的过程中，当企业规模相对较小，与国际大型企业相比处于绝对劣势地位时，鼓励企业进行合并与改组，从外部改变企业规模，从而扩大生产规模，实现规模经济，以抑制小规模的过度竞争，提高企业的国际竞争能力，把企业从国内市场推向国际市场。②如在 20 世纪 60 年代，为培养本国的石油资本，实现石油企业的“联合化和集约化”，日本政府“对亚洲石油、东亚石油、日本矿业三家公司合作重组进行了积极引导和斡旋，”③当时的通产省也在财政投融资方面给予了积极的扶持。此外，近年来日本政府积极介入，将国内最大的石油资源开发商“国际石油开发公司”与“帝国石油公司”以联合控股的形式重组为“国际石油开发帝石控股公司”，以增强其国际竞争力。

任何实现市场经济的国家，为了谋求国民经济对内和对外的平衡，减少各经济主体的盲目性，都会运用一系列政策工具，实现一定时期内产业结构调整的具体目标。然而，像日本那样有如此完整的政策体系、如此有效的政策工具搭配，并在产业结构调整中起了如此重要的作用，在第二次世界大战后，西方

① [美]查默斯·约翰逊:《通产省与日本奇迹——产业政策的成长(1925—1975)》，金毅、许鸿艳、唐吉洪译，吉林出版集团有限责任公司 2010 年版，第 8 页。

② 陈建安等:《产业结构调整与政府的经济政策——战后日本产业结构调整的政策研究》，上海财经大学出版社 2002 年版，第 178 页。

③ 尹晓亮:《战后日本能源政策》，社会科学文献出版社 2011 年版，第 93 页。

发达国家中实属少见。对于日本产业政策的评价,正如查默斯·约翰逊所言,"我不能证明,如果没有政府的产业政策日本某个特定的行业就根本不能出现和成长,尽管这类例子很容易被想出。我相信某个特定行业没有产业政策支持时(该行业的假想轨道)的发展情况,和有产业政策支持时(该行业的真实轨道)的发展情况是有差别的。"继而查默斯·约翰逊还通过博尔索(Boltho)进行的跨国比较研究进一步指出:"最合适与日本作比较的三个国家(法国、德国和意大利),都具有日本起步阶段全部或部分的优越条件——例如灵活的劳动力市场、非常有利(事实上可说更加有利)的国际环境及运用最先进的技术重建产业结构的可能性。但也有其他非常不同的情况。最重要的差别可能在经济政策方面。日本实行的国家干预和保护政策比任何三个欧洲国家的程度都高很多,这就使日本接近另外一种类型的国家——中央集权计划经济国家。"①

第二节　首脑外交与政府开发援助

政府的导向型制度安排属于顶层设计,但若具体推行,还需政府及相关部门的积极配合与支持。从国家视角来看,政府层面的直接或间接支持对企业的海外发展至关重要。"纵观历史,经济因素向来在国际关系中起着重要作用。经济目标、资源以及外交政策手段,在各种政治集团的斗争中始终是举足轻重的因素。"②尽管"各国之间相互关系主要是政治和战略上的,而不是经济上的",但"政治关系为经济活动提供了框架"。③ 有些政府也了解到,应该在

① [美]查默斯·约翰逊:《通产省与日本奇迹——产业政策的成长(1925—1975)》,金毅、许鸿艳、唐吉洪译,吉林出版集团有限责任公司2010年版,第32—33页。

② [美]罗伯特·吉尔平:《国际关系政治经济学》,杨宇光等译,上海人民出版社2011年版,第2页。

③ [美]罗伯特·吉尔平:《国际关系政治经济学》,杨宇光等译,上海人民出版社2011年版,第79页。

21世纪发展的全球市场范围中去参与竞争。① 政府的首脑外交以及政府实施的开发援助等活动都在直接或间接地支持着企业的海外发展。谈到国家政府间关系对企业海外发展的重要性时，曾任野村综合研究所株式会社执行董事高级副总裁的山田泽明曾讲道：“政府应该不断地提供一些支持，促进政府和政府之间的关系改善，而且要改善投资环境，这样才可以更好地建立起一种双赢的合作伙伴关系，才能够使对外投资项目顺利开展。而日本的政府实际上起到了一些指导作用，也是一个很好的例子。”②

（一）首脑外交

日本对各国除了一般的首脑访问外，有的地区和国家建立有固定的首脑交流机制。这是日本政府首脑外交的重要平台，同时也是通过政府层面的交流为日本企业“走出去”扫清障碍，铺平道路。正如安倍在2013年4月发表的“成长战略演说”中提及的那样，“与基础设施及制度相关的商业活动，在很多国家都处于政府的控制之下。毕竟，这是一个首脑外交‘至关重要’的世界。”③为强化官民一体机制，日本甚至规定以内阁总理大臣为首的阁僚进行首脑外交的次数每年应在10次以上。④ 另外，在日本政府于2016年5月23日制定的《基础设施建设出口战略》中，在谈及日本对外推介基础设施建设出口战略时，就提到要“推进多彩的、强有力的首脑外交及战略性的对外宣传”，并具体提到：

> 总理大臣、内阁成员出访外国，民间企业领导要同行，开展以政

① ［美］默里·L. 韦登鲍姆：《全球市场中的企业与政府：第6版》，张兆安译，上海人民出版社2006年版，第229—230页。

② 越石：《日本企业“走出去”曾经的教训和经验》，《国际融资》2009年第12期。

③ 安倍晋三：「成長戦略スピーチ」、2013年4月19日、http://www.kantei.go.jp/jp/96_abe/statement/2013/0419speech.html。

④ 首相官邸：『日本再興戦略－JAPAN is BACK－』、2013年6月14日、https://www.kantei.go.jp/jp/singi/keizaisaisei/pdf/saikou_jpn.pdf。

府一体、官民合作的首脑外交,要灵活运用各种政府间的协议,向对象国就改善契约条件及完善制度等提出“首脑诉求”。同时与熟知对象国及合作领域的议员联盟的议员外交等活动进行协同配合。另外,外国政要访日之际,要通过视察或试乘我国的基础设施系统,以令其感受日本基础设施系统的优良品质,同时对日本的“高质基础设施”的整体印象及各领域的技术优势要采取浅显易懂、有视觉效果的宣传方式,进行战略性的推广活动。①

日本通过积极的经济外交,与相关国家或地区建立良好关系或签订国家层面的合作协议,为日本企业的进入创造了良好的营商环境。下面即就日本对非洲及东南亚地区的首脑外交作为分析主体。

1. 日本对非洲地区的首脑外交

日非经济关系的发展,从 1993 年起有了一个新的发展平台,那就是非洲发展会议的召开。非洲发展会议(Tokyo International Conferenceon African Development,又称之为东京非洲发展国际会议,简称 TICAD),是由联合国、联合国开发计划署及世界银行等国际机构与日本政府共同举办,以非洲发展为主题的国际会议,因第一届于 1993 年在日本东京召开而得名。此后每五年召开一次,又被称作“日非首脑峰会”。

1993 年于日本东京召开的第一届非洲发展会议(简称 TICAD Ⅰ)上,日本阐述了自身积极实施援助政策的同时也强调了非洲各国自助努力的必要性,“自助”“自立”“重视成长”成为本次会议的三个关键词。尽管当时的日本政府提出要在环境保护、生活环境改善等方面为非洲国家提供援助,但在实际的资金援助中仅仅提出对发展中涉及的环境保护问题增加 1 万亿日元的政府开发援助。尽管如此,日本对第一届非洲发展会议的召开评价很高,认为其在一定程度上改变了“冷战结束后国际社会蔓延的援助疲劳及非洲

① 首相官邸:『インフラシステム輸出戦略(平成 28 年度改訂版)』、http://www.kantei.go.jp/jp/singi/keikyou/dai30/siryou3.pdf、2016 年 5 月 23 日。

悲观主义的状况，再次唤起了对非洲发展问题的重视，引起了国际社会对非洲的积极关注”。①

第二届非洲发展会议（简称 TICAD Ⅱ）于 1998 年仍在东京召开，当时日本的非洲政策主要侧重于社会发展方面。日本与经济合作发展组织（OECD）的发展援助委员会（DAC）达成意向，共同主导推行“DAC 新发展战略”。即在教育、保健、贫困人口援助等方面支持非洲的发展，并提出了带有具体指标的“东京行动计划”，涉及 370 个具体项目。

第三届非洲发展会议（简称 TICAD Ⅲ）于 2003 年在东京召开，此次会议以重视非洲的发展为视点，强调国际社会对非援助的集结以及伙伴关系的扩大。当时的小泉政权提出了通过和平稳定、注重人才开发、发展经济以消除贫困的三大非洲政策。第二届与第三届非洲发展会议主要宗旨在于解决贫困问题，但对具体的环境保护政策并未涉及。

第四届非洲发展会议（简称 TICAD Ⅳ）于 2008 年在横滨举行。此次会议以“努力打造充满活力的非洲”为主题，会议所确立的研讨重点有三，其一是促进非洲经济加速发展；其二是实现非洲国家的长治久安；其三是应对环境保护和气候变化问题。相对于前三次非洲发展会议所重点关注的社会发展、人才开发等议题，第四届非洲发展会议逐渐增加了基础设施建设、贸易投资促进、民间合作等议题。

总之，20 世纪 90 年代以后，日本充分利用非洲发展会议这一交流平台，从经贸、投资、援助三方面致力于发展同非洲各国的经济关系，并将其视为对非政策的基础。

第五次非洲发展会议的召开（2013 年），正值非洲联盟的前身非洲统一组

① アフリカ協会，アフリカ開発協会，早稲田大学国際戦略研究所．TICADV 政策提言．[2013－3]．http://www.kikou.waseda.ac.jp/uploadfile/news/00273/JPN/%E6%94%BF%E7%AD%96%E6%8F%90%E8%A8%801－2%EF%BC%880329%EF%BC%89_20130401135449_7pp38j2p6sqd9p10lq3r22vcu4.pdf.

织成立50周年,安倍政权首次邀请非盟参与这一国际会议的筹备工作,同时提出了包括援助、投资、人才培养等在内的多项政策,积极向非洲国家“示好”。安倍政权有意通过这次会议改变日本在非洲扮演的角色,那就是由援助提供者转变为非洲国家的经济投资伙伴,积极发展与非洲各国的经济关系。

安倍曾在第五次非洲发展会议期间讲道:“除天然资源外,急速扩大的非洲市场在吸引着日本企业,日本企业对于扩大同富有魅力的非洲之间的经贸关系有着强烈的意愿。”①可见,安倍政权也希望借助非洲经济的高速发展,来实现日本自身的经济复苏。

2016年8月27、28日,日本主导的第六届非洲开发会议(TICAD VI)在肯尼亚首都内罗毕(Nairobi)召开,这是自1993年会议召开以来首次在非洲举办。会议期间,日本首相安倍晋三宣布:在未来三年,日本计划向非洲投资300亿美元,其中100亿美元将投向与非盟合作的基础设施项目。

有研究指出,日本对非洲的开发援助只集中在少数几个国家。很明显这些接受日本援助的国家同时也成为日本进口原材料的重要来源国。就日本在非洲的经济外交而言,对非洲的出口市场无疑是一片潜力无限且至关重要的领域,而日本出口的基础设施项目中既有硬件又有软件,这点尤为关键。尤其是通过像日本国际协力机构这样的组织,在农业发展、水资源、教育和医疗的能力建设上确实给了非洲很多帮助。

2. 日本对东南亚的首脑外交

由于地缘关系及历史因素,日本企业进入东南亚比较早,有一定根基。“从外部国际环境来讲,对于资源匮乏的日本,东盟等国家既是其廉价的原料资源提供者,也是其重要的工业品销售市场。”②因此,日本向来注重对包括东盟在内的东南亚各国的外交关系。

---

① 安倍晋三. TICAD V 全体会合 3-民間との対話-安倍総理スピーチ[EB/OL]. [2013-06-01]. http://www.mofa.go.jp/mofaj/press/page5_000171.html。

② 乔林生:《日本对外政策与东盟》,人民出版社2006年版,第6页。

1974年田中角荣出访东盟五国,1977年福田赳夫出席东盟首脑扩大会议并发表了名为“日本的东南亚政策”的演说,即所谓的“福田主义”。福田内阁时期还启动了“日本—东盟论坛”,成为日本与东南亚各国外交关系的重要载体和交流平台。1983年,中曾根康弘首相出访东盟,并决定为东盟提供2000亿日元的援助。1987年12月,新当选的首相竹下登选择将首访的对象确定为东南亚地区,并作为唯一的非东盟成员国政府首脑受邀出席了第三届东盟首脑会议。会议期间,竹下首相表示为进一步促进东盟民间经济部门的发展及地区内的经济合作,承诺在3年内提供不低于20亿美元的“东盟日本开发基金”,同时还提出了旨在促进双方交流的“日本—东盟综合交流计划”。

东盟成立30周年之际,桥本龙太郎首相于1997年访问东南亚各国,在新加坡发表的题为《为迎接日本与东盟的新时代而改革——建立更深更广的伙伴关系》的演说中,指出要建立日本与东南亚各国间的首脑对话机制,进一步增进首脑间的个人信赖关系,密切各种层次的交流,加强安全领域的对话合作等。①

1998年12月,日本首相小渊惠三出访东南亚国家时,在越南河内发表演说,就发展日本与东盟间的合作提出四点倡议:一是加强首脑对话,提出2020构想,建议设置日本—东盟协议会;二是3年内提供6000亿日元特别优惠贷款;三是利用ODA救济社会弱势群体;四是促进人员对话与文化交流等。②

进入21世纪之后,日本对东盟的首脑外交有增无减。2001年上台的日本首相小泉纯一郎曾数次出访东盟国家,并在任内提出在IT领域、湄公河地区开发、教育和人力资源领域等方面加强与东盟的经济合作。

安倍晋三首相重视东盟也是为了进一步开拓东南亚市场,拉动日本经济增长。安倍内阁积极展开重视东盟的外交战略,因为东南亚战略地位重要,这

① [日]外务省编:《外交蓝皮书》第1卷,1998年,第186—193页。
② [日]外务省编:《外交蓝皮书》第1卷,1999年,第246—251页。

一点从美国的亚太再平衡战略来看也非常明显。东南亚已经成为经济发展的活跃地区,而且因为不少国家目前正处于发展阶段,所以非常容易在外交上取得成果。

自安倍晋三首相 2012 年 12 月上任以来,倡导“积极和平主义”外交,在不到 11 个月的时间里走遍东盟 10 国,也是迄今为止日本首相没有做过的事,显示出安倍首相对东南亚地区的重视。安倍遍访东盟 10 国的重点在于促进投资、医疗健康领域,以及双边多边的安保合作等。例如安倍于 2013 年 11 月 17 日访问老挝时希望加强与老挝外交和国防部门的沟通。为促进日本民营企业对老挝的投资,日本贸易振兴机构(JETRO)在老挝新设立办事处,并计划开通日老两国间的直航线路。

安倍晋三的继任者菅义伟内阁也同样注重对东南亚的首脑外交,将东盟国家视为日本一直倡导的“自由开放的印度太平洋”的重要伙伴。菅义伟首相将越南作为自己首次出访的国家。菅义伟于 2020 年 10 月访问越南期间,与越南签署了战略伙伴协议,双方将在兴建核电厂、沟通开采稀土等方面加强合作。随后菅义伟还访问了印尼,并承诺为印尼提供 500 亿日元(约合 32 亿元人民币)的贷款,强化印尼在自然灾害应对等方面的“防灾措施”,以减轻印尼在该方面的经济负担。

3. 日本首脑外交涉及的领域

(1)基础建设设施领域

近年来,日本政府非常鼓励本国企业投资于海外的基础设施建设,一方面可以为该领域的日本企业提供投资、出口的机会,另一方面也可改善投资地的基础环境,为未来进入当地的日本企业提供便利的营商环境。

2010 年 3 月,为使日本企业未来能够夺得亚洲新兴市场国家核电站的建设订单,日本首相鸠山由纪夫专门就越南核电站建设计划向越南总理致送亲笔信,表明为促成这一订单,日本将设立一个由政府与电力公司等合作的新公司,以官民携手的方式来进行竞标。

湄公河地区在历史上饱受战乱和政治动荡之苦,至今仍是东南亚最贫困的地区。2012 年 4 月 21 日在东京召开的第四届日本与湄公河流域国家(柬埔寨、老挝、缅甸、泰国和越南)首脑会议上,日本公布了在该地区动工 57 个基础设施建设项目的计划,估计将耗资约 2.3 万亿日元(约合 282 亿美元)。日本承诺,今后 3 年(2015 年之前)将向湄公河流域五国提供 6000 亿日元(约合 74 亿美元)的发展援助,以期促进这个资源丰富地区的发展。日本表示将加强对硬件和软件基础设施建设工程的支持,尤其是开发东—西经济走廊和南部经济走廊的项目。这些走廊将连接湄公河流域各国,从而增强交通的连通性和贸易的便利性。会议还通过了名为《东京战略 2012》的共同文件,内容包括通过改善交通网以加强区域内各国的联系、在东日本大地震和泰国洪灾基础上加强防灾合作等。为了促进增长,依赖出口的日本经济需要吸引廉价劳动力和投资。时任首相野田佳彦表示,“只有湄公河地区实现稳定繁荣,东亚才有可能实现稳定繁荣。日本政府将把湄公河地区作为重要援助对象,并且继续展开坚实合作。”

高铁是日本近年来重点向国外推广的项目。安倍首相在 2013 年 2 月举行的日美首脑会谈中,曾向奥巴马提议希望美国引进日本的磁悬浮列车。同时,为考虑到美方的习惯,当天试乘时还特意将磁悬浮列车的时速改用英里进行表示。试乘结束后,安倍对媒体表示,“我们希望将日本的技术提供给包括美国在内的世界各国,以此拉动经济增长。”①访问美国的日本首相安倍晋三于 2013 年 9 月 25 日在纽约证券交易所发表演讲,当提及美国的高速铁路建设计划时曾表示“日本拥有超导磁悬浮技术,1 小时就能连接纽约与华盛顿”,对于美国东海岸的磁悬浮出口,安倍表示“已向奥巴马总统提议首先连接(靠近首都的)巴尔的摩和华盛顿”,指出可先于 2027 年竣工的东京—名古屋线路开通部分路段。日本政府将与各企业展开合作,促进安全性优越的新干线

① 日经中文网:《安倍“亲身”推销日本磁悬浮》,http://cn.nikkei.com/politicsaeconomy/politicsasociety/8845-20140414.html。

和磁悬浮的出口。①

2014 年 4 月 12 日,日本首相安倍晋三在 JR 东海公司的山梨磁悬浮列车试验中心试乘了新型磁悬浮列车。日本政府想借美国东海岸的高速铁路构想向美国推广日本的磁悬浮技术。美国驻日大使肯尼迪也受邀一同乘坐了列车。肯尼迪表示“乘坐的感觉非常舒适”,并答应安倍“会将乘车后的舒适感觉转达给奥巴马总统”。

安倍在 2015 年 4 月访问美国时,特意选择访问西部的加利福尼亚州的洛杉矶和旧金山,与高速铁路计划相关人士、风险企业经营者和日裔美国人进行交流,旨在推动日本企业获得该州规划中的高铁建设项目订单。

日本首脑还积极在非洲推广日本的基础设施建设。2013 年 6 月 1—3 日在横滨召开的第五次非洲发展会议(TICAD)上,通过了一份旨在通过以基础设施等领域的民间投资促进非洲经济增长的《横滨宣言》,并汇总了一份今后 5 年间(2013—2017 年)日本对非支援内容的行动计划。日本计划在未来 5 年内投资 65 亿美元,加强非洲的基础设施建设。计划在肯尼亚、莫桑比克等 10 个非洲国家开展旨在整备基础设施建设的“战略性基本计划”,以促进日本企业投资的扩大和非洲经济的发展。该计划由日本国际协力机构(JICA)从各国政府承包并进行筹划。首先是主要城市的城市规划、交通网以及电网等基础设施的建设计划,尤其是将优先连接内陆地区和沿海地区的干线道路、铁路建设等“国际走廊”以及电网的完善。其次是应用日本的技术和经验,在改善和解决随着非洲人口激增而出现的主要城市的交通拥堵、垃圾处理、上下水道整备等课题方面积极发挥作用。第三是在非洲 20 个国家更新国境的通关系统,使妨碍物流的通关更加顺畅。日本在菲律宾和印度尼西亚等地有承包基础设施建设的成功经验②,日本认为非洲国家若采用上述计划,将使日本的

① 日经中文网:《安倍:1 小时连接纽约和华盛顿》,http://cn.nikkei.com/politicsaeconomy/politicsasociety/6643-20130926.html。

② アフリカ10カ国でインフラ開発戦略　首相表明[N]. 日本経済新聞,2013-06-01。

企业及早把握信息，获取订单。

(2)资源能源领域

日本经常通过积极的资源能源外交，与资源能源拥有国建立良好关系或签订资源能源领域的合作协议，为日本企业未来资源能源的开发与获取创造条件。日本还通过政府开发援助(ODA)以及技术援助等方式加强与资源能源拥有国的关系。

2013年5月15—18日，推进非洲与日本资源开发合作的国际会议“J-SUMIT(国际资源商务峰会)”在东京举行。包括日本在内的世界各国的相关资源企业约2000人与会，莫桑比克、马达加斯加、尼日尔和博茨瓦纳等15个非洲国家的资源部长首次聚首日本。时任日本经济产业大臣茂木敏充公布了日非资源开发促进计划，日本政府将通过“石油天然气和金属矿物资源机构”(JOGMEC)出资或以债务担保等形式，向在非洲开发石油、天然气和矿物资源的日本企业提供总额达20亿美元的资金支持，并就矿山周边的环保问题等提供协助。此外，日本政府还将完善当地的电力、水、港湾等资源型基建，并向在矿山周边建造学校、医院等设施的日企提供援助。同时还计划培养1000名资源产业的相关技术人员以及提供使用人工卫星勘探资源的技术等。

2013年5月和10月，日本首相安倍晋三在半年之内两访土耳其，其实质性任务就是帮日本企业做高级推销员，为了向土耳其推销日本的核电力设备。自从日本发生福岛第一核电站事故之后，这还是首次由首相亲自出面推销日本企业生产的核电力设备。在10月的访问中，安倍晋三与土耳其总理埃尔多安举行了会谈。围绕此前土耳其方面计划在黑海沿岸锡诺普建设4座核电站的计划，日本三菱重工业等企业与土耳其政府方面签署了合作备忘录，此外，为了推动核能技术开发与安全研究，日、土两国将合力设立科学技术大学以培养相应的人才，并发表了核能源及科学技术合作共同宣言。

(3)人才交流领域

2013年6月1—3日，第五次非洲发展会议(TICAD)在横滨召开，包括39

名非洲国家领导人在内的51个非洲国家以及国际机构的代表出席了会议。此次会议以“携手跃动的非洲”为主题，在6月3日通过的旨在通过基础设施等领域的民间投资促进非洲经济增长的《横滨宣言》中提及，在人才培养方面，非洲各国都相继提出创造更多的就业机会是目前非洲最大的课题，各国都依赖资源出口，年轻人的失业率高。随着基础设施建设的推进，提供主要就业机会的制造业和农业是否因此能得到发展是关键。为此，安倍提出“有出口的教育”这一观点，承诺5年间将为非洲培养3万名产业人才，用以支持日本企业的非洲发展。以日本企业进入的25个国家为对象，建立10所“TICAD产业人才培训中心”，根据进入企业的事业领域实施相应的职业教育。此外以“安倍倡议”的名义，由日本的大学、大学院、企业接收非洲的年轻人员，规模为5年间1000人，日本企业为其提供实习机会，作为将来进入非洲日本企业的干部来培养。① 再加上由JICA、HIDA（海外产业人才育成学会）实施的人才培养事业和国费留学生制度等，今后5年内培养3万人。②

（4）医疗领域

近年来，日本整体推进医疗产业的国际化，出台了多项相关政策，政府及相关省厅积极进行外交努力，致力于医疗产业的国际化。

向海外拓展医疗业务是安倍政府经济发展战略的主要内容之一。因此，安倍在访问柬埔寨和老挝时，都极力推销日本的医疗保健业，日本希望把医疗保健技术、医疗保险制度和医疗人才培养项目打包出口到东南亚。安倍于2013年11月17日访问老挝时表示将加强与老挝在医疗领域的合作。日本政府还设立官民联合专项小组，负责向东南亚湄公河流域5国推介“日式医疗”。

（5）和食领域

“日本制造的精神还存在于饮食文化之中”，2014年9月24日，在美国纽

① アフリカ「官民で支援」 首相、ODA1.4兆円表明[N].日本経済新聞』,2013-06-01。

② 安倍晋三.TICAD V開会式・安倍総理オープニングスピーチ」[EB/OL].[2013-06-01].http://www.mofa.go.jp/mofaj/files/000005502.pdf。

约举行的联合国大会期间，身着日本传统和服的安倍晋三在举办宣传和食魅力的活动时进行了如上表述。此次联合国大会各国首脑齐聚，共约 270 人参加了此次活动，包括 8 个国家的领导人和 9 个国家的外长等。美国主厨亲自挑选了和牛和甜瓜等日本食材精心烹制了地道的日本料理。因大受欢迎，很多料理被当场一清而空。安倍称，这正“体现了和食的款待之心”。在此之前，安倍在与澳大利亚总理阿博特的会谈时也特意选在寿司店举行。在美国总统奥巴马 2014 年 4 月访问日本时，安倍也特意邀请其前往银座的高档寿司店。而对于素食主义者的印度首相莫迪，安倍则是以京都的精进料理（日本的素食料理）盛情款待。安倍首相一直借助美食来抓住访问日本的各国领导人的心，开展积极的“和食外交”。[①]

（6）农业领域

2013 年第五次非洲发展会议（TICAD）在横滨召开期间，安倍指出，非洲应由“为了粮食”向“为了收入”的农业转变。为了促进这种转变，日本政府将在非洲 10 个国家开展利用“SHEP 方式”[②]来增加农民收入。同时使撒哈拉以南非洲各国的水稻产量比 2007 年相比增长 2 倍，达到 2800 万吨的目标。[③]此外，日本还计划培养相关技术指导人员 1000 名，并培养 5 万人的小农组织。

（7）环保领域

2013 年，日本以 34 个国家为主要对象，通过名为“TREES 倡议”[④]的活动，阻止森林面积的减少；为开发低碳能源，提供 2000 亿日元资金支持；通过

---

① 日经中文网：《安倍把“和食外交”带到纽约》，http://cn.nikkei.com/politicsaeconomy/politicsasociety/11215-20140926.html。

② SHEP 方式：发展小规模园艺农业，农民自身通过参加市场调查，选定有销售预期的作物进行种植，以增加收入，实现由自给自足农业向储蓄农业的转变，日本将为农民提供相关的研修和培训。

③ アフリカ「官民で支援」 首相、ODA 1.4 兆円表明.『日本経済新聞』，2013-06-01.

④ TREES 倡议：即通过森林・自然环境的管理，以实现保护生物多样性及地区活性化相平衡的一种机制。

环境技术的提供以促进抵消温暖化气体排放的“双边信用制度”。①

(8)保健领域。2013年,安倍指出要通过政府、民间的力量,运用PPP模式,作为日本的外交战略,在非洲推进日本国内所实行的UHC制度(Universal Care coverage,即全面医疗保险),并将其打造为“日本品牌”②。为此,日本将投资500亿日元,用于非洲医疗制度的建立、医疗环境的提高和营养改善,并培养12万名相关人才,同时改善1000万人的安全饮水体系及卫生状况。

总之,日本多任首相都一直推进积极的首脑外交,充分利用官民协同模式,在访问外国时均让日本企业随行,以促成企业获得相关订单。

(二)政府开发援助

政府开发援助,即Official Development Assistance(以下简称ODA),特指由发达国家实施的,旨在促进发展中国家经济开发的国际间经济合作。日本的政府开发援助是其对外政治、经济联系的重要一环,也是其经济外交中最具战略意义和政治色彩的组成部分。日本政府开发援助的实施,主要基于如下三方面的考虑:其一是加强与被援助国的友好关系;其二是基于日本自身对外经济发展的需求,借此开拓国际市场,为进一步加强对外经贸关系奠定基础;其三是改善国际形象,为日本营造良好的国际环境。③

日本的政府开发援助分为双边援助和多边援助两大类。双边援助又可以分为无偿资金援助、技术合作援助(无偿)以及项目贷款、非项目贷款和债务重订等,多边援助则包括向联合国各机构和国际金融机构等进行出资等。

日本的政府开发援助大致经历了如下四个阶段。第一个阶段是起步阶段(1954—1964年),在此期间,相当一部分政府开发援助属于战后对东亚各国

① アフリカ「官民で支援」 首相、ODA1.4兆円表明.『日本経済新聞』,2013-06-01。

② 外務省.TICADVの主な支援策[EB/OL].http://www.mofa.go.jp/mofaj/files/000005504.pdf。

③ 张健主编:《当代日本》,天津社会科学院出版社2005年,第428—429页。

的战争赔偿及日元贷款。一直到 1977 年 4 月,日本共支付赔偿费 3566 亿日元,准赔偿费 2453 亿日元。① 1961 年,经济合作与发展组织(OECD)成立了“发展援助委员会”(DAC),日本成为首批 9 个成员国之一。战后日本第一笔非赔偿性的对发展中国家的政府直接贷款(日元贷款)始于 1958 年日本与印度签订的正式协议,其中规定日本进出口银行在 1958—1961 年向印度政府提供 180 亿日元的贷款。此后,日元贷款成为日本对外经济合作的主要形式之一。

第二个阶段是发展阶段(1965—1972 年),进入 20 世纪 60 年代后,日本先后成立了“海外经济合作基金”(1961 年)、“海外技术合作事业团”(1962 年)、“海外移住事业团”(1963 年)以及“青年海外协力队”(1965 年)等组织,积极开展各种形式的对外经济合作。与此同时,以日元贷款、无偿援助、技术合作为主要内容的政府开发援助取代出口信贷成为日本对外经济合作的主要形式。

第三个阶段是全球化阶段(1972—1989 年),这一时期,随着两次石油危机的爆发,日本加大了对中东产油国的援助,全力开展能源外交。在 1977—1997 年期间,日本进一步强化了政府开发援助的活动,先后 5 次制定了政府开发援助发展的“中期目标”,逐渐加大对外政府开发援助的力度。

第四个阶段是政治化阶段(1989 年至今),随着冷战的结束以及自身作为援助国地位的提高,日本政府加快了争当政治大国的步伐,逐步强化政府开发援助的政治色彩。1992 年 6 月 30 日,宫泽喜一内阁制定了《政府开发援助大纲》,提出了所谓的政府开发援助四原则②:(1)将环保与开发结合起来;(2)避免用于军事目的和助长国际纠纷;(3)对发展中国家的军事开支、大规模杀伤性武器和导弹开发及制造、进出口武器等动向予以注意;(4)对发展中国家

① 孙景超、张舒英:《萧条与复苏——冷战后的日本经济》,社会科学文献出版社 1998 年,第 430 页。

② 外务省经济合作局编:《日本政府开发援助白皮书》,1995 年,第 370 页。

的民主化和导入市场经济的努力及基本人权和自由的保障予以注意。从政府开发援助四原则来看,表明日本政府试图以援助来加强对受援国的政治影响,以便进一步营造有利于日本的国际政治安全环境。

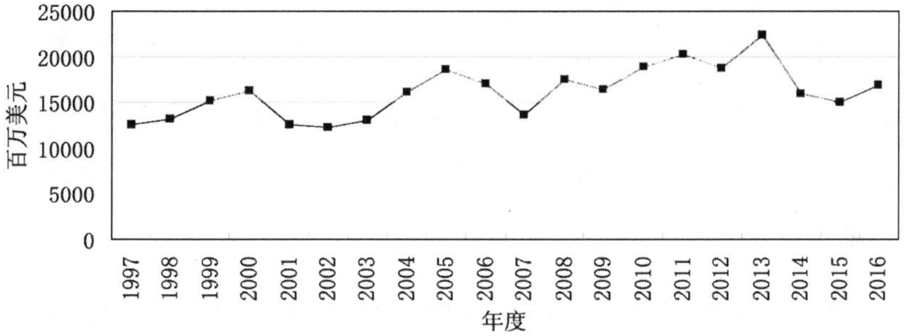

图 2-3　日本历年对外政府开发援助支出总额①

在 1997 年以前,日本的对外政府开发援助支出总额一直居经合组织(OECD)下属的发展援助委员会(DAC)国家之首,但在 2001 年时被美国超越,日本居第 2 位;2013 年时又被德国和英国超过,居第 4 位。

日本一直以来都以贸易、投资、政府开发援助"三位一体"的方式来开展对外经济合作,一方面政府开发援助加强了同受援国的经济关系,为企业的海外发展提供了便利。另外值得注意的是,日本的政府开发援助本身附带有要求受援国在执行政府开发援助项目时购买日本产品的附加条件,这本身就为日本产品的海外出口创造了条件。尤其是初期日本对东南亚国家提供的日元贷款和战争赔偿,基本上都属于束缚性资金,也就是必须用这些资金购买日本企业的商品和服务,经济援助变相地成了日本政府向日本企业发放的出口订单。② 因此在战后初期,日本在国际上尚缺乏国际竞争力的日本机电产品以及在日本国内已无市场的被淘汰设备等得以进入受援国市场,从而直接促进

① 外務省:『2017 年版開発協力白書　日本の国際協力』第 1 章実績から見た日本の政府開発援助,https://www.mofa.go.jp/mofaj/gaiko/oda/files/000345949.pdf,2018-10-25。

② 张健主编:《当代日本》,天津社会科学院出版社 2005 年版,第 443 页。

了日本对外贸易的发展。在日本政府于 2016 年 5 月 23 日制定的《基础设施建设出口战略》中，日本政府就倡导基础设施建设出口、经济合作与资源确保三位一体的推进机制，进一步强调“在支持新兴经济体国家的基础设施建设开发时，要最大限度地活用政府开发援助（ODA）及公立金融机构的支援”，“有必要加强经济合作与基础设施建设出口间的紧密合作”，“有效地活用技术合作及无偿・有偿资金合作等政府支援机制的同时，通过基于对象国的开发情况、技术及市场环境等实施迅速有效的项目，战略性地获得海外市场”。①

以日本企业在泰国曼谷的铁路建设订单为例。2015 年 7 月，由住友商事、三菱重工业和日立制作所 3 家日本企业组成的联合体获得了曼谷城市铁路新线路的建设订单。订单额为 324 亿泰铢，这是日本企业获得的最大一笔亚洲城市铁路建设订单。从招标到获得优先谈判权历时 3 年半时间，日本政府的资金援助、技术实力以及脚踏实地削减成本的努力这“三支箭”的相互配合最终取得了成效。3 家日企组成的联合体之所以获得这笔大单源于充分的准备。首先 3 家企业从日本政府获得了年利率仅为 0.4%的低息日元贷款。泰国等发展中国家获得日元贷款的利率通常在 1.5%左右。由于缓解交通拥堵状况将减轻大气污染，所以日本政府将此次案件定位为可获得低息贷款的“环境案件”。②

自东亚金融危机发生后，日本参加了 IMF 对印尼的配套援助计划，先后在 1997 年 10 月、1998 年 2 月，日本向印尼分别提供了 50 亿美元和 10 亿美元的紧急援助，并在 1998 年 3 月 3 日，由日本海外经济合作基金向印尼中央银行提供为期 30 年的 200 亿日元的贷款，用以支付以日元结算的进口商品，然

① 首相官邸：『インフラシステム輸出戦略（平成 28 年度改訂版）』、http://www.kantei.go.jp/jp/singi/keikyou/dai30/siryou3.pdf、2016 年 5 月 23 日。

② 日经中文网：《日企争夺亚洲铁路订单有“三支箭”》，2015/07/29，http://cn.nikkei.com/industry/manufacturing/15333-20150729.html。

后用商品出售后所得的印尼盾,去援助印尼的教育、卫生和福利等项目。1997年10月,日本在IMF框架内向泰、韩、印尼提供190亿美元的援助。进入1998年后,由日本海外经济合作基金和日本进出口银行向泰国提供贷款,同时延长泰国民营企业的贷款偿还期,帮助泰国克服出口企业资金短缺、紧急增长率下降等困难。①

"对外援助政策的理念应该是帮助受援国恢复和发展经济,但常常也被用于为援助国扩大商品出口和资本输出服务,这客观上也为援助国调整国内产业结构提供了更大的空间。"②日本的对外经济援助与其对外贸易和对外直接投资,构成了日本三位一体的对外经济关系模式。日本的对外经济援助是由政府来实施的,而对外贸易和对外直接投资则属于民间行为,因而这种三位一体的对外经济关系模式体现的是日本政府和民间企业相互配合、相互促进的协同机制。

第三节　各省厅及地方自治体的支持政策

在日本政府导向型政策的指导下,日本的各省厅会围绕有关政府出台的政策或法律法规,对支持企业国际化的国家政策予以细化。政府综合政策、战略规划的实施有赖于具体的实务执行部门,日本政府"拥有许多机构,这些机构能够用来直接或间接地影响私人部门的活动。"③由于产业政策实施的特点以及行政指导的"威力",在日本,"政府政策制定部门的官员在日本社会享有崇高威望,这体现了积极政策的扶持和战略性性质。这些部门包括大藏省、通

① 金仁淑:《投资大国的兴衰——日本对外直接投资模式及效用研究》,吉林人民出版社2002年版,第265页。

② 陈建安等:《产业结构调整与政府的经济政策——战后日本产业结构调整的政策研究》,上海财经大学出版社2002年版,第6页。

③ [美]默里·L.韦登鲍姆:《全球市场中的企业与政府:第6版》,张兆安译,上海人民出版社2006年版,第10页。

产省、农林水产省、建设省、运输省以及经济企划厅。这些部门吸引了全国名牌大学中最优秀的毕业生，而这些部门中的高层到目前为止仍在日本社会享有崇高威望。……在日本经济官员的崇高地位是计划型经济体制的自然产物。”①从此不难看出相关各省厅在日本企业“走出去”战略中构建的协同机制中的重要作用。

（一）相关省厅政策

在日本企业“走出去”的协同支持体系中，日本相关省厅的角色及其发挥的作用是极其重要的。各相关省厅根据自身的职能定位，在政策落实、具体支持措施策定以及事务协调等方面都发挥着不可或缺的重要性。“政府有关部门（如经济产业省）的‘劝告’、‘通告’等行政指导，直接和间接地影响企业及产业的经营活动，其政策效果有时甚至超过具体的政策工具（如财政政策、金融政策、贸易政策等）和法律、法规。”②

1. 经济产业省

在支持企业“走出去”的协同支持体系中，相关省厅中最为重要的便是经济产业省。

经济产业省主要的一项工作是推动促进企业“走出去”的相关报告纳入政府文件。日本经济产业省召开的“水务市场国际发展研究会”于 2010 年 4 月 12 日提出报告称，2025 年海外水务市场规模预计将增至 31 万亿日元（约合 2.27 万亿人民币），日本的相关产业将力争获得其中约 6%、相当于 1.8 万亿日元（约合 1319 亿元人民币）的市场份额。并将把这一目标列入 6 月由政府制定的经济增长战略中去。报告分析认为，随着缺水和水质

---

① ［美］查默斯·约翰逊：《通产省与日本奇迹——产业政策的成长（1925—1975）》，金毅、许鸿艳、唐吉洪译，吉林出版集团有限责任公司 2010 年版，第 21—22 页。

② 陈建安等：《产业结构调整与政府的经济政策——战后日本产业结构调整的政策研究》，上海财经大学出版社 2002 年版，第 10 页。

污染的加重,亚洲新兴市场国家的水务需求将日益增大,日本将重点瞄准需求潜力较大的上下水道业务。报告还指出,日本企业在海水淡化膜等技术方面居于领先地位,但今后应力争通过设施的运营、管理等一条龙服务,努力扩大收益。具体措施包括:企业联合组团加强对相关国家的推介;政府相关金融机构提供支援;充分发挥地方自治体在上下水道运营等方面的技术经验等。

经济产业省的另外一项工作是支持中小企业在海外的发展。从 2010 年开始,日本中小企业厅开始实施“日本品牌培育支持项目”。其目的在于维系中小企业开拓新的海外销路,加强复数中小企业间的合作,支持其依靠自身在原材料、技术等方面的优势制定的发展战略及其商品开发和海外展销等活动。支持对象有商工会、商工会议所、协会、NPO 法人、中小企业者(4 个以上)等。在支持内容上,为进一步提高地方产品和日本技术的魅力,对以确立世界通用的品牌力为目标所需的经费进行部分支持。补助支持分两个阶段,第一个阶段是对战略策定阶段的支持,如为了分析地区的优势、确立明确的品牌概念和基本战略而实施的专家招聘、市场调查、讲座召开等活动,2016 年度补助的上限为 200 万日元;第二个阶段是对品牌确立阶段的支持,为实现中长期计划下的品牌确立而进行的专家招聘、新商品开发、参加展销会等项目,最长可连续支持 3 年,2016 年度的补助上限为 2000 万日元。该项目自 2010 年实施以来,到 2016 年 8 月 5 日已实施了 469 件。① 该项目还从 2015 年开始将“家乡特产支援事业补助金”也纳入其中。

为促进中小企业的海外发展,经济产业省于 2011 年 6 月制定了“中小企业海外发展支援大纲”,该计划将为中小企业支援网络化项目、知识产权支援项目、提升基础技术的战略性支援项目、区域创新研究项目等提供资金。并提到为中小企业“走出去”、开创日本品牌等项目分别提供 25 亿日元、5.9 亿日

① 中小企業庁:『JAPANブランド育成支援事業について』、2016 年 8 月 5 日、http://www.chusho.meti.go.jp/shogyo/chiiki/japan_brand/2016/160805Jbrand-koubo2.pdf。

元的资金支持。大纲还要求日本贸易振兴机构(JETRO)应与中小机构密切合作,从中小企业在国内的准备阶段一直到与海外合作者签约制定一套完整的支援体制,协助日本中小企业开拓海外市场,大力支持中小企业的国际化转型。经济产业省从 2011 年 9 月 6 日起,再次实施低利率融资制度,通过日本政策金融公库向经营恶化的中小企业提供低利率贷款,作为应对日元升值的对策之一。

日本经济产业省在 2013 年 12 月发布的 2013 年度补充预算中(见表 2-3),为支持小规模事业者的创新活动等,列预算 145 亿日元,其中即有支持小规模企业的海外发展等内容,包括在新兴国家等的一站式咨询窗口的扩充、强化从海外撤退时的法律支援、当地洽谈会的召开等。而在预算额度为 61 亿日元的"创业与风险企业支持等"的项目中,列有促进健康·医疗战略领域(新药开发、医疗器械、海外展开等)的相关投资,预算额为 10 亿日元。

表 2-3　2013 年度补充预算中涉及企业海外发展的重要项目

预算项目	预算金额
Ⅰ.中小企业对策 (1)支援中小企业、小规模事业者的创新活动等 (1-3)小规模事业者支援 ●支持小规模企业的海外发展,包括在新兴国家的一站式咨询窗口的扩充、强化从海外撤退时的法律支援、当地洽谈会的召开等 (1-4)创业、风险支援等 ●促进健康·医疗战略领域(新药开发、医疗器械、海外展开等)的相关投资	3403 亿日元 2013 亿日元 145 亿日元 61 亿日元 10 亿日元
Ⅱ.能源方面 (2)石油、天然气、矿物资源权益的确保(大型天然气、油田权益的确保、加速探矿、海洋资源调查等)	930 亿日元 145 亿日元
Ⅳ.促进创新等 (4)健康医疗产业的支援 ○促进健康·医疗战略领域(新药开发、医疗器械、海外展开等)的相关投资	661 亿日元(含产业投资 200 亿日元) 231 亿日元 产业投资 200 亿日元;一般会计 10 亿日元

续表

预算项目	预算金额
V. 其他	200 亿日元
(2)支援以面向获得海外市场为目标的海外活动开展	48 亿日元
○支援医疗关联企业的海外活动开展(与支持日本式医疗海外发展的机构等合作,进行医疗技术的现地实证等)	20 亿日元
○支援中坚、中小、小规模事业者向新兴国家发展(专家派遣):向新兴国家派遣商务经验丰富的企业 OB 等高级人才	15 亿日元
○支持东盟日资企业的事业环境整备及市场开拓:与活用日 ASEAN 经济产业协力委员会(AMEICC)的制度整备等进行合作	10 亿日元
○通过构建动画、漫画所有权者信息的数据库等整备盗版对策的基础	3 亿日元

资料来源:経済産業省:「海外市場獲得に向けた国際展開支援」、http://www.meti.go.jp/main/yosan2013/20131212.pdf。

日本经济产业省推出"中小机构的 F/S(可行性研究)事业",对推动日本中小企业向海外发展提供支持。一家从事食品加工机械制造的 NIKKOU 公司经营者提到:"独自的海外经营,与洽谈有关的事项很是难办,通过中小机构的 F/S 事业,才能够向东南亚发展,目前已经与在东南亚发展的日本企业建立了合作关系,且合作网络在不断扩大。"①

对于中小企业在海外的发展,经济产业省还开展名为"中坚・中小・小规模事业者新兴国家发展支援专家派遣项目",对于以新兴国家市场为发展目标的中坚或中小企业,将与日本贸易振兴机构合作,派遣具有丰富海外商务经验的专家在据点设立、销路开拓、零部件调配等方面予以支持。

为了应对日元升值,经济产业省于 2011 年 10 月提出了"有关海外投资支持体系"的报告②。其主旨是:不仅要就日元升值带来的产业空洞化问题采取

① 中小企業庁:『海外展開の成功事例(「我に続け、海外展開!」応援隊)』、2016 年 2 月、http://www.meti.go.jp/committee/kenkyukai/external_economy/shin_yushutsutaikoku/pdf/001_06_03.pdf、第 5 頁。

② 日本経済産業省:「海外投資支援ツールについて」、2011 年年 10 月、http://www.meti.go.jp/press/2011/10/20111021001/20111021001-2.pdf。

必要的对策,更重要的是活用日元升值的益处,为海外企业并购等活动提供各种支持,以提升日本产业的国际竞争力。其主要措施有如下三个方面:(1)进行积极的海外企业并购,强化日本企业的竞争力,加速水务、铁路等基础设施的出口。涉及的主要领域包括水务、铁路基础设施、风力发电、太阳能及蓄电池、药品及生物制药、医院及医疗器械等。(2)为购买海外油气田、获得稀土等资源的海外权益,建立官民联动体制。该报告指出,随着以亚洲为中心的世界性资源需求的增大以及资源价格的结构性上涨,尤其是东日本大地震后,核电的电力供给逐步减少,火力发电的电力供给增大,天然气等的需求也在增大,因此必须从根本上强化获取资源的体制。另外,由于一些资源国家政策的变化,储存难度大、价格激增的稀土资源的获取也须采取相应的紧急措施。(3)充分活用国际协力银行(JBIC)的融资政策,对日本企业海外生产基地的建设、海外并购等项目予以金融支持。此外,报告还指出,应尽量通过购买海外企业的股票进行并购,同时充分利用日本贸易振兴机构的信息网络优势了解企业、当地国的国情等,为企业提供必要的信息服务。

经济产业省对日本企业在海外进行的基础设施建设项目进行资金支持。2011 年 6 月经济产业省通过的“新成长战略”下调了法人税,以使其更加符合国际标准,并决定为日本基础设施领域企业的海外发展提供 372.6 亿日元的资金支持①。为支持日本水务事业的海外发展,经济产业省主要实施名为“推进上下水道一体型”的项目,并为此新设“水务・国际基础设施系统推进室”,全面支持本国企业参与有关水质净化和上下水道运营的国际水务市场竞争,此外还制定了在三年内打造出“日本水务巨头”的计划,确定了从上述项目案例的发掘、形成直至到项目成功各个阶段中政府及相关机构予以重点支援的方针,推进以上下水道一体型为中心的水循环项目等在海外的稳定发展,旨在全球水务市场中从行业巨头威立雅和苏伊士环境两家企业手中夺取相关业

① 経済産業省:『「新成長戦略」実現に向けて(これまでの進展と、今後の課題)』、2011 年 1 月。http://www.meti.go.jp/topic/data/growth_strategy/pdf/progress2011jan.pdf。

务,力争到2025年实现占据6%海外水务市场份额的既定目标。①

支持内容产业的海外发展。为促进日本内容产业在海外的正常、顺利发展,经济产业省于2013年补充预算中列支3亿日元用于内容产业盗版对策强化项目,委托一般社团法人内容海外流通促进机构(CODA)负责实施。②

ASEAN事业环境整备支援项目。经济产业省致力于在ASEAN导入促进有利于日本企业活动的制度,具体而言,充分利用日本与ASEAN两方政策制定者及产业界集聚的日ASEAN经济产业协力委员会(AMEICC)这一组织,将日本企业的意愿纳入其中,作成法律、制度的模板导入ASEAN各国。③

对海外资源、能源获取的项目进行支持。在推动日本企业向海外发展的过程中,日本政府发挥了至关重要的作用。在2011年经产省发布的"有关海外投资支持体系"的报告④以及中小企业支援计划等相关政策中,都不约而同地提出要充分灵活运用日元升值的益处,鼓励企业对海外企业进行并购以及确保资源、能源权益的获取。

通过行政指导,引导企业合作。1961年8月16日在通商产业省(现经济产业省)的指导下,由富士通、日立制作所、日本电气、东芝、冲电气、三菱电机6家公司出资10.5亿日元设立了日本电子计算机株式会社(JECC)。该公司作为国策公司,开展电子计算机及其关联设备、软件、通信机器及关联装置等的借贷、分期付款销售以及代理、中介等业务。⑤

---

① 国土交通省:『第2回「海外水インフラPPP協議会」の開催結果概要及び資料の公表について・資料3・各省・関係機関における取り組み』、2011年2月16日、http://www.mlit.go.jp/common/000135513.pdf。

② 内閣府:『コンテンツ海賊版対策強化事業』、http://www5.cao.go.jp/keizai1/keizaitaisaku/followup/followup02/pdf/058.pdf。

③ 内閣府:『ASEAN事業環境整備支援』、http://www5.cao.go.jp/keizai1/keizaitaisaku/followup/followup02/pdf/056.pdf。

④ 日本経済産業省『海外投資支援ツールについて』、2011年10月、http://www.meti.go.jp/press/2011/10/20111021001/20111021001-2.pdf。

⑤ JECC:『JECCについての企業情報』、https://www.jecc.com/company/outline.html、2016年11月3日。

2. 外务省

在支持日本企业向海外发展的过程中，日本外务省主要在如下几个方面予以积极的支持。

战略性日本理解促进项目。通过基于对日本正确的理解（尤其是对作为重要课题的领土・主权等政府重要政策的理解），以图完善和提升日本企业的海外商务环境并促进对日投资，强化竞争力。

通过ODA支持企业的海外发展。为支持日本水务事业的海外发展，外务省主要以日本国际协力机构（JICA）的海外投融资为中心，积极通过ODA支持水务事业的海外发展。①

人才培养方面的支持。日本外务省2013年做出2044亿日元的补充预算，通过加强对非洲各国的人才培养，以促进日本企业在非洲更好地发展，具体措施为非洲各国派遣研修员赴日本的企业或大学进行研修，具体实施委托日本国际协力机构进行。②

基础设施建设系统出口、日本产机械器材的海外出口及技术合作项目。为在海外普及日本具有技术优势的城市交通、电力、环境技术、医疗等领域的技术和产品，在发展中国家普及日本方式、促进基础设施建设系统的出口，为其提供无偿资金支持和相关人才培养，委托日本国际协力机构进行。

为促进日本地方自治体和地方产业的国际化，日本外务省实施有“中小企业・地方自治体国际展开支援项目”对其予以支持。根据中小企业的事业提案，在有效解决发展中国家社会经济问题的同时，试用、实证日本中小企业的产品、技术，提高其在当地的适用性，以图普及化。该事业主要委托日本国际协力机构实施。

---

① 国土交通省:『第2回「海外水インフラPPP協議会」の開催結果概要及び資料の公表について・資料3・各省・関係機関における取り組み』、2011年2月16日、http://www.mlit.go.jp/common/000135513.pdf。

② 内閣府:『アフリカ諸国の人材育成を通じた日本企業進出支援（ABEイニシアティブ）』、http://www5.cao.go.jp/keizai1/keizaitaisaku/followup/followup02/pdf/055.pdf。

日本方式普及技术项目、无偿资金合作项目。为扩大日本具有优势的医疗器材、新能源汽车等产品对发展中国家、新兴国家的提供,为日本产品继续创造需求的同时,也促进日本方式的普及。对这类日本企业的海外发展,将由日本外务省通过无偿资金援助的方式提供给发展中国家、新兴国家政府(具体业务由国际协力机构实施),再由该国家政府以招标的方式购买日本企业(医疗器械企业和汽车厂商)的产品。

此外,外务省及其在世界各地设立的大使馆、领事馆等机构组织,在海外日本企业及人员的生命、财产安全保护、信息提供等方面也积极提供相应的支持。

3. 国土交通省

为支持日本水务事业的海外发展,国土交通省从 2011 年 7 月对其下属部门进行了体制强化,新设置了横向统括省内国际业务的国际统括官(局长级),并在综合政策局下新设国际政策课与海外项目推进课,旨在协调双边与多边关系,强力推进日本企业的海外发展。同时还专门在原有的水管理·防灾局下新设下水道国际·技术调整官和国际河川技术调整官等职位,以利于日本水务企业的海外拓展。①

2013 年 9 月,日本国土交通相太田昭宏访问泰国,向其推销日本高铁技术。在随后的 12 月,为了进一步让泰国政府说服该国的国会议员,日本国土交通省向泰国政府寄送了有关引入新干线后的经济效应的相关资料。资料中对比了新干线车站建成前长野县佐久市当地的田园风景和建成后商业设施和宾馆等林立的现代化都市景象,同时指出由于新干线的开通及车站的建成,"长野县佐久市的人口 15 年间增长了 7%"。此外还介绍了鹿儿岛县在新干线运营后的经济效应估算可达到 464 亿日元左右。②

① 国土交通省:『第 2 回「海外水インフラPPP 協議会」の開催結果概要及び資料の公表について·資料 3·各省·関係機関における取り組み』、2011 年 2 月 16 日、http://www.mlit.go.jp/common/000135513.pdf。

② 中村亮:《日本新干线出口亮黄灯》, 2014/06/09, http://cn.nikkei.com/columnviewpoint/column/9588-20140609.html。

国际集装箱战略港口施策推进项目。在国际集装箱战略港口(阪神港、京滨港),为应对集装箱船舶大型化而进行必要的整备等提供资金支持。

日本国土交通省设立有“海外建设·不动产市场数据库”,一方面提供世界各国在建设、不动产方面的信息数据供日本企业分享,同时还就海外发展相关业务涉及的部门、机构、组织等商谈、咨询窗口进行了整理和公示,供企业利用。

表 2-4 日本国土交通省涉及海外发展的商谈窗口①

机构名称	窗口名称	服务概要
有关贸易的商谈窗口		
独立行政法人日本贸易振兴机构(JETRO)	JETRO 贸易投资商谈	在以 JETRO 本部(东京)、大阪本部的“商务信息服务课”为主的国内各地的 JETRO 事务所,除企业、业界团体等有关贸易·投资的一般咨询外,还开展各专业领域具有实务经验的专家的个别咨询。
独立行政法人中小企业基础整备机构	中小企业国际化支援咨询	就中小企业海外事业发展(海外投资或国际贸易等)的相关课题,由具有丰富海外经验以及国别·行业领域的专家提供免费咨询。
国际协力银行(JBIC)	贸易·海外投资移动商谈室	国际协力银行(JBIC)实施预约制的商谈。在全国 5 个地区可以就贸易·海外投资的手续、长期资金的筹措、JBIC 的融资利用等进行商谈。
有关风险管理的商谈窗口		
一般社团法人日本在外企业协会	海外安全咨询制度	就有关海外安全的疑问等直接向企业提供“海外安全咨询”,就有关对策和方法等有偿提供具体咨询。
有关现地法人经营课题的商谈窗口		
一般财团法人海外职业训练协会(OVTA)	海外派遣咨询	就现地子公司运营方面的人事、劳务、税务、财务、法务等经营管理问题,以及生产管理、工程管理、品质管理等技术问题,由在海外具有项目经验或技术、行业经验等实际业务成绩的国际专家提供咨询服务。此外,还开展讲座、研修、讲师派遣或外语指导、翻译业务等。

① 国土交通省:『海外建設·不動産市場データベース·相談窓口』、https://www.mlit.go.jp/totikensangyo/kokusai/kensetsu_database/inquiry.html。

续表

机构名称	窗口名称	服务概要
海外的商谈窗口		
独立行政法人日本贸易振兴机构(JETRO)	海外信息(简报)服务	由全球约70个JETRO海外事务所的海外派遣人员和专家提供当地的一般经济信息。
外务省	在外公馆　日本企业支援	提供海外日本大使馆、总领事馆的情况,作为对在海外进行企业活动的支持。
研讨、研修		
独立行政法人中小企业基础整备机构	支持国际化的讲座、研修	向以海外发展为目的的企业等介绍各类讲座等。
一般财团法人海外职业训练协会(OVTA)	国际业务的职业规划	就已投保雇佣保险并即将被派遣至海外的人员,或者在国内从事相关国际业务的人员为对象,提供实践知识、技能等必要的国际业务方面的研修。为计划派遣到海外的人员举办英语、中文的短期研修等。
一般社团法人海外建设协会		就工程的合同管理及建筑业的海外活动相关内容,海外生活的安全、危机管理等举办相关讲座。
独立行政法人日本贸易振兴机构(JETRO)		开展有关海外商务的贸易实务讲座及各类研讨会。
一般社团法人日本在外企业协会		举办以投资国家或地区的经营环境、地区纠纷、感染症等为主题的研讨会、讲演会、研究会等。不定期开展中国、越南等国别的商务、风险研究会以及有关恐怖事件、诱骗事件、感染症、心理护理等为主题的对策研讨。
专家、人才介绍		
特定非营利活动法人国际社会贡献中心(ABIC)	中小企业支援	就经营咨询、销路拓展、海外发展等,向在人才雇佣、成本等方面有困难的国内中小企业,以固定时段、短期、非常勤等形态推荐或介绍商社人才。
一般社团法人中小企业诊断协会	人才信息提供事业	就咨询、教育、研修、各类调查、演讲、撰写报告等,对中小企业诊断士会员提供咨询信息并进行介绍、斡旋等活动。
日本律师联合会	就律师信息等提供服务	可以提供当地律师事务所的律师信息,以及对外语能力、重点交易业务有特定要求的律师信息等。
资金融资、信用担保		
日本政策金融公库	海外发展资金	对中小企业海外发展所必要的设备资金以及长期运营资金等,实施上限为2.5亿日元的融资制度。

续表

机构名称	窗口名称	服务概要
国际协力银行(JBIC)	投资金融	为日本企业海外生产基地的设立、增设及资源开发等所需的长期资金等提供融资服务。为中坚·中小企业实施条件优惠的融资措施。通过交易金融机构为中坚·中小企业申请融资,以及与金融机构进行协调融资等。
商工组合中央金库(商工中金)	国际业务支持	在国内外103家支店设置“中小企业海外发展支持服务平台”,从海外投融资到贸易金融等,为向海外发展的中小企业提供个别咨询服务,并提供投资环境等方面的各种信息。
一般社团法人信用保证协会联合会	海外投资相关信用保证制度	中小企业从金融机构获得海外投资事业的融资时,为其提供债务担保。
贸易保险		
独立行政法人日本贸易保险(NEXI)	贸易一般保险(技术转让契约等)	在海外提供技术或相应的劳务(包括土木工程、建筑工程、成套设备、设备安装、维护、制作设计图纸和公文等、施工管理等)时,对价格不能回收等风险提供保险。
业界团体		
一般社团法人海外建设协会(OCAJI)		作为支持日本建筑业的海外发展,通过建筑业提供国际贡献的代表性团体,开展日本建筑业者海外活动的协力、国际交流、友好关系强化等方面的活动。

4. 厚生劳动省

为支持日本水务事业的海外发展,厚生劳动省侧重于对亚洲水道整备的支援,其职责是活用日本的相关技术和经验,向海外推广日本的水道技术,复制日本的水道系统,同时进行节省能源的送配水管理及漏水防治等,以确保安全卫生的水供给。此外该省还积极致力于构建与亚洲各国政府及水道事业体间的“水道相关机构的网络化”(详见图2-4)。①

如针对柬埔寨,日本厚生劳动省于2010年12月在金边市,与柬埔寨王国矿工业能源省共同召开了水道研讨会。2011年1月,厚生劳动省与柬埔寨王

① 国土交通省:『第2回「海外水インフラPPP協議会」の開催結果概要及び資料の公表について·資料3·各省·関係機関における取り組み』、2011年2月16日、http://www.mlit.go.jp/common/000135513.pdf。

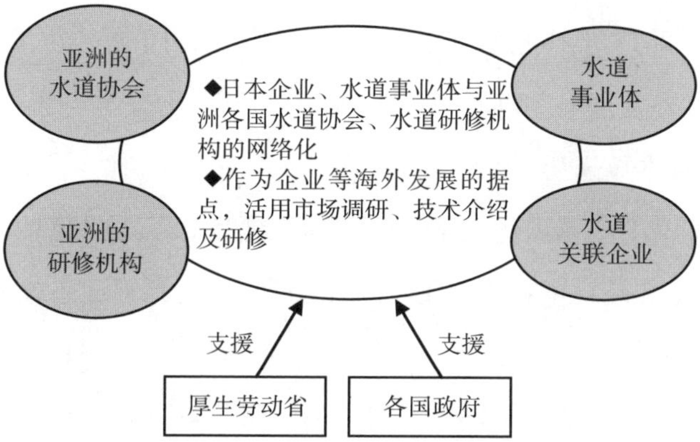

图 2-4　日本水道相关机构的网络化

国矿工业能源省缔结了有关为促进水安全供给进行合作的备忘录。针对越南,2010 年 11 月,在海防市与越南建设省共同召开了水道研讨会,并且表示今后还将继续扩大类似的交流。①

厚生劳动省根据当地实际情况,复制日本型水道体系,进行节能的送配水管理及漏水预防等。如 2008 年 5 月,厚生劳动省健康局与中国住建部村镇建设办公室缔结了有关村镇水安全供给的备忘录。2010 年 11 月,根据上述备忘录,在浙江省长兴县,由日中两国的民间企业共同启动了通过配水控制系统进行水安全供给的复制事业(该研究开发部分属于 NEDO 事业)。②

此外,厚生劳动省还强调民间企业要充分利用设施的设计、建设等高水平的水处理技术与地方自治体在水道事业运营方面的技巧相结合,共同在亚洲水道项目方面开展合作。③

① 資料 3・各省・関係機関における取り組み http://www.mlit.go.jp/common/000135513.pdf。

② 資料 3・各省・関係機関における取り組み http://www.mlit.go.jp/common/000135513.pdf。

③ 資料 3・各省・関係機関における取り組み http://www.mlit.go.jp/common/000135513.pdf。

5. 总务省

总务省于2013年补充预算中列出300亿日元用于促进ICT系统、播放内容产业等的海外发展①,500亿日元用于充实和强化日本电视剧在海外的播放,主要委托日本放送协会来进行。②

推进日本ICT产业强化竞争力的国际化项目。以图强化日本ICT产业的国际竞争力,尤其是日本在将ICT活用于防灾、水资源管理系统方面的先进经验在海外的实证等。

日本式邮政系统的海外发展项目。通过将日本具有优势的邮政系统提供给他国,扩大相关机械出口并创造和拓展各种商务机会,在发展中国家实施通过技术指导等改善邮政环境的效率、可能性进行调查时提供补助金支持。

强化内容海外播放的促进模式项目。为促进内容播放的海外出口,通过构筑与相关产业的合作创造新的商务模式等,在内容播放的制作、持续传播等模式的推广活动等方面提供资金支持。

日本总务省2009年8月29日宣布,阿根廷已决定采用日本制式地面数字电视信号。这是继巴西和秘鲁之后第三个采用日本制式的国家。南美采用日本制式的国家逐渐增多,将给日本相关制造商扩大海外市场带来良机。日本与阿根廷双方还就日本在阿根廷成立地面数字电视联合工作组、日本派技术人员提供支援等事宜签署了备忘录。地面数字电视信号有美国、欧洲和日本三种制式,各方正在为开拓新市场展开激烈的竞争。

6. 农林水产省

促进出口对策项目。该项目专门为促进医药品、卫生用品、化妆品、食品等的出口而设置,将发挥司令塔的统合作用。将通过日本贸易振兴机构在海

---

① 内閣府:『クラウド時代に対応したコンテンツ流通環境整備推進事業』、http://www5. cao. go. jp/keizai1/keizaitaisaku/followup/followup02/pdf/065. pdf。

② 内閣府:『テレビ国際放送の充実強化』、http://www5. cao. go. jp/keizai1/keizaitaisaku/followup/followup02/pdf/067. pdf。

外举办洽谈会及食品展销会等方式予以协调支持。

完善出口对应型设施等的对策项目。为实现高品质农水产品的出口,对批发市场的整备和能够长期保存出口新鲜水果的低温存储设备等的整备等活动予以支持。主要方式是农林水产省将专项经费按照农林水产省→都道府县→农业团体组织→民间企业的使用方式进行资金支持。

对应 HACCP① 国际标准的水产品加工及物流设备改善等的支持项目。为扩大出口,对水产品加工业者及流通业者开展的、满足出口对象国的 HACCP 标准等的设备改修、完善等项目提供补助金。

日食・食文化魅力传播项目。通过活用国内外媒体、召开研讨会等多种方式,向国内外宣传日本饮食和饮食文化的魅力,农林水产省将为上述活动的开展提供补助金支持。

此外,还有一些其他省厅也在促进企业海外发展方面发挥着不同程度的作用。例如对于日本政府正致力于构建促进中小企业进军海外市场的机制构建,日本金融厅通过召开财务局长会议的方式,就金融机构如何帮助日本中小企业进军海外市场等交换意见,各财务局长在会上就中小企业的要求以及辖区内金融机构实施的援助措施等进行汇报,其后金融厅将根据会议所获取的信息作为制定相关政策的参考。

(二)地方自治体的扶持政策

除中央政府外,日本的各地方自治体也在融资、信息服务、人才培养等方面积极推出各种措施,鼓励当地企业积极开拓海外市场。

以新潟县为例,2007 年县内企业的"走出去"案例,总数为 474 件,其中亚洲 343 件,北美 68 件,西欧 38 件,其他 25 件。亚洲占了全部件数的 72.4%,

① HACCP 体系是 Hazard Analysis Critical Control Point 的英文缩写,表示危害分析的关键控制点。HACCP 体系是国际上共同认可和接受的食品安全保证体系,主要是对食品中微生物、化学和物理危害进行安全控制。

而亚洲中中国又占了188件，超过了亚洲案例件数的一半。为支持县内企业积极“走出去”，新潟县在2003年成立了财团法人新潟产业创造机构（NICO）。该机构由财团法人新潟县中小企业振兴公社、财团法人新潟县生活文化创造产业振兴协会合并而成立。该机构不仅对县内企业的“走出去”活动提供支持，而且还对经营革新以及新创企业、新产品新技术的开发、人才培养、市场开拓、融资、地方产业振兴等活动提供支持。

NICO的具体支持措施有：(1)配置商务协调员。在亚洲等主要城市配置“商务协调员”，以新潟县内企业等为依托，从出差时预约事务的安排、翻译配备、当地信息提供等方面进行支持，并对其活动经费提供必要的补贴。(2)对国际商品展览会、交流会的出展活动、洽谈会召开等进行支持。(3)为县内企业在海外召开的商品展览会等提供资金支持。以推广县内的地方产业、新商品的销路开拓、新事业的开展等为目的而出席在海外召开的商品展览会、洽谈会等活动提供资金支持。

由于日本各地方自治体中以中小企业居多，为此，各地方自治体还专门针对中小企业的海外事业拓展制定有相关制度。如兵库县即制定有详细的“中小企业日元升值对策资金融资制度”①（详见表2-5），对兵库县走向海外的中小企业提供融资服务。

表2-5　日本兵库县中小企业日元升值对策资金融资制度

	海外市场开拓贷款	海外发展资金贷款
条件	县内希望开展海外事业的中小企业等	【日本政策金融公库】符合如下全部条件者：在日本国内具备一定规模的中小企业开始或扩展海外业务时；业务活动的中心（总部）仍在国内的；因业务往来企业转移海外、原材料供给、劳动力不足等因素开展海外业务的 【商工组合中央金库】因日元升值销售额减少等业绩恶化、预测中长期业绩可以恢复且事业有发展潜力的企业，在海外进行商品的开发、生产及销售等的

① 资料来源：「円高対策資金融資制度」、http://web.pref.hyogo.lg.jp/ie04/documents/sienseido.pdf。

续表

	海外市场开拓贷款	海外发展资金贷款
资金用途	一是进行海外销售、服务、物流及生产等所需的设备购置资金;二是开展相关海外事业的运营费用;三是向国外法人企业出资或购买其股票的比例在 10%及其以上所需的资金;四是实施海外事业相关的咨询调查资金	【日本政策金融公库】发展海外事业必需的设备投资或长期运营资金 【商工组合中央金库】因日元升值、销售额减少等业绩恶化的海外企业(外方法人)必要的运营资金或设备投资资金
贷款利率	1. 20%	【日本政策金融公库】基准利率增加 0. 65% 【商工组合中央金库】贷款后 3 年期间比所定的利率高 0. 5%
贷款额度	设备资金 3 亿日元,运转资金 1 亿日元(可合并使用)	【日本公库·中小企业事业】7. 2 亿(其中运营资金 2. 5 亿日元) 【日本公库·国民生活事业】0. 72 亿日元(其中运营资金 0. 48 亿日元) 【商工组合中央金库】7. 2 亿日元(其中运营资金 2. 5 亿日元)
还款期限	10 年内	【日本政策金融公库】设备资金 15 年内;运营资金 7 年内 【商工组合中央金库】设备资金 15 年内;运营资金 5 年内

日本各地方自治体在日本政府的统一政策下,实施名为“中小企业地域资源活用计划”的项目。其目的在于支持各地方的技术、农林水产品、观光资源等具有地方特色的产业资源(地方资源),将就新商品、新服务开发、市场化等经营活动与各关系省厅合作进行综合性支持。

一些地方自治体还积极与海外相关国家的地方政府开展地方层级的交流合作,推介本地可以向海外发展的优势项目。如北九州市与柬埔寨矿工业能源省于 2011 年 12 月 19 日缔结了《有关柬埔寨都市水道开发备忘录》①。另外,2014 年福冈县与缅甸就仰光市的城市建设(包括上下水道、废弃物处理

① 自治体水道事業の海外展開事例(平成 27 年 3 月),http://www. soumu. go. jp/main_content/000207306. pdf。

等)进行合作签署了备忘录。① 由日本四国地区4个县联合举办的首届“四国展销会”于2009年8月28日在新加坡开幕。展销会旨在介绍四国的特产和旅游,主办方希望借每年一度的展销会来提高四国的知名度并扩大产品销路。会场设在百货商场内,共有16家公司销售各种特产,包括香川县的手擀乌冬面、德岛县的“鸣门金时”红薯、爱媛县的大福饼和高知县的鲣鱼等。展销会将持续到9月6日,目标销售额为2千万日元(约合145万元人民币)。

水务相关企业尽管在技术、设备、工程建设等方面具有优势,但在给排水、水务系统运营、管理、维护等方面却缺乏必要的经验,而这恰好是各地方自治体水道局的强项。因此民间企业若想参与上、下水道事业,与经验丰富的地方自治体水务部门的合作必不可少。为此,各地方自治体积极搭建官民协同平台(详见表2-6),以实现民间企业与公营水务部门的联动协作。

表2-6 日本部分都市的水务海外发展官民合作平台

各都市	官民合作平台	设立情况等
北九州市	北九州市海外水务推进协议会	成立于2010年8月31日,由当地企业、相关省厅及政策施策机构组成,截至2015年2月共有企业会员数129家。
福冈市	福冈市国际商务开展平台	设立于2014年10月,截至2015年3月共有企业会员数49家。
神户市	关于水·基础设施整备的国际贡献的新机制	成立于2010年11月,截至2015年5月共有4家企业缔结了开展海外业务的合作协议。
大阪市	大阪水·环境解决方案机构	成立于2011年4月,由大阪府、大阪市、关西经团联、大阪商工会议所等组成。
名古屋市	水之生命与制造中部论坛	成立于2009年6月,联合日本中部地区的地方自治体、大学、社会团体、企业等,致力于产学官合作。截至2015年3月已有98家企业加入。
川崎市	川崎水务网络	成立于2012年8月,截至2015年3月已有企业会员55家,协力团体12家。

① 自治体水道事業の海外展開事例(平成27年3月),http://www.soumu.go.jp/main_content/000207306.pdf。

续表

各都市	官民合作平台	设立情况等
横滨市	横滨水务协议会	成立于 2011 年 11 月,截至 2015 年 6 月已有企业会员数 159 家、特别会员 2 家以及协力会员 7 家。
广岛县	水未来广岛公司	成立于 2012 年 9 月,由广岛县与民间共同出资设立,广岛县出资 35%,民间企业出资 65%。是日本首个以民间企业为主体设立的水务事业运营公司。
神奈川县	神奈川式水务	成立于 2014 年 4 月。
东京都	国际贡献商务企业支援体系	截至 2015 年 3 月已有 63 家企业参加。
埼玉县	水务会员埼玉	成立于 2011 年 9 月,截至 2015 年 3 月,已支持 5 个项目。

资料来源:自治体水道事業の海外展開事例(平成 27 年 3 月),http://www.soumu.go.jp/main_content/000207306.pdf。

上述地方自治体建立的官民协作平台将在国际协力机构(JICA)、新能源·产业技术综合开发机构(NEDO)等政府施策机构的支持下积极开拓海外市场。日本各地方自治体为推进水务事业在海外的发展而构建的协同支持平台,尤以北九州市和东京都为典型。

北九州市在 20 世纪 50—60 年代曾是污染非常严重的城市,历史上该市烟囱林立,空气中粉尘含量曾居日本第一(达到 108 吨/日/Km^2),河川污染严重。但经过多年的环境治理,北九州市不仅实现了整体环境的提升,而且在环境治理、循环经济领域领先于日本其他地区,而这其中自然包括水务领域。2010 年 8 月 31 日,北九州市成立了“北九州市海外水务推进协议会”(详见表 2-7),主要活动有:把握民间的技术种子和需求;海外需求调查;探讨海外官民合作模式;探讨具体案例的形成等。其中民间职责主要在于咨询、素材提供、成套设备建设、金融支援等,而官方则在政策立案、自治体运营管理等方面提供支持。①

① 資料 5·日本の上下水道技術[3]http://www.mlit.go.jp/common/000135518.pdf

表 2-7　北九州市海外水务推进协议会成员构成

组织类型	机构名称
民间企业	119 家
相关机构	北九州商工会议所、国际协力机构(JICA)九州、国际协力银行(JBIC)、日本政策投资银行、日本水道协会、下水道全球中心、亚洲低碳素化中心
学界	北九州市立大学、九州共立大学、东洋大学大学院
市相关局	企划文化局、环境局、产业经济局、建设局、水道局
观察员	总务省、厚生劳动省、经济产业省、国土交通省、日本下水道事业团、(财)下水道新技术推进机构

资料来源:北九州市の海外水ビジネスの展開についてhttp://www.waterforum.jp/twj/wscj/docs/100927/3-6.pdf。

该协议会构成成员充分体现了官、产、学、研的协同特征,其目的在于通过PPP 模式(即公私伙伴关系,见图 2-5)推进北九州水务在海外的发展。

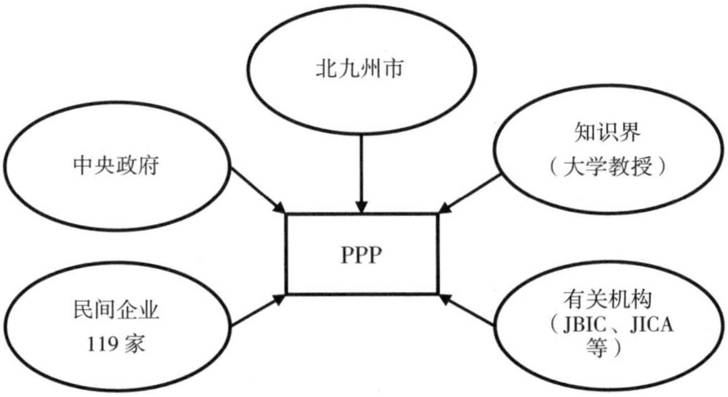

图 2-5　北九州市海外水务推进官民协同体系图示

有效信息的获得是企事业团体“走出去”的重要一环。为此,九州经济国际化推进机构与九州经济产业局于 2012 年 10 月印制了《海外商务支持书:海外商务支援制度一览(九州版)》,就海外贸易投资、海外信息获得、融资渠道、保险、知识产权保护、日本海外机构设置等进行了信息汇总,为企业的海外发展提供便利。①

① 海外ビジネスサポートブック—海外ビジネス支援制度一覧—http://www.kyushu-kei.org/wetty/files/1358294989516.pdf。

作为东京都水务事业海外拓展的实施主体,东京都水道局充分利用其出资51%和56%分别成立的“东京水道服务株式会社”(TSS)与“PUC株式会社”两个企业积极开展海外活动,而东京都水道局则作为上述两个企业的监理部门存在。TSS主要致力于水源地保护管理、净水配水设备的运营维护管理、管网的设计施工维护管理、防漏水检查、给水安装工程、水道技术研修等。TSS于2012年4月成立了全资子公司“东京水道国际株式会社”(TWI),该公司已于2012年12月在中国台湾设立了“东京水道国际有限公司”,逐步推进海外事业。而PUC则主要以水费征收系统运营、客服中心管理及信息处理等为主要活动内容。①

为进一步加强“官民”、“民民”间的合作,东京都水道局于2011年10月在各地方自治体中率先启动了“民间企业支援项目”:(1)应对象国及企业等要求,水道局为其提供相关信息以及介绍国内其他相关城市的水道事业体等,为其提供合作、匹配机会。(2)接受国外的政府、水道机构、水务企业等视察东京都水道局下设设施的活动。(3)民间企业可以TSS作为顾问的形式,由东京都水道局出面协商与对象国政府之间的合作,以公对公的立场提供支持。(4)民间企业可以参加东京都水道局以及TSS访问团的活动以及参与TSS参与的海外项目等。② 该支援项目启动不久即得到了民间企业的积极响应,一个多月的时间就有55家企业提出了申请,涉及建设工程、化学、机械与零部件、电气、成套设备工程、商社、金融、咨询等多个行业。

---

① 東京都水道局:『東京水道の体制』、https://www.waterworks.metro.tokyo.jp/suidojigyo/kokusai/pdf/program_10.pdf。

② 東京都水道局:『国際貢献の新たな取組—公民連携推進のための民間企業支援プログラムについて—』、2011年10月4日、https://www.waterworks.metro.tokyo.jp/press/h23/press111003-2.html。

第三章　官与民：构建协同机制

几乎在所有的市场经济中，为了促进出口和占领世界市场，政府和公司之间存在着重要的伙伴关系。[①] 由于政府促进企业“走出去”相关政策的诱导，相关企业会对政府政策的诱导形成趋向效应，这时政府与民间企业的总体利益是一致的。政府、企业，特别是政府与企业间有效的战略配合可以影响国际贸易、投资流向及流量，乃至国家财富，对一国的经济发展具有重要的作用。[②] 可见，在支持企业“走出去”的过程中，政府及民间企业根据不同的职能定位，结成利益共同体，相互配合显得尤为重要。

第一节　官民合议机制

日本政府在具体政策、构想、战略等出台之前，一般都会组织不同层次人员参加的咨询组织，如审议会、恳谈会、官民协议会等，从而形成了日本的官民合议机制。

日本法案的出台，通常会经过如下流程，一般来说，内阁提出的法案基本都由

---

① ［美］罗伯特·吉尔平：《国际关系政治经济学》，杨宇光等译，上海人民出版社 2011 年版，第 195 页。

② 平力群：《日本 FTA 政策的调整及其动因》，载佟家栋、张伯伟主编：《天津世界经济学会论文集（2013 年卷）》，南开大学出版社 2015 年版，第 284 页。

各省厅酝酿并草拟,随后交由内阁批准后再提交国会审议。各省厅官员按照惯例出席国会,解释提案并回答相关问题。在各项法案向内阁提出之前,就在相关省厅内部以及各省厅之间进行了充分的讨论,各界人士也都会发挥一定的作用。

早在 20 世纪 50 年代,这类性质的机制就存在于日本政府的政策决策体系中。如 1954 年 9 月,为了扩大出口,日本设置了“最高出口委员会”,由首相、通产大臣、大藏大臣、农林大臣、日本银行总裁、进出口银行总裁和复数企业的领导组成。其职能是确定来年的出口目标,并在政府的最高层宣扬全力促进出口的必要性。而制定出口目标的任务交由新成立的经济企划厅来完成。① 日本的官民合议机制主要体现为如下三种形式。

(一)审议会

审议会(deliberation councils 或 policy councils)是就某事项进行调查审议的合议制度,一般由内阁府抑或各省厅设立。审议会作为内阁总理大臣或各省厅长官的咨询机构,是政府官员与企业界人士协调政策的场所,政府通过审议会这一机构就具体政策与民间企业达成一致,抑或对民间企业进行行政指导。审议会是体现日本政府与企业关系的一大特征,这一机构“扮演着为资本市场提供信息,引导资本对需要投资的产业和企业进行选择的角色”,“是政府与企业的纽带”。②

审议会有时也称调查会或委员会等,是由各省厅大臣设立的官方常设机构,由各省厅大臣挑选的各界专家组成,负责调查并讨论各省厅自身提出的政策和立法提案。“审议会影响巨大,在日本,由非官方人士审查并讨论法案的工作在各审议会上进行。甚至是诸如关税法和赋税法这样对国会非常关键的法案,在审议会讨论之后,国会能做的也只是盖个图章而已。”③该观点充分说

---

① [美]查默斯·约翰逊:《通产省与日本奇迹——产业政策的成长(1925—1975)》,金毅、许鸿艳、唐吉洪译,吉林出版集团有限责任公司 2010 年版,第 252 页。

② 山之内靖、J. V. コシュマン、成田龍一:『総力戦と現代化』、東京、柏書房、1995 年、第 207 頁。

③ [美]查默斯·约翰逊:《通产省与日本奇迹——产业政策的成长(1925—1975)》,金毅、许鸿艳、唐吉洪译,吉林出版集团有限责任公司 2010 年版,第 51 页。

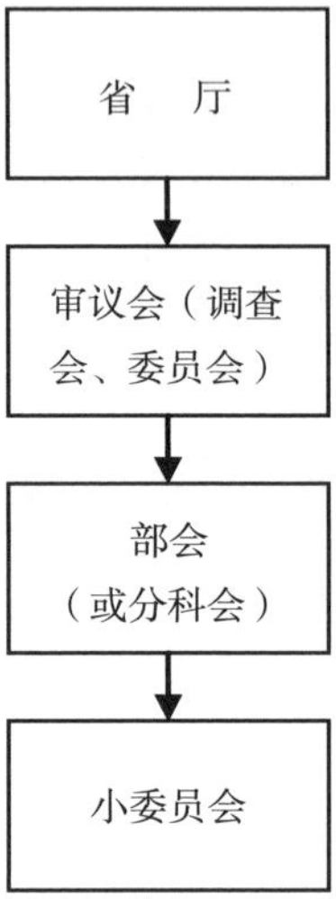

图 3-1　日本各省厅审议会组织结构

资料来源：根据相关资料整理。

明了审议会在政策制定、立法等方面所发挥的重要作用。

日本的审议会大多数与经济政策有关。以经济产业省为例，经济产业省设有产业结构审议会、消费经济审议会、日本工业标准调查会、计量行政审议会、中央矿山保安协议会、电力·燃气交易监督等委员会、进出口交易审议会、国立研究开发法人审议会、化学物质审议会、综合资源能源调查、价格调整等估算委员会以及中小企业政策审议会等 12 个审议会。

各审议会之下又设有分科会或者部会。以产业结构审议会为例，该委员会成立于 1964 年，主要分析和研究日本的产业政策。产业结构审议会的由来是，1927 年 5 月 23 日，日本商工省内设立了一个商工审议会，其宗旨是广泛调查困扰日本经济的各种因素以及研究政府应采取的具体对策等。作为一个公私双方的联合论坛，这个商工审议会在 20 世纪 50 年代被更名为产业合理化审议会。产业合理化审议会最初由 45 个委员会和 81 个小组委员会组成，覆盖了全国每个行业，以经团联的石川一郎和东京大学的有泽广已为核心，数百名企业社长和学术专家围绕左右，成为政府同商工业界联系的主要纽带。

产业合理化审议会的下设委员会可以详细审查和修改政府提出的建议,这些建议范围广泛:从钢铁工业合理化,到出口日本电影以赚取外汇的可能性等等都有涉及。而产业结构审议会就是由产业合理化审议会发展而来的。产业结构审议会被视作是经济产业省与企业界沟通情况的“首要官方渠道”。①

产业结构审议会又下设总会、2050 经济社会结构部会、新产业结构部会、2020 未来开拓部会、经营力提升部会、地域经济产业分科会、通商・贸易分科会、产业技术环境分科会、制造产业分科会、商务流信息分科会、保安・消费生活用品安全分科会以及知识产权分科会等 12 个下属组织。

而分科会下又设有多个小委员会,以产业结构审议会的通商・贸易分科会为例,又下设不公正贸易政策・措施调查小委员会、经济合作・基础设施系统出口小委员会、特殊贸易措施小委员会以及安全保障贸易管理小委员会等 4 个小委员会。(见图 3-2)

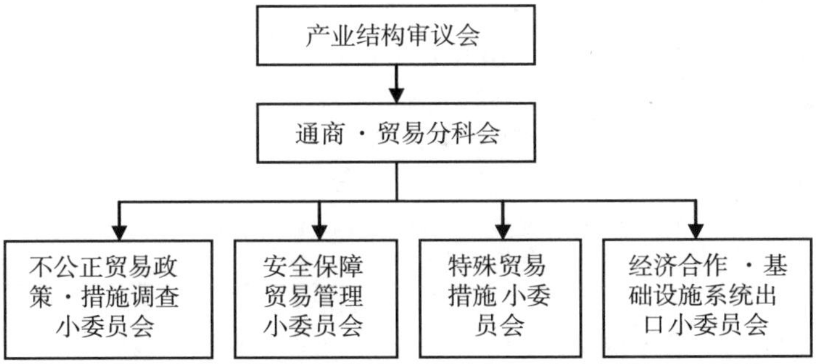

图 3-2　日本经济产业省产业结构审议会组织图

资料来源:根据日本经济产业省网站相关资料整理,https://www.meti.go.jp/shingikai/sankoshin/index.html#tsusho_boeki。

日本的审议会,一般由来自相关领域的专业人士组成,以 2018 年 8 月 21 日召开的产业结构审议会总会第 23 次会议为例,参加的委员来自各个领域(见表

① [美]查默斯・约翰逊:《通产省与日本奇迹——产业政策的成长(1925—1975)》,金毅、许鸿艳、唐吉洪译,吉林出版集团有限责任公司 2010 年版,第 112 页。

3-1)。该届产业结构审议会总会委员名单从其职务来看,由委员(共19名)和临时委员(共2名)组成,并且确定有产业结构审议会的会长以及各分科会或调查会的会长。从各委员的所属组织或机构来看,有如下四个来源,其一是来自经济团体,如来自日本经济团体联合会、日本劳动组合、日本商工会议所、日本贸易会等经济团体的4位委员(含临时委员)。其二是来自制造业企业,如来自SAKI公司、NonStress公司、小松制作所等企业的5位委员(含临时委员)。其三是来自高校,如学习院大学、东京大学等高校的10位委员。其四是来自智库等研究机构,如日本综合研究所、三菱综合研究所等研究机构的2位委员。

表3-1　产业结构审议会总会委员名单(2018年8月21日)

职务	姓名	所属机构
委员	中西宏明	日本经济团体联合会会长、日立制作所董事长(会长)
	相原康伸	日本劳动组合总联合会事务局局长
	秋山咲惠	SAKI公司董事长
	石黑不二代	NETYEAR公司董事长兼CEO
	伊藤元重	学习院大学国际社会科学部教授(新产业结构部会会长)
	翁百合	日本综合研究所理事长
	五神真	东京大学总长(知识产权分科会会长)
	清家笃	日本私立学校振兴·共济事业团理事长、庆应义塾学事顾问(制造产业分科会会长)
	武田洋子	三菱综合研究所政策·经济研究中心长、首席经济学家
	中村邦晴	日本贸易会会长、住友商事董事长(通商·贸易分科会会长)
	中室牧子	庆应义塾大学综合政策学部准教授
	沼上幹	一桥大学理事、副学长(经营力提升部会会长)
	坂野尚子	NonStress公司董事长
	松原宏	东京大学大学院综合文化研究科教授(地域经济产业分科会会长)
	三岛良直	东京工业大学名誉教授(产业技术环境分科会会长)
	御手洗瑞子	气仙沼KNITTING公司董事长
	村井纯	庆应义塾大学环境情报学部教授、同大学院政策·媒体研究科委员长(商务流通情报分科会会长)
	室伏KIMI子	御茶水女子大学学长(2020未来开拓部会会长)
	横山明彦	东京大学大学院新领域创成科学研究科教授(保安·消费生活用制品安全分科会会长)

续表

职务	姓名	所属机构
临时委员	坂根正弘	小松制作所顾问(综合资源能源调查会会长)
	三村明夫	日本商工会议所会头(中小企业政策审议会会长)

资料来源:日本経済産業省:『産業構造審議会総会名簿』、https://www.meti.go.jp/shingikai/sankoshin/sokai/pdf/023_01_01.pdf。

各审议会下设的分科会也各自成立有委员会,其委员的所属来源与审议会总会委员基本相同,以产业结构审议委员会下设的通商・贸易分科会为例,该分科会共有 25 名委员,其中 2 名来自日本经济团体,9 名来自高校,8 名来自企业,3 名来自施策机构,3 名来自银行业、证券业。①

同样,审议会各分科会下设的小委员会也设有委员,仍以通商・贸易分科会下设的经济合作・基础设施系统出口小委员会为例,共有 12 名委员,其中 5 名来自企业,3 名来自高校,另有 3 名来自银行、商社等机构。②

从产业结构审议会总会→通商・贸易分科会→经济合作・基础设施系统出口小委员会等组织机构设置可以看出,审议会总会中来自高校的委员为最多,通商・贸易分科会中来自高校和企业的委员基本持平,而经济合作・基础设施系统出口小委员会中来自企业的委员最多。换言之,审议会总会因其主要从宏观上制定和审议产业结构的相关政策,因而来自高校的学者居多,而下沉到小委员会,主要审议某一特定领域的政策,因而来自企业的委员居多。这样的设置符合具体议事的规律,也使得审议事项更加客观与贴近实际。

除各省厅根据管辖内容的不同设置审议会外,日本根据一些具体的行业领域也设立有相关审议会。例如在促进企业在海外获取能源权益过程中,也

① 日本経済産業省:『産業構造審議会通商・貿易分科会委員名簿』、2018 年 6 月 11 日、https://www.meti.go.jp/shingikai/sankoshin/tsusho_boeki/pdf/005_01_00.pdf。

② 日本経済産業省:『経済協力・インフラシステム輸出小委員会委員名簿』、2014 年 5 月 21 日、https://www.meti.go.jp/shingikai/sankoshin/tsusho_boeki/keizai_kyoryoku/pdf/001_02_00.pdf。

设置有相关审议会。如综合能源调查会（设置于 1965 年）、石油审议会（设置于 1978 年）、矿业审议会（设置于 1962 年）以及石油供需审议会（设置于 1973 年）等。

在谈到审议会的重要性时，有学者以原有的通商产业省（现今的经济产业省）为例指出，“审议会尽管没有法律权力把自己的建议强加给某个具体的企业，但不要忘记，审议会的发起人通产省，如果认为某家公司在浪费宝贵资源的话，能够而且确实会使这家公司得不到外汇。所以，审议会的培训计划能被认真贯彻，所提建议能被广泛采纳，也就不足为奇了。”①因此，日本企业往往都以能参与各类政府决策审议组织尤其是审议会为荣，这一行为“往往能够使得企业职员有机会去接近政府的决策者”，他们认为参与政府相关政策的审议，可以“影响未来的政策，努力知晓当前的发展计划以及如何使企业能够对这些计划成功地作出调整”，因此，这种委员资格是“一种吸引人的不用付费的公共服务方式”。②

（二）研究会

日本政府有时根据需要还设有研究会，以研究一些政府急于关注或需要解决的问题。仍以经济产业省为例，即设立有关于经济产业、对外经济、能源·信息·流通·服务、中小企业·地域经济产业、能源·环境、安全·安心等方面的研究会。而每一领域又设有不同的研究会，如关乎本研究的对外经济领域来看，设立有构筑基于华盛顿条约第 7 条第 6 款的研究设施登记制度检讨会议、经济产业省 TPP 对策推进本部、新出口大国支援组织、有关推进便利店与 JETRO 合作的协议会、日本贸易保险株式会社设立委员会、日本贸易

---

① MITI，Nempo（fiscal 1951），p. 148；and（fiscal 1952），p. 136. 转引自［美］查默斯·约翰逊：《通产省与日本奇迹——产业政策的成长（1925—1975）》，金毅、许鸿艳、唐吉洪译，吉林出版集团有限责任公司 2010 年版，第 238 页。

② ［美］默里·L. 韦登鲍姆：《全球市场中的企业与政府：第 6 版》，张兆安译，上海人民出版社 2006 年版，第 353 页。

保险株式会社资产评价委员会、强化咨询功能特别工作组以及亚洲基础设施建设融资检讨会等研究会组织。

如“亚洲基础设施建设融资检讨会”设立于 2016 年 1 月,该检讨会于 2016 年 3 月提交了“中间报告”,指出,随着经济增长迅速的亚洲新兴国家的发展,亚洲各国基础设施建设的需求大增,而随之而来的资金需求也大增,日本认为仅以公共事业方式来进行支持已显得十分困难,除以 ODA 为主的公共金融外,也需要充分利用民间资金,充分利用 PPP 制度。①

“新出口大国支援组织”设立于 2016 年 2 月,到 2018 年 4 月,已召开四次会议,其主要研究内容是以 TPP 为契机,在出口方面,除工业品以及农产品、食品等之外,内容产业与服务业也应积极向海外发展。日本需要构筑“新出口大国”的目标。为此,对于中坚企业、中小企业来说,日本应从产品研发、国际标准化到销路开拓,提供综合性的具体支持。为实现上述目标,日本在继承原有的“中小企业海外发展支援会议”的基础上,新设立了“新出口大国支援组织”,针对开展海外事业的中坚企业、中小企业的不同发展阶段,进行多机构的综合性支持。经济产业省还指定了相关支持机构(见表 3-2)。

表 3-2　新出口大国支援组织构成机构名录②

序号	支援机构名称
1	经济产业省(组织协调部门)
2	一般财团法人海外产业人才育成协会
3	株式会社海外需要开拓支援机构
4	独立行政法人工业所有权情报・研修馆

① アジア・インフラファイナンス検討会:『アジア・インフラファイナンス検討会中間報告書』、2018 年 3 月、https://www.meti.go.jp/committee/kenkyukai/external_economy/asian_infra/pdf/report_01_01.pdf。

② 日本経済産業省:『資料 3　新輸出大国コンソーシアムについて』、2016 年 2 月 26 日、https://www.meti.go.jp/committee/kenkyukai/external_economy/shin_yushutsutaikoku/pdf/001_03_00.pdf。

续表

序号	支援机构名称
5	独立行政法人国际协力机构
6	株式会社国际协力银行
7	株式会社商工组合中央金库
8	一般财团法人食品产业中心
9	国立研究开发法人新能源·产业技术综合开发机构
10	一般社团法人全国银行协会
11	全国商工会联合会
12	一般社团法人全国信用金库协会
13	一般社团法人全国信用组合中央协会
14	一般社团法人全国地方银行协会
15	全国中小企业团体中央会
16	一般社团法人第二地方银行协会
17	独立行政法人中小企业基础整备机构
18	一般社团法人中小企业诊断协会
19	一般财团法人电气安全环境研究所
20	一般财团法人日本规格协会
21	日本商工会议所
22	株式会社日本政策金融公库
23	日本税理士会联合会
24	公益社团法人日本新商务协议会联合会
25	一般财团法人日本品质保证机构
26	日本律师联合会
27	日本代理师会
28	一般社团法人日本贸易会
29	独立行政法人日本贸易振兴机构
30	独立行政法人日本贸易保险

同时，经济产业省还将金融厅、总务省、外务省、财务省、农林水产省、国土交通省作为协力省厅，同时希望各地方自治体、金融机构、商工会议所、商工会等在支持中坚企业、中小企业的海外发展方面发挥积极作用。而在具体支持

措施方面,主要是通过加强各支援机构之间的相互协调配合(见图 3-3)以及派遣专家等方式进行支持。该支援组织的事务局设在日本贸易振兴机构(JETRO)。

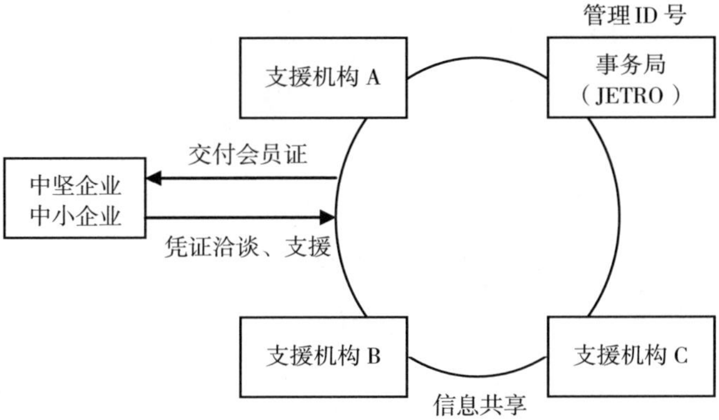

图 3-3　新出口大国支援组织协同支援图示①

在各机构相互协同支持方面,其基本流程是,需要接受支持的中坚企业或中小企业从负责事务局工作的日本贸易振兴机构取得通用的 ID 号码,凭借该 ID 号码,在所有支持机构间都可以实现洽谈、信息共享以及获得政策支持等。另外该组织还将充分利用曾在日本接受过培训的研修生群体(约有 3 万人)这一资源,积极予以支持。而在派遣专家方面,则由日本贸易振兴机构协调派遣精通国际商务的专家进行支持。其专家支持包括:从支持机构提供的支持措施中,选择中坚企业或中小企业可以接受的适当方式进行支持;灵活运用 TPP、EPA 等机制,在提供信息、企业海外事业战略制定、确保人才等方面提供支持;海外现地的匹配、海外工厂及店铺的开设、销路开拓等方面的咨询业务等。

① 経済産業省:『資料 4　新輸出大国コンソーシアムについて』、2016 年 2 月 26 日、https://www.meti.go.jp/committee/kenkyukai/external_economy/shin_yushutsutaikoku/pdf/001_04_00.pdf。

（三）恳谈会、有识者会议等

除审议会和研究会之外，日本还就一些重要的议题成立有恳谈会或有识者会议，对相关议题进行研讨、调研，并形成研究报告，而这些研究报告一般都会成为日本政府制定相关政策的基础依据。

以日本文化振兴和向海外推广文化产业为例。1979 年，大平正芳在就任首相的施政演说中最早提出了“文化立国”的口号，并于同年创设了政策研究会“文化的时代研究小组”，召集了 200 多位有识之士共同讨论日本的未来。该研究小组于 1980 年发表了《文化的时代》报告书，对日本的文化行政提出了“从经济建设为中心向重视文化建设的转变，从中央集权到地方分权的转变，提高人民对丰富的精神和文化生活的追求，振兴地方文化建设和加强国际文化交流”等政策性建议。① 1996 年 7 月，日本政府公布实施了“21 世纪文化立国方案”，2000 年，小渊惠三首相成立了“21 世纪日本的构想”恳谈会（座长为时任国际日本文化研究中心所长的河合隼雄），该恳谈会指出日本未来的关键在于充分发挥日本的潜质、才能及可能性。2003 年日本制定了观光立国战略，同年 3 月和 4 月，日本文化厅发表的国际文化交流恳谈会的报告书《今后的国际文化交流》和国际交流基金会发表的国际交流研究会的报告书《新时代的外交及国际交流基金的新角色》，也都把国际文化交流作为新世纪日本外交的一种重要手段。2004 年 12 月 2 日，小泉纯一郎又设立了首相个人的咨询机构——“推进文化外交恳谈会”，旨在通过文化领域的国际合作，培育国际社会的亲日感情。2005 年 7 月，该恳谈会提交了题为《创造文化交流的和平国家日本》的报告书，指出日本文化外交应当遵循三个理念：一是以普及日语、流行文化和现代艺术等“信息发布源”为开端，在世界上积极培养“爱好日本动漫的一代”，使他们自觉形成对精深广博的日本文化的兴趣；二是积

① 生越由美:『文化産業を育成する知的財産に関する調査研究』、東京財団研究報告書、2016 年 10 月、http://www.tkfd.or.jp/admin/files/2006-17.pdf、第 15 頁。

极接纳承担跨文化交流的人才,通过“创造性地吸收”使日本成为充满活力的“文化创造的据点”;三是向世界传达日本“尊重和平和共生的精神”这一普遍的价值观,努力成为“架构多元文化和多元价值观之间的桥梁”。①

这种官民协同的议事机制能够广泛听取民间专家学者或企业的意见,政府可以充分了解民间和专家学者的真实意图,将集体智慧充分地反映到政府的政策制定中。这一机制也是政府协调各方利益,在政策制定过程中进行适度调整和再平衡的重要手段,使政策更具广泛性,便于为各方所理解和接纳,维护了政府行政的“公正性”。另外该议事机制也是民间人士参政议政、影响政府决策、反映自身利益诉求的一个重要平台,同时也是政府与民间的信息资源共享平台。

第二节　官民协同平台

企业关系网络理论认为,嵌入关系网络的行动体的数量、各行动体间的互动频次以及彼此间的相互关系等,都将对整个关系网络的运营质量和综合竞争优势产生影响。

在日本企业“走出去”战略的协同支持体系中,政府、民间企业等职能各异的行动体往往会通过搭建多主体、多层次、多形式的官民协同平台,以强化彼此间的联系与沟通。由于许多行业和项目涉及领域广、部门多,非官方自身或企业自身难以独立完成。因此在涉及类似问题时,搭建相应的协同平台就显得很有必要了。

这类官民协同平台通常具有如下几方面的特点:其一是从名称来看,这类协同平台多以“某某协议会”者居多,如“海外水设施 PPP 协议会”等。其二是一般都是为了支持某一特定领域或特定行业而设立的官民协同平台,如推

① 国際交流研究会:『新たな時代の外交と国際交流の新たな役割—世界世論形成への日本の本格的参画を目指して—』、国際交流基金、2003 年 4 月、第 45 頁。

广日本的基础设施建设、水务系统、医疗体系等。其三是这类官民协同平台是目标型的，具有暂时性，属于非常设组织，当任务或目标实现时平台将解散。

在一些重要的领域，需要涉及政府多个部门间加强沟通和联系。如2009年1月日本成立了由内阁官房等14个省厅组成的“关于水问题的相关省厅联络会”，以促进日本水务事业向海外的发展。

日本有着丰富的基础设施建设经验，在土木建筑、新干线、城市交通、水资源、能源利用等方面存在着巨大的海外商机。近年来日本政府和企业尤其关注水务事业的海外发展，日本认为海外上下水道的完善、运营、管理等将有巨大的需求，预计2025年约有80万亿日元规模的市场前景。①

为了支持日本企业在下水道膜处理技术、下水淤泥的能源化技术、利用人造卫星进行水治理等方面拓展海外业务。2010年7月，日本国土交通省、厚生劳动省、经济产业省、环境省、外务省、总务省等相关省厅与地方公共团体、国际协力机构、日本下水道事业团等相关机构协同设置了“海外水基础设施PPP协议会”，为支持项目形成和订单获得，举办官民研讨会和进行高层营销等。该协议会由国土交通省发起成立，具体日常工作由国土交通省国际建设推进室负责，会长由三菱商事社长小岛顺彦出任。具体案例有日立制作所旗下公司在东南亚等地开展以上下水道的处理和工厂排水再生等业务。②

国土交通省、厚生劳动省和经济产业省三省厅还设立有“水领域国际标准化战略研讨委员会”，旨在致力于下水再生水灌溉利用、下水污泥能源化利用以及资产管理、危机管理四个领域的国际标准化战略，另外下水道服务领域和管道更换领域致力于ISO规格的JIS（日本工业标准）化。该委员会还通过与海外合作共同推进国际标准化战略，如2010年7月20日在富山召开了东北亚标准合作论坛，旨在与中、韩合作，就下水再生水的城市内利用进行信息

① 国土交通副大臣三日月大造『世界の水問題と日本の貢献—官民連携による海外展開—』、http://www.asahi.com/eco/sympo2010/program/pdf/presentation_of_mikazuki.pdf。

② 「日立、水事業強化へ:東南アジア・中東で計画」、『朝日新聞』2012年4月4日、7版。

交换和合作。[1] 2010 年 12 月,日本还召开了“一揽子型基础设施海外发展相关大臣会议”,进一步强化各省厅间的协调与配合。

时任日本国家战略担当大臣的仙谷由人于 2010 年 6 月表示,日本政府将设立“国家战略研究委员会”,协同相关省厅帮助企业开拓海外基础设施建设市场。时任首相鸠山由纪夫亲自担任该委员会委员长,将与相关省厅大臣一起商讨帮助日本企业开拓海外铁路、核能发电等基础设施市场的具体策略。被列入计划的措施主要包括强化政府所属金融机构国际协力银行(JBIC)的融资能力,从资金层面对相关企业实施援助,在驻外使领馆设专人帮助企业开拓海外市场等。仙谷由人强调,此举旨在营造大举开拓以亚洲为中心的基础设施建设市场的势头。

如果说上述协同平台主要在于强化政府部门间的沟通的话,那么以政府部门联合民间企业所构建的协同平台,才是真正意义上的官民协同平台。这类官民协同平台,有的由某个主导部门牵头,通过多种形式加强与民间企业间的联系和沟通,为民间企业向海外发展提供资金、信息等方面的支持。如由经济产业省发起成立的“关于水问题的相关省厅联络会”,常召集相关商社、技术企业及金融界人士参加会议,并期待各综合商社能在海外水务战略方面发挥带头作用。2010 年 12 月,厚生劳动省和经济产业省设立了“关于水道领域的官民伙伴关系推进协议会”,旨在强化官民间的合作。在日本政府支持下,近 30 家企业于 2008 年 11 月组成了“海外水循环系统协议会”(GWRA),以强化业界的合作,共同开拓海外市场。另外,由国土交通省主导设立的“海外水基础设施官民伙伴关系协议会”也有 160 余家企业和团体积极参加。

再如为了促进日本的电视节目、音乐等内容产业的出口,总务省与民间电视台、唱片公司等将于 2013 年 8 月尽快设立专门团体来共同推进这一事业。

---

① 国土交通省:『第 2 回「海外水インフラ PPP 協議会」の開催結果概要及び資料の公表について・資料 3・各省・関係機関における取り組み』、2011 年 2 月 16 日、http://www.mlit.go.jp/common/000135513.pdf。

一方面通过强化与相关人员合作以加快版权处理工作，另一方面还将加强宣传、促进周边产品的销售等。

另外一种形式是多个相关部门联合设置协同平台，积极吸引民间企业参与。日本国土交通省 2010 年 6 月 1 日宣布，为了在水务领域支持日本企业走出国门，将与经济产业省、厚生劳动省等部门、东京都、横滨市、大阪市以及民间企业等共同构建水务领域的官民协商机制。随着工业化的推进，东南亚地区水务市场规模日益扩大。日本官方和民间将通过该机制为拓展海外业务相互交换信息，还将和政府为支持基建出口而成立的“国家战略工程委员会”开展合作。国土交通省表示官民将为获得订单而合作，力争让日本的技术为世界作出贡献的同时也拉动日本经济增长。

此外，日本为推动水务事业的海外发展，还搭建有如下官民协同平台。2008 年 11 月，在日本政府支持下，近 30 家企业组成“海外水循环系统协议会”（GWRA），希望强化业界间的合作共同开拓海外市场；2010 年 6 月，经济产业省、厚生劳动省及国土交通省等部门设立“海外水基础设施官民伙伴关系协议会”，约有 160 家企业和团体参加。再如 2010 年 12 月，厚生劳动省和经济产业省设立的“关于水道领域的官民伙伴关系推进协议会”等。

由政府和民间企业共同搭建的官民协同平台，使得政府各部门服务意识增强，其工作方式更贴近民间企业，更贴近市场。因政府及相关省厅可以直接了解民间企业的实际需求，其政策更加合理和具有针对性和操作性，促进了相关问题的顺利解决。

第三节　创设官民基金

官民基金是日本官民协同机制构建的一种形式。近年来安倍内阁为了实现日本经济复兴，在扩大经济良性循环、切实摆脱通货紧缩的同时，也认识到还需要进一步增强民间经济的活跃度，为日本经济的中长期可持续增长奠定基础。为此,日本政府认为,只有政府、国民、民间企业、各地方自治体等都来积极主动地投身于改革才是至关重要的。政府需要通过扩大企业等对公共服务的参与、激发国民和相关组织的积极性来减少公共服务中的浪费。而积极通过设置官民基金来作为实现经济增长的措施之一便是日本政府主打的一款“新产品”。

目前已设立有产业革新机构、海外需要开拓支援机构、海外交通·都市开发事业支援机构等十多个官民基金。官民基金是日本政府干预经济的主要手段之一,是为了充分发挥政府、企业和协会组织等“合力”经营资源的作用而设立的组织。其核心是实现企业与政府的互动以及经济利益与产业利益的互动,该模式将对引导产业结构调整、推动产业升级和整合、创造新的产业发挥作用。

(一)PFI 法的颁布与官民基金的创设

PFI(Private Finance Initiative),直译为民间资金主导,这与 PPP(Public Private Partnerships)有所不同,PPP 是官民协同或“公”“民”协同等。PFI 最早由英国政府于 1992 年推出,并逐渐在西方发达国家中兴起为一种新的基础设施投资、建设及运营管理的模式。PFI 作为一种项目融资方式,是对原有 BOT 项目融资的优化,一般是政府部门根据社会对基础设施的需求提出需要建设的项目,经过招投标,由获得特许权的私营部门进行公共基础设施项目的建设与运营,并在特许期(通常为 30 年左右)结束后将所经营的项目完好地、无债务地归还政府,而私营部门则从政府部门或接受服务方收取费用以回收成本。

PFI 项目一般分为如下三种情况:其一是由私营部门结成企业联合体,进行项目的设计、建设、资金筹措和运营,而政府部门则在私营部门对基础设施的运营期间,根据基础设施的使用情况等向私营部门支付费用。其二是私营企业进行设施的设计、建设、资金筹措和运营,向设施的使用者收取费用来作为回收成本的方式。在合同期满后，私营企业再将设施完好地、无债务地转交给公共部门。这种方式与 BOT 的运作模式基本相同。其三是合营企业型（Joint Ventures，简称 JV 模式），即对于特殊项目的开发，由政府进行部分投资，而项目的建设仍由私营部门进行，资金回收方式以及其他有关事项由双方在合同中约定，这类项目在日本也被称之为“官民协同项目”。PFI 和 PPP 都是所谓的安倍经济学中“灵活的财政政策”、“唤起民间投资的成长战略”等政策的具体实施手段，其目的在于实现“国土强韧化”。PFI 项目融资模式是国际上一般用于开发公共基础设施项目的一种模式，其目的在于充分利用民间资金来开发、建设、运用管理公共工程项目。

日本创设官民基金的原因：其一是为了对国家经济进行统筹管理。纯粹以企业行为有时难以实现一个国家经济的增长和发展。日本企业之间竞争突出、合作不足，产业资源和力量分散，单一企业难以承担起“产业升级大任”的劣势也开始显现。尤其是当经济一时陷入恶性循环时，以遏制这种恶性循环为目的，依靠政府之力是必要的。尤其是战后日本经济的高速增长，与政府实行倾斜政策合理分配资源（包括金融）是密切相关的。一定程度上需要由外部资本强力主导，构筑新的产业竞争平台。因此，安倍政权为了提振日本经济，自然会依靠政策主导来作为复兴经济的主要工具之一。政府出于政策意图对某一经济领域采取倾斜政策，加速民间资本的流动和流向，才是正确的经济政策。日本国内仅个人金融资产就高达 1500 万亿日元，尽管国家和地方公共团体的财政窘迫，但若能充分利用这一庞大的民间资金，对于促进经济实现新的增长无疑是有利的。

其二是解决融资问题。政府贷款提供的项目对象，往往是那些预期的回报十分低，以致私人市场又不愿意投资的项目。[①] 创设官民基金的原因在于日本长期经济低迷的背景下，高风险领域的资金筹措很难，有经济成长活力以

---

① ［美］默里·L. 韦登鲍姆：《全球市场中的企业与政府：第 6 版》，张兆安译，上海人民出版社 2006 年版，第 13 页。

及经济发展潜力的事业资金供给十分不足,为此,在仅依靠“民”难以克服风险障碍的领域,应该由“官”提供资金来担保其风险,同时诱导民间投资加入。以日本在海外的基础设施建设项目为例,由于基础设施建设的回报率低、风险高,导致私人资本参与率低。同时,海外基础设施业务的订单额易于出现膨胀,常常会有因前期预算不足需要另行再增加投入资金的情况出现。因而造成日本企业在很多时候对出资犹豫不决。日本铁路车辆企业的高管表示“资金筹措困难,迟迟无法取得进展的铁路计划并不少见”。日本政府在资金方面的支援将对铁路车辆企业获取订单起到助推作用。仅依靠民间力量,有时是有风险的,对于过大的风险,政府采取“风险资金供给”来控制风险,将促进民间资本的流入。虽然基金并不直接产生需求,但基金是对尽管存在不确定性但有收益性的项目进行资金调配或提供资金的一种有益手段。为此,日本政府认为需要通过ODA等降低民间的风险,并以此为媒介充分提高民间投资的参与经济学。① 因此,除传统的财税政策优惠、政府贷款、担保以及日本各大民间银行的融资外,日本主要通过政府投融资以激活民间资本的积极参与。对民间难以规避风险的领域政府进行投资,这是创设“官民基金”的政策意图。

其三是缓解财政压力。一方面,日本政府面临严峻的财政压力,另一方面今后日本的基础设施建设的更新投资也将增大。尤其是在东日本大地震的灾区,各种公共基础设施受损严重,无论是恢复还是重建都需要巨额资金。在国家和地方财政日益紧张的状况下,如何拉拢民间资本参与到公共基础设施的运营当中、并进行充分利用,成为日本政府面临的一大课题。因此日本政府需要积极活用民间资金以解决资金问题。

其四是为民间创造直接投资渠道。从民间来看,官民基金并非通过国债或地方债的方式进行的间接投资,而是提供了直接投资基础设施建设的可能

① 日本国土交通省:『資料3・各省・関係機関における取り組み』、http://www.mlit.go.jp/common/000135513.pdf。

性,投资的范围扩大了(尽管投资包括盈利也包括风险)。从结合效果来看,通过行政的介入,官民基金的方式也为本来无法聚集的民间事业者(竞争企业、不同业种企业、NPO 和企业等)共同实施项目提供了契机。

其五是强化产业竞争力。产业的国际化,也无法仅仅依靠民间来实现,另外先进技术、海外资源权益获取、地方经济的提振、农林渔业的发展等,这些重点战略领域都需要一定程度上采取政策主导的形式。

日本近年来设立的十余个官民基金,其依据都来自于 1999 年 7 月 16 日日本政府颁布的《有关通过活用民间资金等促进公共设施等的整备等的法律》(通称“PFI 法”)。该法案是为了在公共设施等的建设、维护管理、运营等方面充分利用民间资金、经营能力及技术,其目的在于有效率且有效果地整备社会资本,确保向国民提供低廉而优质的服务①。2007 年,作为抑制一般会计预算膨胀的手段之一,财务省将每年来自 NTT 和 JT(日本烟草产业)股票的股息和销售收益作为特别会计资金使用,称之为“产投会(产业投资特别会计)”,而这笔资金将以基金的形式使用,至于设立何种基金则由各省厅根据需求提出具体方案。

PFI 法于 2011 年 6 月进行了修订,修订后的 PFI 法增加了公共设施等的运营权。规定在日本国土交通省、内阁府设定的公共设施等的运营权限基础上所实施的 PFI 项目称之为“特殊许可方式”,持有运营权的 PFI 事业者可以进行设施的运营及维护管理并收取使用费作为自身收入。

2013 年 1 月 11 日,第二次安倍内阁出台了《面向日本经济复兴的紧急经济对策》(简称“紧急经济对策”),其中提及为了实现通过成长创出财富,作为必要措施之一,希望创设官民合作的基金并逐步扩大其功能。2013 年 6 月 14 日,作为内阁决议出台的《日本再兴战略》中,加入了“充分运用扩大公共设施等运营权等对民间开放”的内容,期待以基础设施建设基金为投资对象的运

① 『民間資金等の活用による公共施設等の整備等の促進に関する法律』、1999 年 7 月 30 日法律第 117 号、http://law. e-gov. go. jp/htmldata/H11/H11HO117. html。

营案例不断扩大。

PFI法颁布后,在内阁府设置了民间资金等活用事业推进室(PFI推进室)作为协调部门。同时根据该法案第五章的规定,应设立"株式会社民间资金等活用事业推进机构",但该机构直到2013年6月才基于新修订的PFI法设立,职能是"对独立核算型等的PFI项目实施金融支援等,以国家资金为诱导资金,唤起民间对基础设施建设项目的投资,达到减轻财政负担、创造民间的参与机会,增强日本增长力的目的"。①

安倍晋三首相在2014年第186回国会施政方针演说中进一步指出,应该通过创设基础设施建设出口机构,在交通和都市开发领域内支持向海外市场发展的事业体,构建官民一体机制,以实现到2020年将基础建设海外收益由目前扩大3倍的目标。②

官民基金,是政府和民间出于特定目的,通过提供资金进行投融资的基金。主要解决仅由民间企业难以承担风险的问题,官民共同设立基金,运用投融资(出资和融资)以实现行政的目标。日本的基本模式,其一是国家或地方公共团体等的"官"和民间事业者或投资家等的"民"共同出资的形态;其二是"官"单独出资的形态,由"官"的基金向企业出资时,也会有民间金融机构的协调融资等进行合作。

(二)官民基金的种类及运营机制

目前,日本已设立有十余个官民基金,其目的都是为了解决某一领域的问题而有针对性地设立。有些官民基金是在原有组织的基础上改组后重新成立的。如株式会社地域经济活性化支援机构(REVIC)原是成立于2009年10月14日的株式会社企业复兴支援机构,2013年3月18日改为现名。中小企业

---

① 内閣府「PFIの現状について(平成25年6月)。

② 首相官邸:『第百八十六回国会における安倍内閣総理大臣施政方針演説』、2014年1月24日、http://www.kantei.go.jp/jp/96_abe/statement2/20140124siseihousin.html。

基础整备机构是2000年特殊法人改革的成果之一，将原有的中小企业创业事业团、创业基础整备基金、地区振兴整备公团的部分职能剥离后成立该机构。而有些官民基金是新设立的，如株式会社农林渔业成长产业化支援机构（A-FIVE）、竞争力强化基金、株式会社海外需要开拓支援机构（酷日本机构）以及海外交通·都市开发事业支援机构（JOIN）等。

从政府的支持形态来看，产业革新机构、海外交通·都市开发事业支援机构（JOIN），采取政府出资加担保的形式；农林渔业成长产业化支援机构采取的是政府产业投资出资加担保的形式；竞争力强化基金采取的是政府产业投资贷款的形式；而一般社团法人环保不动产普及促进机构（Re-Seed机构）采取的则是政府一般会计出资的形式等。

从出资者来看，中小企业基础整备机构为政府100%出资；产业革新机构为政府、民间企业及个人共同出资；地区经济活性化支援机构为政府、储蓄保险机构及金融机构共同出资；农林渔业成长产业化支援机构则为政府及民企共同出资。

在具体的项目进行时，除进行出资或融资外，有些机构还将派遣专家予以具体指导。

表3-3 日本主要的官民基金

官民基金	设立时间及期限	设立目的	设立时资本金构成	主管省厅
株式会社产业革新机构（INCJ）	2009.7.27（15年）	对创造新的附加价值且具有创新性的项目进行投资	政府出资95%（2660亿日元），27家民间企业出资140亿日元，2名个人出资1000万日元 政府担保18000亿日元	经济产业省
株式会社农林渔业成长产业化支援机构（A-FIVE）	2013.1（15年）	对致力于六次产业化的农林渔业者及其他产业的共同设立法人进行支持	政府产业投资出资94.3%（300亿日元）、民间出资18亿日元 政府担保350亿日元	农林水产省

续表

官民基金	设立时间及期限	设立目的	设立时资本金构成	主管省厅
竞争力强化基金(日本投资银行(DBJ))	2013. 3. 12(10 年)	促进不同行业间合作创出新事业,唤醒并利用企业休眠高新技术的新事业	总额 1500 亿日元 其中政府产投贷款 1000 亿日元,DBJ 自有资金 500 亿日元	财务省
株式会社民间资金等活用事业推进机构(PFIPCJ)	2013. 10. 7(15 年)	促进向利用收费进行回收资金的 PFI 项目中引入民间资金,培育基建投资市场	总额 93. 75 万亿日元	内阁府
株式会社海外需要开拓支援机构(酷日本机构)	2013. 11. 25(20 年)	支持酷日本关联企业的海外发展,诱导民间投资供给风险资金	政府出资 300 亿日元,民间企业出资 101 亿日元	经济产业省
海外交通·都市开发事业支援机构(JOIN)	2014. 10. 20	对海外铁路等交通基建系统和城市开发项目进行规划和出资	政府出资 60 亿日元,民间企业出资 59. 45 亿日元 政府担保 510 亿日元	国土交通省
一般社团法人环保不动产普及促进机构(Re - Seed 机构)	2013. 2. 14(10 年)	对国家基础交通设施的整备以及具有抗震性、环保性不动产的形成进行支援	政府 100% 一般会计出资 350 亿日元	国土交通省、环境省
海外发展支援出资便利化		国际协力银行对企业海外发展进行支持	官方单独	
株式会社地区经济活性化支援机构(REVIC)	2013. 3. 18(10 年)	作为企业再生支援机构而创设,强化对风投企业及高新技术事业化的风险投资供给	官民共同 231 亿日元 其中政府出资 56. 3%(130 亿日元,其中产投出资 100,一般会计出资 30)	内阁府、金融厅、总务省、财务省、经济产业省
独立行政法人中小企业基础整备机构(中小机构)	2004. 7. 1(无期限)	从中小企业的创业、新项目开展到成长、再生提供综合性支援	政府 100% 出资(9298 亿日元)	经济产业省
国立大学法人评价委员会官民创新计划	2013. 1(无期限)	推进国立大学等的官民共同研究研发及成果转化	4 所大学出资 1000 亿日元	文部科学省

资料来源:根据日本相关数据整理。

上述官民基金中，农林渔业成长产业化基金较为特别，它属于培育型基金，投资的对象是通过事业的基础发展和成长能够确保创造农山渔村雇佣的农林渔业者。出资期限最长为 15 年，而一般的民间基金普遍都在 3—5 年。而出资的回收方式将采取事业体或农林渔业者购买自身发行的股票的方式为主。相比一般的基金多投资于回报率高的行业相比，这一基金有其特殊性。

除日本政府和民间企业共同设立的官民基金外，各地方自治体还设立有地方的官民基金，也称为“地区基金”或称为官民基金的附属基金，是地方接受中央政府主导创立的官民基金的支持而设立的。目前来看，这样的官民基金主要有两个，一个是中小企业基础整备机构，另外一个是农林渔业成长产业化支援机构。

中小企业基础整备机构与地方金融机构联合设立的有如下地区基金：2011 年 12 月 7 日，为致力于神奈川县中小企业的复兴支援和地区经济活性化，县内的金融机构在中小企业基础整备机构支持下共同成立了“神奈川中小企业复兴基金投资实业有限责任组合”（也称之为神奈川中小企业复兴基金），基金总额为 24.1 亿日元，出资者包括横滨银行、中小企业基础整备机构、神奈川产业振兴中心、神奈川银行等。投资方式包括债券交易和股票出资等。再如于 2013 年设立的东京中小企业支援基金投资实业有限责任组合，基金总额为 25 亿日元。其中中小企业基础整备机构出资 12.5 亿日元，其余出资方包括东京都内的东京都民银行、东京东信金库、新银行东京等金融机构。其主要投资对象是东京都内拥有较为优良的经营资源但因过剩债务而经营不振的中小企业。另外三重县也设立了三重中小企业再生基金，总额 20 亿日元，出资方包括中小企业基础整备机构（出资 10 亿日元，占 50%），其余出资方包括三重银行、百五银行、第三银行以及三重县信用保证协会等组织，其职能与投资对象与东京都成立的地区基金基本相同。

另外一个则是农林渔业成长产业化支援机构支持下的地区基金。2013 年度后，农林水产省计划每年追加出资约 400 亿日元，对每个地区的附属基金,由支持机构和地方政府及金融机构等按 1∶1 出资,计划用 5 年时间将基金规模扩大到 4000 亿日元左右。投资对象是农林渔业者与加工、流通业者等合作企业创办的合资公司。日本国内与食品相关的产业生产额约 100 万亿日元,其中加工及流通、销售占 9 成,农林渔业者仅占 1 成,为了阻止农林渔业从业者收入的下降趋势,日本政府试图支持农林渔业从业者进入加工和销售领域。农林渔业成长产业化支援机构与各地方银行建立了 18 个地区基金,基金总额共计 460.2 亿日元,其中农林渔业成长产业化支援机构出资 50%(230.1 亿日元)。如北海道由北海道银行、北洋银行和农林渔业成长产业化支援机构共出资 60 亿日元成立;而千叶县则由县内 11 家金融机构与农林渔业成长产业化支援机构共出资 20 亿日元成立。

表 3-4　官民基金与民间基金的异同点

	官民基金(以产业革新机构为例)	民间基金
时限	15 年(法定) (从投资到收回的期限原则上 5—7 年)	10 年以内 (最后的 3—5 年收回)
目标	在考虑投资项目收益性及实现可能性的基础上,重视投资的政策目的及社会效益	在考虑投资项目收益性及实现可能性的基础上注重投资收益的最大化
收益性	重视投资倍率 (中长期内投资项目收回额的最大化)	重视 IRR① (追求短期性收益)

从官民基金与普通的民间基金的区别可以看出,官民基金在运作的时限上要长于民间基金。而在实施项目的目标上,官民基金除考虑项目收益性的基础上,更多地还会考虑投资的政策目的以及项目所能带来的社会效益,而民间基金基本上只从投资收益的最大化方面来考虑。因此在基金的收益性方面,官民基金侧重于中长期内的收益回报,而普通的民间资金一般更注重短期收益。

---

① IRR:内部收益率(Internal Rate of Return 的简称),即资金流入现值总额与资金流出现值总额相等,净现值等于零时的折现率。指一项投资渴望达到的报酬率,该指标越大越好。

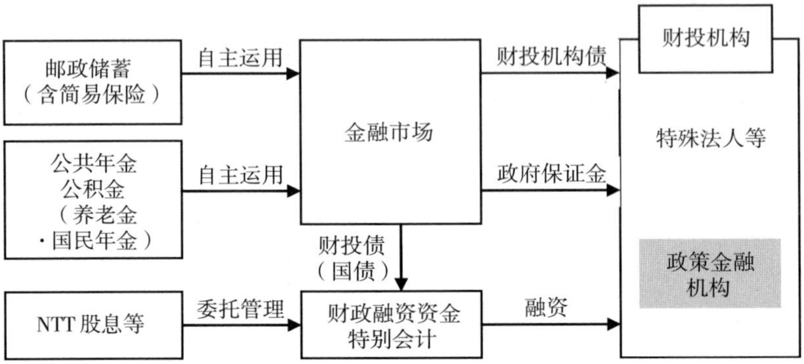

图 3-4　日本财政投融资体系

日本的官民基金中，政府方面出资的来源主要是财政投融资。日本的财政投融资具有如下特点：没有赋税负担，采取独立核算；通过财投债（国债）的发行等调配资金作为财源；投融资活动（资金的融资和出资）的对象是尽管从政策角度存在必要性，但民间难以参与的具有长期、固定、低利率的资金供给以及大规模、超长期项目的实施成为可能。上述这些特征与基础设施项目的特征高度吻合，因此以上述资金作为基础设施建设的资金来源是合适的。战后大量基础设施建设也都是依靠财政投融资制度提供资金的。产投出资是财政投融资的一种方式，即以国家保有的 NTT 股票、JT 股票的股息以及日本政策金融公库的国库缴纳金等作为资本对产业开发以及贸易振兴等进行的投资。上述领域从政策视角而言有其必要性，而且也有产生利润的预期，但由于风险高，仅民间难以供给充足的资金，因此需要政府以产业投融资的方式为其提供必要的资金。

2013 年 7 月，日本内阁府还设立了官民基金总括咨询委员会，旨在对已有官民基金的运营状况进行横向检查和监督，并对正在准备设立的官民基金的制度设计进行意见交换。由内阁官房副长官任座长。①

① 内閣官房、官民ファンド総括アドバイザリー委員会の設置について、2013 年 7 月 2 日、http://www. cas. go. jp/jp/seisaku/fund/pdf/kousei. pdf。

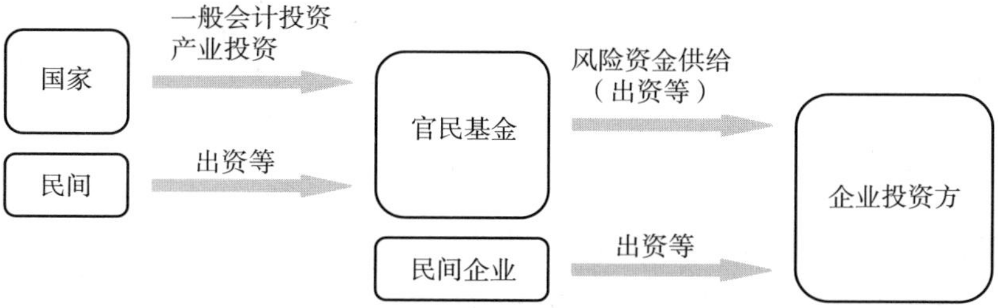

图 3-5　官民基金运营图示

为了避免官民基金出现同民间企业竞争的现象,将影响降低至最小。日本政府对于官民基金的创设及运营提出了如下四个原则:其一,是支持资金的补充性。即对官民基金的投资项目有所限定,如民间金融功能不健全的情况、民间金融机构权衡规模和风险等无法预测投资的经济合理性等情况。只有在上述两种情况下,官民基金才决定予以支持。亦即将官民基金的支持定位于对民间金融功能的补充作用发挥方面。其二,是支持额度的比例(最小限)性。将官民基金对被支持事业者以及其他竞争事业者的竞争意欲的影响控制在最小限度,支持仅以达成目的为基础,采取必要的最小限度的方式(规模、手段、期限及其他条件)。其三是支持方式的中立性和公平性。官民基金进行支持时,尽可能基于经济合理性的理念,以中立、公平为原则选择支持对象事业者及具体的支持方法等。其四是支持程序的手续透明性。对官民基金进行支持的相关信息,应该在考虑如下三点的基础上进行信息公开:(1)迅速性;(2)访问信息的容易性;(3)支援内容和条件的详细性。此外,在基金的运用上还要求注意如下三点:其一,是基金支持应达到的目的有必要尽量予以明确;其二,是决定个别项目的支持内容时有必要采取切实恰当的项目实施方式;其三,是官民基金在支援时不能违反《独占禁止法》。

(三)官民基金案例分析

为便于分析日本官民基金的实际运营情况,下文即对日本官民基金中与本研究密切相关的、具有代表性的农林渔业成长产业化支援机构(以下简称“农林渔业机构”)、海外交通·都市开发事业支援机构、海外需要开拓支援机构(以下简称“酷日本机构”)以及产业革新机构(INCT)等四个官民基金组织详作案例剖析。

案例一:农林渔业成长产业化支援机构

农林渔业成长产业化支援机构设立于2013年2月1日,设立时资本金为32亿日元,其中政府出资16亿日元,民间(包括龟甲万、农林中央金库、味之素、丘比、日清制粉等)出资16亿日元。根据农林渔业机构设置法案,将由国家和民间企业共同出资成立投资基金,支持农林渔业生产者与加工、流通业联手,增强竞争力。投资基金除官民共同出资的农林渔业机构外,还设置各地区和领域的附属基金。农林水产省计划在2012年为农林渔业机构筹资320亿日元,此后每年筹资400亿日元。再通过农林渔业机构与地方自治体及金融机构以1:1出资成立分基金(也称作附属基金或地区基金),5年后使投资基金规模达到4000亿日元。投资对象为农林渔业生产者与加工、流通业者合作创办的合资企业,投资期约15年,通过股票交易回收资金。日本食品关联产业国内生产额约100万亿日元,其中90万亿来自加工领域(第二产业)和流通销售领域(第三产业),第一产业的农林渔业生产仅占10%。为了进一步增加农林渔业从业者的收入,日本政府鼓励和支持农林渔业从业者进入加工和销售领域。政府希望以投资基金的方式支持农林渔业领域的生产、加工、流通三方相互合作,促进“农业六次产业化”,增加农民收入,提高农业竞争力。

对于具体项目的实施,农林渔业机构下设的事务局(也称投融资本部,由农林渔业者、金融界、企业界、投资公司、银行等的成员组成)将从专业的立场对项目进行审查,农林渔业成长产业化委员会(由具有投融资经验的管理人员、农业、林业、渔业、食品产业各团体等的代表组成,每月召开一次会议)将以中立的立场对项目的收益性、政策性进行审查。农林水产省将对支援标准的适合性进行确认,以确保出资的适当性。农林渔业机构的组织运营和支援决定都需得到农林水产大臣的认可手续。农林水产省还将每年对农林渔业机构的业绩进行评价,以确保机构的正当运营。由于有民间的出资,避免了对民营企业的压迫或有悖于官民利益的状况发生,由官与民来共担风险。由于事业的成长、发展过程以及个别的问题、难题都能得到专家的指导,且进行中的事业还会由机构定期作出评价并给予适当的建议和指导,因此能够确保收益,在一定程度上构建了避免发生损失的防范机制。

案例分析二:海外交通·都市开发事业支援机构

株式会社海外交通·都市开发事业支援机构(Japan Overseas Infrastructure Investment Corporation for Transport & Urban Development,简称JOIN)。该机构是日本依据2014年4月的《株式会社海外交通·都市开发事业支援机构法》,为促进交通、都市开发企业向海外发展而于2014年10月20日设立的。

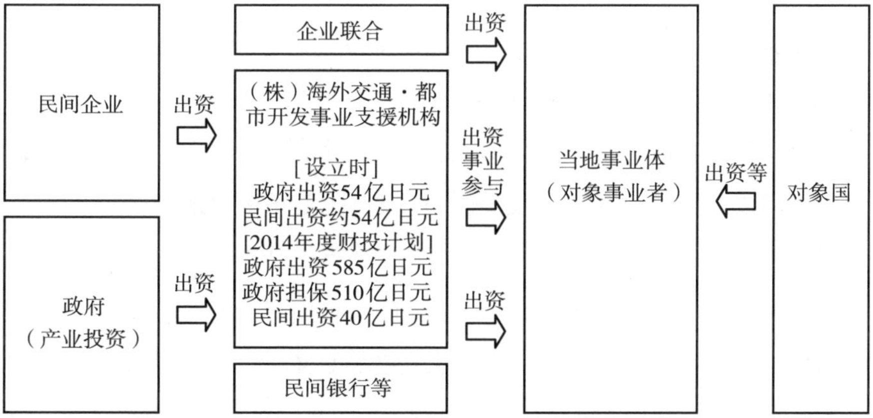

图3-6　JOIN出资结构图

JOIN由政府财政的产业投资出资54亿日元,民间企业出资53.975亿日元共同设立①,其后政府又追加财政投资585亿日元和担保贷款510亿日元。

① 株式会社海外交通·都市開発事業支援機構:http://www.join-future.co.jp/about/outline/index.html。

此外，JOIN 的设立，还得到了日本政策投资银行(DBJ)的出资。JOIN 作为准政府组织，主要开展如下支援事业，其一，是交通事业。对铁路车辆、汽车、船舶以及飞机等运送人及货物的各类事业，以及停车场、港口、仓库等事业的海外发展进行支持；其二，是都市开发事业，对道路、公园、住宅、上下水道、广场等都市设施的建设、维护及运用等活动的海外发展提供支持；其三，是支援上述两项事业的项目，如零售业、住宿业、饮食业等附带设施等方面的服务业的海外发展。① JOIN 还将与企业、民间银行等共同在海外开展交通、城市开发等项目。

JOIN 的设立、董事会成员、监事会成员的选任和解聘以及每个事业年度的预算等，都必须获得经济产业大臣的许可。每个事业年度结束后，JOIN 必须在 3 个月之内向经济产业大臣汇报机构的财务情况和事业报告，由经济产业大臣作出具体的评价。

JOIN 设置有海外需要开拓委员会，委员会的职能是选择支持的对象以及具体的支持项目；例如决定购买、让渡债券或其他的处理方式；接受董事会委托，实施董事会作出的重要财产的处理和让渡以及大额资金的使用等。一般的股份公司都是在股东大会下设置的董事会来决定投资情况，但 JOIN 则由外部董事等构成的委员会来决定投资，使得投资决定更为客观和公立。

案例分析三：酷日本机构

近年来，日本的动漫产业发展迅速，而且在国际上也形成了一定的影响力。例如日本企业正寻求通过“Hello Kitty”等日本的卡通形象和动画授权来扩大海外盈利。日本三丽鸥(Sanrio)拥有的 Hello Kitty 在亚洲的人气正在迅速提升。另外，拥有热门动画《机动战士高达》版权的日本创通公司的游戏相关收入也在增长。而这些动漫、动画游戏等在日本被称之为“内容产业”。

日本的内容产业虽在海外很受欢迎，但日本也认识到内容产业在海外发

---

① 株式会社海外交通・都市開発事業支援機構:『株式会社海外交通・都市開発事業支援機構パンフレット』、http://www.join-future.co.jp/about/pdf/pamphlet_ja.pdf、2018 年 2 月。

展时也还存在着诸多制约因素。其一是在此前,日本的商品尤其是内容产业方面的商品缺乏在海外销售的经验,在海外的收益模式不明确,对于单独的、风险大的海外投资往往踌躇不前。其二是由于内容产业向海外发展的时间较短,暂时还没有在海外建立起相关的据点。其三是金融机构、投资者对内容产业领域的风险资金供给常常采取慎重的态度,往往出现资金不足的现象。其四,是日本的内容产业向海外发展时面临着信息不足以及相应的营销技巧缺乏等问题。其五,是日本相关内容产品在海外当地消费者中的认同感较弱,有调查数据显示,东南亚等国的消费者对于韩国文化及相关产品的认知度要高于日本。因此,为了解决上述问题,促进日本内容产业开拓并扩大海外市场,整备并确保海外的相关据点设立、创造地方企业海外发展的商机、进行品牌建设等,进行相应的事业调整、物流网络完善以及确保专业人才等都是非常必要的。

为此,日本政府在 2010 年 5 月召开的知识财产战略总部会议上决定了《2010 年知识财产推进计划》。按照该计划,日本将强化在海外广受好评的动漫等内容产业,到 2020 年使在海外市场的相关销售额翻番。2009 年日本内容产业相关产品的海外销售额为 1.2 万亿日元,政府计划到 2020 年使之增至 2.6 万亿日元。时任首相鸠山由纪夫在会议上表示:“将形成与民间企业携手奋战的态势。不能画饼充饥,要迅速落实。”为此日本政府积极推动“酷日本战略”的计划与实施,将其确定为推动日本经济增长的战略性支柱产业之一,推动日本的内容产业积极向海外发展。

日本所谓的“酷日本战略”是指向海外销售具有日本文化特色的商品和服务的战略。2013 年 11 月,日本政府和民间企业合作成立为“酷日本战略”提供资金的基金“海外需要开拓支援机构”(也称“酷日本推进机构”或“酷日本机构”)。该机构在创立时由日本政府出资 300 亿日元,三越伊势丹控股、高岛屋、电通、太阳生命保险、三井住友银行等 17 家民营企业和金融机构出资 85 亿日元。日本政府通过投入 5 年以上的长期资金,以补充需在短期内回收资金的民间投资的资金短缺问题。截至 2018 年 4 月,日本政府(财政投资特别会计等)已投资 586 亿日元,民间投资为 107 亿日元,共计 693 亿日元(见图 3-7)。民间企业截至 2018 年 4 月已达 23 家。

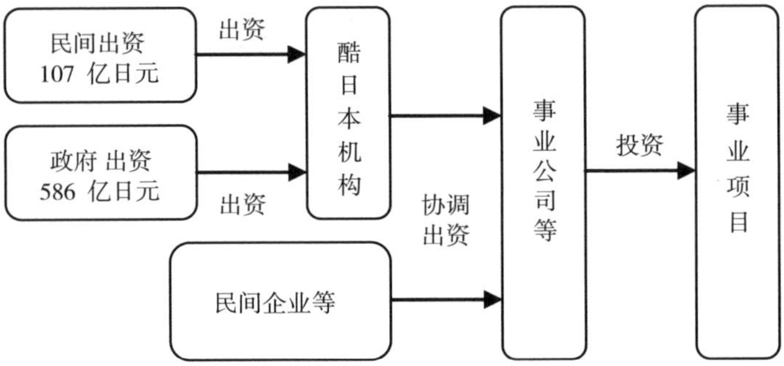

图 3-7　海外需要开拓支援机构

资料来源:経済産業省:『クージャパン機構について』、2019 年 3 月、https://www. meti. go. jp/policy/mono_info_service/mono/creative/1903,CooljapanfundMar. pdf。

酷日本机构的投资对象是利用日本的生活文化在海外销售商品,为访问日本的外国游客提供服务等的公司。分为"内容""饮食文化""时尚""生活""礼仪文化"五个方面,每年投资数十个项目。酷日本机构不仅在资金方面提供支持,也将派遣专业人员就企业在海外开设店铺时关于当地限制等问题提供法律咨询等提供综合性支援。酷日本机构对电影、漫画和音乐制作等单独业务也将提供资金支持,将讨论与海外各国共同制作电影和电视节目,以及在海外销售日本电影的当地语言译制片等。韩国政府对"K-POP①"和韩国电视剧等音像和音乐出口提供了一定支援。日本政府也认为若海外对日本文化的理解加深将有助于提升日本的国家形象。

在日本政府内部,对日本文化可以向世界传播的期待不断高涨的同时也遇到了意想不到的问题。当经济产业省正开始负责向民间募集资金时,对于刚成立不久的酷日本机构,经济产业省接连收到来自动漫、化妆品、服饰和婚

① K-POP:英文 Korea-Po 的简称,泛指源自韩国的流行音乐等。

礼服务等各种业界人士的咨询,均希望获得基金的出资。作为咨询的内容之一,这些业界人士都想知道“自己的业务是否属于出资范围”。对此,经济产业省的负责人则表示“目前难以做出回答”,原因在于此前日本文化类产品出口取得成功的案例非常少。因此,能对项目是否盈利做出正确判断的人才非常有限。作为基金也一时很难选择这方面的专家并将之派遣至希望获得资金的项目运营中去。实际上,当初设想的基金的出资对象为销售日本动漫等的文化产业,但为了扩大出资金额,家电和农产品等物品销售也被纳入了投资范围。因此,有专家指出,广泛推介日本是一件好事,但同时也不能忽视制定对于出资的优先顺序和标准等最重要的规范。

2014 年 9 月,酷日本机构决定与日本 Logitem 公司、川崎汽船公司共同在越南设立现地的合资公司,在越南建设和运用高性能的冷冻冷藏仓库,强化冷冻冷藏食品的国际物流环节。新设立的合资公司中,酷日本机构将出资 735 万越南盾(约合 7.35 亿日元),占 49%,日本 Logitem 公司和川崎汽船公司共出资 765 万越南盾(约合 7.65 亿日元),占 51%。旨在扩大日本企业的生鲜食品、加工食品等高品质低温食品在越南的流通扩大,并将其逐步拓展至东南亚其余国家。

由日本政府和民间共同出资的酷日本机构 2015 年 3 月携手日本卫视巨头 SKY Perfect JSAT,设立了面向海外播放日本电视节目的专业公司“WAKU-WAKU JAPAN”。新公司计划于 2020 年在全球 22 个国家全面播出日本电视节目。该项目总投资为 110 亿日元(约合人民币 5.8 亿元),其中 SKY Perfect JSAT 占六成。此次将成为日本政府和民间携手打造向海外推介日本文化内容的“政策性媒体”的首个尝试。

另外,日本讲谈社等 6 家企业于 2015 年 7 月对以向日本以外国家提供日本动漫的 ACJ 公司进行了出资。ACJ 由日本万代南梦宫控股和酷日本机构共同成立。大型出版社等企业的加盟将扩充 ACJ 的提供内容,并强化关联商品的销售。ACJ 于 2014 年 11 月成立。其运营的动漫播放业务“DAISUKI”支持英语及葡萄牙语等10种语言字幕，全球各地均可观看。提供《偶像大师》《圣斗士星矢》《黑子的篮球》等约30部作品，月浏览用户达百万人规模。随后，新出资企业除讲谈社、集英社、小学馆、KADOKAWA出版社之外，还有大型动漫商品制作公司Good Smile Company和Bushiroad。加上动漫制作公司东映动漫的追加投资，投资金额合计近4亿日元。将热门漫画制作成动漫的大型出版社的加盟，将更利于ACJ进行动漫播放权谈判，也更有利于完善以播放为主的盈利机制。①

酷日本机构的投资区别于一般的基金项目的重要一点，就是对事业者进行长期的持续支持。一般基金项目的投资流程多为：(1)案例选择；(2)审查；(3)进行投资；(4)监督；(5)出售，共五个环节。酷日本机构所投资的项目尽管也是五个环节，但却有所不同，分别是(1)案件开拓和发掘；(2)发展性地策定项目战略和项目计划；(3)进行投资；(4)直接支持(包括对经营、项目的全方位；长期的投资期间内对项目进行支持)；(5)出售。截至2019年3月，酷日本机构共投资项目31件，投资总额约为660亿日元。

表3-5 酷日本机构投资情况(截至2019年3月)

序号	类别	件数	协议金额
1	媒体·内容	11	约300亿日元
2	生活方式	5	约160亿日元
3	饮食·服务	10	约116亿日元
4	入境观光	3	约63亿日元
5	保健护理	1	约10亿日元
6	横向领域	1	约11亿日元

资料来源：経済産業省：『クージャパン機構について』、2019年3月、https://www.meti.go.jp/policy/mono_info_service/mono/creative/1903CooljapanfundMar.pdf。

① 日经中文网：《日本讲谈社等对向海外提供动漫企业出资》，2015/07/31，http://cn.nikkei.com/industry/tradingretail/15500-20150731.html。

日本的所谓“酷文化”抑或内容产业,除了动漫产业以外,相关产业还包括出版、传播、电影、游戏及音乐等领域,涵盖范围非常广泛,并且从属的管理机构也各不相同。比如,服装由经产省管辖,食品由农林水产省管辖,传统文化由文化厅管辖。日本希望酷日本机构的成立能够保护日本制造业,成为“日本制造”的指明灯,并且成为横跨全日本的官民基金,为发挥日本产业优势提供有力支撑。目前,日本产业的海外市场推进都是以没有价格决定权的批发市场为主,这是日本企业的弱势。国外零售业者打压 FOB(离岸价)、积累共同资助金和销售支援金的行为使得日本企业几乎赚不到钱。“酷日本”战略就是作为零售业,与其他合作伙伴来共同拓展海外市场。该战略要将机构的商业模式转换为利润导向型模式和赢利型商业模式,帮助那些“走出国门”但却无法提高利润的日本企业和产业提升附加值,专门支持日本时装、动漫、食品等行业企业开拓海外市场。

案例分析四:产业革新机构

株式会社产业革新机构(INCJ)是基于《产业竞争力强化法》于 2009 年 7 月由日本政府出资 2860 亿日元,旭化成、东京电力、三井住友银行、东芝等 26 家民间企业共同出资 140.1 亿日元设立的,该机构的运营期间为 15 年,其具体出资及运营模式见图 3-8。

产业革新机构旨在通过开放式的创新模式,培育和创造新一代成长型产业。其投资标准主要体现在如下三个方面:(1)符合社会需求。主要有对应国内外的能源·环境问题、实现健康长寿社会、提高国民经济的生产性等。(2)成长性。如预见可以创造出新的附加价值、预见可以从民间事业者等获得资金、预见获得股票的高收益率等。(3)创造性。如集成并充分运用尖端基础技术、以技术为核心进行事业的调整与统合、能够充分利用日本现有经营资源以外的经营资源等。产业革新机构投资的主要领域包括原材料·化学、消费品·零售(含服务)、电子设备、健康·医疗、产业机械、IT·商务服务·内容产业、能源、知识产权、运输机械·汽车以及基础设施等十大领域。

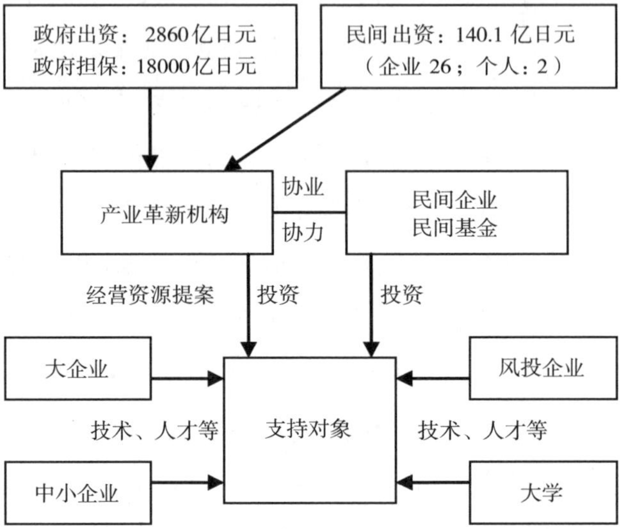

图 3-8　产业革新机构出资示意图

资料来源:経済産業省:『株式会社産業革新機構活動のご紹介』、2018 年 11 月 6 日、https://www.meti.go.jp/committee/kenkyukai/shoujo/iryou_kyoten/pdf/004_03_05.pdf。

截至 2017 年末,产业革新机构投资的项目已达 366 件,其中风险投资等的件数为 339 件,海外投资件数为 16 件,事业调整件数为 11 件。投资协议金额达 10493 亿日元,其中事业调整 5412 亿日元,海外事业 2769 亿日元,风险投资等为 2312 亿日元。①

表 3-6　产业革新机构投资件数及金额(截至 2017 年底)

单位:件;百万日元

业　种	件数	支持协议金额
原材料・化学	13	52016
电子设备	16	518282
产业机械	13	26508
能源	5	67800

① 経済産業省:『平成 29 年度産業革新機構の業務の実績評価について』、https://www.meti.go.jp/policy/jigyou_saisei/sankatsuhou/kakushinkikou/pdf/hyouka_fy29.pdf。

续表

业　种	件数	支持协议金额
运输机械・汽车	2	·33000
消费品・零售(含服务)	7	14788
健康・医疗	22	92002
IT・商务服务・内容产业・知识产权	31	74020
基础设施建设(含服务)	12	118798
战略性 LP 投资	8	52108

资料来源:経済産業省:『平成 29 年度産業革新機構の業務の実績評価について』、https://www.meti.go.jp/policy/jigyou_saisei/sankatsuhou/kakushinkikou/pdf/hyouka_fy29.pdf。

日本是液晶显示应用成熟的发源地,具有最完整的产业链优势,日本的电子企业涉及面板制造的所有领域。但随着全球面板行业进入高世代、大规模竞争阶段,日本企业之间各自为政、竞争突出、合作不足,产业资源和力量分散,主要参与企业长期的业绩低迷和亏损,银行等金融支持者对该行业的风险持谨慎态度等因素凸显。单一企业难以承担起“产业升级大任”的劣势开始显现。

在产业革新机构的主导下,日本的面板行业进行产业调整,索尼、东芝及日立的中小尺寸面板事业进行整合,成立了全球最大的中小尺寸面板厂 Japan Display Inc(JDI)。在这一过程中,产业革新机构是作为 JDI 的第一大股东、发起人和实际控制人出现的。JDI 的成立,是在外部资本(产业革新机构)强力主导下实现的,对于构筑新的产业竞争平台,最大程度消除内部竞争和内耗,获得面向国际市场更大的产业话语权起到了重要作用。

近年来,类似的产业结构调整不断上演。2013 年 1 月,产业革新机构建议日产和 NEC 旗下的合资公司能够并购索尼的锂电池业务,以保护日本企业在该领域的核心技术不会在索尼剥离核心业务的过程中被竞争对手所掌握。索尼的锂电池业务主要由索尼能源设备公司负责,而日产和 NEC 旗下的合资公司则名为汽车能源供应公司。目前,产业革新机构积极地协调索尼与汽车能源公司之间的合作谈判，若谈判成功，产业革新机构将会持有新合并公司一定比例的股份，而若是谈判破裂，那么产业革新还将继续为索尼寻找其他的潜在交易对象。

2014 年 5 月，产业革新机构继续出手，力促索尼、松下在面板领域进一步与 JDI 进行整合。索尼和松下都曾开发用于大尺寸电视的 OLED 面板，但是由于生产成本高昂，两者在盈利上面临诸多困难。为此，索尼与松下决定放弃独自研发，而把各自的工程师和相关资产注入新公司。索尼和松下的 OLED 项目资产将和 JDI 的相应资产整合，构建日本半导体显示航母的 OLED 面板事业主体。新成立的合资公司将被命名为“JOLED”。在这一新的合资公司中，产业革新机构持股 70%、JDI 持股 20%、索尼与松下则各持股 5%。

为支持日本医疗仪器技术的产业化，提高日本医疗产业的竞争力。2013 年 11 月，产业革新机构与瑞穗银行合作设立了最大规模为 60 亿日元的基金，这也成为专门为医疗仪器设立的第一个基金。具体负责基金营运的公司“Medo venture partners”已于 10 月成立。该基金的出资比例为，产业革新机构出资 44 亿日元，瑞穗银行出资 16 亿日元。

为大力推进出版物的电子化，日本出版业界强强联手，与产业革新机构共同出资 170 亿日元设立了“出版数字机构”。产业革新机构向出版数字机构出资 150 亿日元，成为该机构的最大股东。该机构以讲谈社、小学馆、集英社三家日本大型出版社为核心，并且得到了日本全国 274 家出版社的大力支持。该机构的设立，旨在架设所有能读电子书的终端与所有关联书店、所有出版社之间的桥梁。除多家日本出版社共同出资约 12 亿日元外，出版数字机构还计划动员日本的两家大型印刷厂——大日本印刷和凸版印刷各出资 5 亿日元，使得出版业界的出资总额将达到甚至超过 20 亿日元。

日本产业革新机构这一官民基金的设立，是日本政府干预制造业经济的主要手段之一，这家机构的所有行为，难以避免政府的烙印。其社长能见公一就曾公开表示，产业革新机构并不是为了营利而存在，如果有市场需求找到我们,或者我们认为有必要对产业结构进行调整的话,也会主动出击。这段谈话表明,日本产业革新机构的市场目标是对产业的结构进行必要的调整,实现产业升级。虽然产业革新机构不动用政府资金,但是其具有的任务特色,依然是政府性的,而且是一个主动出击为主、主动干预产业经济的组织。

目前,日本的多个官民基金,作为日本产业经济外部强力干预者的角色正在不断放大:收购意大利的光伏电站、促进国内锂电池产业的整合、整合日本半导体 IC 制造产业、促进新型农业产业的开发、调整日本金融机构对实体经济的支持等,政府信用的运用改变了经济中的资金流动,并有力地影响着成功获得经济资源的企业和个人。① 这类官民基金嫣然是一个小政府的姿态,在日本"这一轮产业调整和升级"的过程中发挥着指挥者和中间纽带的作用,其核心是企业与政府的互动,经济利益与产业利益的互动。

从此不难看出,日本的官民基金采取的是利用市场自由和自愿的原则,依托产业技术和产业市场愿景,以擅长长期战略投资的政府或者产业资本、产业利益为纽带,充分利用市场调节和政府协商两个行为推手,构筑以"集中力量办大事"、"集中力量保护和升级弱势产业"为目标的模式。这种模式既有经济组织擅长追逐短期利益的因素,又有政府和政策性银行资本,善于追逐长期战略利益和社会利益的因素,是典型的政治利益、社会利益和经济利益三方共赢的发展模式。

总之,日本所构建的各类官民协同机制,体现了强力手段和市场机制的结合;技术和资金持有者利益的结合;产业的战略利益和企业经济利益的结合;市场活动主体企业与产业或者政策活动主体之间的互动;等等。

尽管日本构建各类官民协同机制的初衷是好的,是为了"官民一体"推进公共事业的发展,但也存在着一些问题,为社会、学者所诟病。

观点之一,就是各类官民协同机构尤其是官民基金,都由日本的各相关

---

① [美]默里 · L. 韦登鲍姆:《全球市场中的企业与政府:第 6 版》,张兆安译,上海人民出版社 2006 年版,第 13 页。

省厅设立和主管,从而成为了各个省厅相互竞争,抢夺“山头”的场地。目前,设立的多个官民基金或官民协同机构呈现一种“乱象”,各省厅竞相成立,有一些功能具有重复性。“日本政府与私营企业的关系并不总像表面上那样融洽。一个重大障碍,就是各省之间的竞争——日本人称之为‘山头主义’——经常以难以预料的方式改变着政府内部各部门之间的关系。有些观察家认为,这是日本政府的主要特征,它限制着政府潜力的发挥,或者削弱它巨大的力量。”①由此不难看出,诸多官民协同组织的创设,是各省厅与政府博弈后的结果,是各省厅出于维护自身利益进而激烈竞争的结果。

观点之二,就是官民协同组织为官员“下凡”提供了更多的机会。类似于美国的“旋转门”现象,日本也存在着所谓的官员下凡的惯习。只不过美国的“旋转门”现象一般是“双向”的,即学者、实业者可以成为政府官员,而政府官员也可以转变身份成为学者或实业者,但日本的官员下凡则往往是单向的,即官员在任时为企业尽力帮忙,而在其退休或即将退休时(另外一种情况是在职位难以继续晋升时不得不辞职,因为各省厅的职位是有限的),便将其安排到半官方机构、公营公司或私营企业中担任重要职务、高薪职务。而日本创设官民协同机构为日本各省厅官员的“下凡”提供了诸多岗位。

日本的官民协同机构或官民基金,尤其是官民基金,政府投入了4万亿日元以上的投资,而这些钱是来自于消费税的。有评价指出,这是政府官僚机构不问投资政策,与特定的民间企业结合的一种“利权事业”,是一种“官制基金”。相关的民间事业者把相关“责任和风险”推给政府而自己独享利益。官民机构、官民基金的负责人从中收益,确保“下凡”,但若投资失败,可以再做一次转职“下凡”,对其并没有任何影响,但其失败却会成为国民的负担。在日本,严重的问题不是高级官员偶尔的职权滥用,而是政府与大企业之间的合

① [美]查默斯·约翰逊:《通产省与日本奇迹——产业政策的成长(1925—1975)》,金毅、许鸿艳、唐吉洪译,吉林出版集团有限责任公司2010年版,第80页。

作模式,这种合作可能带来意想不到的消极后果。①

观点之三,认为官民基金从其设置本身就存在理论上的破绽。日本的经济评论家、乐天证券经济研究所客座研究员山崎元就曾指出,官民基金如果设计出比民间金融机构还认为好的投资条件,那就是一种对民间的"压迫",官民基金的弊端在于可能剥夺了民间资金有可能进入的领域或机会,对于如何处理与拥有相同业务功能的民间基金的关系也是一个问题。但反过来投资于那些无法得到一般融资又缺乏事业发展性的投资,就等于是对企业的"赠与",将会招致税金的损失,这是一对矛盾。另外一对矛盾是"裁判"与"选手"是同一方。管理各类官民基金实际运营的是相关省厅,但它们也是制定业界规制、进行指导和监督的部门。山崎元进一步列举指出,假使厚生劳动省设立一项官民基金,对某一新药的研制进行投资,但其结果是最终这一新药的认可和审查也是厚生劳动省说了算,这是不符合经济原理的,这是另外一对矛盾。

观点之四,是官民出资并不会增强企业真正的实力,成功与否还要看企业自身。企业较之政府的决策或政策导向,更趋经济合理性。如果对于政府极力推荐的项目本身,民间企业不像政府那样有兴趣,或者有的担心风险不愿介入,官、民之间就会存在温度差,进而影响官民协同机构或者官民基金的运行效果。另外通过官民协同机构或者官民基金来达到刺激民间投资的效果,从政府的出发点来看是好的,但却可能导致基于市场原理的风险资金供给功能缺失或"失灵",抑制民间基金的"活跃度",反过来又可能使社会性风险增加,进而增加财政负担以及国民负担的风险性也是存在的。

创设官民基金从安倍政权的问题意识而言,政府认为民间投资低迷是经济低迷的主要原因,因此,其经济对策就是利用官民基金激活民间投资,诱导

---

① [美]查默斯·约翰逊:《通产省与日本奇迹——产业政策的成长(1925—1975)》,金毅、许鸿艳、唐吉洪译,吉林出版集团有限责任公司2010年版,第74页。

民间投资的行业和方向。但是投资低迷并非是经济低迷的原因,恰恰相反,在经济低迷的情况下难以寻找到投资的机会才造成了投资的低迷。

一般而言,基金本身并不创造需求,从实物经济的观点来看,基金能够做的贡献是使潜在需求显性化。从金融的观点来看,是能够确保对应于风险的利润,这是基金最重要的价值。官民基金是根据特定的政策目的而设立的,但市场方(无论是实物市场还是金融市场)有时未必能与政策目的相吻合。如果无法挖掘潜在需求,则官民基金所筹集的资金也就没有意义了。因此,搞活现有官民基金,挖掘潜在需求是关键。

毕竟政府投资不是补助金,合理预测回收投资的可能性是非常必要的。这是基本的金融规律问题,轻易地设置“官民基金”将会对一般的金融规律造成破坏。民间资金的投资损失将由民间自己承担,但官民基金的失败将是国民的损失。如果没有对投资详细信息公开等最低限度的、严格的监管体制,将使“预算”到“基金”变为“挥金如土”。

曾有学者评价官民基金是安倍从岸信介继承的“国家资本主义”的遗传基因,是讨厌资本主义的经产省将日本经济搞坏了。资本市场难以发挥机能的最大原因是经济产业省所奉行的国家资本主义。他们(指经产省)曾经指导日本经济的产业政策的作用失去了,因此必须通过资本市场对企业进行整顿,因为他们不愿意从主角的位置上下来,所以阻碍企业收购,资本主义是经产省的敌人。日本银行的“异次元缓和”失败后,安倍回归了其外祖父岸信介的国家资本主义。

以对日本企业海外发展进行支持的官民基金为例,是日本已设立的众多基金中属于实践性较高且可能带来收益分配的一类基金,但问题是有无设立该基金的必要性。日本的对外直接投资 2011 年为 1157.32 万亿美元(约 10.1 万亿日元),是 2000 年的 3.67 倍,是 2005 年的 2.55 倍。其结果是日本海外现地法人的内部留存余额超过了 20 万亿日元。这样一种状况下,新设官民基金,以国家来推动海外发展是否有其必要性呢。

官民基金如果过度追求景气提升和重视速效性,虽对项目有利,但将来反而成为国民负担的可能性极高。另外,若过度避免将来增加国民的负担,则将缩小项目规模,难以期待对景气的提升。日本各类官民协同机制尤其是官民基金的利与弊,还需随着时间的推移来做进一步的评判。

第四章　施策机构：独特的协同支持组织

日本的产业社会存在着“市场”与“组织”的渗透形态，即所谓的“中间组织”（如企业集团、民间经济团体、系列承包等），使日本经济社会兼有市场机制和组织化两方面的特点，从而具有更强的应变能力和活力。① 其实，在日本政府与民间企业之间，还存在着一种带有官方性质或半官方性质的组织，是日本为达到特定的政策目的或实施一些关系全局的大型项目而专门设立的组织，通常称之为“政策实施机构”或“施策机构”。

日本的施策机构以国家政策的实施为职责，多从资金、技术、人员、信息等方面对企业的海外发展予以协同支持。日本的施策机构在提高了政府工作效率的同时，也更加有力地支持了企业的海外经营活动，这一做法值得我国借鉴。下面即主要就对与日本企业海外发展相关的施策机构进行分析。

第一节　施策机构的类型及特征

（一）日本施策机构的类型分析

与日本企业海外发展关系密切的施策机构大致可以分为四类，第一类是

① 陈建安等：《产业结构调整与政府的经济政策——战后日本产业结构调整的政策研究》，上海财经大学出版社 2002 年版，第 211—212 页。

独立行政法人性质;第二类是国立研究开发法人性质,第三类是特殊法人,即国有企业性质;第四类是官民合资性质。

1. 独立行政法人性质的施策机构

日本的独立行政法人制度始于1997年桥本龙太郎内阁时期进行的行政改革,按照《独立行政法人通则法》第2条第1项之规定,以“行政机能之减量及效率化”为目标,原本由政府组织负责的公共事务,经执行后被普遍认为不适合再由政府组织继续运作,但鉴于公共事务的庞大与复杂性,又不适合以财团的形式运作或完全民营化,因此多数都基于《独立行政法人通则法》及各自的“机构法”成立专门的独立行政法人,来实现政府的间接管理。独立行政法人的财源基本来自国家,日本的《独立行政法人法通则法》第四十六条规定,“政府在预算范围内,对独立行政法人交付其充作业务财源的必要金额的全部或部分金额”。①

表4-1　日本对外经济关系主要涉及的独立行政法人

独立行政法人	设立时间	依据法律	主管省厅
国际协力机构(JICA)	2003.10.1	《独立行政法人国际协力机构法》(2002年12月6日法律第136号)	外务省
石油天然气·金属矿产资源机构(JOG-MEC)	2004.2.29	《独立法人石油天然气·金属矿物资源机构法》(2002年7月26日颁布)	经济产业省
日本贸易振兴机构(JETRO)	2003.10.1	《独立行政法人日本贸易振兴机构法》(2002年12月31日法律第172号)	经济产业省
国际交流基金(JPF)	2003.10.1	《独立行政法人国际交流基金法》(2002)	外务省
日本贸易保险(NEXI)	2001.4.1	《贸易保险法》	经济产业省
国际观光振兴机构(JNTO)	2003.10.1	《国际观光振兴机构法》	国土交通省

①　電子政府の総合窓口(e-Gov):『独立行政法人通則法』、(1999年7月16日法律第103号)、http://law.e-gov.go.jp/htmldata/H11/H11HO103.html。

日本的独立行政法人通常都由各省厅独立分离而设立（详见表4-1），承担行政的部分职能，主管省厅负责独立行政法人的中长期计划制定及业务运营。有些独立行政法人的职员保留有国家公务员的身份，而有些则属于非公务员型，身份与民间企业类似。从20世纪80年代起，日本就陆续有一些传统的政府功能开始出现私营化的趋势，这不仅扩大了公共部门市场的规模，而且企业也能够担当起这些功能。①

独立行政法人的设置，使部分政府职能企业化，下放了必要的权限。其职能行使更贴近市场、贴近企业，有效地理顺了政府和企业的关系、提高了政府工作效率的同时，也更加有力地支持了企业的经营活动。

2. 国立研究开发法人性质的施策机构

日本的国立研究开发法人是将原有的独立行政法人中主要以研究开发为主的法人，依据部分修订后的《独立行政法人通则法》（2014年法律第66号）以及单独的“国立研究开发法人机构法”于2015年4月1日成立的（详见表4-2）。

表4-2　日本对外经济关系主要涉及的国立研究开发法人

国立研究开发法人	设立时间	依据法律	主管省厅
日本医疗研究开发机构（AMED）	2015. 4. 1	《健康・医疗战略推进法案》《国立研究开发法人日本医疗研究开发机构法》	内阁府
科学技术振兴机构（JST）	2015. 4. 1	《国立研究开发法人科学技术振兴机构法》	文部科学省
新能源・产业技术综合开发机构（NEDO）	2015. 4. 1	《国立研究开发法人新能源・产业技术综合开发机构法》	经济产业省

国立研究开发法人的自由度高于独立行政法人②，其研究开发注重长期

① ［美］默里・L. 韦登鲍姆：《全球市场中的企业与政府：第6版》，张兆安译，上海人民出版社2006年版，第11页。

② 「（社説）独立法人改革　省庁の別動隊では困る」、『朝日新聞　朝刊』、2015年2月5日、第14版。

性、不确切性、预见不可能性以及专业性等①,以“研究开发成果最大化”为第一目的,以开展科学技术创新、增强国际竞争力,将日本发展成为世界高水平的研究据点为目标。其研究开发涉及的领域主要在于强化产业竞争力,或者是在认为各大学、民间企业中资源缺乏的领域中通过国内外研究者的先端研究与民间企业的紧密合作,使研究成果向市场转化。日本的国立研究开发法人和其他独立行政法人相同,都隶属于相关省厅,其5—7年的中长期计划由相关省厅主管大臣策定后再由国立研究开发法人具体制定,在得到主管大臣的认可后予以施行。

政府在联合科研中发挥了组织者的作用。对于关系全局的大型项目,政府通过设立国立研究开发法人的方式进行研究开发,主要从事一般企业或研究机构无法独立完成的综合项目研究。此类机构其研究开发能力强,在高、精、尖技术领域具有重要的带头作用,同时该机构也是科研人才培养和交流最活跃的地方,其研究成果主要是面对企业,向民间部门转让。②

3. 特殊法人性质的施策机构

与日本企业海外发展有关的施策机构中还有一类是特殊法人设置,其性质既属于国策公司,也是日本的政策金融机构,其公司资本基本或全部由政府出资(详见表4-3)。对民间金融机构融资存在困难的领域,由该类机构以财政投融资的方式进行金融支持。因其主要以财政投融资为其领域,因此主管省厅都是日本财务省。

---

① 文部科学省科学技術・学術政策局:『国立研究開発法人審議会(仮称)について』、2015年2月3日、http://www.mext.go.jp/b_menu/shingi/dokuritu/005/005f/siryo/__icsFiles/afieldfile/2015/02/20/1354976_8.pdf、2015年4月1日。

② 陈建安等:《产业结构调整与政府的经济政策——战后日本产业结构调整的政策研究》,上海财经大学出版社2002年版,第168页。

表 4-3　日本对外经济关系主要涉及的特殊法人

特殊法人	设立时间	政府出资额	主管省厅
国际协力银行(JBIC)	2012.4	13910 亿日元	财务省
日本政策投资银行(DBJ)	2008.10.1	14.24 亿日元	财务省
进出口·港湾关联情报处理中心(NACCS)	2008.10	10 亿日元	财务省

该类特殊法人的资金调配不受国家的担保,这一点与民间的普通企业相同,也需交纳法人所得税、固定资产税等纳税义务,而独立行政法人则不必纳税。

4.官民合资性质的施策机构

与上述三类施策机构基本属于国策机构所不同的是,与日本企业海外发展有关的类似机构中还存在着一种官民合资性质的基金类机构(详见表 4-4)。

表 4-4　日本对外经济关系主要涉及的官民基金

官民基金	设立时间	资本金构成	主管省厅
农林渔业成长产业化支援机构(A-FIVE)	2013.1	政府出资 300 亿日元、民间出资 18 亿日元	农林水产省
海外交通·都市开发事业支援机构(JOIN)	2014.10.20	政府出资 60 亿日元,民间企业出资 59.45 亿日元	国土交通省
产业革新机构(INCJ)	2009.7.27	政府出资 2660 亿日元,16 家民间企业出资 140 亿日元,个人出资 1000 万日元	经济产业省
海外需要开拓支援机构法(简称酷日本机构)	2013.11	政府出资 300 亿日元,民间企业出资 101 亿日元	经济产业省

近年来安倍内阁积极通过设置官民合作基金来作为实现经济增长的措施之一。目前已设立有产业革新机构、海外需要开拓支援机构、海外交通·都市开发事业支援机构等十余个官民基金。其核心是实现企业与政府的互动以及经济利益与产业利益的互动,这类官民基金已在前文详细论述,此处不再赘述。

(二)日本施策机构的主要特征

涉及日本企业海外发展的四类施策机构,尽管性质、涉及领域、隶属关系等各有不同,但同样作为施策机构仍有一些共性特征存在。

1. 多数从各省厅设置组织剥离而成立

多数施策机构原为政府体制内组织,在行政改革后才作为专门的施策机构而成立。如石油天然气·金属矿物资源机构即是在1963年日本政府成立的金属矿业事业团和1967年创建的石油公团的基础上,于2004年依据《独立行政法人石油天然气·金属矿物资源机构法》设立的。再如国际协力机构也是由1974年8月设立的国际协力事业团和1961年3月设立的海外经济协力基金基础上设立的。

因此,施策机构所承担的职能都是原本属于政府而下放的职能。例如,国际协力机构不仅继承了原有的国际协力事业团技术合作的职能以及海外经济协力基金有偿资金协力(日元贷款等)的职能,而且还整合了原本属于日本外务省的实施无偿资金合作的职能。再如,2001年4月日本政府(经济产业省)100%出资设立独立行政法人日本贸易保险(NEXI)后,政府将所有的贸易保险事业交由NEXI运营,而政府则保留有通过对外经贸政策的判断,对贸易保险制度的企划、立案以及国与国之间的交涉等职责。

2. 发挥政府与民间企业间的"中介"功能

鉴于日本施策机构源于政府系统的背景,施策机构在接受政府(尤其是隶属省厅)行政指导的同时,在具体业务、发展规划、人员往来等方面与政府保持着密切的关系。同时,施策机构专职以实施政府战略意图为己任,与民间企业的联系与沟通较以往更加密切。故此,日本施策机构是介于政府与民间企业之间的一种"中间性存在",是协调二者之间的"桥梁",发挥着重要的"中介"功能。以新能源·产业技术综合开发机构(NEDO)为例(详见图4-1),NEDO在政策立案、制度设计等方面依赖于日本政府(尤其是其主管省厅经济产业省),而其自身则以强化竞争力和技术创新为宗旨,以解决课题和为全球环境做出贡献的形式,服务于产业界、大学、研究机构等。

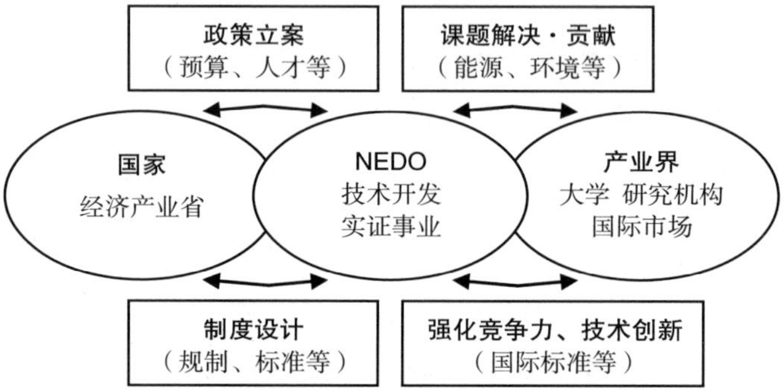

图 4-1　NEDO 的职能定位

资料来源:国立研究開発法人新エネルギー・産業技術総合開発機構:『NEDOのご案内　2015 年度』、2015 年 4 月、http://www.nedo.go.jp/content/100648301.pdf、第 5 頁。

3. 专业化程度高,施策对象及目标明确

日本的施策机构有别于一般政府机构最大的特点就在于其多按照行业或领域设置,极具操作性。如日本贸易振兴机构(JETRO)专门服务于日本中小企业并为之提供庞大的信息咨询服务,日本石油天然气·金属矿产资源机构(JOGMEC)的主要职能是对日本在海外的石油·天然气、金属矿物资源的探矿、开发、资源储备等予以支持,国际协力机构(JICA)主要负责对发展中国家进行技术合作、人员培训、派遣专家、合作标准调查以及器材提供等,而日本贸易保险(NEXI)则对日本企业在海外的贸易、投资、融资等进行担保,为向海外发展的日本企业提供风险保障。由于日本的施策机构具有非常强的专业性,在各自承担的领域内具有资金、人才、信息、技术等方面的专业优势,故而能够与民间企业进行有效对接。

4. 功能与职责的多元性

日本的施策机构以国家政策的实施为职责,多从资金、技术、人员、信息等方面对企业的海外发展予以支持与协同。

综上所述,日本的施策机构,使部分政府职能企业化,下放了必要的权限,在政府与企业之间通过“政策实施”搭建了桥梁,其职能行使更贴近市场、贴近政策的实施主体——企业,有效地理顺了政府和民间的关系、提高了政府的工作效率,也更加有力地支持了企业的海外经营活动。

第二节　施策机构的协同支持职能

一国企业的海外发展,涉及主体众多、领域广泛、环节复杂,政府、企业等各个层面的协同支持是企业海外发展战略顺利实施的重要保障。其中,施策机构在日本企业的海外发展中发挥了重要的协同支持职能。

(一)不同领域的专业支持

正如前文所言,日本施策机构以执行政府政策为宗旨,以解决问题为导向,许多施策机构设立的初衷本身就是为了解决某一领域的具体问题。如石油天然气·金属矿物资源机构(JOGMEC)专门为日本在海外获取油气、矿产等资源提供融资、技术、信息等方面的全方位支持,此外还承担着日本政府赋予的油气储备的职能,具有独立的管理权,不受政府干预和约束,较之政府直接管理更具灵活度和自主权①。国际交流基金(JPF)作为日本承担对外文化艺术交流的唯一窗口,在文化艺术交流、海外日语教育、日本研究·智力交流等方面予以专门支持,在日本对外文化传播、加强日本与国际间文化交流等方面发挥着重要的职能。海外需要开拓支援机构(简称“酷日本机构”)是专门为推广日本文化产业、饮食文化等组建的。而海外交通·都市开发事业支援机构(JOIN)则是专门为支持海外基础设施建设、城市开发而设立的施策机构。上述施策机构专业性强,问题意识明确,因此在政策贯彻时执行能力强、

① 尹晓亮:《经验与教训:日本石油储备战略的再认识》,《现代日本经济》2016年第1期。

渗透力大,能够实行“精准施策”。

(二)金融和保险支持职能

许多企业的海外发展往往遇到最大的问题是融资困难。日本不仅有诸多的政府系银行与民间金融机构为企业的海外发展提供融资支持,一些施策机构也在融资、贷款、保险等方面予以积极的支持,换言之,是在“用政府的钱去帮助支持的企业摆脱困境”。①

国际协力银行(JBIC)和日本政策投资银行(DBJ)作为日本政府100%出资的政策性金融机构,以补充民间金融机构的贷款不足为宗旨,在出口信贷、投资金融、事业开发金融、直接出资、贷款担保以及搭桥贷款等方面为海外发展的企业提供金融服务,是日本企业海外发展中解决融资问题的两个重要机构。此外,国际协力机构(JICA)作为日本政府ODA的具体执行机构,常常通过提供无偿或有偿的资金为日本企业的海外进驻提供服务。“酷日本机构”依靠政府和民间的筹措资金向有利于促进日本文化产业的事业和企业、各地有特色的文化产业进行风险投资。日本海外交通·都市开发事业支援机构通过与民间共同出资,为海外日本企业的基础设施建设项目提供资金保障。例如在竞标印度连接孟买和古吉拉特邦区间的高速铁路建设计划中,日本方面参与商业化调查的是日本国际协力机构(JICA),而在资金筹措方面,日本国土交通省成立的基础设施基金“日本海外交通·城市开发事业支援机构”与JICA提供的日本政府开发援助(ODA)将共同为项目开展融资支持。② 石油天然气·金属矿物资源机构(JOGMEC)也对海外资源能源的开发提供出资、贷款担保等金融服务。而

① [美]默里·L. 韦登鲍姆:《全球市场中的企业与政府:第6版》,张兆安译,上海人民出版社2006年版,第265页。

② 岩城聪:《日本有望获印度首条高铁订单》,2015/02/28,http://cn.nikkei.com/industry/manufacturing/13300-20150228.html。

日本贸易保险(NEXI)则是从事保险业务的专业机构,从贸易保险、付款保险、海外投资保险、资源能源综合保险、地球环境保险等方面为企业分担金融风险。

(三)调研与信息支持职能

为使政策得以有效实施,使支持措施更具针对性和贴近实际,各施策机构大多承担相应的现地调查研究职能。例如国际协力银行(JBIC)、国际协力机构(JICA)、石油天然气·金属矿产资源机构(JOGMEC)、新能源·产业技术综合开发机构(NEDO)在其涉及项目的初期阶段会对项目进行实地调查,或对与该项目有关的地区和领域进行集中调查,增强发掘有潜力的优良项目的有效性。在项目进行中以及项目完成后也都会进行相应的跟踪调查,针对不同进展阶段提供不同形式的支持。

除调查研究外,庞大的信息支持是日本施策机构的又一重要支持领域。日本贸易振兴机构(JETRO)是日本企业海外发展中主要以信息提供为职能的机构。该机构在日本国内有东京本部、大阪本部、亚洲经济研究所、贸易情报中心以及43个事务所,在海外的54个国家有73个事务所(截至2015年10月1日),对世界经济形势、全球贸易与投资信息、各国对外经贸政策等都有汇总和分析。石油天然气·金属矿产资源机构(JOGMEC)也在世界各地建立了14个海外事务所(各事务所还负责周边国家的资源信息),广泛收集和分析世界各国的资源信息。

(四)技术、人才支持职能

日本企业在海外发展中的项目有时会遭遇技术瓶颈,有些甚至非民间企业单独可以解决。因此,日本施策机构经常对日本企业海外发展中的各个环节遇到的技术难题予以支持。例如,石油天然气·金属矿物资源机构(JOG-MEC)担负着石油天然气探矿、开发相关应用技术的职能,主要包括提高原油回收率技术、油气层掌控技术、坑井挖掘·开发技术、非常规油气田开发技术、油气有效利用技术以及环境协调型油气田开发技术等六个方面。此外,JOGMEC 拥有充足的资金预算,建立有自己的技术中心(TRC),购置有诸多先进的仪器设备,这些仪器设备可无偿提供日本相关资源型企业使用。日本国际协力机构(JICA)也通过与国外的技术合作等,积极为日本企业出口的产品和技术提供服务。

人才问题常常会成为企业在海外发展时的制约因素,如具有国际商务经验的通用人才、专业技术人才不足等。而这些也是日本施策机构予以支持的职能之一。酷日本机构通过提供亲手体验等方式致力于人才的培养以及人才数据库的构建,致力于日本国内文化创意年轻人才的培养,同时在支持海外日式料理方面,确保能为之提供高品质的服务型人才。日本海外交通·都市开发事业支援机构通过向当地派遣工作人员、技术人员等为海外日本企业的项目降低操作风险。日本科学技术振兴机构(JST)也致力于科学技术人才的培养以及世界通用型人才的培养等。

石油天然气·金属矿物资源机构(JOGMEC)和国际协力机构(JICA)将技术研修和人员培训纳入工作计划。如 JOGMEC 将技术研修分为海外技术人员研修;日本石油开发企业邀请油气生产国政府机关、国营石油公司的技术人员以及大学生等赴日本的企业、大学进行研修;以培养日本国内相关技术人员为目的的研修三类。JICA 则主要通过对发展中国家进行技术合作、人员培训、组织研修班、派遣专家等方式为其提供人才服务。

(五)协调与协同职能

施策机构作为政府与民间之间的“中介”和“桥梁”,发挥着重要的协同与协调职能。所谓的协调包括两个方面,一方面在于通过自身所拥有的政府背景及资源优势,与日本政府及相关省厅积极协调,为相关政策的落实和海外发展项目的推进提供便利。另一方面则是作为“准政府机构”,施策机构还与日本企业海外发展中涉及的对象国政府进行沟通与协调,为经济合作项目的达成等进行牵线搭桥,为企业的海外发展创造更多的机会。如石油天然气·金属矿物资源机构(JOGMEC)、国际协力机构(JICA)和科学技术振兴机构(JST)等经常与合作对象国政府及实务部门开展交流与合作,通过签署合作意向等方式为日本企业的海外发展创造合作平台,同时也为日本企业的"进驻"扫清制度方面的障碍。

所谓协同也同样包括两个方面,一方面指日本的施策机构与其他机构形成合力共同为日本的海外发展提供支持。例如对于日本企业进行的海外并购,常常是由进行并购行为的日本企业和产业革新机构共同出资,日本的银行进行融资,国际协力银行进行融资和出资。而在非洲进行的资源利用合作项目中,在融资和贷款方面,由日本国际协力机构(JICA)进行具体实施,而在具体的油气勘探、调查等方面,则由石油天然气·金属矿物资源机构(JOGMEC)予以配合。另一方面则是日本的施策机构直接参与项目,与具体实施项目的企业、综合商社以及民间银行等组建项目公司,协同推进项目的实施。例如在海外基础设施建设方面,日本国际协力机构(JICA)灵活运用政府开发援助,实施 PPP 基础设施建设项目,通过出资、融资、担保等方式,为在海外进行基础设施建设(如水务事业、轨道交通等)的日本企业进行项目的战略性支持。而海外交通·都市开发事业支援机构(JOIN)作为专门从事海外基础设施建设领域的施策机构,也常常作为参与方与企业、民间银行等共同在海外开展交通、城市开发等方面的项目。

第三节　施策机构的个案剖析

为了更好地说明日本施策机构的具体运营情况,现选取三个具有代表性的施策机构做个案剖析。

（一）国际协力机构（JICA）

国际协力机构（简称 JICA），其前身是成立于 1974 年 8 月的国际协力事业团，2006 年改组为国际协力机构，为独立行政法人性质。国际协力机构主要有如下两方面的职能。

其一是融资职能。作为日本政府开发援助（ODA）的唯一实施机构，国际协力机构负责日本政府开发援助具体项目的实施，通过提供无偿或有偿的资金为日本企业的进入提供服务。

例如，日本在第五次非洲发展会议（TICAD）上，发表了一份旨在通过基础设施等领域的民间投资促进非洲经济增长的《横滨宣言》，并汇总了一份规定今后 5 年间（2013—2017 年）日本对非支援内容的行动计划。日本计划在未来 5 年内投资 65 亿美元，加强非洲的基础设施建设。计划在肯尼亚、莫桑比克等 10 个非洲国家开展旨在整备基础设施建设的“战略性基本计划”，以推进日本企业投资的扩大和非洲经济的发展。该计划的具体实施由日本国际协力机构（JICA）从各国政府承包并进行筹划，如有关主要城市的城市规划、交通以及电网等基础设施的建设计划，尤其是将优先连接内陆地区和沿海地区的干线道路、铁路建设等“国际走廊”以及电网的完善等。

再如，日本政府将为柬埔寨计划实施的大规模交通基础设施建设计划（柬埔寨第一条高速公路以及在首都金边建设城市型铁路计划）以及对柬埔寨国际干线道路“南部经济走廊”现有道路的扩建工程等提供政府开发援助。在该项目进行前，日本国际协力机构（JICA）将根据人口密度和工业区的选址等情况汇总柬埔寨的高速公路建设计划，进行初期阶段的可行性调查。日本国际协力机构已选定了 4 家日本企业来实施可行性调查，具体讨论路线、引进车辆和运营体制等详细事项。①

① 日经中文网：《日本欲帮助柬埔寨完善交通网》，2013/11/08，http://cn.nikkei.com/politicsaeconomy/economic-policy/6994-20131107.html。

近年来,按照政府的要求,日本国际协力机构(JICA)在面向发展中国家的投资金融中新追加了水务项目,积极为日本企业在海外的水务项目进行融资,发挥着以政府投融资促进民间投资的重要功能。以X国水供给项目为例,项目主要内容是充分利用Y河流的地表水进行民间运营的净水厂建设和送水管铺设,其流程如图4-2①:

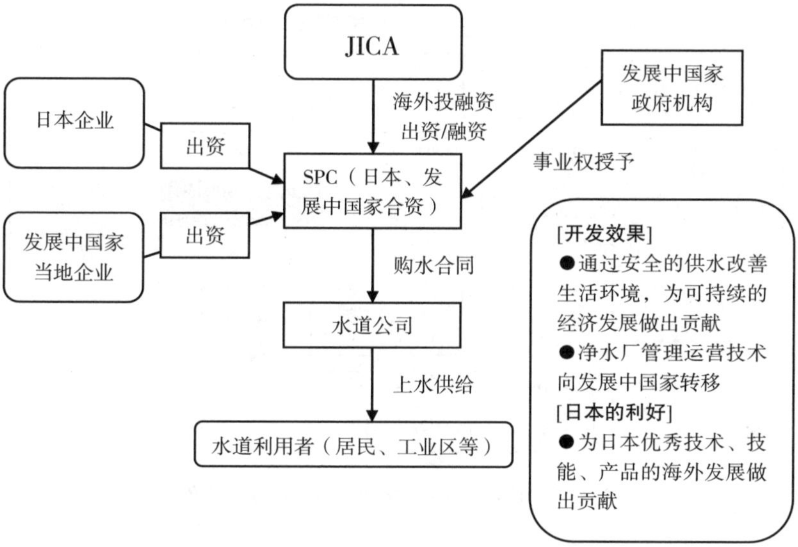

图4-2　JICA支持海外水务项目流程图

为支持水务事业的海外发展,日本国际协力机构实施以提供日元贷款为前提的PPP基础设施项目的F/S(feasibility study,即可行性研究)或F/S的补充。日本国际协力机构近期开展了名为"PPP基础设施事业合作准备调查"的项目。满足如下四方面条件者即可获得JICA的合作调查支持:①旨在促进发展中国家的经济社会开发、复兴或经济稳定者;②遵照日本政府(新成长战略等)、JICA的方针者;③预计可以利用日元贷款者;④日本企业(共同企业体

① 日本国土交通省:資料3・各省・関係機関における取り組みhttp://www.mlit.go.jp/common/000135513.pdf。

时至少有一家为日本企业）已计划参与包括建设及运营等的 PPP 基础设施项目者。该调查项目以事业体（包括官、民两部分）作为调查范围，就其作为 PPP 基础设施项目有无实现的可能性进行调查。关于该项目的规模，1 件的调查金额（JICA 支付对象的金额）原则上上限为 1.5 亿日元。① 图 4-3 为日本水道项目中 PPP 基础设施项目案例图示②。

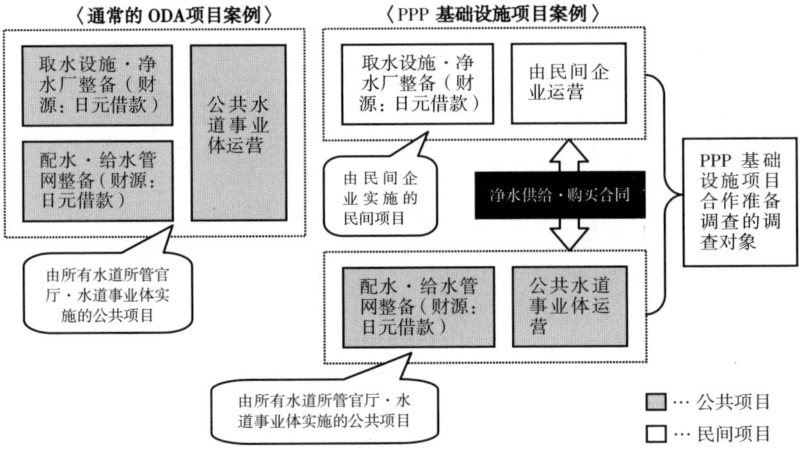

图 4-3　水道项目中 PPP 基础设施项目案例

作为政府开发援助的唯一实施机构，日本国际协力机构代表日本政府所提供的融资，大大增强了项目的可靠性以及项目所需资金的充足性，这将在很大程度上增加日本相关企业在海外实施项目中标的可能性。

其二，是技术合作、人才培训等职能。除了实施 ODA 项目的贷款落地职能外，同样属于 ODA 范畴的技术合作也主要由国际协力机构来实施，积极为日本企业出口产品和技术提供服务。如负责对发展中国家进行技术合作、人员培训、组织研修班、派遣专家、派遣调查团等方面提供技术和人才服务，此外还有相关项目的企划、设计和评估等业务以及合作标准调查、器材提供等业

① 資料 3・各省・関係機関における取り組みhttp://www.mlit.go.jp/common/000135513.pdf。
② 資料 3・各省・関係機関における取り組みhttp://www.mlit.go.jp/common/000135513.pdf。

务。一方面对发展中国家的技术和人才提供支持,另一方面也为海外发展的日本企业创造了便利条件。

日本国际协力机构协助日本外务省每年发放约 170 亿美元的海外发展援助金,这些援助金的具体使用通常会有日本工程师、护士和其他专家的参与。近年来,安倍提出"有出口的教育"的观点,承诺 5 年间将为非洲培养 3 万名产业人才,用以支持日本企业在非洲的发展①。而这些人才培养计划也主要由日本国际协力机构来负责实施。

(二)石油天然气·金属矿物资源机构(JOGMEC)

日本对于海外能源、资源的获取,长期以来形成了一套独具特色的开发模式。这一模式既包括海外能源、资源开发本身,同时也包括日本国内各个层级为海外能源、资源开发企业所构建的协同支持体系。而这其中,不得不提的就是石油天然气·金属矿物资源机构(JOGMEC)。

JOGMEC 的历史可以追溯至 20 世纪 60 年代。1963 年,日本成立了金属矿物探矿融资事业团(1973 年更名为金属矿业事业团)这一隶属于资源能源厅的准政府性质的机构,直接或间接地参与日本海外矿产资源勘查开发事务,对日本矿业企业的跨国经营提供支持。1967 年 7 月,根据《石油开发公团法》,日本又设置了石油开发公团(1978 年更名为石油公团)。

作为日本行政改革的一项举措,依据《独立法人石油天然气·金属矿物资源机构法》(2002 年 7 月 26 日颁布),日本于 2004 年 2 月 29 日将原有的石油公团、金属矿业事业团的职能进行集约化后,新成立了独立行政法人石油天然气·金属矿物资源机构(Japanoil,Gas and Metals National Corporation,简称 JOGMEC)(详见图 4-4)。2012 年 8 月 29 日日本对该机构法进行了修订,在该机构的职能中,增加了灾害时石油·石油天然气(LP 天然气)供给计划的

① 安倍晋三. TICAD V 開会式·安倍総理オープニングスピーチ」. [2013-06-01]. http://www.mofa.go.jp/mofaj/files/000005502.pdf。

实施支援、与煤炭·地热资源开发有关的支援、灵活运用产投出资的资源开发等内容,同时还修改了海洋金属矿物调查的深度限制。

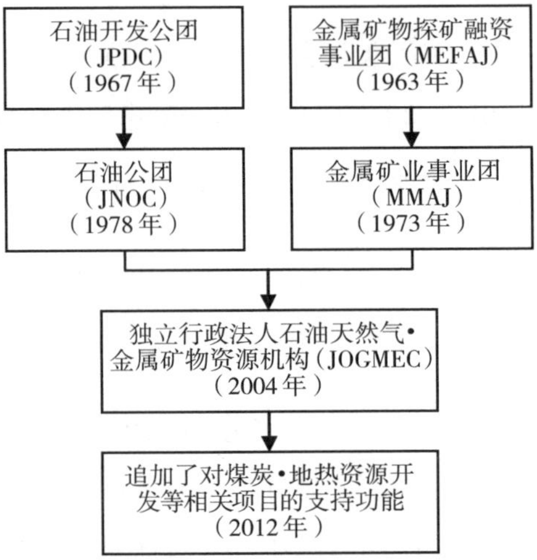

图 4-4　JOGMEC 的沿革图

JOGMEC 作为日本政府能源、资源政策的实施机构,按照具体领域,该机构主要承担着四项职能,分别是:(1)石油·天然气的探矿、开发支持项目;(2)金属矿物资源的探矿、开发支持项目;(3)资源储备项目;(4)矿害防治支持项目四个领域。另外,该机构还与其他组织和机构保持协调与配合,共同为海外企业在能源开发方面提供全方位的支持(其运营模式见图 4-5)。若从具体支持形式来说,则主要从如下五个方面予以支持。

1. 出资项目

在进行石油、天然气的探矿与开发时,通常会组建新的项目公司,项目公司通过发行股票的形式来筹措探矿、开发所需资金,而 JOGMEC 则以购买股票的方式予以资金支持。探矿项目成功并决定进行商业性开发后,再顺次卖掉股票,其出资的上限比率为 70%。其出资领域有三个方面,一是石油等的探矿,即石油以及可燃性天然气(包括油砂、油页岩)等探矿所需资金。二是可燃性天然气的采取或者液化所需的资金。三是石油等的开采(资产收购项

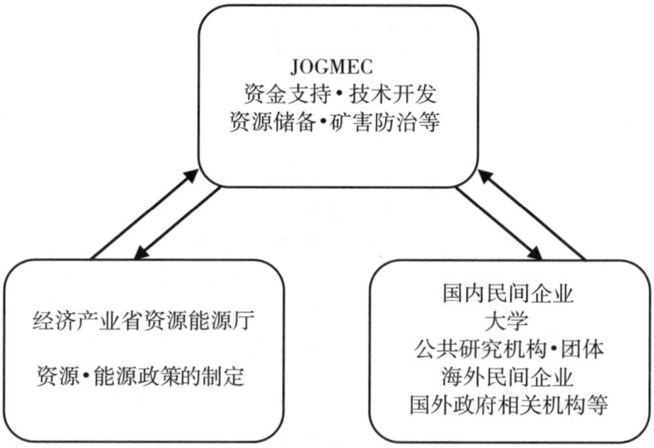

图 4-5　JOGMEC 的运营模式图

目),从拥有石油等开采权利或类似权利的拥有者手中让渡该权利所需的资金以及基于该权利所需的其他资金。例如,JOGMEC 于 2012 年 9 月对由国际石油开发帝石与日挥共同实施的加拿大页岩天然气开发项目进行资金支持,JOGMEC 将向两公司出资在加拿大设立的新公司 IGBC 出资 45%(约 400 亿日元),而国际石油开发帝石出资 45%,日挥出资 10%。这是自当年 9 月 15 日施行的《独立行政法人石油・天然气金属矿物资源机构法》修改以来,首次在天然气开发阶段进行的支持。①

JOGMEC 自 2004 年改组为独立行政法人以来,截止到 2014 年 3 月,共向 45 家企业提供了资金支持,累计出资金额达 3600 亿日元(详见图 4-7)。2013 年度共对 5 家企业提供了资金支持,其中资产收购出资 1 件,探矿出资 3 件,债务担保 1 件。②

2. 债务担保项目

JOGMEC 除出资外,进行债务担保是其另一重要职能。JOGMEC 负责对石

---

① 「JOGMEC、カナダのシェールガス開発事業を資金面で支援」、2012 年 9 月 15 日、http://response.jp/article/2012/09/15/181413.html。

② 独立行政法人石油天然ガス・金属鉱物資源機構:アニュアルレポート(2014)、http://www.jogmec.go.jp/content/300199976.pdf。

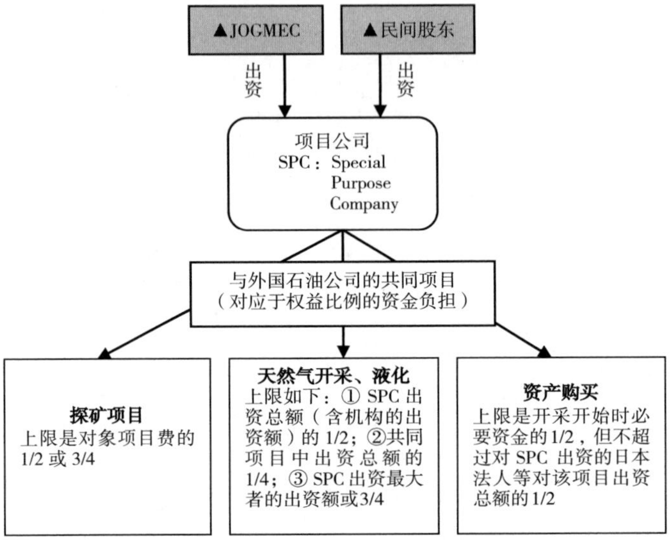

图 4-6　JOGMEC 的出资计划图示

资料来源：独立行政法人石油天然ガス・金属鉱物資源機構：出資制度の概要、http://www.jogmec.go.jp/oilgas/financial_002.html。

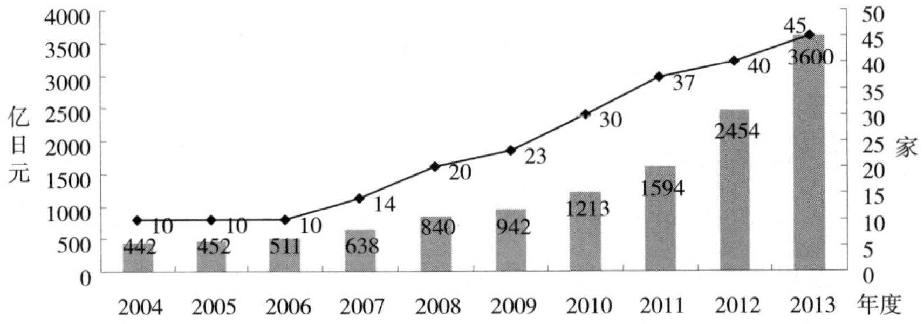

图 4-7　各年度末的出资累计与企业数

资料来源：独立行政法人石油天然ガス・金属鉱物資源機構：アニュアルレポート（2014）、http://www.jogmec.go.jp/content/300199976.pdf。

油、天然气的开发资金或资产购买所需资金而进行的贷款提供债务担保，另外还有项目完工保证等。其担保的对象包括在海外从事石油等的探矿及开采（包含其附属的精炼等）以及可燃性天然气的液化所需资金等的债务担保。其担保比率一般以所需资金相关债务的 1/2 为上限，特殊情况时上限可提升至 3/4。

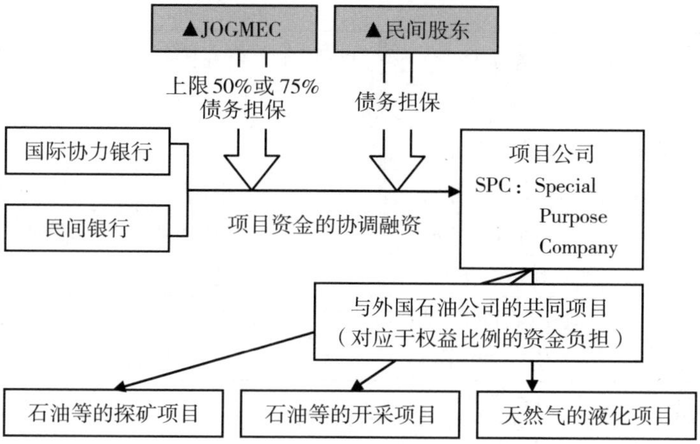

图 4-8　债务担保计划图示

资料来源：独立行政法人石油天然ガス・金属鉱物資源機構：債務保証制度の概要、http://www.jogmec.go.jp/oilgas/financial_003.html。

另外，日本企业在海外探矿成功后需要筹措大量的开发资金，JOGMEC 会向日本海外经济合作基金会、日本进出口银行等金融机构为其提供贷款担保，担保比率最高可达 80%。同时与投资所在地相关方进行必要的沟通，从而为日本企业创造一个良好的投资环境以便最终获得勘探项目开采的股权。①

3. 信息平台支持

目前，JOGMEC 在世界各地建立了 14 个海外事务所（各事务所还负责周边国家的资源信息，详见表 4-5），广泛收集和分析世界各国的资源信息。一方面是针对资源国潜力和矿业投资环境的信息、重要勘查开发项目的信息以及国际矿业走势追踪、跨国矿业公司动态分析、矿业权市场状况和矿产品市场等信息；另一方面是对世界资源能源形势、油气生产国的政治经济、法律法规、税制、投资环境、矿区信息等进行持续调查以及对国际石油公司动态、石油储备等信息的收集与分析等。其主要目的在于为日本政府能源政策的制定提供参考以及为民间企业的能源开发与获取提供信息咨询。

① 陶春：《中日稀土资源战略比较研究》，《中共中央党校学报》2011 年第 1 期。

表 4-5 JOGMEC 的海外事务所

序号	所在国	事务所	序号	所在国	事务所
1	加拿大	温哥华事务所	8	阿联酋	中东事务所
2	美国	华盛顿事务所	9	俄罗斯	莫斯科事务所
3	美国	休斯敦事务所	10	中国	北京事务所
4	墨西哥	墨西哥事务所	11	印度尼西亚	雅加达事务所
5	秘鲁	利马事务所	12	越南	河内代表处
6	智利	圣地亚哥事务所	13	澳大利亚	悉尼事务所
7	英国	伦敦事务所	14	博茨瓦纳	博茨瓦纳地质遥测中心

资料来源：独立行政法人石油天然ガス・金属鉱物資源機構：「組織について・海外事務所」、http://www.jogmec.go.jp/about/overseas_office_001.html。

关于信息交流与提供的途径，JOGMEC一方面通过在其网站定期公布"海外石油天然气动向月例简报"以及发行刊物等形式，为石油天然气领域的相关业者提供信息；另一方面通过定期召开座谈会，由调查部的经济学家、研究员对相关信息、政策进行解说、答疑咨询的形式进行，参加者包括企业、媒体以及相关省厅的人士等。

4. 技术开发支持

JOGMEC担负着支持石油天然气的探矿、开发及其相关应用技术开发的职能，主要包括提高原油回收率技术、油气层掌控技术、坑井挖掘・开发技术、非常规油气田开发技术、油气有效利用技术以及环境协调型油气田开发技术六个方面，未来环境协调型油气田开发技术将是其技术开发的重点。其目的在于提高日本在油气资源探矿及开发方面的技术水平，以便迅速进行对操作技术的支持以及开拓新项目的支持等。除JOGMEC自身的技术研发外，还通过与产油国的共同研究等方式进行。

除技术开发外，技术支持也是JOGMEC的一项重要职能。JOGMEC所提供的技术支持共有5个方面的内容。（1）现场操作支持。对于油气田在探矿、开发项目中遇到的技术难题，JOGMEC将与项目实施企业共同寻求解决方法。JOGMEC 每年都与相关企业召开协调会,经过研讨后遴选出 2—3 件具有典型性、共性的技术难题作为解决对象。(2)技术研修,分为三种方式。第一种是海外技术人员研修,日本政府招聘能源国政府机关、国营公司的技术人员赴日本以举办技术讲座的形式进行研修,课程涉及“探矿地质”、“物理探矿”、“挖掘管理”、“油层工学”等,每期约 10 周。1989 年到 2014 年 8 月止,已有 47 个国家的 3189 名技术人员参加了该项研修。第二种是日本石油开发企业邀请油气生产国政府机关、国营石油公司的技术人员以及大学生等赴日本的企业、大学进行研修,研修资金由日本石油开发企业提供。1996 年至 2012 年 3 月,已有 19 个国家的 217 名技术人员参加了研修。第三种是以培养日本国内相关技术人员为目的的研修。(3)对日本企业的相关技术研发活动提供资金支持。对于委托研究项目,JOGMEC 将提供研发经费的 2/3,共同研究项目则提供 1/2 的研究经费。(4)国际共同研究。对于日本民间企业与油气生产国政府以及国营石油公司之间难度较高的国际共同研究,由 JOGMEC 负责实施。目前已与墨西哥、巴西、阿联酋、利比亚、越南等国家间开展了国际共同研究,该项目既加快了相关技术的研发进程,也强化了与油气生产国的关系。(5)技术服务。JOGMEC 拥有充足的资金预算,并且在日本国内建立有自己的技术中心(TRC),购置有诸多先进的仪器设备,这些仪器设备可无偿提供日本相关油气资源型企业使用。

5. 基础地质结构调查支持

JOGMEC 承担着对可能存在油气资源的矿区进行基础地质调查的职能,其目的在于通过调查,一方面强化与资源国的合作关系,取得优先交涉权,支持民间企业的进入;另一方面 JOGMEC 还将承担项目前期风险,引导企业选点。

日本在海外进行的基础地质调查,一种是“海外联合地质调查”,由 JOGMEC 与资源国联合进行,资金由日本政府提供。另一种是“海外地质调查”,则完全由 JOGMEC 利用日本政府的资金进行。换言之,海外从事前期草根勘查的风险基本由日本政府承担。在探到矿产或圈定区块后,再由日本企业申请取得矿业权。关于基础地质调查项目,原有的日本石油公团进行的有 45 件,JOGMEC 成立后进行的有 8 件。例如 JOGMEC 于 2009 年参与了伊藤忠商社与国际石油开发帝石公司在俄罗斯东西伯利亚的探矿调查活动,以期获得海外油气权益。① 再如 2010 年,JOGMEC 与俄罗斯的 Irkutsk 石油公司合作勘探,确认在俄罗斯东西伯利亚的三个区块蕴藏有丰富的油气储量,标志着日本公司在西伯利亚首次发现油气资源。为此,JOGMEC 将这三个区块 49%的许可权转让给日本企业。②

日本通过 JOGMEC 等机构,在融资、债务担保、信息提供、技术、勘探调查等方面提供具体支持,不仅降低了企业的风险,也提高了企业参与海外能源开发的积极性。

---

① JOGMEC:「資源・エネルギーの明日を伝える[広報誌]」、『JOGMEC NEWS』2013 年 12 月号。

② 中国石化新闻网,日本油气公司在西伯利亚发现油气资源,2010 年 10 月 25 日讯,http://www.cheminfo.gov.cn/zxzx/page_info.aspx? id=301669&Tname=hgyw。

第五章　金融机构：搭建多元化的融资平台

日本企业从20世纪60年代开始向海外发展，在至今近60年的发展历程中，无论是从政府层面还是企业层面，对于企业"走出去"在支持政策、海外商务咨询、融资、信息、技术以及人才等方面都累积了丰富的经验，形成了较为完善的海外发展支持体系。尤其是在融资方面，良好的融资环境是企业"走出去"的一个必要条件。由于金融市场的不完善，多数企业尤其是资金禀赋相对匮乏的中小企业，在走出国门向海外发展时往往面临融资约束的问题。企业的融资问题依赖于外部资金的获得性，而企业能否顺利得到外部融资与当地金融市场完善程度以及政府的支持与否都密切相关。

日本拥有相对完善的金融市场，能够将分散的社会储蓄有效地集中起来，为资金短缺的企业提供融资支持，助推企业健康发展。除日本政府的政策性支持外，各金融机构为促进企业的海外发展，搭建了多元的融资平台，为其提供强有力的资金支持。日本各类金融机构所发挥的作用，正如前财务省副大臣、曾任日本国际协力银行（JBIC）总裁渡边博史于2011年10月在谈及日本企业的海外并购时所讲的那样，政府无意引导具体行业的境外并购，但政府通过金融工具的支持能促进这些企业最终决定收购。可见，金融工具对企业海外发展至关重要。

第一节　政策银行的融资政策

政策性融资指由政府进行的投资贷款活动,又称财政投资贷款。它是政府干预产业活动和实现产业调整目标的重要手段。日本的政策性金融机构是由日本政府提供资金或由政府提供债务担保,原则上不接受存款的非营利性金融机构,个别金融机构也有少量私人资本参与,但资金来源主要是政府。政策性融资的主要目的在于促进产业发展,其资金主要来源于邮政储蓄、养老金、国民年金剩余资金、简易生命保险、国债和特别会计资金等。① 日本的政策性金融机构主要有开发银行、进出口银行、中小企业金融公库、住宅金融公库以及政府系银行等。这些金融机构在得到财政投资贷款后,进一步向民间企业进行贷款融资。如 2015 年度,财务省实施的财政投融资计划中,为了向资源、创新以及基础设施出口等战略性领域提供风险资金,日本政府投入 14.6215 万亿日元的财政投融资资金,其中用于海外投融资支持的资金为 13607 万亿日元,其中国际协力银行 7500 亿日元、国际协力机构 4366 亿日元、石油天然气·金属矿物资源机构 729 亿日元、海外交通·都市开发事业支援机构 712 亿日元、海外通信·放送基础整备等事业支援机构 200 亿日元。② 稳定扩大的资金来源为政府灵活运用财政金融手段、实现经济调整目标提供了物质基础。

尽管政策性融资占总投资中的比重并不很大,但政府有选择性的贷款,向产业或企业传递了政府产业扶植的信号。该信号对产业或企业起到了导向作用的同时,也诱发了民间金融机构贷款的增加。"运用政府信贷力量的优势,能够对社会的特殊群体在开辟更多的基金和最终额外的现实资源上产生有效性。"③从这

① 陈建安等:《产业结构调整与政府的经济政策——战后日本产业结构调整的政策研究》,上海财经大学出版社 2002 年版,第 143 页。

② 財務省:『平成 27 年度財政投融資計画のポイント』、https://www.mof.go.jp/filp/plan/fy2015/h27seifuan/zt001.pdf、2015 年 1 月 14 日。

③ [美]默里·L. 韦登鲍姆:《全球市场中的企业与政府:第 6 版》,张兆安译,上海人民出版社 2006 年版,第 304 页。

一意义上讲,政策性融资是一种导向型融资。

例如,海外基础设施业务的订单额易于出现膨胀,导致日本企业在很多时候对出资非常审慎。日本铁路车辆企业的高管曾表示“资金筹措困难,迟迟无法取得进展的铁路计划并不少见”。日本政府在资金方面的支援将对铁路车辆企业获取订单起到助推作用①。参与印度铁路建设计划的 JR 东日本子公司的国际工程顾问秋山芳弘谈道,“能够配套提供政府背景金融机构的资金支持是日本的优势所在”。② 在支持企业“走出去”的过程中,政策性融资的参与,除为相关企业缓解资金压力、提供资金保障这一“表象”外,由于政府层面资金的介入,也为企业项目的竞标、实施以及向合作国家和合作方表达了稳定、安全的“隐象”。以下即对日本主要的政策性银行及其融资政策分析如下。

1. 日本国际协力银行(JBIC)的融资支持

日本国际协力银行(JBIC)的前身为日本进出口银行。在 20 世纪 50 年代,日本设立了由国家出资的日本进出口银行,对重点产业的设备投资给予长期和低息贷款,对企业从民间商业银行的贷款提供担保,并向出口企业提供出口信贷。现在日本进出口银行已改组为日本国际协力银行。在日本企业“走出去”的政策性融资体系中,日本国际协力银行主要承担有五方面的职能。③

其一是投资金融。主要用于日本企业海外生产基地的新建或增设等海外经营活动开展时必要的长期资金融资。该融资的主要目的是为了保证项目的顺利实施和运营,增强日本企业的国际竞争力并确保海外市场。融资的主要对象除对日本法人在海外设立的当地法人进行直接或间接的融资,以及对确保资源、能源的项目以及在发达国家进行的投资项目(包括情报信息网络高

① 日经中文网:《日本高铁瞄准国际标准》,http://www.cnjpetr.org/html/ribenzixun/rizhishangpin/zonghexinxi/20131224/49451.html,2015-12-27。

② 东京佐野彰洋、新加坡吉田涉、曼谷京塚环、河内伊藤学:《亚洲 1 万公里高铁商战展开》,2013/08/09,http://cn.nikkei.com/industry/manufacturing/6232-20130809.html。

③ 総務省:『「ICTグローバル展開のあり方に関する懇談会」参考資料』、http://www.soumu.go.jp/main_content/000101590.pdf、第 52 頁。

度化项目）进行融资外，还包括经由发展中国家的金融机构对海外日本企业进行的长期金融转贷业务。[①]

例如在日本大金工业公司并购古德曼约3000亿日元的资金中，除该公司现有资金及发行公司债筹措的资金外，就有日本国际协力银行等提供的低息贷款。[②] 日本国际协力银行作为日本发展对外经济的政策性银行，其主要职能之一便是促进重要资源的海外开发以及权益获取[③]，在对日本企业海外能源开发的融资方面，国际协力银行的主要职能有：（1）对日本企业海外能源开发项目建设及增扩建等项目进行长期融资；（2）对日本企业的海外并购给予金融支持；（3）充分利用日本民间银行广泛的海外网点优势，将国际协力银行的资金经由民间银行向从事海外能源开发的中坚企业及中小企业进行融资；（4）在日本企业向海外能源开发项目出资以及因业务合作而向外国企业出资时，由该日本企业与国际协力银行共同进行出资，等等。近年来，日本国际协力银行在面向发达国家的投资金融中新追加了水务项目，积极为日本企业在海外的水务项目进行融资。

其二是出口金融。日本生产的成套设备及其零部件向发展中国家出口或者由日本向发展中国家提供技术服务时，日本国际协力银行为其提供必要的融资。从融资形态来说，主要是向海外进口商或金融机构的直接融资，融资条件基于“OECD对公出口信用指南”决定，其中融资金额原则上为出口协议金额及技术提供协议金额范围中除基本金（最低15%）以外的资金，上限为30%。[④] 出口金融一般都是与其他的金融机构进行联合融资。

---

① 総務省：『「ICTグローバル展開のあり方に関する懇談会」参考資料』、http://www.soumu.go.jp/main_content/000101590.pdf、第52頁。

② 《日本经济新闻》2012年8月29日。

③ 株式会社国際協力銀行：国際協力銀行の役割と機能、http://www.jbic.go.jp/wp-content/uploads/page/about/role-fauntion/jbic-brochure-japanese.pdf。

④ 総務省：『「ICTグローバル展開のあり方に関する懇談会」参考資料』、http://www.soumu.go.jp/main_content/000101590.pdf、第53頁。

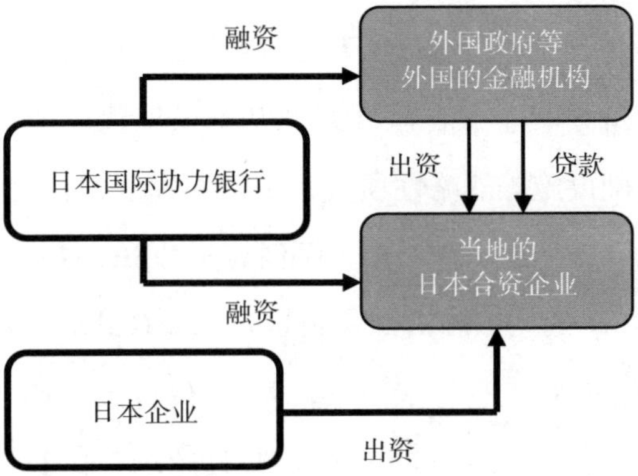

图 5-1　日本国际协力银行的投资金融流程图

资料来源:総務省:『「ICTグローバル展開のあり方に関する懇談会」参考資料』、http://www.soumu.go.jp/main_content/000101590.pdf、第 51 頁。

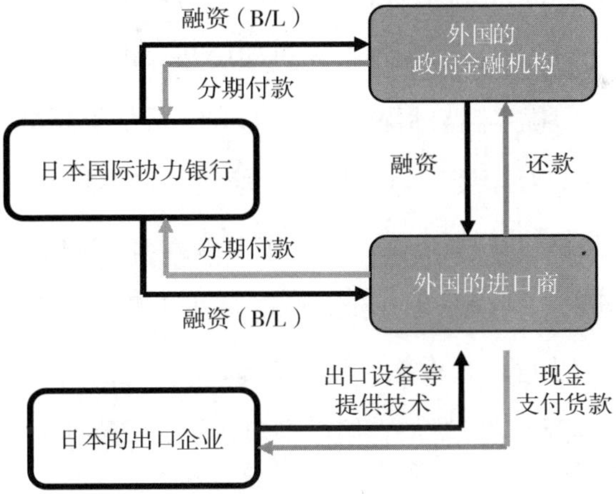

图 5-2　日本国际协力银行的出口金融流程图

资料来源:総務省:『「ICTグローバル展開のあり方に関する懇談会」参考資料』、http://www.soumu.go.jp/main_content/000101590.pdf、第 51 頁。

出口金融方面的案例,有日本国际协力银行为全球最大的观光游轮公司进口由日本造船厂制造的 12.5 万吨级的大型观光游轮提供了所需资金。处于与其他国家的造船厂严酷竞争中的日本造船业,对包括中坚・中小企业等关联企业的雇用问题在内的地方经济起着很大的作用，该笔贷款不仅维持并提高了日本造船业的国际竞争力，也为地方经济的发展提供了支持。另外，日本国际协力银行支持日本企业在海外开展基础设施建设业务。为了更加积极地推进一揽子型基础设施等战略性项目在海外的发展，日本国际协力银行通过最大限度地动员民间资金，于 2011 年 4 月创立了“JBIC 基础设施和投资促进机制”（Enhanced Facility for Global Cooperation in Low Carbon Infrastructure and Equity Investment：通称 E-FACE）。通过该机制，不仅可以支持一揽子型基础设施的海外业务拓展（如清洁能源项目、水务项目、铁路项目以及智能电网相关项目等），促进向并购项目和购买巨额资源权益项目等的投资，还可以为节能和新能源项目以及面向亚洲的项目提供风险管理等，其主要的模式是日本国际协力银行出资或融资、民间企业出资、民间企业融资（由日本国际协力银行担保）三部分构成。如近年来在印度，伴随着经济的高速增长，电力需求日益增大，慢性的电力不足持续不断。日本国际协力银行通过印度最大的民间银行，向使用超临界压火力发电技术（以印度丰富的煤炭作燃料，高效且能够降低环境负荷）进行火力发电的锅炉涡轮的对印度出口提供出口信贷。该笔贷款在支持日本企业开展海外基础设施业务的同时，也提高了印度电力基础设施的供给能力。

其三是进口金融。为了积极获取海外资源及能源，日本国际协力银行还对资源、能源的进口（如石油、天然气、煤炭、铀、磷矿石、萤石、盐、木材等）提供融资支持。贷款分两类：一类是直接面向日本进口商的贷款，而另一类则是面向海外出口商的贷款。

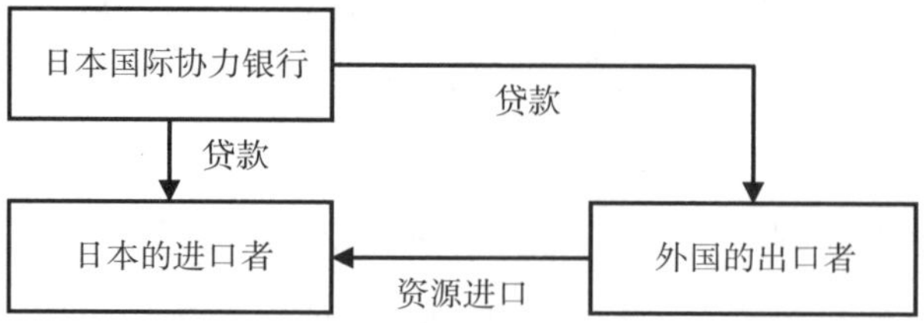

图 5-3　日本国际协力银行对日本企业海外资源获取的金融贷款

其四是项目开发金融。主要是为发展中国家的项目以及该国的进口提供必要的融资、为平衡国际收支必要的融资以及为稳定货币必要的融资(当从日本企业调配自裁时不附加条件)等。其主要的融资对象是对维持或扩大与日本间的贸易投资关系、确保日本能源。矿物资源的稳定、促进日本企业的商业活动、高效的环保案例等进行融资,或者与维护国际金融秩序等密切相关的项目进行融资,还包括经由海外金融机构对满足一定条件的日本企业当地法人及合资企业进行的转贷融资。① 项目开发金融一般也是与其他金融机构共同进行联合融资。

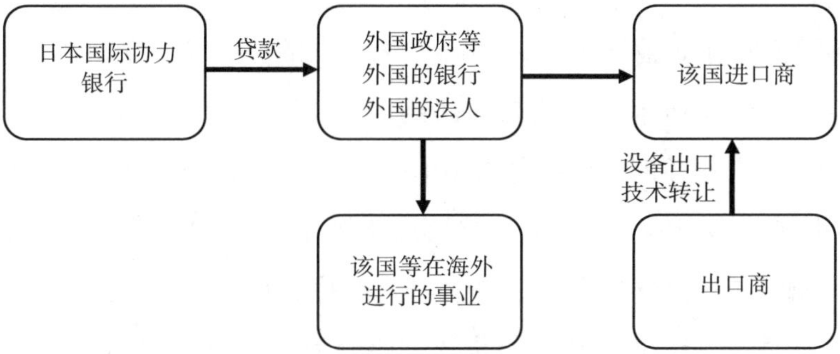

图 5-4　日本国际协力银行的事业开发金融流程图

资料来源:総務省:『「ICTグローバル展開のあり方に関する懇談会」参考資料』、http://www. soumu. go. jp/main_content/000101590. pdf、第 51 頁。

除上述主要融资项目外,日本国际协力银行还在紧急应对各类经济形势中积极发挥作用。例如在 2009 年,日本政府为应对金融危机实施的经济刺激计划中,其中一项就是对日本企业的海外项目采取紧急融资支持政策,而主要的实施组织便是日本国际协力银行。截至 2009 年 7 月末,通过日本国际协力银行已实施 91 个项目,融资额近 1. 5 万亿日元。其中,支持企业在发达国家的融资项目 44 个,金额超过 1 万亿日元;支持企业在发展中国家的融资项目

① 総務省:『「ICTグローバル展開のあり方に関する懇談会」参考資料』、http://www. soumu. go. jp/main_content/000101590. pdf、第 54 頁。

47个,金额达4474亿日元。申请融资支持的企业涉及汽车、化学、电子电器等广泛的领域。[①] 另外再如2012年,为了应对日元升值问题,日本政府设立了最高额度为1000亿美元(约7.6万亿日元)的“日元应对紧急基金”,通过日本国际协力银行以低利息贷款给民间企业,以支持日本企业如下两方面的活动。一是企业可以利用该项贷款和自有资金进行海外并购(日本国际协力银行对于企业海外并购项目的融资金额为400亿美元),二是确保和开发海外的资源、能源(日本国际协力银行的融资额为500亿美元)。[②]

2. 商工组合中央金库的融资支持

商工组合中央金库(简称商工中金)是1963年根据《商工组合中央金库法》由政府和中小企业团体组合共同出资设立的综合性金融机构,专门为中小企业的经营活动提供资金支持。截至2018年3月,该金融机构拥有资本金2186亿日元,其中政府出资部分为1016亿日元,占46.7%,而2002年时政府出资的比例为79.7%[③],表明政府出资的比例在16年间下降了33个百分点。

商工中金的贷款对象限于出资团体和金库会员,属于部门性金融机构,受到政府的特别关照。商工中金的贷款主要分为两大类:一类是基于国家中小企业对策的特别贷款,另一类是以行业团体为对象的融资提供。

从1996年开始,商工中金对于面向海外发展的中小企业的支持不仅局限于金融层面,还开展信息提供服务,将“信息提供”与“金融服务”两项业务合并为“海外发展支援”制度。在信息提供方面,积极与日本贸易振兴机构、日本贸易保险、中小企业基础整备机构等国内机构以及泰国投资委员会(BOI)等海外合作机构建立广泛的业务合作关系,积极进行相关信息的整理与提供,包括由商工中金派出专业人员访问交易客户、就海外项目开展咨询活动以及

① 《产经新闻》2009年9月1日。

② 「日銀緩和　市場は催促:政策決定会合　金融政策を維持」、『朝日新聞』2012年4月11日、第7版。

③ 王振、孙林、虞震编著:《中小企业:日本经济活力的源泉》,上海财经大学出版社2003年版,第121页。

提供投资环境信息等。在金融支持层面,包括充分利用业务合作银行的备用金卡进行融资支持、向海外当地法人直接出资以及开展亲子贷等方式进行融资支持外,还开展有涉及进出口的贸易金融等业务。2017 年,商工中金对海外日本中小企业的资金支持额度为 923 亿日元。①

商工中金从 2011 年 2 月开始设立了“中小企业海外发展支持办公室”,对有向海外“走出去”意愿的中小企业从海外投融资到贸易金融等进行多方面的支持。如进出口贸易决算、海外汇款等外币兑换业务;与外国企业进行交易时的投标保证金、协议保证金等,海外项目涉及的融资、向当地法人进行的注资等;此外还有海外投资环境、海外洽谈会、交流会等信息的提供和交换等。截至 2018 年 3 月,商工中金自 2011 年设立“中小企业海外发展支持办公室”以来,就海外设立基地、融资业务、贸易业务等方面的咨询案例已累计达 24699 件。

以强化日本创业竞争力为目的,为了对在特定领域具有国际竞争优势的中小企业等在海外发展时提供必要的长期资金支持,商工中金利用日本国家产业投资贷款建立了名为“国际商务支援贷款制度”的融资制度。商工中金充分利用国内外 104 所分支机构设立的“中小企业海外发展支持平台”,对企业的海外业务活动开展融资、解决方案、信息提供等方面的支持。例如 2014 年 6 月,商工中金福井支店对总部位于福井县的 CHARMANT 公司予以支持。该公司在日本国内高级眼镜市场占有 45%以上的份额,此外还生产和销售医疗用器具等。“国际商务支援贷款制度”的贷款对象:以企业的产品及服务扩大国际市场份额为目的,在海外设立或扩大据点以及向海外拓展销路等行为,且满足如下(1)、(2)中的一项同时满足(3)、(4)项的企业进行支持。(1)制定有今后 3 年的海外事业计划,且近年来事业年度的海外销售额比例在 10%以上,且 3 年的海外事业计划期间海外销售额增加 5%以上者。(2)制订有今

---

① 商工中金:「2018 年 3 月期ディスクロージャー誌」、2018 年 3 月。第 16 頁。https://www.shokochukin.co.jp/reportfile/disclosure/201803/pdf/201803_all.pdf。

后3年的海外事业计划，且3年的海外事业计划期间海外销售额增加5%以上，或者经商工中金认可的5年内达成海外事业计划者。(3)公司产品及服务在日本国内拥有一定的市场份额且具有高技术力、商品力者。(4)事业活动据点(总部)仍在日本国内存续发展者。资金用途：(1)对海外当地法人进行出资；(2)海外当地法人事业运营涉及的设备资金(为了必需的新增设备、更新、改良、维修以及无形固定资产获取等)，或者海外当地法人的事业运营必需的运转资金的转贷等；(3)以增加公司产品的海外销售为目的的设备资金；(4)为增加公司产品海外销售的研究开发费。贷款条件：贷款形式为存单贷款；最高上限为5亿日元；偿还方式为期限内一次偿还；利率为成功时按商工中金的规定利率，不成功时为0.6%。贷款期限：原则上为10年。①

为了应对中小企业在海外日益活跃的状况，商工中金在所属的国际部下设立了贸易・投资支援中心，专门为在海外发展的日本中小企业提供支持服务。鉴于在亚洲开展经营活动的中小企业较多，商工中金还积极与中国的交通银行、泰国的曼谷银行等展开业务合作，最大限度地为“走出去”的日本企业提供金融支持。

3. 日本政策金融公库的融资支持

日本政策金融公库(简称JFC)，主要的业务职能有几个方面：其一是面向一般国民的业务，主要有小额项目资金融资、创业支持、国民教育贷款担保以及海外发展支持等；其二是面向农林水产事业的业务，主要有农林水产事业继承者培养方面的金融支持，以确保食品安全为目的的、对加工物流领域的融资等；其三是面向中小企业的业务，主要有对中小企业长期事业的资金支持、新事业开展、事业继承以及海外发展方面的融资支持。

针对国民一般事业方面涉及海外发展事业的融资，主要是对试图积极向

---

① 商工中金：「株式会社シャルマンのメディカル事業の海外展開を金融面からサポート！」、『NEWS RELEASE』、2014年6月27日、http://www.shokochukin.co.jp/newsrelease/pdf/nr_140627_03.pdf。

海外发展业务的日本企业进行支持。日本政策金融公库与日本贸易振兴机构、日本律师联合会等专门机构展开业务合作,为积极向海外发展的日本企业提供信息支持。

在针对一般国民事业的融资方面,开展有针对小规模事业者的“海外发展·事业调整资金”,为日本企业赴海外开展业务或海外日资企业进行事业调整提供资金。2017 年,日本政策金融公库在这方面的融资案件为 1737 件,其中 63.6%是对批发、零售等小规模事业者的融资,例如对在海外比较受欢迎的日本料理、传统工艺品等方面的支持,15%的融资在制造业领域,服务业方面的融资占 7.5%。

在农林水产领域,涉及海外发展支持的主要是与外部网络进行合作,为在海外开展经营的日本企业提供支持。日本政策金融公库与日本专业农业综合支援机构(J-PAO)、日本贸易振兴机构(JETRO)等外部的专业机构合作,利用日本专业农业综合支援机构不同业种的会员多以及具有对农业者进行支援的经验等优势,对日本小规模事业者在海外的销售及事业化进行支持。另外,日本政策金融公库还积极与国内外的贸易公司进行合作,对首次出口日本农产品的企业开展“试验型出口支援事业”,就出口前的准备、出口手续、出口地销售状况的信息反馈等进行支持。

对于中小企业顺畅的成长、发展而言,适时进行必要的设备投资以及持续强化财务体制,都是非常必要的,因此保证长期资金的稳定供给是不可或缺的。然而一般的中小企业,比起大型企业来说,从资本市场筹措资金是比较困难的,其资金的筹措渠道很有限。因此在针对中小企业的海外业务发展支持方面,日本政策金融公库专门实施长期资金的贷款业务,融资的 58.5%都是超过 5 年的长期资金,且偿还利息是固定利息,这在极大程度上对中小企业者除从民间银行借贷外,是一个较大的补充资金来源。

作为基于国家的政策实施而设立的政策金融机构,日本政策金融公库于 2015 年 5 月首次推出“外币贷款(美元)”业务,面向全国适用,首次的“外币贷款”业务将使山口制作所、日新精工等7家企业获得美元贷款。2017年度，日本政策金融公库通过“外币贷款(美元)”业务，提供外币贷款共计2907万美元(约合32亿日元)，惠及103家企业。

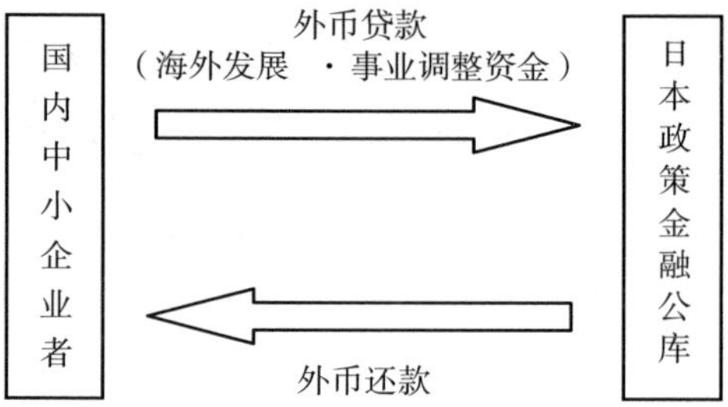

图5-5 日本政策金融公库“外币贷款(美元)”业务流程图

资料来源：日本政策金融公庫:『「外貨貸付(米ドル)」を全国初適用—今年度制度創設した「外貨貸付」を中小企業7社に実施—』、2015年5月28日、https://www.jfc.go.jp/n/release/pdf/topics_150528a.pdf。

表5-1 日本政策金融公库“外币贷款(美元)”业务

	制度概要
融资对象	满足以下1或2条件者 1. 为适应经济结构的变化，因经营需要向海外开展业务并满足以下3项条件者： (1)开始或希望扩大的海外业务，被确认为属于该中小企业在日本国内事业的延长且具有一定规模的； (2)在日本国内存续有经营活动据点(总部)的； (3)作为经营革新的一环，希望通过海外市场进行交易的。 2. 为适应在海外的经济结构变化等，满足以下两项条件者： (1)因经营需要，调整与海外直接投资相关的海外业务(包括废止全部或部分废止)的； (2)在日本国内继续进行经营活动、从中长期来看预见可持续发展的。
资金用途	为进行上述事业必要的设备资金和运营资金
货币	美元
融资额度	中小企业事业：7.2亿日元(其中运营资金2.5亿日元) ※以日元与美元的合算进行计算。美元的贷款额度以公库所定的汇率(1美元=118日元)换算为日元进行计算。
融资期限	设备资金　15年以内(其中存放3年以内) 运营资金　7年以内(其中存放2年以内)

续表

	制度概要
分期还款时间	6 个月或 12 个月
融资利率	适用根据信用风险、融资时间等确定的利率
偿还方法	分期还款或期限内一次性还款(5 年以内)
保证人	满足一定要件时,可利用免除或延期经营责任者的个人保证制度。

资料来源:日本政策金融公庫:『「外貨貸付(米ドル)」を全国初適用—今年度制度創設した「外貨貸付」を中小企業7社に実施—』、2015 年 5 月 28 日、https://www.jfc.go.jp/n/release/pdf/topics_150528a.pdf。

"外币贷款(美元)"业务的特点是:(1)能够直接以美元进行贷款,降低了汇率风险;(2)设备资金 15 年内、运营资金 7 年内可利用该业务提供的融资资金,属于长期的稳定性资金;(3)设有固定的利率,借款当时就可确定还款额度,易于制订还款计划。设备资金包括对海外法人企业的出资、转贷(设备资金)、对海外法人企业的设备租赁、海外分支机构的设置、扩大等;而运营资金则包括对海外法人企业的转贷(运营资金)、国内中小企业者的增加运营资金、事前调查和相关手续的必要资金、海外开展事业调整时的还债资金等。①

综上所述,日本政策金融公库针对日本企业海外发展的融资支持项目主要有四项,其一是为适应经济结构的变化而向海外发展的中小企业,在当地开展业务、扩大业务以及重新整备时,为其提供必要的设备资金及运营资金方面的融资。其二是对于海外的日本中小企业进行业务拓展、事业调整的所需资金,在符合条件的情况下对其必要的设备资金及运营资金以美元的形式提供融资服务。其三是中小企业、小规模事业者的海外当地法人等从与日本政策金融公库有业务合作关系的海外金融机构进行长期资金的贷款时,日本政策

① 日本政策金融公庫:『「外貨貸付(米ドル)」を　全国　初適用—今年度制度創設した「外貨貸付」を中小企業　7 社に実施—』、2015 年 5 月 28 日、https://www.jfc.go.jp/n/release/pdf/topics_150528a.pdf。

金融公库为其提供担保。日本政策金融公库从2012年开始实施“银行担保”制度以来,已经为在海外发展的日本中小企业从韩国、新加坡、印尼等国的大型金融机构的贷款提供了担保。其四是经营农林渔业或食品行业的中小企业,出于经营的自我改善或振兴国内农林渔业为目的,而向海外出口日本国产的农产品及其加工制品抑或农业者在海外销售日本国产的农产品时,日本政策金融公库为其提供一定的融资支持。①

第二节　民间银行的联合融资模式

企业进行海外发展时,必然会产生资金的国际流动,这就需要金融机构的服务支持,而民间银行则是这方面的主力军之一。这里所说的民间银行,主要指日本的“城市银行”。这些银行是日本民间银行的中心,主要包括三菱东京UFJ、三井住友、瑞穗等银行集团。这些银行具有一些共同的特点,其一是它们的活动中心基本都在大城市,并在全国设有分支行,拥有广泛的营业网点。其二是它们存贷款的主要对象是大企业,对个人或中小企业的贷款较少,也正因如此,这些民间银行是大型企业集团的金融中心。其三是这些银行不仅可以办理短期贷款,而且也可以办理部分超过1年的长期贷款,这与日本的金融制度原则上是长、短期分离的制度有所不同。

这些民间金融集团与大企业间关系的形成,有着其历史渊源。战后初期,驻日美军为了削弱乃至摧毁日本的垄断资本,积极推行了解散财阀的计划,使大量股份分散到个人股东手中。但是,日本政府两次(1949年和1953年)对《禁止垄断法》作了修改,放宽了对金融机构、事业单位持股的限制。此后股份开始由个人转到法人手中,这些法人股东主要是银行。日本金融机构在股

① 農林水産省:『グローバル・フードバリューチェーン推進に係る公的機関の支援ツール』、2017年4月、http://www.maff.go.jp/j/kokusai/kokkyo/food_value_chain/attach/pdf/about-46.pdf。2018-12-20.

票资产中所占比重一般都在 1/3 左右,而银行的股份构成中法人持股率又占到 70%左右。

在资金短缺时期,日本银行加速政府对城市银行(十二家由日本银行给予贷款权的全国性银行)贷款的步伐,通过这些城市银行给那些急需资金来扩充生产设备的企业家发放贷款,从而"开创了办理中央银行超额贷款的先河,使城市银行同工业、企业之间的纽带一直保持到今天"。这种纽带关系形成了一种依赖模式,"一组企业依附银行,它们从银行贷款的数额可以远远超过其偿贷能力,甚至往往超过其本身的净值,而这些银行则从日本银行贷款。由于中央银行是整个融资体系的最终担保者,它对依附于它的'私立'银行的政策和贷款决策具有全面而具体的控制权。这种所谓的间接融资模式实际上只是表面现象。"①这一观点所描述的正是日本这种特殊的银企关系。

战后由于长期资金不足,银行与企业间长期以来形成了稳定的借贷关系,一些大型企业都有自己主要获取信贷的银行(称之为"主银行")。所谓的"主银行"就是对某一企业贷款最多、给予关照也最多的银行,同时又是这一企业的大股东。主银行一方面为企业、特别是大企业提供资金支持,另一方面又作为企业的重要股东,对企业的经营发挥着监督和指导作用。由于企业集团内部的各企业相互持股,大都是围绕主银行而实现的。从而形成了以主银行为核心、以借贷关系及持股关系乃至人员派遣等为纽带的企业之间的横向联盟。② 因此往往会出现主银行与企业集团内其他金融机构(如信托银行、保险公司)等一起优先对本集团成员企业进行融资(系列融资)的现象。

"主银行制"在很大程度上可以看做是战时(1940 年)推行的"指定金融机构"制度的延长,甚至其历史渊源关系更长。有些银企关系的历史甚至可

① [美]查默斯·约翰逊:《通产省与日本奇迹——产业政策的成长(1925—1975)》,金毅、许鸿艳、唐吉洪译,吉林出版集团有限责任公司 2010 年版,第 222 页。

② 冯昭奎编著:《日本经济》,高等教育出版社 1998 年版,第 201 页。

以追溯至明治时期。古河市兵卫在德川幕府时期就是小野组丝店的掌柜，1874年小野组没落，1875年古河市兵卫独立经营小野组的矿山。第一银行的前身是第一国立银行（由小野组和三井组共同出资成立，设立于1873年），是日本最早的银行，1875年涩泽荣一就任第一国立银行行长。1874年小野组破产使得第一国立银行面临危机，当时负责贸易部门的古河市兵卫主动将库存的大米、生丝等按照借款的数量作为抵押，使银行渡过了危机。从此，涩泽荣一与古河市兵卫一直保持着深厚的信赖关系。1875年古河市兵卫在几乎白手起家的情况下接手矿山业务时，第一国立银行以小野组原为百万日元大股东为因，向古河市兵卫借出134万日元，以本店在第一银行的股票、丝店的生丝和大米作为抵押，但是双方没有签署正式合同，也就是相当于信用借贷。1896年，第一国立银行改组为第一银行。第一银行还参与了足尾矿山的经营，在足尾矿山1896年开始的防止尾矿污染工程时，第一银行向古河矿业提供了巨额资金。可以说，古河集团各个公司与第一银行在多次危机中都是相互提供支援的互惠合作伙伴。1971年，第一银行与日本劝业银行合并成为第一劝业银行。1974—1981年间，第一劝业银行出身的宍户福重还曾出任古河集团富士电机公司的法人代表。2002年，日本兴业银行与富士银行合并，成立了瑞穗金融集团，第一劝业银行成为其下属的瑞穗实业银行。现在，瑞穗实业银行也同样作为古河三水会的理事公司，对古河集团各个公司的业务给予很深的理解和支持。①

但如果主银行不出手，那么这些企业的经营将陷入破产的危机。日本大荣（DAIEI）株式会社创建于1957年，其前身是一家杂货店。从在大阪开设第一家店铺“主妇之店DAIEI”到1972年超越老字号的三越公司成为日本零售业霸主，大荣只用了短短十五年的时间。在20世纪80年代末90年代初，大

① 冈本久吉：《企业分离新战略——日本品牌企业多样化经营大变革》，孔令杰译，中信出版社2014年版，第156、183页。由井常彦监修：《人物传记日本经济史第5卷：古河市兵卫传》，Yumani书房1998年版，第2—4页。

荣的管理层由于只注重规模不重视利润,因此到2001年其累计债务高达200亿美元,已无力还贷。作为其监管部门的经产省,希望尽量通过民间形式展开自主重组。但是作为大荣的主要交易银行(主银行)——三菱东京UFJ、瑞穗、三井住友(以及它们背后的金融厅)已停止金融援助,并表示不排除通过法律手段进行追究,所以最后只好求助于产业革新机构。① 当然,这样的事例在日本并不多见。

由于企业对主银行的依赖度高,且主银行作为重要股东直接参与企业的经营监督和指导,随时掌握企业的运营状况。这些主银行(同时也是重要股东)凭借其特殊的地位和拥有雄厚的资金实力,对企业经营具有举足轻重的影响:一是由于其资金实力雄厚,当企业经营遇到暂时困难时,能及时以其雄厚的实力帮助企业渡过难关,确保企业的稳定经营。二是由于这些法人股东多以追求企业的长远利益为目标,一般不会因股市波动而轻易抛售所持股票,是企业的稳定股东。②

美国学者查默斯·约翰逊曾在其研究日本通商产业省的著作中这样总结,这种超额贷款制度的优点之一是"企业经理可以免受股东的压力,这就意味着企业经理可以不以短期获利能力作为衡量自己工作成果的标准,从而可以集中力量专注于发展外国市场,搞好质量管理及考虑产品长期发展等事务"。这种依赖关系使得政府与企业的利益接近一致,使得官民双方的关系得到了加强。由于中央银行成为大公司债务的明确担保人,因此大公司与高额债务相联系的金融风险大大减少,"银行家唯一可做的就是集中力量争取扩大贷款额和存款额,于是银行经理所冒的风险也进一步减弱。在上述情况下,城市银行竭尽全力寻找并资助高速增长行业和发展中的企业。更重要的

---

① [日]池田信夫:《失去的二十年:日本经济长期停滞的真正原因》,胡文静译,机械工业出版社2012年版,第68页。

② 陈建安等:《产业结构调整与政府的经济政策——战后日本产业结构调整的政策研究》,上海财经大学出版社2002年版,第213页。

是,每一个银行系列必须设法加入通产省扶植的每一个新行业,否则就有可能被挤出这些全无风险的部门。"①

银行与企业间的这种密切关系,大大减少了银行与企业间交易的不确定性,同时建立了二者之间共担风险的体制,极大地减少和降低了贷款的风险。从主银行视角来看,有利于提高银行信贷的质量和效率。而从企业来看,正是由于贷款的风险系数小,意味着企业的融资成本降低,因此"这种金融上的保险系统实质性地减少了经营风险,因此,日本的企业对于颇具风险的投资也敢进行,这可以理解是一种企业金融的协调战略"。② 也正因如此,"主银行制"对战后日本经济的高速增长作出了重要的贡献。

在日本企业进行的大多数海外企业并购项目中,除国际协力银行等政府系金融机构提供的融资外,也得到了民间银行的大力支持。

日本三大金融集团(三菱东京 UFJ、三井住友、瑞穗)是民间银行中支持日本企业海外发展的主体。近年来,由于国内资金需求低迷,活跃的企业海外并购成为银行扩大海外融资业务的大好机会。为强化对企业海外并购的融资机制,三大金融集团均成立了海外并购服务营业部,专门为日企并购提供资金和法律服务。瑞穗银行于 2014 年 11 月设立了高达 2 亿美元的"瑞穗基础设施基金",用于投资亚洲基础设施项目。瑞穗银行全球项目金融营业部基础设施小组调查员小海樱说,瑞穗银行计划 5 年内针对印度、印尼、泰国、菲律宾、越南和马来西亚等国实施 8—9 项投资。

在对企业进行融资支持方面,三大金融集团各有分工,三井住友侧重于帮助企业掌握并购技巧;三菱东京 UFJ 主要强化与美国摩根斯坦利合作,建立财务顾问体制;瑞穗则侧重于搜集、整理、推介各国拟转让出售企业的信息等。

近年来日本企业在海外的大型并购案大多得到了上述三大金融集团的融

---

① [美]查默斯・约翰逊:《通产省与日本奇迹——产业政策的成长(1925—1975)》,金毅、许鸿艳、唐吉洪译,吉林出版集团有限责任公司 2010 年版,第 223、226 页。

② 增地昭男:『経営文化論』、中央経済社 1990 年版,第 162 頁。

资和贷款。例如在武田药品工业以约1.1万亿日元收购瑞士制药巨头的所需资金中,50%以上的资金来自于三井住友银行的短期贷款。在沙特成立的AJIL合资公司,主要提供汽车、建筑机械及产业机械等,该合资公司由三菱商事、沙特的大型银行、财团以及三菱东京UFJ共同出资设立。而住友金属等5家日企收购美国铝业巨头ARCO的资金也主要来自以上三大金融集团的联合融资。

三井住友银行2015年6月16日与中国医药集团达成合作协议。中国医药集团成立于1998年,从事医疗器械、药品、保健相关商品的研发、制造和销售。三井住友银行将向中国医药集团介绍有意在华开拓医疗业务的日本企业,并为中国相关人士考察日本企业的生产与研发一线提供中介服务。三井住友银行还将为中国医药集团提供融资租赁、咨询业务、公司债券发行等金融方面的支持。随着中国老龄化不断加剧,中国对医疗与健康领域的商品和服务的需求将日益增加。三井住友银行瞄准这一市场,将支援日本企业积极开拓中国市场,此举意在取得日本企业进驻中国及扩大在华业务时的融资机会。除三井住友银行外,中国医药集团也将同时与三井住友金融集团旗下的三井住友融资租赁公司以及日本综合研究所开展合作。①

任何事物都有其两面性。也正因为有“主银行制”的存在并长期发挥作用,因此即便企业实行了国际化,可以通过多种方式在国际上进行筹款或贷款,但日本企业的大部分贷款仍来自日本的金融机构或是来自于国内总公司的所谓“亲子贷”。这一特征使得海外日系企业的资金筹措,目前仍难以脱离从当地的日本金融机构融资或是“亲子贷”这样一种构造。即便是随着海外发展的日资企业的当地化程度不断提高,其资金筹措能力与当地的经营活动几乎无关,仍受日本国内经济状况很大的影响。②

---

① 日经中文网:《三井住友银行将与中国医药集团开展合作》,2015/06/17,http://cn.nikkei.com/industry/management-strategy/14848-20150617.html。

② 川﨑健太郎:「海外進出日本企業の現地資金調達能力と企業競争力-アジア債権市場育成イニシアティブ以降のタイの債券市場の事例を中心に—」、『経営力創成研究』2007年第1期、第48、49頁。

第三节　地方银行的融资支持

日本地方自治体对企业海外发展的融资支持体系，主要包括两个层面，第一个层面是地方自治体对当地企业海外发展提供的融资支持，第二个层面则是地方银行对企业海外发展的融资支持体系。关于地方自治体对当地企业海外发展的融资支持政策，前文已有论述，此处不再赘述。本部分将重点对地方银行的融资支持进行论述。

在日本的银行体系中，除政府系金融机构和作为普通银行（也称作城市银行）的三菱东京 UFJ、三井住友、瑞穗等银行外，还存在着为数众多的地方银行。这些地方银行的规模较小，它们与城市银行的主要区别在于城市银行一般是由工商业资本发展起来的，而地方银行多数是依靠历史上的地主资本发展起来的。它们的总部一般都设在各个地方的中小城市。地方银行的共性特点是一般代理当地的金融业务，与地方自治体以及当地的工商企业联系密切。也正因如此，为当地企业的海外发展提供融资也是其重要职能之一。地方银行广泛吸纳储蓄性定期存款，由于日本个人储蓄非常发达，地方银行的资金状况一般都比较好。相较于城市银行，它们从日本银行借款的资金也较少。由于各个地方的工商企业规模比较小，因此地方银行的贷款对象主要以中小企业为主，基本占到其贷款比例的七到八成。

例如鉴于在海外开展商务活动时危机管理的重要性增强，总部位于青森县的地方银行 MICHINOKU 银行为支持日本企业向海外发展，2014 年 8 月与在海外 29 个国家和地区开设有 219 个分支机构的“损害保险 JAPAN”签署了有关对海外发展企业进行支持的业务合作协议。开展如下业务合作：（1）提供海外经济形势、医疗、保险等信息；（2）提供有关风险防控信息的服务、公司治理服务以及对海外派遣人员在医疗等方面的服务;(3)商务讲座的策划等。① 此外,该银行还积极与海外相关组织建立业务合作关系,以服务于日本企业的海外发展。(详见表5-2)。

表5-2　MICHINOKU银行的海外商务支援网络

覆盖地区	合作机构	业务概要及提供服务
中国大陆	MICHINOKU银行上海事务所	●收集有关中国政治·经济·金融形势及企业动向方面的信息; ●对在华日资企业以及计划来华发展的本行交易客户予以支援; ●对本行交易客户与中国企业间的交易、洽谈等予以支援
	交通银行	●提供中国的投资环境以及商机等; ●为在中国开设账户以及本银行提供担保的现地融资等金融服务
中国台湾	中国信托控股	●与中国台湾企业有合作的日资企业 ●在中国台湾开设账户、外币兑换等金融服务 ●在中国台湾筹措资金等的协商 ●介绍合作方以及中国台湾商务等有关的市场·经济·投资环境等信息的提供
越南	越南银行	●提供越南投资环境等方面的信息 ●举办投资商务环境座谈会等 ●开设账户及个别洽谈等
菲律宾	都市银行	●提供菲律宾投资环境等方面的信息 ●举办有关菲律宾投资环境方面的座谈会等 ●开设账户及个别洽谈等
海外	SHEKOMU	●就国内外安全性服务提供建议
海外	东京海上日动火灾保险	●提供海外商务信息 ●就国内外安全性服务提供建议 ●举办海外商务洽谈会
海外	损害保险JAPAN	●提供海外商务信息 ●提供有关风险管理方面的信息 ●策划商务座谈会
海外	青森中央学院大学	●对希望开展海外业务的客户予以支持 ●介绍包括商务机会等在内的海外商务信息

资料来源:みちのく銀行:『「損保ジャパン」との海外進出企業支援に関する業務提携について』、2014年8月27日、http//www. michinokubank. co. jp/news_1338. pdf。

① みちのく銀行:『「損保ジャパン」との海外進出企業支援に関する業務提携について』、2014年8月27日、http//www. michinokubank. co. jp/news_1338. pdf。

日本的一些地方银行业还与其他金融机构开展合作，共同为当地企业的海外发展进行联合融资。如池田泉州银行与日本国际协力银行就支持中坚、中小企业的海外事业发展签订合作协议，以美元为建制，由日本国际协力银行出资最高70%、池田泉州银行提供30%以上的资金对向海外发展的中坚、中小企业以及日本企业的海外法人进行出资或贷款，池田泉州银行的出资上限额度为1000万美元。

近年来，日本各地方自治体积极响应日本政府向海外推广日本医疗产业的政策，纷纷设立相关联络组织，同时积极进行融资支持。如广岛成立了“广岛医疗关联产业研究会”，并专门设立了“广岛医疗关联产业创出支援项目费补助金”，用于对医疗研发和销路扩大等企业活动进行支持，每件上限补助额为300万日元。神奈川县、横滨市、川崎市也设立了“京浜临海部生命技术革新国际战略综合特区”，一方面推动国内产品出口亚洲市场，另一方面则通过医工合作进行创新性医疗器械的开发，而这个项目在融资方面就得到了横滨银行的支持；再如静冈县及其周边12个市町设置了“富士之国先进医疗综合特区”，重点进行癌症超早期诊断技术研发，并积极促成医疗健康产业集群的形成，这一项目也得到了静冈银行的融资支持。①

除政府系金融机构、民间银行以及地方的融资资产外，日本的一些施策机构也对“走出去”的企业活动开展融资支持。如新能源・产业技术综合开发机构（NEDO）对与海外企业进行的国际性共同研发活动予以部分资金支持。该机构实施有“国际研究开发/基金事业”，与对象国的政府部门并行，对国际性研发活动进行部分资助（详见表5-3）。

① 日本政策投資銀行：『医療機器クラスター形成に向けた地域の動向—各地での取り組みがわが国の競争力強化に寄与—』、http://www.dbj.jp/pdf/investigate/etc/pdf/book1402_03.pdf。

表 5-3　NEDO"国际研究开发/基金事业"

项目	内　　容
事业形态	共同筹资型(对象国由其国内相关机构提供支持)
实施形式	资助项目 补助率:中小企业、风险投资企业 2/3,其他 1/2 资助对象费用:机械安装费、劳务费、其他经费、委托费及共同研究费
实施期限	原则上从 2019 年度的交付日开始 2 年内,最长到 2021 年 2 月末
总事业规模	上限为 1 亿日元(各年度上限为 5000 万日元)
研究实施场所	日本或对象国
征募条件	在日本国内拥有研究开发基地的单一或复数的日本企业等
对象技术	NEDO 所掌握的新能源、节能、智能社区、环境、机器人、AI、IoT、材料、纳米技术等

资料来源:根据如下资料整理。国立研究開発法人新エネルギー・産業技術総合開発機構:『国際研究開発/コファンド事業』、2019 年 3 月、https://www. nedo. go. jp/content/100887396. pdf。

无论是对将经营活动限定在国内的企业还是开展国际化经营的企业,融资向来是困扰企业发展的最大问题。各种融资渠道的多元化与组合并用,共同为日本企业"走出去"战略的实施,提供了必要的资金保障。

第六章　业界：多渠道的协同合作

日本著名企业经营学家、神户大学教授加护野忠男以大黄蜂(Bumblebee)的翅膀及其身体为喻，解释了尽管大黄蜂的翅膀很小，但是当它以人们肉眼分辨不出来的速度煽动时，也能支撑起相对庞大的身体敏捷飞行这一现象中蕴藏的智慧。他以这个用空间科学理论也难以解释的现象为例指出，经营也与此相同，即使用少量的有限资源，只要最大限度、最有效地发挥作用，也可以实现最大的经营成果，这个道理总结出了经营实践的核心。①

在共同的市场面前，企业出于自身经营目标的实现，竞争无疑是难免的，但一味地进行敌对式的竞争，则会陷入一种零和游戏。因此，企业之间选择合适的合作方式，共同参与经营，将实现彼此的"双赢"。

近年来，随着全球化的不断发展，在各国政府和不同国籍跨国公司中间，出现了复杂的经济联盟和生产分工网络。② 这些经济联盟或生产分工网络的出现，采取了不同的联合方式，其联合背景包括诸多因素，如当地消费者的偏好、不同国家的各种各样的技术标准、交通和贸易障碍、经济上的国家主义，以

---

① 冈本久吉：《企业分离新战略——日本品牌企业多样化经营大变革》，孔令杰译，中信出版社 2014 年 7 月版，"序"第Ⅷ页。

② ［美］罗伯特・吉尔平：《国际关系政治经济学》，杨宇光等译，上海人民出版社 2011 年版，第 193 页。

及高技术的风险——表明了一个更多样化的战略,包括与不同地区之间的企业结成联盟。显然,正在出现的企业组织形式推动了企业更容易地进入和退出!①

战略联盟是现代企业竞争的产物,是一种特殊类型的企业网络。它是指一个企业为了实现自身的战略目标,与其他企业在利益共享的基础上形成的一种优势互补、分工协作的松散式网络化联盟。它可以表现为正式的合资企业,即两家或两家以上的企业共同出资并且享有企业的股东权益;或者表现为短期的契约性协议,即两家公司同意就某项课题,例如开发某种新产品等问题进行的合作。战略联盟是各企业在追求长期竞争优势过程中为达到阶段性企业目标而与其他企业的结盟,通过相互交换互补性资源形成合力优势,共同对付强大的竞争者。②

战略联盟的目标有增强自身规模、扩大市场份额、迅速获取新的技术、进入国外市场、降低风险等方面。而战略联盟所采取的方式也有品牌联盟、供求联盟、研究开发联盟、市场共享联盟、销售联盟以及投资资本联盟等形式。

企业间形成战略联盟,一定程度上降低了竞争成本和运营风险,在某些领域开展合作,共同开发、生产、合资经营,扩大了生产和经营的规模,形成规模经济,使得双方得以共同发展,共同占领、分割世界市场。某种程度上虽说是企业间的“妥协”,但也是避免竞争、保持自身竞争力的“双赢”方式。

日本企业向来有共同联合发展的传统,尽管在国内企业间的相互竞争非常激烈,但在向海外发展时各个企业却能采取多种形式的合作模式,主动而有序地融入海外市场。“走向”海外的日本企业具有极强的协调性,彼此间相互抱团,互相搭台,共同获利,发挥有限资源的聚合效应,实现“1+2 >3”的经营

---

① [美]默里·L. 韦登鲍姆:《全球市场中的企业与政府:第6版》,张兆安译,上海人民出版社2006年版,第233页。

② 刘益、李垣、杜旖丁:《基于资源风险的战略联盟结构模式选择》,《管理科学学报》2003年第8期。

效果。据统计,全球500强中有60%的企业采用了战略联盟的形式,而这一数字在日本是69%,而且这一比例还在以一定的速率增长。①

第一节　日本企业间的海外合作模式

日本企业在“走出去”的过程中,经过长期实践积累了较为丰富的合作经验。企业间海外合作模式的选择,与项目的实际情况、投资国的国情、企业自身的优势等都有密切关系。归结起来可以总结为如下几种合作模式。

(一)系列制合作模式

复旦大学日本经济研究专家陈建安先生曾指出,日本的创业组织政策,一方面促成企业合并以增强国际竞争力,另一方面又高举反垄断大旗,排除垄断。政策上的两面性使日本创业组织的发展呈现出三个特点:(1)大企业和中小企业长期并存,日本称之为“二重结构”。少数大企业占有较多的市场份额,是市场的主宰,而为数众多的中小企业成为大企业的附庸,处于从属地位。(2)企业系列化,以大企业为核心,中小企业对大企业实行层层承包,形成相对稳定的生产经营联合体。(3)行业组织对协调企业关系发挥重要作用。②

可见,系列制生产方式是日本企业间形成稳定联合体的重要表现形式。系列制生产方式是日本企业间关系尤其是大企业与中小企业间关系的一大特征。一家大型制造企业,往往将零部件的生产委托于相应的中小企业,而有些中小企业还会将其中的部分生产二次甚至三次向下“发包”。久而久之,如“众星捧月”一般,在一家大型制造企业周围会聚集众多的配套型零部件企业

① 郭劲光、高静美:《网络、资源与竞争优势:一个企业社会学视角下的观点》,《中国工业经济》2003年第3期。

② 陈建安等:《产业结构调整与政府的经济政策——战后日本产业结构调整的政策研究》,上海财经大学出版社2002年版,第177页。

为之服务,从而形成一个以大型制造企业为核心的、呈金字塔形的企业群。日本企业的系列制生产方式所形成的企业群,彼此之间互享优势资源,企业群内各企业根据企业间长期的契约关系等共同分享彼此间的隐性知识,并彼此间建立默契和信任。①

这种形成于日本国内的系列制合作模式,随着大型企业进军海外市场,其下属的配套企业也随之跟进,在海外建立配套产品生产基地。这种系列制合作模式在汽车、电子、电机等行业表现得尤为明显。以丰田汽车在中国的发展为例,为之配套的日本企业就有爱信瑞丰(机油泵、水泵)、住友、普利司通(轮胎)、唐山爱信、天津艾达(变速器)、藤仓化成、广西关西(涂料)、斯坦雷(车灯)、汤浅(锂电池及铅酸蓄电池)、旭硝子(玻璃)、电装(空调、导航系统等)、天津津住、矢崎(线束)等配套型企业。

近年来,日本的许多中小企业,尤其是汽车、电机行业的中小企业,纷纷加快了向海外市场迈进的步伐。如群马县行业组织"金型(即模具)工业协会"计划集体向墨西哥迁移,静冈县浜松市工业园区内的汽车零部件、纺织、建筑等10家中小企业,也成立了以东南亚为海外发展目的地的"事业协同组合",积极在印尼等地收集信息,为工业团体的共同海外发展战略提供前期准备工作。② 日本海外投资咨询机构人士称,2011年7月以后,前来咨询海外投资业务的企业急速增加,形成集团式的海外转移热,仅静冈县就有350家企业集体希望转移到海外。该机构人士说,汽车和电子企业大多是系列生产,一家大企业投资海外,往往带动几十家中小企业随之相行。可见,作为委托配套生产发包方的大型企业早已在海外设立了生产基地,应这些大型客户的需求,许多中小型企业也都随之向海外发展。

---

① 陈莉平:《关系网络维度下企业间的知识转移机制研究》,《福州大学学报》(哲学社会科学版)2013年第3期。

② 上久保誠人:『「新しい日本」を創り上げる牽引車として、日本企業の自己変革能力に期待する』、http://diamond.jp/articles/print/15535。

据日本《神奈川新闻》2010 年 8 月 17 日的报道，神奈川县的中小制造企业正在加速对新兴市场国家的投资。由于大型汽车和电机企业提高了海外工场生产的比率，为配合这些大客户的需求，中小企业也在日益加强海外基地的设立，有些还计划新建工场。由于日本经济前景不明朗，中小企业对在国内的投资犹豫不决，转而把资金投向市场需求有望增加的海外市场。位于神奈川县藤泽市的日成塑胶有限公司于 2011 年在印度尼西亚建设新工场，最大投资额达到 2 亿日元（约合人民币 1593 万元）。该公司已经在泰国和中国投资建厂并于 4 年前在越南建立了生产基地等，不断加速在新兴市场国家的发展。日成塑胶在国内外最主要的客户是汽车和电机行业，虽然其他塑胶公司陷入苦苦挣扎之中，但该公司则确保了 2008 财年高达约 1.5 亿日元的税前利润。目前汽车整车厂家正在把生产基地转移到海外，如果这些厂家继续推进零部件的当地采购，那么日本国内的订单量将逐渐减少。据称当前的情况是，如果在当地没有生产基地，那么订单就会被其他公司抢走。日成塑胶专务董事稻村竹治解释在印尼投资建厂的理由时称：“因为那里有活干，所以我们就去。”中小企业投资流往海外的动向似乎还将继续下去。横滨商工会议所主席佐佐木谦二认为：“只要客户继续在海外生产，中小企业也将一样。”位于横滨市港北区的欧达可公司是一家生产工业开关的企业，公司从 2010 年秋季起把中国深圳工厂的员工人数增加到约 3000 人，达到了原来的 3 倍。社长饭塚庄平介绍称：“日企客户比以前更进一步加强了当地采购的力度，中国工厂的生产目前供不应求。”据称，欧达可公司没有在日本国内工厂投资的计划，但正在讨论进一步强化深圳工厂的事宜。日本银行（央行）的企业短期经济观测调查指出，神奈川县的制造业设备投资与全国相比复苏趋于迟缓。日银横滨分行行长市川能英认为，涉及众多相关产业的“汽车业等正在向海外转移，因此中小企业无法预见经济前景，对投资国内犹豫不决”。

日本目前不断地强调要在海外推出日本中高端产业的备份，推动拥有优势技术的企业走向海外，不仅仅是以大企业、大商社为主，而是把中小企业也在国外建立相对应的产业备份,尤其是那些拥有核心技术、核心产品的企业。这些中小企业更多地是通过自己在一定的技术领域的控制力、核心产品、核心部件的优先权或者是开发能力,能够在跟海外企业合作过程当中,不是寻求并购的方式,而是通过业务合作或者业务整合的方式参与到最终产品的生产过程当中去。由于这些中小企业对单个的部件或者某一个环节拥有非常高端、无可替代的优势地位,所以在这个过程当中,也能保证这些企业在海外发展过程中的安全性,保障盈利水平。这一点值得我们学习和借鉴。

(二)集团内合作模式

随着第二次世界大战的结束,日本原有的十大财阀集团,如三井、三菱、住友、安田、中岛、野村、浅野、大仓、古川、鲶川等虽被解体,但原来财阀系统各个企业之间的合作、联系并未真正断绝。从 20 世纪 50 年代初期开始,以日本旧财阀银行为中心,联合原系统各大企业的经理陆续组成经理会。到 70 年代初,被解散的日本财阀系统的企业逐步以松散的组织形式聚合成新的垄断资本集团,先后形成三井、三菱、住友、富士、三和、第一劝银等六大财团。

战后所形成的企业集团,被学界定义为"不同行业的有力企业相互持股形成的集团,拥有作为大股东会的社长会"。① 现在的企业集团是大企业的联合体,具有以下 7 个特征:①由集团成员企业的经理组成经理会(或称社长会),发挥大股东会的作用;②企业集团成员之间相互持股,其相互关系呈环状;③根据经理的决定,由集团成员出资,设立联合投资公司,拓展新的业务;④从一系列的都市银行融资;⑤以大城市银行为中心,银行会同本系统金融机构(信托银行、保险公司等)对集团成员企业进行系列贷款;⑥综合商社作为集团内交易的媒介,既担任企业集团成员的购销业务,开展集团内交易,又具有开展新事业的组织机能;⑦集团内具有广泛的产业体系,组成配套行业,以

① 橘川武郎:《日本的企业集团——财阀的继续与灭绝》,有斐阁 1996 年版,第 130 页。

重工业、化学工业领域为中心，成员企业分布于各个产业领域。

以各企业间的相互持股为例。首先，企业集团内部各公司之间相互持股，即甲公司持有乙公司的股份，乙公司又持有甲公司的股份，不仅如此，甲乙各自又与丙、丁、戊公司相互持股，从而形成环状结构。就单个企业相互持股而言，持股率比较低，但就一个企业对所有其他企业的持股而言，持股率则是高的。由于企业之间相互持股形成了资本的结合关系，因而在一定程度上能够结成风险共担、利益均沾的"命运共同体"，这既有利于经济的稳定发展，又有利于联合起来与国外对手竞争。①

一个典型的日本集团一般包括一家大银行、几家工业企业和一家综合贸易公司。业务扩展时期，银行通过为集团的成员提供资金发挥着重要作用；而在业务收缩时期，贸易公司通过信贷进口原材料，并把在国内滞销的产品大力向国外推销起着重要作用。② 如战前的古河财阀，于战后的 1954 年以加强战前古河系统内各企业间的亲睦、信息共享、合作为目的，成立了任意团体——古河三水会③（社长会）。截至 2014 年 9 月，古河三水会共有理事公司 10 家，会员公司 39 家，共计 49 家公司。10 家理事公司分别是古河机械金属、古河电气工业、富士电机、富士通、横滨橡胶、ADEKA、日本轻金属控股公司、日本化成工业、朝日生命保险、瑞穗银行等。

在日本企业发展史上，企业间的并购、分离等现象纷繁复杂，故而时代发展至今天，许多企业间由于历史因素，彼此间有着千丝万缕的联系。以富士通为例，1905 年古河矿业会社成立，1908 年古河矿业向横滨电线制造参资 66%，将其变为子公司，1920 年，古河出资 74.5%成立古河电工，1925 年古河电工将电话机业务转给富士电机。1935 年 6 月，富士电机设立了富士通。1945 年古

① 陈建安等：《产业结构调整与政府的经济政策——战后日本产业结构调整的政策研究》，上海财经大学出版社 2002 年版，第 213—214 页。

② ［美］查默斯·约翰逊：《通产省与日本奇迹——产业政策的成长（1925—1975）》，金毅、许鸿艳、唐吉洪译，吉林出版集团有限责任公司 2010 年版，第 225 页。

③ 三水会：因于每月第三个星期三举行，日语中星期三为"水曜日"，故名三水会。

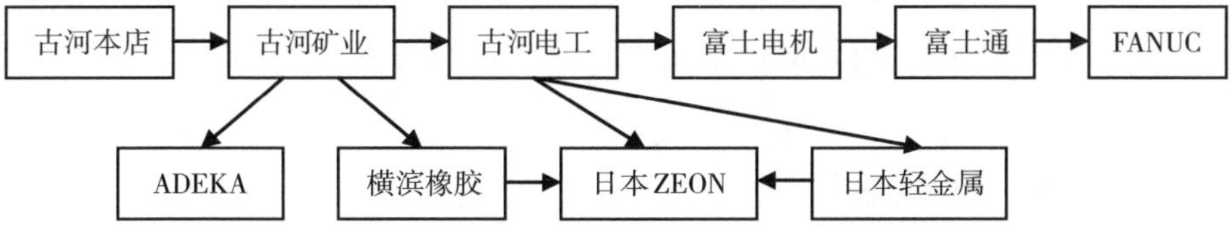

图 6-1　古河集团整体的产生与发展概况

资料来源:冈本久吉:《企业分离新战略——日本品牌企业多样化经营大变革》,孔令杰译,中信出版社 2014 年版,前沿第 XV 页图整理。

河电工从古河矿业的持股整理中解放出来,古河电工全独立。1954 年,古河三水会正式启动,富士通作为其理事公司,成为古河集团的一员。1965 年,富士电机将富士通的一部分股票出售,富士通成为完全独立的公司。但富士通与古河集团及古河集团的其他公司保持着松散的资本、人员、技术以及业务的合作关系,并在这个商业网络中发挥了巨大作用。

日本尽管有许多大型企业集团,但在全球化的进程中,考虑到大的企业集团整体行动会给海外造成封闭的印象,因此维持整体松散的协作关系应该是一个可以考虑的方向。① 尽管集团内的企业都是单独的企业法人,但这些企业通过松散的资本、人员、技术、信息以及业务等的合作关系,将潜在活力最大限度地激发出来,在共同应对海外经营方面形成规模巨大的商业合作网络。这种商业合作网络是一种结构嵌入性产业合作网络,具有集中度高、规模经济性明显等特点,是通过人际互信关系、资本往来、企业联合、战略联盟等活动,为中心企业提供协作性生产与支持性服务,从而建立信任并维持长期合作的网络形式。② 这种集团式的结构嵌入性产业合作网络,大大增强了企业的国际竞争力,为企业带来的是一种高密度网络下形成的竞争优势。日本的企业集团往往以综合商社为先锋军,在一国获得产业情报和投资机会后就会带动

① 冈本久吉:《企业分离新战略——日本品牌企业多样化经营大变革》,孔令杰译,中信出版社 2014 年版,第 198 页。

② 张章颖、陈莉平:《产业融合背景下产业合作网络的嵌入性竞争优势》,《科技进步与对策》2009 年第 18 期。

集团的其他成员一起进入,加强了对全球市场产业控制力的同时,也分享整个产业链的利润环节,从而实现整个商业网络的经营效率最大化。

(三)产业链合作模式

所谓产业链合作模式,即行业内不同生产环节的企业结成产业链集群,共同向海外发展。以纤维产业为例,日本的纤维企业主要集中在日本北陆地区(日本本州岛中部的日本海沿岸地区),路易威登(LV)、香奈儿等国际名牌的纤维加工都基本在这一地区。纤维产业在日本早就被认为是产业结构不佳的领域,价格拼不过中国等新兴市场国家,设计不及欧洲国家。之所以能在日本的北路地区存活并持续发展起来,其原因就在于产业链合作模式。

这里以东丽公司为核心组建了地方企业的共同体——"东丽合成纤维产业集群",集群内的企业涵盖了纱线生产、制纤、染色、纺织品制成、销售乃至研发等合成纤维产业涉及的各个环节。纤维产业从生产纱线的大型生产厂商获取委托,然后再转包给其他企业进行制纤、染色,制成的纺织品再由大型生产商卖给服装企业。将精通各个环节的优秀企业聚集起来形成产业链互补的共同体,极大地提高了市场竞争力,现在共同体已经吸引了约 100 家企业参与其中。"欧洲正流行轻松舒适的设计风格""做出透明的感觉会怎么样呢?"东丽的干部常常参加共同体的会议,就市场动向和共同开发等展开讨论,以期催生新的纺织品和染色技术等。

重视上游技术研发的同时,东丽还积极向产业链的下游延展。东丽在销售方面与经营"优衣库"的日本迅销公司进行合作,推出了保暖内衣 HEATTECH,从开发到市场推广,两公司的合作让 HEATTECH 突破了年销售 1 亿件的大关。现在东丽公司正在以同样的方式和其他服装店或者海外体育用品厂商展开合作,扩大产品销售渠道。比如东丽和服装企业岛村一起开发功能性内衣等,并根据客户的需求成立了独立的专门合作部门。东丽的榊原定征会长曾说过,一件衬衫,售价 5000 日元(约合 299 人民币),如果东丽只提供纱线的话只能拿 12 日元，如果参与到面料和缝制中的话，收益就扩大到了几百日元。①

运营便利店 7-11 等的日本柒和伊控股和运营“优衣库”的迅销开展在商品策划、制造、销售和物流等广泛领域的业务合作。柒和伊控股所运营的 7-11 在海外拥有约 3.8 万家便利店，在店铺网络和集客能力方面具有优势，而迅销则具有商品策划和开发方面的能力。双方的合作，将在商品开发领域共同推出新的服装自有品牌（PB）商品。柒和伊控股将利用迅销从策划到销售全部自己涉足的 SPA（制造零售业）模式经验，大力发展将电子商务和实体店铺组合起来促进销售的“全渠道零售”（Omni-channel Retailing）战略。②

此外，日本关西电力公司与多家综合商社达成协议，进口综合商社在海外获取的能源。如关西电力与住友商社达成协议，从 2017 年开始将每年从住友商社参与的美国马里兰州的页岩气出口项目中进口 80 万吨。另外也与三井物产达成协议，将三井物产参与的美国路易斯安州的页岩气出口项目中，从 2018 年开始每年进口 40 万吨。③

不同职能分工的企业间构建起一个产业集群网络，“网络关系包含于上游企业、下游企业、同行企业、其他企业、学术研究机构、非研究性质机构、金融机构之间的技术研发、生产工艺、管理、战略规划等资源或信息等方面的互动关系”。④ 在全球对资源和产业的控制力、渗透力不断加强的背景下，日本从技术出口、原材料采购、物流、产品设计到下游的销售渠道、仓储等每一个价值环节进行渗入，这就是日本海外布局时的集团运作优势所在。

---

① 日经中文网：《东丽故事》，http://cn.nikkei.com/columnviewpoint/column/7276-20131220.html。

② 日经中文网：《优衣库将与 7-11 合作》，2015/07/31，http://cn.nikkei.com/industry/management-strategy/15496-20150731.html。

③ 藤好陽太郎：「関西電力　米天然ガスの輸入計画に参加」、『週刊エコノミスト』2015 年臨時増刊 6 月 4 日号、第 50 頁。

④ 谢洪明、刘少川：《产业集群、网络关系与企业竞争力的关系研究》，《管理工程学报》2007 年第 2 期。

（四）项目联合体合作模式

在企业“走出去”的过程中，日本企业间的强强联合体现得尤为明显。日本在海外的许多竞标项目往往都是以企业联合体的形式进行。如在并购澳大利亚水道事业公司的项目中，就是由日本产业革新机构（INCJ）、三菱商事以及日挥等共同组成的国际财团进行的。在并购西班牙一家商业银行下属的智力水业公司100%股权的案例中，也是由丸红与产业革新机构组成的国际财团进行的。另外在竞标泰国的高铁项目时，三井物产、三菱重工业以及JR东日本、九州旅客铁道（JR九州）等铁路公司成立企业联合会，共同竞标。

在日本开发海外能源、资源等周期长、风险高的项目中，项目联合体合作模式运用得较多。常常是矿山机械、交通、物流、商社、银行等结成联盟，采取联合舰队式的海外投资模式。如智利的ESCONDIDA铜矿项目，投资方为三菱商事、三菱综合材料、日矿金属；筹资方包括三井矿产、住友金属、同和矿业、古河金属、日铁矿业等。矿业投资以冶炼企业（用户）为主，商社为辅，联合行动，为后期的贸易运作搭建平台，实现优势互补。

项目联合体的合作模式，也为成套系统的整体“走出去”提供了绝佳的发展机会。在承建印度德里至孟买间的4处“智能电网”等基建项目中，前期的谈判由日本经济产业省与负责该地带基础设施建设的印度德里孟买开发公司之间进行，在达成基本协议的基础上，经济产业省对参与企业进行了选择。最终决定由东芝、三菱重工、日立、日挥4家公司各自牵头组成的企业联合体进行项目建设。作为地方自治体的北九州市和横滨市也将分别加入“日立联合体”和“日挥联合体”，在上下水道、工业垃圾循环利用等方面发挥地方自治体的经验和智慧。

日本以往的铁路系统出口往往着眼于车辆等单一产品，但近年来日本企业联合体将更多的出口包括安全运营技术在内的一揽子项目。在马来西亚、新加坡以及泰国等国家的高速铁路项目中，通常都由下述几类企业共同组成日本企业联盟参与竞标。三井物产、住友商社、三菱商事抑或丸红等综合商社负责整个项目的统筹协调与融资业务,川崎重工业和日立制作所负责车辆制造,JG 各公司负责提供运行技术经验,三菱重工负责信号和通信设备,东芝负责运行系统的施工与维护,此外还有承接土木工程的大型承包商(如清水建设、鹿岛建设、大林组等)等企业也参与其中,共同组成"日本联盟"①。例如,缅甸最大城市仰光东南部的土瓦经济特区,其开发的区域 A(约 400 公顷)中,第一期 221 公顷的开发和基础建设,将由三菱商事、丸红、住友商事、国际协力机构(JICA)等日本企业及机构进行,约有 40 家日本企业参与其中。② 日本在海外的基础设施建设项目,有时还会得到日本政府的贷款支持,例如在由住友商事、三菱重工业和日立制作所 3 家日本企业承接的泰国曼谷城市铁路新线路的建设订单中,3 家企业从日本政府获得了年利率仅为 0.4%的低息日元贷款(泰国等发展中国家获得日元贷款的利率通常在 1.5%左右)。由于缓解交通拥堵状况将减轻大气污染,所以日本政府将此次案件定位为可获得低息贷款的"环境案件"。日本的政府资金援助、企业的技术实力以及脚踏实地削减成本的努力这"三支箭"的相互配合最终促成了该项目订单的成功。

由于化肥和农药的大量使用,目前中国的土壤污染比较严重,而日本的农业技术一直给人以"安全、安心"的印象。因此,日本综合商社丸红判断中国对相关农业技术的需求会增加,所以决定开拓在北京、上海等主要城市近郊生产蔬菜的农业公司等客户,在中国销售日本式农业技术。丸红集结了行业内的诸多企业参与,成套提供幼苗、人工培养土、设备管理方法等设施栽培所需要的技术。在该项目中,作为日本最大的嫁接用幼苗培育企业,Bergearth 公

---

① 佐野彰洋、吉田涉、京塚环、伊藤学:《亚洲 1 万公里高铁商战展开》,《日经中文》2013/08/09,http://cn. nikkei. com/industry/manufacturing/6232-20130809. html。

② 中川美帆:「900 兆円市場インフラ獲得の熾烈な戦い」、『週刊エコノミスト』2015 年 5 月 19 日号、第 19 頁。

司主要负责提供幼苗，Mirai公司主要提供植物工厂的开发、设计和施工管理业务，而丸红则主要负责销售肥料和保水性好的人工培养土。①

项目联合体合作模式的基本特征通常是由一家主体企业或综合商社为核心，其他企业作为辅助与补充，各企业根据自身技术优势在项目中发挥不同的职能。这种海外投资形式完善了项目产业链的各个环节，实现了企业间的优势互补，并能够达到共担风险、共享利益的目的。

（五）问题导向式合作模式

即数家企业以解决某一问题为目的进行合作的模式。例如为向海外积极推销核电站建造技术和运转维护技术，日本东京电力等9家电力公司和东芝、日立制作所、三菱重工业、产业革新机构等共13家公司，以“全部来自日本”为卖点，于2010年成立新公司“国际核能开发”，集中日本领先全球的技术和经验，力争获得在新兴市场国家修建核电站的订单。新公司计划促使政府和民间企业一体化，积极推销核电站的建造技术和运转维护技术。目前公司正在努力争取越南计划修建核电站的订单，准备向越南提供符合该国需求的修建计划及人才培养方案。时任经济产业相大畠章宏表示：“期待新公司集中我国领先全球的技术和经验，成为在新导入核电站的国家开拓市场的巨大原动力。”

随着汽车行业的环保标准日渐严格，全球大型车企为了在竞争中占得先机，正在以环保技术为核心，加速进行合纵连横，丰田和马自达的合作即是如此。丰田提供可利用家用电源充电的插电式混合动力车（PHV）和燃料电池车（FCV）等技术。而马自达将提供自主开发的汽油和柴油发动机高输出功率、低燃耗技术。除环保技术之外，两家企业还将在商用车共同研发和零部件采购方面展开合作。这一合作对于在纯电动汽车相关技术上起步较晚的马自

---

① 日经中文网：《丸红计划在中国销售日式农业技术》，2012/05/02，http://cn.nikkei.com/industry/tradingretail/2263-20120502.html。

达来说,将通过加强与丰田的合作来应对日趋严格的环保标准,而丰田也将依靠马自达的相关技术以降低成本。①

目前全球各国都在加强对汽车的环保规定,纯电动汽车(EV)等的需求也日益扩大,但发动机目前仍是汽车的主要动力源。2014 年,丰田、本田、日产汽车、铃木、马自达、三菱汽车、大发工业、富士重工等日本 8 家汽车厂商携手开展低环境负荷的汽车用发动机的基础研究工作。各厂商将投入技术人员和资金,设立汽车内燃机技术研究联盟,先选定柴油发动机作为研发课题,这是一个各大厂商都难以独立完成的高难度技术课题。将通过新设的研究联盟,向大学的研究室派遣技术人员,由具备实际经验的技术人员与大学的理论研究人员合作进行基础技术开发。

问题导向式合作模式最为典型的就是标准化战略联盟。东京电力、丰田汽车、日产汽车、三菱汽车以及富士重工业等多家企业牵头建立一家机构,对电动汽车快速充电站实施标准化。首先针对日本设定行业标准,随后将争取设立国际标准,借此推动零排放电动车在全球的普及,预计将有 158 家企业和政府组织加入该机构。

燃料电池车利用燃料电池促使氧和氢发生化学反应产生电力,以此驱动引擎并作为汽车驱动力。行驶期间的尾气排放为零,在新一代汽车中,环保性能最高。日本汽车业界致力于推动日本标准的国际化,于 2005 年在主要国家中最早制定了燃料电池车安全性的安全标准,并一直以此推进谈判。联合国发布的燃料电池车的安全标准的最终方案中大部分采纳了日本的提案。2013 年 6 月,在瑞士日内瓦召开的联合国工作组会议上,日本、美国和欧盟等 33 个国家和地区就燃料电池车安全性的国际标准方面采用日本方案正式达成协议。对此,中国和印度等新兴市场国家也表示支持。在日本方案成为国际标准后,日本厂商将无需为配合出口目的地要求而改变性能参数,可以按日本国

① 日经中文网:《丰田和马自达将展开全面合作》,http://cn.nikkei.com/industry/icar/14302-20150511.html。

内性能参数进行出口，这极大地便利了日本汽车的对外出口。而日本政府也将通过放宽限制来推动燃料电池车的普及。

2014年6月，丰田、日产和本田等8家乘用车公司、日野汽车等4家卡车公司以及摩托车企业雅马哈发动机和川崎重工业将携手成立“国际标准研讨会”，提出将在通用性高的零部件和车载半导体等方面统一规格，在年内选定成为对象的零部件和构件，推进标准化，以降低零部件的开发和生产成本，减少重复投资。以日本标准作为国际标准向新兴市场国家销售，将使日本企业在与海外企业竞争时占据优势。同时，此举还意在对抗在汽车相关技术的国际标准制订方面领先的欧洲企业。

同样，为了促使日本的高速铁路规格成为国际化标准，日本东海旅客铁道公司（JR东海）和东日本旅客铁道公司（JR东日本）、西日本旅客铁道和九州旅客铁路4家铁路公司联合成立了“高速铁路协会（IHRA）”，在新干线和磁悬浮出口方面展开合作，宣传日本高速铁路的安全性等，争取使日本提倡的规格成为国际化标准，并采取统一步调争取海外高速铁路项目的订单。协会成立后，不仅日立制作所和川崎重工业等企业将加入，美国、英国、澳大利亚、新加坡、马来西亚、越南以及中国台湾地区的铁路公司也将加入其中。该协会设立的顾问委员会邀请到了前美国驻日本大使谢佛（Thomas Schieffer）等各国知名人士，理事长将由曾担任日本国土交通省次官的人士担任。希望通过设立由拥有售后和运行经验的日本JR公司主导、原日本国土交通省的人士以及车厢厂商等参与其中的组织，官民一体促进日本高速铁路的出口。

在全球铁路市场，日本企业的份额仅为10%左右。在全世界，加拿大的庞巴迪、法国阿尔斯通和德国西门子“3巨头”拥有一揽子提供铁路车厢、售后服务以及运行系统建设的体制，而日本企业却仅仅是提供车厢和设备，这成为日本企业落后的原因。日本借此希望能形成日本的国际标准，并向全球销售使用专用线路、安全性高的高速铁路系统。新公司的目标是，扩大“一揽子出口”，即统一获取基础设施建设和运营订单。通过对相关项目的出资，不仅要提供设备和系统，还将参与包括维护管理和更新换代在内的中长期经营业务。

（六）业务整合型合作模式

即将不同企业的相同业务剥离出来，整合成立新公司或开展合作。被分离的业务所拥有的潜在活力被最大限度地释放，进而使这些完全独立的公司与各自母公司之间建立互惠的合作伙伴关系，形成规模更大的商业网络，使这个商业网络的经营效率最大化。①

1935 年，由于通信设备和强电设备的业务形态不同，富士电机和东京电气（1939 年与芝浦制作所合并为东芝）两家公司签署了发挥两家公司特长的业务合作协议——《关于业务共同经营的协议》②：

（1）富士电机专营有线通信设备，东京电气专营无线通信设备，双方互不进入对方的营业范围，努力协作谋求共同利益。

（2）两家公司分别设立新公司，负责上述设备的销售。

（3）双方各持有对方所设立新公司 20%的股票，双方互派董事。

合作经营协议签署后，富士电机与东京电气分别于 1935 年 6 月和 10 月设立了新公司富士通和东京无线，相互出资 20%（双方分别持有对方 24000 股的股票）。在董事交换方面，富士电机社长吉村万治郎兼任东京无线的董事，东京电气社长山口喜三郎兼任富士通的董事。值得注意的是，东京电气的社长山口喜三郎，曾历任原古河矿业的日光电气精铜所所长、常务董事、古河电工专务董事。他利用与古河集团各个公司以及富士通管理层的旧交，推动两家公司在业务领域的分工合作。1939 年东京电气与芝浦制作所合并成立

---

① 冈本久吉：《企业分离新战略——日本品牌企业多样化经营大变革》，孔令杰译，中信出版社 2014 年版，“前言”第 XIX 页。

② 冈本久吉：《企业分离新战略——日本品牌企业多样化经营大变革》，孔令杰译，中信出版社 2014 年版，第 7 页。

东芝后，富士通与东京电气两个公司在东芝第一代社长山口喜三郎的建议下将互持的股票归还对方，终止了业务合作。

再如 2003 年 4 月，日立制作所与三菱电机将半导体部门的业务合并设立了株式会社瑞萨科技（Renesas Technology Corporation），资本金为 500 亿日元。日立制作所与三菱电机分别持有 55%和 45%的股份，成为各自母公司的比例持股法适用公司（部分合并决算子公司）。瑞萨科技结合了日立与三菱在半导体领域的先进技术和丰富经验，成为无线网络、汽车、消费与工业市场设计制造嵌入式半导体的全球领先供应商。

日立、三菱重工和三菱电机 3 家日本大企业在 2010 年整合各自水力发电机事业，携手开拓海外市场。成立的新公司将整合上述 3 家企业水电发电机组部分的技术、销售等各种经营资源，以提高海外大型基础设施项目的中标率。目前，日本国内可利用水资源的 70%都已经得到开发，市场规模有限，而新兴国家建设计划接连不断。新公司将瞄准海外市场，计划实现 300 亿日元的销售额。水力发电没有温室气体排放，在气候变化备受关注的今天再次受到业界青睐。同时各国智能电网建设的推进，也为水力发电带来了更多机遇。

日本三菱重工业旗下的力至优三菱叉车将收购同行业的 UniCareer 控股。收购金额将超过 1000 亿日元，双方将于 2015 年 7 月中旬与日本政府和民间联合出资的基金——"日本产业革新机构"等 UniCareer 控股的股东达成基本协议。叉车在新兴经济体的仓库和工厂方面需求日益增加。力至优三菱叉车实施此番收购后，其销售额单纯合计将达到 4500 亿日元左右。全球份额将超过德国永恒力等，仅次于排名首位的丰田自动织机和第二位的德国凯傲集团，跃居至第三位，从而构建与在该领域领先的丰田自动织机和欧美企业相竞争的体制。UniCareer 控股由日本产业革新机构出资约 53%，其余出资方还有日立建机和日产汽车。日立与日产在 2012 年进行了叉车业务整合。三大股东决定将优先谈判权交给第一股东为三菱重工的力至优三菱叉车，计划出售其全部股份，力争年内达成最终协议。①

与一家企业的子公司分离后独立经营相比，竞争对手企业间横向分工，或者横向的共同创立新企业，或者进一步以合并的形式等的分离将会更多。②日本企业内网络化的跨国生产体系的形成大大降低了日本产品的生产成本，提高了产品的国际竞争力。

第二节　日本企业与海外企业间的“结盟”

在海外构建国际化的企业关系网络，可使企业通过发展国际网络关系与其他网络成员间建立某种信任、互惠等非正式良好关系，进而为企业创造一个良好的国际关系网络环境，同时也可降低跨国经营各种的不确定性风险和交易成本。③ 除日本企业间相互合作，“结盟”向海外发展外，日本企业还常与投资对象国的企业等进行多种形式的合作，以促进海外项目的顺利开展。

（一）建立合资公司模式

该种模式是日本企业在海外发展时常用的合作模式，一般是日本企业和国外企业合资设立新的合作公司，即“A+B=C”的合作模式。企业在海外发展时，如何选择有实力的企业作为合作对象，将直接影响到企业海外发展战略的实施和效果。

丰田公司于1982年在美国投资建厂时，为避免与美国汽车三大巨头通

---

① 日经中文网：《三菱重工旗下叉车企业将跻身全球三强》，2015/06/29，http://cn.nikkei.com/industry/manufacturing/14994-20150629.html

② 冈本久吉：《企业分离新战略——日本品牌企业多样化经营大变革》，孔令杰译，中信出版社2014年版，第259页。

③ 王国顺、谢高峰：《关系网络、网络资本与企业国际化成长》，《财经理论与实践》2008年第4期。

用、福特、克莱斯勒公司产生正面冲突，选择了美国最大的汽车制造厂家通用汽车公司，以双方折半出资的方式，在美国的加利福尼亚州建立了 NUMMI 合资公司。该公司采用通用汽车公司的商标，由丰田汽车公司生产其擅长的小型轿车，由通用汽车负责市场销售。通过与通用汽车公司建立的战略联盟，丰田汽车公司节约了开拓市场的人力和物力，减少了经营的风险，并从通用汽车公司取得了国际经营所必需的管理经验和专有技术，为后来丰田公司成功的本土化经营积累了宝贵的经验。

日本肉类加工企业普利玛火腿、伊藤忠商事，与山东省龙大食品集团携手进入中国肉类加工市场，三家企业将成立合资企业，向中国市场供应采用日本解冻、切割技术加工的高品质肉类商品。这也是日本大型肉类加工企业首次在华设立肉类小包装加工基地。

日本 JFE 钢铁公司于 2009 年 11 月与印度一家大钢铁公司签署了全面合作协议。2010 年 6 月，新日本制铁公司也与印度第二大钢铁巨头塔塔钢铁公司就建立汽车钢板合资公司达成协议。这是日本 4 大钢铁公司首次在印度当地展开生产。新日本制铁公司和塔塔钢铁公司向合资公司的投资比例为 49% 和 51%。两公司的总投资额将达到 300 亿—350 亿日元（约合人民币 23 亿—26 亿元）。合资公司将在位于印度东部的塔塔钢铁公司的一个炼铁厂内引进年产 60 万吨的生产设备，在 2012 年度内开始生产。合资公司计划通过供应日系汽车厂商，占据印度汽车钢板市场 50% 的份额。

日本 ZEON、三井物产、伊藤忠商事、JSR 等企业与泰国的 Bangkok. Synthetice（BST）共同设立合成橡胶的生产与销售合资公司 BSTE①，以及在新加坡樟宜机场扩建工程中的填海工程中，日本五洋建设和新加坡当地的一家从事建筑与运输的企业共同成立新的企业（新企业投资约 953 亿日元，

① 冈本久吉：《企业分离新战略——日本品牌企业多样化经营大变革》，孔令杰译，中信出版社 2014 年版，第 361 页。

其中五洋建设约投资 762 亿日元）[①]等都属于该种合作模式。

中国近年来大力治理环境污染问题，以垃圾处理为例，中国政府在 2016—2020 年的五年计划中，提出了将每日垃圾处理能力提高至 25 万吨的目标。日本企业也从中看到了商机，纷纷与中国企业成立合资企业，致力于垃圾处理方面的合作。

日本 JFE 工程公司 2015 年 6 月与中国大型车企东风汽车签署合作协议，在中国建设垃圾焚烧与发电设施。双方将成立合资公司，东风汽车集团旗下从事工程业务的东风设计研究院等成立的企业与 JFE 工程将对半出资。合资公司将提供从垃圾焚烧与发电设施的设计到建设的一条龙服务，力争 3 年后每年获得 200 亿日元订单。JFE 工程在垃圾焚烧设施领域位居日本首位，但以设备更新为主的日本国内需求已触顶，而中国的市场规模则是日本的 10 倍以上。在垃圾焚烧设施领域，日本企业正在积极拓展有望不断增长的中国市场。川崎重工业 2006 年也与中国大型水泥企业建立了合资公司，不断获得建设水泥工厂之际同时设置的垃圾处理设施的订单。

此外，日本的服务业也开始相继在中国开展面向老年人的服务。日本西科姆公司将以"安全"为卖点开展面向老年人的医疗、护理、老年公寓等业务，该公司计划于 2015 年在上海开始运营高级老年公寓。日本服务业还在涉足轮椅等护理工具的销售业务，以及为护理设施建立信息系统等业务。日本服务行业均认为在日本积累的经验可以应用于中国市场。西科姆旗下的西科姆医疗系统公司将与上海陆家嘴金融贸易区开发股份有限公司成立合资公司，2015 年在上海开设第 1 家老年公寓。合资公司的资本金为数亿至数十亿日元，目前双方正在就西科姆医疗系统公司出资 7 成以上进行磋商。随着中国经济的增长，富裕的老年人群也在激增，西科姆正瞄准这一人群市场。西科姆

① 中川美帆：「900 兆円市場インフラ獲得の熾烈な戦い」、『週刊エコノミスト』2015 年 5 月 19 日号、第 20 頁。

将利用在日本国内所开设的高级老年公寓及合作医院的经验向入住的老年人提供高品质服务。如安排常驻医生为入住的老年人提供康复指导以及采用方便老年人操作的安全防范系统等。

相对于欧美企业来说,日本企业在海外发展时更倾向于建立合资公司,尤其是在向海外发展的初期更是如此。以日本企业对华直接投资为例,一般日本约有 1/2 的企业是通过建立合资公司来开展经营,而美国企业约有 3/4 属于独资企业。① 建立合资公司的模式降低了企业独资所带来的风险,可以相互利用双方的优势资源,且因为有投资对象国的企业作为合作方,在企业运营管理等过程中也避免了诸多不便。

(二)与海外组织间的产业链合作模式

日本海运巨头商船三井在 2010 年 3 月表示,将斥资 1500 亿日元(约合人民币 115 亿元),在 2013 年至 2016 年间新购买 6 艘液化天然气(LNG)运输船。这 6 艘船已签订运输合同,其中 4 艘将用于美国埃克森美孚等公司在巴布亚新几内亚投资建设的 LNG 开发项目,另外 2 艘用于澳大利亚的相关项目。据悉,6 艘船将由中国和韩国的造船厂制造。这 6 艘船计划每年运输 650 万至 700 万吨 LNG。除了东京燃气和大阪燃气等日本公司,中国大陆以及中国台湾的部分企业也将购买。设备由国外公司制造,而产品或原材料则供给国外企业,从而在不同国家和企业间形成一个产业链。

2009 年 12 月 8 日,美国埃克森美孚石油公司与新日本石油公司等正式达成协议,将在巴布亚新几内亚投资约 150 亿美元生产液化天然气(LNG)。该项目预定于 2013 年投产,年产量达 660 万吨。与石油和煤炭相比,LNG 的二氧化碳排放量较少,目前中国等新兴市场国家对这一能源的需求量剧增。该项目中,各方出资比例分别为埃克森美孚 33.2%,当地石油公司“Oil

---

① 野中義晴:『第八章　中小企業の対中投資の現状と課題』、http://www2.jiia.or.jp/pdf/asia_centre/h14_economy/08_nonaka.pdf。

Search"29.0%，巴布亚新几内亚的国营企业16.6%，澳大利亚"Santos"石油公司13.5%，新日本石油4.7%。项目计划在巴布亚新几内亚首都莫尔兹比港附近修建液化基地，并通过铺设管道与内陆的气田连接。东京电力公司已与该项目签署了长达20年、每年180万吨的购气合同。该项目的特点是新日本石油公司与国外公司共同出资进行LNG的生产，而东京电力公司则负责向日本进口。

利用中国企业的销售网络经营日本产品的模式也正在展开。总部设在日本大阪市的意考飞（fcafe）于2014年4月在阿里巴巴旗下的"天猫国际"创建了经营日本产品的店铺，以118元（约2000日元）的价格销售用222种天然酶配制的膳食补充品（60粒装）。在人们越来越注重健康的时代背景下，凭借日本的高质量，这些比较可靠的化妆品和营养补充品非常畅销。公司董事高冈正人切身感受到"正在具体考虑进入中国网购市场的日本中小企业越来越多"。①

日本的一些企业与国外企业间的合作，有些是充分利用对方企业的优势来弥补自身的不足，双方的合作是对产业链的"链接"。如日本服装企业恩瓦德（ONWARD）控股和中国苏宁云商集团旗下企业——免税店运营商乐购仕（LAOX）于2015年成立合资服装企业，新公司的注册资本为4亿日元，恩瓦德持股51%，而乐购仕占49%。新成立的服装企业主要着眼于中国消费者，将合作开发满足中国人审美的商品，还将讨论推出新品牌。恩瓦德此次与乐购仕间的合作，恩瓦德将利用乐购仕在日本的免税店和中国的电商等销售渠道，以此争取旺盛的中国中产阶层的购买力。乐购仕则利用恩瓦德的商品策划能力，还将利用其材料采购和在日本的工厂网络，以扩大产品线。

2015年8月，三井物产与中国大型门户网站网易合作，在中国销售日本产品。三井物产将通过三井食品和东邦物产等旗下企业，在日本采购婴儿用

① 日经中文网：《日本企业的"天猫梦"》，2014/09/23，http://cn.nikkei.com/industry/management-strategy/11155-20140923.html。

品和纸尿裤等日用品、食品、化妆品以及家电产品等，然后出口到设有通关手续等得到简化的“跨境电子商务综合试验区”的杭州市及宁波市的保税仓库。网易的门户网站拥有 8 亿使用者，在线游戏也拥有 6 亿会员。网易将收购相关商品，作为库存保存在保税仓库，借此可在短时间内配送至中国全境，通过有效利用保税仓库来降低成本。以食品和日用品为例，与个人进口相比较，其价格将降低 20%—30%左右。

再如，日本财产保险经销商“损保 JAPAN 日本兴亚”在 2015 年宣布与中国南京途牛科技开展合作，将在途牛旅游网上销售面向赴海外旅游的中国游客的旅游保险。合作对象途牛旅游网主要提供酒店和机票等旅游产品的预订服务，一年累计服务超过 400 万人次。损保 JAPAN 日本兴亚将通过与前景被看好的途牛旅游网合作，积极获取成长市场的客户需求。途牛旅游网上将销售的旅游保险内容包括旅行中生病、受伤以及护照丢失等状况。保险费设定为 7 天 70 元的中等价位。

再如，三井物产和美国通用电气（GE）在矿山运营方面展开的合作。三井物产借助通用电气在矿山运营方面的“物联网”技术，通过网络连接设备分析运行情况，以有助于运行的优化和故障预防。将收集建筑机械和运输车辆的运行信息以及物流设施、港口和装卸船配置信息等大数据，提高从开采到装卸的整体效率。

（三）联合项目出资参与模式

该模式一般是在大型项目中，日本企业以参股的方式进行出资，并分享部分利润或收益。这种合作模式是日本综合商社在海外发展中最为常用的合作模式。

伊藤忠商事与泰国最大规模财阀正大集团在资本和业务方面的合作即属此类。正大集团接受伊藤忠实施的 1024 亿日元的第三方定向增发，将成为伊藤忠事实上的最大股东。与此同时伊藤忠向正大集团旗下企业出资约 870 亿日元,取得25%的股权。采取大型综合贸易公司相互持股的罕见合作方式,表明两家企业要共同开拓亚洲市场。伊藤忠希望借此扩大饲料、畜产和水产领域的业务,将来还将在保险和信息通信等领域扩大合作,并拓展面向缅甸等新兴市场国家的业务。

日本三菱商事和东京电力公司共同在卡塔尔获得的大规模发电站建设项目也属此类模式。该项目总建设费约为3000亿日元,装机容量将达240万千瓦。卡塔尔政府下属的卡塔尔水电公司(QEWC)出资60%,三菱商事和东京电力合计出资30%,其余由卡塔尔的石油公司等出资。几家企业共同出资成立新的发电业务公司,这成为东京电力在2014年重启海外投资后的最大订单。

再如,世界最大汽车零部件企业德国博世、日本大型电池制造商杰士汤浅等在电池业务领域开展合作的项目中,三菱商事也进行了出资。从出资比例来看,博世占50%,而杰士汤浅和三菱商事各占25%。三菱商事将负责原材料的采购和资金筹措等。

综合商社以出资形式参与的项目,更多地体现在资源和能源领域。这方面的案例有,日本丸红株式会社下属的丸红油气开发公司以6.5亿美元价格购买英国石油公司在墨西哥湾的四处深海油气田的开发权;丰田通商公司取得澳大利亚东南部维多利亚州近海天然气田"奥特威气田项目"5%的权益;日矿金属(3%)、三菱综合材料(1.25%)和三菱商事(8.25%)共同出资取得智利的全球最大铜矿 Escondida 的权益,希望通过加强与矿山的资本联系来确保稳定供应;此外伊藤忠商事(4.3%)、日本国际石油开发帝石公司(11.0%)出资参与阿塞拜疆共和国位于里海的"ACG 油田"项目的案例都属于此类。

可见,日本的综合商社正在从通过产品中介交易来赚取手续费的"佣金业务"转变为对全球企业进行部分出资并参与经营,然后通过共同拓展业务的方式来赚取收益的模式。

（四）主导企业引介模式

此类模式一般会有一家主导企业在海外的业务项目，以项目来吸引、介绍日本的相关企业参与，实现“以大带小”“以一带多”的效果。

随着中国老龄化的不断加剧，中国对医疗与健康领域商品和服务的需求将日益增加。三井住友银行瞄准这一市场，积极支援日本企业开拓中国市场。在三井住友银行与中国医药集团的合作项目中，三井住友银行将向中国医药集团介绍有意在华开拓医疗业务的日本企业，并为中国相关人士考察日本企业的生产与研发一线提供中介服务。此外，三井住友银行还将为中国医药集团提供融资租赁、咨询业务、公司债券发行等金融方面的支持。

2014 年 11 月，伊藤忠商事等企业与上海市政府、中国平安保险、中国移动等签署相关合作备忘录。上海市将吸引伊藤忠等企业入驻作为上海自贸试验区的关键业务之一。相关合作将成立新的公司，将通过伊藤忠销售日本的品牌产品、服装以及备受中国消费者欢迎的日本奶粉和纸尿裤等生活用品。为了丰富商品种类，还将吸引服装等其他日本企业参与其中。①

另外一个是日本三井不动产公司协同伊藤忠商事等 5 家公司设立合资公司在中国浙江省宁波建设购物村（Outlet）的案例，这是三井不动产首次参与规划的海外商业设施项目，希望充分运用日本国内商业设施在开发与运营方面的经验扩大收益。购物中心建成后将邀揽日本产品在内的时装与日用品方面的厂家进入。

主导企业引介模式在日本零售和服务领域的海外发展中体现得更为明显，如日用品店“无印良品”、运营大型购物中心的永旺集团、家具销售商似鸟控股以及运营“优衣库”品牌的迅销等都纷纷在海外扩张门店数量，这对日本

① 岛田学：《伊藤忠上海设基地　比日本代购快 N 倍》，《日经新闻》2014 年 11 月 3 日。

相关厂家的进驻、相关产品的出口以及现地日资企业产品的销路等发挥了良好的引介功能。

(五)与政府机构及国际组织间的合作模式

日本企业在海外尤其是发展中国家开展的项目,有时还会与日本的政府机构以及国际组织进行合作。

日本的许多海外项目都有政府背景的政策实施机构(如国际协力机构、石油天然气·金属矿产资源机构、新能源·产业技术综合开发机构、国际协力银行等)的参与,而且日本在海外的许多项目都有日本政府开发援助(ODA)作为部分融资。例如2011年,日本能源开发公司和三井物产、日本政策银行三方联合,与中国香港的华润电力公司合资,在中国的广西自治区贺州市建设"超临界"的200万千瓦的高效率火力发电站。日本三方总投资额达134亿日元(约11亿元人民币),占50%的股份。政府系统的日本政策银行进行了融资支持。

另外,日本在海外的一些项目还有国际组织的参与。国际金融公社(IFC)属于世界银行组织的一员,致力于向发展中国家的民间项目提供资金和服务。其融资支持形式有直接融资(IFC用自有资金进行融资)以及协调融资(由多个金融机构共同进行融资)等。日本企业在涉及向发展中国家开展项目所必需的长期资金贷款、向海外合资企业出资时,会利用该机构的融资支持。例如,三菱商事、三菱重工在阿联酋的水务项目中,既有国际协力银行的融资,也有IFC的融资。再如,由住友林业集团在越南实施的木材加工厂建设项目中,IFC出资900万美元予以融资支持。

此类项目由于有政府背景的机构或国际组织的融资支持,一方面减缓了日本企业在项目中的融资压力,另一方面从投资对象国政府及民众的角度来看,由于有政府机构或国际组织的参与,也提升了项目的信誉度,保证了项目的顺利实施。

第三节　并购战略下的海外合作

相对于企业间关系的合资、内部创业等，并购是企业外部成长的一种方式，是企业扩展海外市场的一种重要方式，也是企业控制权转移和资本扩张的过程。并购行为可以使企业获得相应的控制权，并将分散的资本进行整合集中，优化资源配置。

受近年来日元升值的影响，以开拓市场、技术创新、确保资源供给等为目标的日本企业的跨国并购交易日益频繁，实施的海外并购案迅猛增加。2009年，日本的海外并购交易数量一度减少，与世界趋势相同。但从2010年开始，日本的海外并购大幅回升，多达347起，金额高达349亿美元，比2009年的金额增长了64.5%，交易数量高居历史第2位。①

日本国际协力银行2011年11月发布的《有关我国制造业海外事业发展的调查报告》（简称“日本国际协力银行调查报告”）结果显示，由于日元升值等因素，接受调查的603家企业中，有70家企业表明要强化海外并购活动，较2010年度的36家增加了近1倍。②

以2011年为例，2011年1—12月间日本企业的国内外并购件数为1687件，较上年的1707件（可能由于数据统计来源不同）减少20件，下降1.2%，但从金额来看，为104956亿日元，较去年的38457亿日元相比增长57.8%。其中，日本企业的海外企业并购件数为455件，总额为62666亿日元，无论是件数还是金额都较去年有大幅增长。③ 另外在2011年度（2011年4月至

---

① 福川伸次：《“日本再生战略”决定海外投资方向》，杨意译，《博鳌观察》2013年1月号。

② 日本国際協力銀行「特集　アンケートから読み解く海外事業展開動向－2011年度『わが製造業企業の海外事業展開に関する調査報告』」、『JBIC TODAY JANUARY』2012年11号、http://www.jbic.go.jp/ja/report/jbic-today/2011/201201/jtd_201201.pdf。

③ 海外企業へのM&A件数22.6%増　過去2番目の高水準，http://www.j-cast.com/2012/01/04118021.html。

2012 年 3 月)的统计中,日本企业的海外企业并购件数、金额都创历史新高。并购金额为 73264 亿日元,并购件数为 474 件,比上一年度金额增加了 2 倍,件数也增加了 2 成。并购金额从地区来看,对北美地区为 3788 亿日元,对欧洲地区为 3368 亿日元,对亚洲为 5614 亿日元。① 而日企之间的并购以及海外公司并购日企的案例则出现了同比减少的倾向。另外,有数据显示,2015 年度日本企业并购海外企业的件数达到 591 件,连续 6 年增加。进入 2016 年以后,仅 2016 年 4—9 月期间,日本企业的海外并购件数就达到了 296 件,同比增加 50%,创 2008 年以来的最高水平。②

日本企业的海外并购,以保险业界的并购居多。随着人口减少,日本国内寿险市场预计将缩小。在此背景下,越来越多日本寿保企业开始借助大规模收购在海外寻求收益源。日本大型保险公司东京海上控股 2015 年 6 月宣布斥资 75.3 亿美元通过旗下子公司东京海上日动火灾保险收购美国保险公司 HCC 保险控股(HCC Insurance Holdings)的全部股票。以日元计算的收购额创出日本金融机构海外并购(M&A)的历史最大记录。HCC 主要从事专业性较高的企业保险,盈利能力较强。东京海上将利用丰富的手头现金,加强有望实现增长的海外业务。

2015 年 8 月,日本住友生命保险就收购美国寿险企业 Symetra Financial 达成一致,收购额为 37.32 亿美元。收购后将继续保留 Symetra 的现有经营团队,但将从日本派遣董事。住友生命保险将把进驻最大的保险市场——美国,作为其构筑盈利基础的立足点。③ 2014 年,日本三家大型保险企业先后在美国实施了约 5000 亿日元规模的大型收购。

日本三井住友海上火灾保险公司于 2015 年 9 月宣布收购英国损害保险公司阿姆林保险,收购金额为 34.68 亿英镑,约合 6350 亿日元。阿姆林主要

① 「海外 M&A 過去最高に」、『朝日新聞』2012 年 4 月 15 日、第 5 版。
② 日经中文网:《日企并购从新兴市场转向发达国家》,2016 年 10 月 10 日。
③ 日经中文网:《日本保险商住友生命将收购美国寿险企业》,2015 年 8 月 12 日。

以承担保险公司保险金支付风险的再保险为核心业务，此外还广泛经营海上保险和航空保险等。这将成为三井住友海上有史以来最大的海外并购（M&A）案。三井住友海上将通过收购该公司，加速开展海外业务。

2015年10月，日本人寿保险企业日本生命保险与澳大利亚国民银行（NAB）就收购该银行的人寿保险业务达成基本共识。澳大利亚国民银行将把保险业务剥离出来成立新公司，由日本生命保险向新公司出资80%，收购额在2500亿日元以内，澳大利亚国民银行承担剩余的20%。① 日本生命保险力争通过并购攻势在海外扩大业务。

除保险业界的海外并购外，在生活领域的并购也明显增加。近年来，全球啤酒市场逐渐进入低增长时代。居全球啤酒业首位的比利时百威英博（ABInbev）和第二位的英国南非米勒（SABMiller）等大型啤酒厂商相继重组，欧美等主要啤酒市场的势力分布已逐渐成型。但在东南亚和拉美等地区，和政府关系密切的当地企业依然掌握着较高的市场份额。为在激烈的市场竞争中脱颖而出，日本麒麟控股公司的战略是，将目光转向世界大型啤酒厂商相对未涉足的“空白区”寻求发展，抢先进驻全球大型啤酒厂商尚未真正涉足的市场，并与当地有实力的企业开展合作。2009年，麒麟控股收购了菲律宾最大啤酒厂商生力啤酒（San Miguel）48%的股份。2011年8月，麒麟控股以2000亿日元价格收购巴西第二大啤酒公司（schincariol）50%的股份②。2015年，麒麟控股又收购了缅甸最大啤酒厂商缅甸酿酒厂（Myanmar Brewery）。今后，啤酒市场的竞争只会愈演愈烈，如何与有实力的伙伴保持密切合作，将成为麒麟控股公司重要的战略。

2016年2月，日本运动用品厂商亚瑟士（ASICS）以约8500万美元收购美国运动应用软件（APP）运营企业（Fitnesskeeper）的全部股份，将把相关APP

---

① 日经中文网：《日本生命保险将收购澳洲大型银行旗下业务》，2015年10月14日。

② 2011年8月日本大规模的并购行为还有朝日集团控股公司以1000亿日元价格收购新西兰造酒公司 independent liquor，以及日本制纸集团出资中国大型瓦楞纸制造企业等。

在全球拥有的 3300 万用户的数据运用于商品开发和销售战略,以对抗世界两大运动用品厂商美国的耐克和德国的阿迪达斯。①

2016 年 6 月,日本制纸宣布以 300 亿日元收购美国林业巨头惠好公司(Weyerhaeuser)的纸容器业务,并借此在美国设立牛奶盒等纸容器的生产基地,进一步开拓北美市场。② 近年来东丽在碳纤维领域快速发展,2014 年 3 月东丽投资约 600 亿日元收购美国 Zoltek 公司,在低成本碳素领域提升国际竞争力。

2012 年日本丸红株式会社宣布出资 50 亿美元并购美国谷物巨头高鸿控股(Gavilon)。2015 年 8 月,三菱商事出资 1300 亿日元收购东南亚最大的粮食及食品贸易商新加坡奥兰国际 20%的股份,寻求在人口增长、需求扩大的亚洲和非洲等海外市场扩大粮食和食品业务。

近年来日本在医疗及基础设施方面的并购也比较活跃。日本大型医疗器械企业松下健康护理控股公司在 2015 年 6 月宣布收购德国大型医药与化学企业拜耳旗下的医疗器械业务,具体收购对象为血糖值的检测设备业务,收购额约为 1380 亿日元,以此来扩大海外销路。

日立制作所与意大利防卫和航空大型企业芬梅卡尼卡集团(Finmeccanica)于 2015 年 2 月就收购该公司旗下铁路车辆和信号业务达成了基本协议,收购额将超过 2500 亿日元。在日立的企业并购活动中,有望创历史最大规模。日立的铁路业务此前以日本和英国为中心,通过此次的业务并购,将全面进入世界铁路市场。

从海外并购来看,与前几次的并购热潮相比,本轮日本企业大规模的海外并购行为具有如下四方面的特征:

一是与上世纪 80 年代末日本经济强劲且股市房市飙涨的背景中进行的海外并购完全不同,近年来日本企业的海外并购行为更为谨慎,在注重价

---

① 日经中文网:《日本运动品牌要借力 APP 追赶世界 2 强》,2016 年 2 月 18 日。

② 日经中文网:《日本制纸将收购美国惠好纸容器业务》,2016 年 6 月 17 日。

格的同时更加追求资产的外溢价值，往往只选择有利于其工业发展的战略性目标。

二是从并购企业所在的地区来看，呈现出从发达国家转向新兴经济体国家，两个区域并重的现象。此前日本企业海外并购主要以欧美企业为对象，近年来收购中国、巴西、印度等新兴经济体国家企业的行为明显增多，且以并购上述新兴经济体国家中经营状况较好的实体企业为主。从 2016 年开始，由于资源价格上涨热潮回落，且新兴市场经济体的减速感增强，日元走高形势下颇具购买力的日本企业对发达国家的并购又有所增多。2016 年 4—9 月间的日本企业海外并购案件中，以发达国家企业为对象的并购金额超过了整体的 90%。

三是从并购战略类型来看，一般分为横向并购、纵向并购及混合并购三个类型。而日本企业在海外的并购行为以横向并购为多，即并购同一产业的同类企业，如医药、保险、证券以及麒麟啤酒的海外并购都属于横向并购。横向并购可以实现规模经济，降低生产经营成本，缓解海外竞争激烈度，增加市场份额并加强对市场的控制能力。① 此外比较多的便是混合并购，这在综合商社的并购行为中多有体现，旨在扩大经营领域，实施企业的多元化经营，降低偏重于单一领域的经营风险。

四是许多并购行为发生在内需行业。受国内市场需求不断萎缩的影响，日本政府强调不光是尖端产业，包括农产品、食品、旅游、时装、日用品、铁路系统等在内的一般被认为是内需依存型的产业，也应将建设积极开拓国际市场的商业模式作为重点。② 在此次海外并购浪潮中，海外内需替代行业成为日企并购的重点，越来越多的内需型产业的日本服务业开始从海外市场寻找出路。③

---

① 陈莉平：《购并战略——企业成长壮大的捷径》，《福州大学学报》（哲学社会科学版）2001 年第 1 期。

② 日本经济产业省：《日本新经济增长战略》，林家彬等译，中信出版社 2009 年版，第 74 页。

③ 杨书臣：《日本震后企业的海外转移及中国的应对》，《日本问题研究》2012 年第 1 期。

如近年来日本的医疗、食品、保险、农业乃至通讯等方面的并购案明显增多。

业内有分析认为,如今企业海外并购更加追求资产的外溢价值,因此收益率明显提高。海外并购表现活跃的背景是,日本上市企业的手头资金创历史新高。瑞穗证券投资银行部门顾问山本淳史指出的另一个主要原因是“股市要求经营重视资本效率的压力越来越大”,企业不得不有效活用资金,从而推动了并购行为的增多。

第四节　经济团体与行业协会的协调功能

日本的经济团体与行业协会在协调企业间关系,助推日本企业“走出去”的过程中也发挥着重要的作用。日本的行业组织包括事业者团体和经营者团体两大类型。事业者团体的主要任务是协调企业之间的关系和维护成员的共同利益,是政府贯彻产业政策的重要桥梁。经营者团体是具有全国性规模的跨产业、跨地区联合体,通常对政府乃至国会都有重大影响力。[①] 企业会利用企业协会来帮助它们周旋于政府部门,而这些协会传统上是完成数据收集、教育及其他标准和相对较少纵断面的领域方面的服务。这些企业协会在公共事务方面也扮演着积极的角色。[②] 下面即从全国性经济团体、行业协会以及地方性经济团体三个方面来探讨其对日本企业“走出去”所发挥的协调功能。

(一)全国性经济团体的指导职能

在日本存在着各种民间经济团体。如通常被称为“财界四大团体”的经

① 陈建安等:《产业结构调整与政府的经济政策——战后日本产业结构调整的政策研究》,上海财经大学出版社2002年版,第177—178页。

② [美]默里·L. 韦登鲍姆:《全球市场中的企业与政府:第6版》,张兆安译,上海人民出版社2006年版,第355页。

团联、日商、同友会、日经联等是日本政府干预各行业经济活动的工具，也是政府和企业保持联系的媒介，在产业政策的制定及推行过程中起到了积极的作用。① 目前，日经联已与经团联进行合并，成为新的经团联。

日本经济团体联合会（简称经团联），成立于 1946 年 8 月。当时是为了实现日本经济重建与复兴为目的而成立的，首任会长是石川一郎。1948 年 4 月，日本为调节劳资关系成立了日本经营者团体联盟（简称日经联），首任代表兼常任理事为诸井贯一。2002 年，经团联与日经联合并，成为新的综合性经济团体日本经济团体联合会，合并后的首任会长是奥田硕。2012 年 3 月，随着公益法人改革的推行，经团联由社团法人变更为一般社团法人。

作为综合性的经济团体，日本经团联以提升企业以及支撑企业的个人和地区的活力，提高日本经济的自律性发展和国民生活的提升为目的。截至 2018 年 5 月 31 日，日本经团联的正式会员共有企业会员（日本的代表性企业）1376 家，团体会员 156 个（包括制造业及服务业等主要业种的全国性团体 109 个、地方别的经济团体 47 个），此外还有特别会员 31 个。日本经团联的主要活动是针对经济界面临的国内外重要课题，听取经济界的意见，并着手迅速地予以实现。同时，积极推进与政治、行政、工会组织、市民等相关组织和个人间的对话。日本经团联制定有《企业行动宪章》作为会员企业共同遵守的制度，努力建立与企业间信赖关系的同时，还通过与各国政府、经济团体以及国际机构的对话，致力于国际性问题的解决以及与各国建立紧密的经济关系，为日本对外经济关系创造便利条件。

日本经团联是日本国内最为庞大的团体组织，无论是在经济界还是政界都极具影响力，其会长素有"财界总理"的称号。美国华盛顿大学教授默里·L. 韦登鲍姆曾讲道，当他参加由外交部支持的，在东京举办的国际讨论会时，"突然，全体日本官员以专注的神情在会议上站了起来。是什么原因会引起

① 陈建安等：《产业结构调整与政府的经济政策——战后日本产业结构调整的政策研究》，上海财经大学出版社 2002 年版，第 212 页。

这种情况？首相已出国而天皇当然不会露面，实际上是那位领头企业社团Keidenren（经团联）的领导人已经进入了会议室！在美国，情况恰恰相反。当一位内阁官员到达时，企业的行政人员会站立起来。”①此番表述足以说明经团联在日本经济界及政界的影响力。

日本经团联的主要业务活动之一是代表经济界向日本政府进行提案活动。如2008年4月15日，日本经团联向日本政府提交了以“关于国际化投资环境整备方法的建议——我国海外投资法律基础的整备”②为题的建议提案，对日本企业面临的课题、日本政府有关投资协定的现状、日本在法律基础整备方面的课题、关于尽速整备有关投资的高质量的法律基础（如推进投资的保护和自由化以及推进租税条约、社会保障协定等的缔结等）、推进商务环境整备方面官民协议和对话等方面提出了具体建议。

2011年4月19日，日本经团联向日本政府提出了题为“关于我国通商战略的提案”③的报告，内容涉及通商战略的基本考虑方法、扩充WTO等规则、EPA等规则的扩大化、完善WTO及EPA的制度基础以及推进适应激烈的国际化竞争的国内改革等措施和建议。

2015年4月14日，日本经团联向日本政府提出了题为“我国经济外交的方向的提案——关于通过官民合作推进积极的海外发展”的提案，就围绕日本环境现状的认识、通过经济外交强化基础、经济外交推进机制和能力的强化以及经团联应发挥的作用等进行了分析和研究。④

---

① ［美］默里·L. 韦登鲍姆：《全球市场中的企业与政府：第6版》，张兆安译，上海人民出版社2006年版，第229—230页。

② 日本経済団体連合会：『グローバルな投資環境の整備のあり方に関する意見—わが国海外投資の法的基盤の整備等に向けて—』、http://www.keidanren.or.jp/japanese/policy/2008/017/honbun.pdf、2008年4月15日。

③ 日本経済団体連合会：『わが国の通商戦略に関する提言』、http://www.keidanren.or.jp/policy/2011/030honbun.pdf、2011年4月19日。

④ 日本経済団体連合会：『わが国経済外交のあり方に関する提言-官民連携を通じた積極的な海外展開に向けて-』、http://www.keidanren.or.jp/policy/2015/038_honbun.pdf、2015年4月14日。

鉴于近年来日本企业向越南发展的事例明显增多,希望能进一步整备在越南的日资企业发展环境的重要性日益明显。由越南日本商工会提出,日本经团联、日本在外企业协会与日本贸易会联名于2018年2月向越南首相府、国会·社会问题委员会、司法省、劳动·伤病兵·社会省、保健省以及驻越南日本大使馆提出《请求缔结社会保障协定的请求书》,其中指出,依据越南政府新的社会保险法,外国劳动者将作为强制社会保险的加入对象处理,并成为一种义务化行为。但是日本的劳动者已在日本国内加入了社会保险,从而构成了双重负担,对企业也形成一种巨大的负担。该法律的出台将对日本在越南的投资和发展产生负面影响。有鉴于此,希望日本政府能就社会保障协定启动与越南政府间的谈判,及早解决该问题。① 此外,日本经团联还与其他亚洲国家开展交流与合作,重点也是放在缔结双边的社会保障协定方面,为企业在海外的发展争取创造更好的经营环境。

日本经团联的提案在安倍内阁的“日本再兴战略”等复数的政策文件中都有提及。日本经团联除就个别重要课题进行政策提案的策定以及为之实现而努力外,还就未来日本的经济社会发展方向等向国内外发布,称之为“会长展望”。如2003年奥田硕会长发表的“追求充满活力与魅力的日本”、2007年御手洗会长发表的“希望之国——日本”、2015年榊原会长发表的“丰富充满活力的日本的再生”等。奥田硕曾在小泉内阁时期担任经济财政咨问会议的民间议员一职,参与了政府的经济、财政、产业、科学技术等广泛领域的政策讨论。现任的榊原会长也作为经济财政咨询会议、未来投资会议、人生100年时代构想会议等的一员,积极参与政府的相关议政组织。

此外,日本还有商工会议所、全国商工会联合会以及日本全国农业协同组合联合会等团体组织,这些全国性的经济团体在地方都设有分支机构。日本商工会议所、全国商工会联合会于2011年3月推出了《活用JAPAN品牌培育

① 日本経済団体連合会:『(要望)社会保障協定の締結を求める』、http://www.keidanren.or.jp/policy/2018/050_betten.pdf、2018年2月6日。

支援事业手册》,希望通过 JAPAN 品牌战略的培养,助推有日本特色、地方特点的产品拓展海外市场,以达到地方中小企业追求价值、创造新的传统的目标。为实现该目标,两个经济团体将在开发商品、构筑品牌故事、传播信息、实施市场调研、开拓销路、完善生产体制、保护知识产权、创造可持续发展机制等方面提供支持。同时,针对不同地方的特色品牌,由附属的各地方商工会议所进行具体支援对策的实施。如札幌商工会议所的"札幌甜点传播事业"、会津若松商工会议所的"会津漆器"、山中商工会的"山中品牌"、武生商工会议所的"日本刀具"、京都商工会议所的"优质京都"、京都府商工会联合的"丹后染织"、南 AWAJI 市商工会的"淡路瓦的挑战"、府中商工会议所的"府中家具品牌"等。①

久保田公司作为日本大型的农机公司,在中国香港和新加坡设立了出口精米的销售公司,主要业务是将从日本出口的糙米加工成精米,向当地的饮食店和零售店销售。在 2015 年 1 月,久保田已与日本全国农业协同组合联合会达成协议,2015 年出口销售 1 万吨日本的大米。②

由于在海外出现"和食"(传统日本料理)热潮和日本国产水果备受欢迎的现象,日本政府也积极抓住这一机遇,力争提前实现 2020 年达到 1 万亿日元的出口目标。日本农林水产省于 2015 年 8 月与永旺和日本全国农业协同组合联合会(简称 JA 全农)等展开合作,构建出口日本国产农产品牌的新机制。运营购物中心(SC)的永旺将在调查当地消费者需求和偏好的基础上创建网站,而 JA 全农将利用涵盖日本全国各地区农协的网络,向网站提供青森苹果、山梨葡萄、新潟大米等各地的品牌农产品。在接受订单之后,JA 全农将从日本全国各地区农协收购农产品,通过雅玛多运输和全日空的物流网,配送

---

① 日本商工会議所、全国商工会連合会:『JAPANブランド育成支援事業活用のためのガイドライン』、http://www.chusho.meti.go.jp/shogyo/chiiki/japan_brand/download/Jbrand_Guide.pdf、2011 年 3 月。

② 岡田功:「クボタ　欧米の畑作市場参入へ」、『週刊エコノミスト』2015 年臨時増刊 6 月 4 日号、第 42 頁。

至消费者家中。日本全国农业协同组合联合会与日本约700个地方农协紧密合作,农产品的产品种类也将比原来更为丰富。

(二)行业协会的协调功能

日本工商业发达,涉及行业领域众多,各个行业都成立有各自的行业协会。这些行业协会为本行业的会员企业在政策提案、信息共享、事务协调等方面发挥着重要的功能。此外,企业及其行业协会同总部设在布鲁塞尔的欧盟、巴黎的经济与合作组织、联合国以及成百个设在纽约、罗马和日内瓦的联合国的特别机构和计划项目保持着联系。① 其主要目的是通过与国外相关组织间的密切联系,为本国企业的发展提供各类支持。

一般社团法人日本动画协会(The Association of Japanese Animations,简称AJA),成立于2002年5月,当时是以有限责任中间法人的性质成立的,最初有加盟企业20家,2009年5月改为"一般社团法人"。该协会是以统合日本动漫制作业界的意志,加强与相关企业及团体合作,以实现动漫产业整体持续发展为目的的团体。其主要业务职能有动漫产品制作的新技术研发、市场信息的收集与共享、创造各种附加价值、著作权保护的研究与实践、人才培养、开展与各相关团体间的合作与共同研究等。与日本企业海外发展相关的业务主要是通过动漫增进国际交流,与访日的海外政府相关团体等进行信息交流,向海外推介日本的动漫文化及推进技术合作,赴海外参加有关动漫活动的演讲及考察等。如派遣协会代表赴泰国曼谷与当地相关企业进行交流、派代表参加动漫方面的国际会议、在瑞典斯德哥尔摩举办有关日本动漫的展览(2004年)、派代表赴海外进行有关日本动漫文化的海外演讲等。

近年来,日本的纺织和服装投资者对将生产基地转移至泰国的兴趣日益浓厚。一方面是泰国有较为优质的生产技术、专业技术和设计,另一方面是泰

① [美]默里·L. 韦登鲍姆:《全球市场中的企业与政府:第6版》,张兆安译,上海人民出版社2006年版,第359页。

国还有着较为完整的供应链,覆盖上游、中游和下游,在地理位置、后勤和人力资源方面具有一定的竞争优势。在工业界当中,纺织工业被认为将取得最大的增长,根据日本—泰国经济伙伴协议,将涉及纺织品方面的关税削减,该协议从 2007 年 11 月开始生效。因此,日本纺织联合会积极在市场准入和技术合作方面帮助泰国的经营者,争取为日本企业在泰国的发展创造良好的经营环境。

公益社团法人日本水道协会设置于 1932 年 5 月,该协会跨越产、官、学之间的界限,作为协议机构,以普及水道及其健全发展、增进公众卫生健康为目的而设立。该协会涉及日本企业海外发展的项目有“海外水道信息收集、共享及国际活动的开展”,主要有通过国际会议进行信息的收集与共享;参加国际水道方面的学术会议;接收日本国际协力机构的研修生;向发展中国家推荐日本国际协力机构的专家以及参与国际水道联盟(IWA)的活动;举办各国水道协会联络会议;活用与海外水道协会间的人际网络,构筑实践性的合作机制;培养能够应对国际化社会的人才等。① 日本水道领域在世界上具有高超的技术水平和运营管理经验,随着全球各国水道业的国际化推进,该协会也希望日本的技术和经验能在世界其他国家和地区得以应用,为国际贡献、国际合作发挥力量。

一般社团法人海外建设协会(TheOverseas Construction Association of Japan,Inc. 简称 OCAJI)成立于 1955 年 6 月,是对日本建设业的海外活动开展及推进国际合作进行支援的社团法人组织。其事业活动主要涉及六个方面②。

其一是与政府相关机构等开展合作,致力于建设企业海外商务环境的整

① 公益社団法人日本水道協会:『日水協ビジョン(案)』、http://www.jwwa.or.jp/top/file/nichisuikyou_vision.pdf、2016 年 6 月。

② 一般社団法人海外建設協会:『一般社団法人海外建設協会』、https://www.ocaji.or.jp/lib/img/jp/about/ocaji_pamphlet_on.gif。

备。该协会与政府、相关机构等通过信息的交换与共享等方式强化合作，在建设领域促进日本与国外的交流，致力于日本建设企业在海外的项目更加顺畅地推进等。

其二是开展信息的收集、提供等服务。通过OCAJI海外支部①的网络、国内外各相关省厅、相关机构、国际金融机构等，收集和分析对海外建设活动有益的信息，并迅速地向会员及相关机构通过邮件、协会杂志等方式提供服务。

其三是通过国际合作与交流进行信息的收集与分析。为了通过建设业增进与世界各国的合作关系和相互理解。该协会积极地开展与国际机构、海外各国的建设业团体等之间的交流，除接受各国的各类任务，同驻日外国大使馆等进行信息与意见的交流外，还代表日本加盟了由16个国家和地区建设业团体组成的“亚洲西太平洋建设业协会国际联盟”（IFAWPCA），通过与各国的建设企业、建设业团体等之间的交流与合作，推进建设领域信息的收集和分析活动。

其四是海外调查团的派遣和接收。该协会在与会员、咨询业界、相关团体合作的基础上向海外派遣各种调查团，同时接待来自海外的各种视察团和调查团。调查活动涉及发掘并形成优良的海外项目的调查、新的基础设施建设项目的市场调查、与支持建设业的海外发展相关的调查、向发展中国家进行技术转移及产业合作等的调查、与日本ODA案件有关的实态、课题以及建设相关制度的调查等。

其五是调查研究活动。为了促进与海外建设企业相关的多样性风险的应对、新市场的开拓、优良案例的发掘与形成、ODA案件的顺利实施等，该协会以契约管理、无偿或有偿资金合作项目等的研究会以及在非洲、中国、印度、中东等的区域别的研究会等为中心，推进调查研究活动。

其六是在国内外举办座谈会、研修会、讲演会等。为了普及和提升与海外

---

① 截至2018年5月，一般社团法人海外建设协会已在首尔、北京、上海、香港、马尼拉、曼谷、新加坡、吉隆坡、加尔各答、科伦坡、伦敦、开罗、迪拜、内罗毕等25个城市设有海外支部。

建设活动相关的知识,面向进行海外建设的会员及其他相关人士和团体,该协会设置体系化的课程,邀请各界有识之士及国内外专家,举办“月例座谈会”、“海外要员培训讲座”、“海外建设工程的契约管理座谈会”等,并与外国的法律事务所共同定期举办“国际建设双语座谈会”等。另外,还以在海外工作的会员及相关企业的职员为对象,通过海外支部举办实务性的、实践性的主题座谈会等。

一般社团法人日本外食风险投资海外发展推进协会(JAOF)成立于2013年12月,主要业务活动旨在向全球推广日本的饮食文化及日本食材,汇聚日本的相应资源,共享技术和经验,并进行相关的咨询服务。具体而言,该推进协会从东南亚地区着手,在东南亚、北美、欧洲等建立据点(如日本食品街等),同时积极推动相关产品品牌化,该推进协会将在人员、物资、资金、信息等方面提供咨询服务。该推进协会于2014年12月与日本海外需要开拓支援机构(简称酷日本机构)合作,共同在新加坡出资成立合资企业,除设立食品中心外,还将在全日本范围内就食材的调配、食品开发、出口、市场营销等方面构筑平台,以吸引日本的外食风险投资企业向海外发展,并在以普及日本饮食文化为目的的人才培养教育等方面与各企业开展合作。①

一般财团法人工程技术协会于2013年4月2日向日本政府提出了名为“强化担负基础设施建设海外项目主体的日本企业的危机管理体制”②的建议书,就想定的恐怖袭击、绑架等准备必要的手册;充实公司内部的危机管理专家团队;强化企业的危机应对意识;强化海外事务所·工程现场(派出机构及宿舍)的安全对策及避难措施;非常时期通讯手段的确保(卫星电话是非常时

① 一般社团法人日本外食ベンチャー海外展開推進協会:『シンガポール共和国におけるJVの設立及びJVへの投資に関する合意について』、http://jaof.jp/141208.pdf、2014年12月8日。

② 一般財団法人エンジニアリング協会:『インフラ海外展開を担う日本企業の危機管理体制の強化に向けて』、https://www.enaa.or.jp/?fname=H25seisakuteigen.pdf、2013年4月2日。

期最有效的通讯手段）；海外国民在外停留情况及时向日本的在外使领馆提出备案；日本政府及在外使领馆与日本企业间信息的共享；关于日本政府及在外使领馆的危机管理应开设常设的洽谈窗口；关于包括在外使领馆的警告等危机、危险信息的发出；强化当地安全对策联络协议会组织；对被害者或被害企业的救济、充分考虑被害职员及其家属等非常具体而有操作性的建议。

2014 年 4 月 22 日，鉴于日本政府在 2013 年推出的“日本再兴战略”，并将基础设施建设项目出口作为其国际发展战略的重要支柱之一。为此，一般财团法人工程技术学会向政府提交了题为“希望基础设施建设出口进一步扩大”的建议书。其中涉及在案例形成阶段应继续官民一体的高层营销、促进在外使领馆与海外日本企业间的合作、强化对处于项目实证阶段的案件形成力的支持、为对象国的国家标准形成作出贡献以及获得国际标准、继续支持海外危机管理、在日本产业标准分类中进一步明确工程技术业的定位等提出了具体建议①。该提案同时向外务省、厚生劳动省、经济产业省、国土交通省、内阁官房、警察厅、国际协力银行、国际协力机构以及日本贸易保险等各省厅及施策机构提出。

一般社团法人海外铁道技术合作协会，成立于 1965 年 9 月。该协会设立的目的是进行海外各国有关铁道的调查研究、信息收集与分析的同时，向世界各国促进和普及日本铁道，并以此推进国际合作。其主要业务活动包括开展海外铁道相关的调查研究、对海外铁道相关的信息进行收集和分析、向海外各国介绍日本的铁道产业及铁道技术、发行会报及其他印刷品等，目前该协会有正式会员 195 个，其中法人会员 174 个，个人会员 21 名。

日本的各行业协会还对企业在海外参加展览会等方面积极予以支持。如 2010 年 5 月 27 日在由越南政府主办的国际核能展览会上，紧盯该国中部宁顺省核电站工程订单的日本等国的企业纷纷参展，积极展开推销攻势。该展

---

① 一般財団法人エンジニアリング協会:『インフラシステム輸出の更なる拡大に向けて』、https://www.enaa.or.jp/? fname=H26seisakuteigen.pdf、2014 年 4 月 22 日。

览会每两年举办一次,2010 年是第 4 届,主题为“着眼宁顺核电工程”,为期 3 天。日本的东芝、日立和三菱重工业这大三核电企业以及电力事业联合会、日本核能产业协会等共同出展,相关企业及行业协会为获得订单而联手展开推销。

(三)地方行业团体的支持功能

一般财团法人自治体国际化协会鉴于近年来日本的地方公共团体在海外活动的不断增加,为强化对地方公共团体的地方产品海外销路的拓展,该协会予以积极支持。该项目命名为“海外销路开拓支援项目”,资助对象一是相关团体、都道府县、市区町村;二是由地方自治体策划,与项目直接相关的海外销路拓展活动,且有着可预见的经济效果的情况下予以支持。资助额度一般是资助项目所需经费的 50%,在海外开展的项目,每一项目资助 500 万日元,在日本国内进行的活动每一项目资助 300 万日元。①

表 6-1 2018 年度海外销路开拓支援项目

	地方自治体	项目名称
1	秋田县	以米其林餐厅为目标在法国拓展日本酒及县产食品销路的项目
2	茨城县	中小企业越南销路开拓推进项目
3	千叶县	在越南、马来西亚等东盟国家开展的以新出口国的销路开拓、出口商品品目及数量扩大以及致力于下一代农业担当者的出口机制建立等为目标的农水产物出口促进项目
4	东京都台东区	在泰国进行商品展示会等中小企业支援及区内产业销路扩大项目
5	石川县	石川县在英国、法国及德国等欧洲国家进行饮食文化传播、县产品销路开拓的项目
6	山梨县富士吉田市	富士吉田市与巴黎歌剧院芭蕾舞团合作拓展富士吉田纤维制品出口的项目

① 一般財団法人自治体国際化協会:『海外販路開拓支援事業について』、http://economy. clair. or. jp/wp - content/uploads/2018/10/6d5785e82c2790971733156db8bfaa5a. pdf、2018 年 10 月 6 日。

续表

	地方自治体	项目名称
7	兵库县明石市	明石产品海外品牌化项目（在泰国、新加坡拓展明石产海产品销路）
8	长崎县	长崎县产品在中国福建省的销路拓展项目

资料来源：一般財团法人自治体国際化協会：『平成 30 年度海外販路開拓支援事業採択事業一覧』、http://economy. clair. or. jp/wp-content/uploads/2018/07/y30grant01. pdf、2018 年 7 月。

此外，自治体国际化协会还开展有海外经济活动支援特别对策项目。

表 6-2　2014 年度海外经济活动支援特别对策项目

	地方自治体	项目名称
1	北海道钏路市	在新加坡举办“钏路之饮食与观光”展示会
2	岩手县釜石市	友好城市经济交流系列发掘项目
3	岩手县盛冈市	在中国台湾台中市国际旅行展览会举办名为“盛冈・八幡平”的宣传活动，以吸引海外游客
4	宫城县	在美国开展宫城县产品的宣传活动
5	岐阜县	飞驒美浓魅力海外战略项目（面向法国的出口项目）
6	千叶县	在东南亚（主要是泰国及马来西亚）举办“千叶展”及千叶县的推广宣传活动
7	新潟县	中国销路开拓支援项目
8	富山县	在纽约举办富山传统工艺品展销项目
9	爱知县（岐阜县、三重县、名古屋市共同项目）	中部国际机场空港销售跟进项目
10	高知县	在美国开展县产品销路开拓活动
11	大分县大分市	在中国举办 2014 日本节

资料来源：一般財团法人自治体国際化協会：『平成 26 年度海外経済活動支援特別対策事業　採択事業一覧』、http://economy. clair. or. jp/wp-content/uploads/2018/07/y26grant01. pdf、2018 年 7 月。

日本还成立有地方行业协会，旨在为各地方的行业内会员企业提供服务与支持。如一般社团法人北海道农业机械工业会，推进北海道的农机厂商研发的高性能蔬菜用农业机械在欧洲销路的拓展,为其在德国举办的农业机械展览会的出展活动等予以支持。公益财团法人神户时装协会为神户市中小服装企业实施名为“制作在神户”的品牌销售战略,极力拓展海外业务,通过国际性的时装展来提高知名度。而广岛县的府中家具工业协同组合则积极支持本地家具企业进行商品开发,为其在欧洲高级家具展出展予以支持。①

① 中小企業庁:『JAPANブランド育成支援事業について』、2016 年 8 月 5 日、http://www.chusho.meti.go.jp/shogyo/chiiki/japan_brand/2016/160805Jbrand-koubo2.pdf。

第七章　综合商社：协调与统筹功能

综合商社是日本企业经营史上一种特殊的经济组织，有学者认为综合商社是“外国未见其例的日本独有的组织”①，也有学者认为这是一种“东方型”的企业发展模式。② 称其是日本独有的组织未免言过其实，因为韩国等国家也存在着类似的机构，如韩国的韩火、三星物产、晓星以及 LG 商事等。

需要指出的是，并不是所有的商社都可称为综合商社，日本还有一种以某类物品为主的专门商社。按照 1990 年日本《公司四季报》中对商社的分类，综合商社 9 家、金属专门商社 12 家、机械专门商社 38 家、食品专门商社 19 家、燃料·化学品专门商社 16 家、纤维·资材专门商社 44 家，另有其他商社 12 家，共计 150 家商社。③

学界对于综合商社的概念是以其特征来定义的，那就是：（1）交易商品涉及多个种类；（2）在国内及海外有数家支店或派出机构，其交易领域涉及国内商业、进出口贸易以及三国间贸易；（3）交易金额巨大；（4）一方面为产业提供机械、技师、原材料，另一方面通过开发产品的市场，对产业发挥组织者的功

---

① 大森一宏、大島久幸、木山実：『総合商社の歴史』、兵庫：関西学院大学出版会、2011 年 11 月、第 3 頁。

② 傅波华、梅木海：《“东方型”企业国际化发展及其经营策略初探》，《广东社会科学》1997 年第 1 期，第 25 页。

③ 羽路駒次、中村勝：『商学総論』、晃洋書房 1991 年、第 193 頁。

能;(5)通过融资以获得一手销售权,拥有复数的子公司及关联公司,具有持股公司的特点;(6)拥有现代化的经营管理体系等。[①] 也就是说,具备如上特征的商社才能称之为综合商社。

第一节　综合商社的发展历程

世界上,信息差、价格差、地域差、制度差、供需差处处存在,而这种差异会使商业交易产生成本,如库存成本、汇率成本、地区差异成本、交易成本、信息收集成本以及时间成本等,而综合商社的产生及其功能就在于利用上述各类差价来获取利润。

(一)综合商社的产生

有一种观点认为,日本最初的商社是 1865 年由坂本龙马等人在长崎成立的"龟山社中"[②],是作为支持当时的海援队而发展起来的,逐渐发展为现代化的公司。其主要职能是物资运输和中介服务,物资运输方面主要是当时与幕府作战的长州藩从海外采购的武器和舰船,而中介服务方面则是积极促成长州藩与萨摩藩的和解与联合。也有观点认为 1867 年兵库开港之际成立的兵库商社是在已有资料范围内最早以"商社"命名的组织。[③] 需要指出的是,幕末开国前后的日本并没有掌握与海外进行贸易的权利,而是掌握在外国人手中。

明治维新以后,一方面逐渐废除了同欧美列强间的不平等条约,与海外贸易的利权逐渐移交到日本人自己手中;而另一方面随着明治政府提出"富国

---

① 田中孝之:『総合商社の研究』、東洋経済新報社 2012 年、第 24 頁。

② 丸紅経済研究所:『最新総合商社の動向とカラクリがよ—くわかる本』(第 3 版)、秀和システム2015 年、第 11 頁。

③ 田中孝之:『総合商社の研究』、東洋経済新報社 2012 年、第 20 頁。

强兵""殖产兴业"等政策,获取发展资源和开展海外贸易成为日本政府必须面对的课题。1876 年三井物产设立,当时并无启动资本金,初期主要是销售官营三池煤矿的煤炭、出口政府的大米以及进口军用毛毯等。而出口的方式采取的是先赊物品,出口收款后再支付的形式,具有国策公司的特点。三井物产作为当时最大的贸易公司,在 1900 年时曾占有日本贸易总额的 23%。此外,明治初年还成立有 4 家贸易商社,其一是 1873 年创立的大仓组商会,资本金 15 万日元,主要从事进口业务。主要通过设在伦敦的支店为日本政府进口日用品、食品以及陆海军的军需品等,有着御用商家的特点。大仓组商会于 1998 年破产。其二是 1874 年设立的起立工商会社,资本金 3 千日元,是在当时的内务省支持下设立的,在纽约和巴黎开设有支店。主要业务是出口日本的陶瓷器、漆器、绢制品等,1891 年破产。其三是 1876 年创立的森村组,是由横滨的贸易商发展而来的,主要面向纽约出口日本的陶瓷器及漆器等。其四是同样于 1876 创立的广业商会,主要以中国的上海为据点,向中国出口北海道产的海带等,1886 年解散。①

三菱商事于 1918 年从三菱合资公司中独立而设立,初期由总务部、煤炭部、金属部、杂货部以及船舶部组成,设立时资金为 1500 万日元。成立初期的主要业务是继承原三菱合资公司营业部的职能,经营筑丰煤矿等的煤炭出口、销售等业务。

住友商事的产生,一种说法是由住友正友于 17 世纪初创办,是在住友家族收购了位于日本南方四国岛的一个铜矿后开始发迹的。还有另外一种说法是 1919 年成立的大阪北港株式会社,初期的业务并非商事活动,而是不动产经营,其以住友商事的名义开展活动是在 1952 年。

日本的综合商社还有另外一个来源,那就是关西地区的纤维系商社。在日本近代,纤维行业是日本主要的出口产业,从明治初年到 20 世纪 30 年代,

① 石井寛治:『日本流通史』、有斐閣 2003 年、第 105—106 頁。

日本的纤维原料、纤维产品曾占到日本对外贸易总额的50%左右。因此在关西地区,出现了众多以纤维原料、产品的销售为主要业务的商社。如伊藤忠商事、丸红、东棉、日棉、江商,号称“关西五棉”。纤维产业曾在日本资本主义发展史上发挥了不可替代的作用,战后有几家纤维系商社发展成为综合商社。①

(二)战争特需期综合商社的发展

在中日甲午战争、日俄战争期间,日本主要商品价格上升,海运市场空前繁荣。由于船舶不足,对于造船业以及钢铁的需求形成了一种“战争特需”,综合商社的事业领域随之进一步扩大。铃木商店(现在双日的前身)在这一时期迅速发展起来,一段时期还曾经超越三井物产,夺得日本第一商社的“宝座”。但铃木商店主要是以事业投资为基础实现商社综合化的,与日本工业化进程有直接关系,而三井物产是以对制造工业企业群的设立和经营发展进行支援来开展商业活动的,其与日本工业化的进程属于间接关系,这是二者的区别所在。② 从总体上来看,随着对外战争,商社的事业领域不断扩大,呈现向综合化发展的趋势。

第一次世界大战期间,同样是由于物资不足,世界各国对物资的极大需求再一次成就了日本的各大商社,使日本的商社获得了进一步扩大海外市场的机会,商社综合化逐渐形成③。三菱商事在一战期间,在中国各地(包括台北)、伦敦、纽约、新加坡等地纷纷开设事务所。另外,由于在中日甲午战争和日俄战争期间日本获得了巨额的赔偿金,使得日本的轻工业、重工业都迅速发展起来,而这也为第一次世界大战期间日本的出口奠定了物质基础。

---

① 大森一宏、大島久幸、木山実:『総合商社の歴史』、関西学院大学出版社、2011 年、第56 頁。

② 田中孝之:『総合商社の研究』、東洋経済新報社 2012 年、第 69 頁。

③ 大森一宏、大島久幸、木山実:『総合商社の歴史』、関西学院大学出版社、2011 年、第103 頁。

第二次世界大战期间，商社作为本应发挥的商事职能被限制，由于政府的相关政策，商社在物质采买等方面发挥着国策公司的实际代理职能，在国家的统一管理下开展经营活动。但这一时期日本的各商社逐渐涉足制造业，其事业领域综合化特征更加明显。

（三）战后综合商社的发展

战后初期，贸易活动被置于政府管理之下，贸易厅成为唯一的贸易机构。各大综合商社只能根据贸易厅规定的商品类别作为进出口代理机构开展委托贸易活动。随着民间贸易的重新开启以及外汇管制制度的实行，更重要的是占领当局于1946年发布了“财阀解体指令”。该“指令”作有如下规定：（1）解散公司并立即进入清算；（2）禁止新的交易；（3）禁止商业行为及资产转让；（4）对过去十年期间公司的干部予以限制；（5）禁止招收新职员；（6）禁止使用商号；（7）有提出各种报告的义务。① 随着财阀解体活动的推进，日本的各大商社尤其是三井物产和三菱商事面临着严峻的经营环境。随着占领期结束，被称之为“国际收支天井”的外汇管制制度取消，商社又获得了发展。综合商社积极从事重化工业原料及制成品的国内外销售，其主要业务涉及钢铁、有色金属、化学品、机械、能源、纤维及食品等领域。可以说，战后日本重化学工业的发展，得益于日本综合商社在资源进口、技术进口、产品进口以及资金供给等方面提供的重要支撑。

在日本经济进入高速增长时期，日本从重、大、厚型的重化工业向以技术、知识密集型产业转变。产业资本逐渐发达，日本进入资金剩余时代。流通领域产业的高度化和专业化以及厂商逐渐摆脱对综合商社的依赖等因素叠加，使得综合商社的功能尤其是融资功能趋于缩小。国内甚至出现了“商社斜阳论”的观点，认为综合商社的经营模式已经过时了。到了20世纪70年代，随

① 久保巌：『総合商社と世界財閥群——その動態的把握』、東京布井出版株式会社1975年、第16頁。

着石油危机的爆发,部分综合商社囤积资源的行为受到社会批判,使得银行不得不限制对综合商社的大额融资。随着日本高速增长期结束,材料产业进入过剩时代,80 年代初期日本的综合商社普遍面临严峻的经营环境,日本学界将其称之为综合商社的“冬之时代”。但实际上这种观点没有看到综合商社的“综合性”特点,而且综合商社的经营战略也在随着时代的变化进行调整。

表 7-1　9 大商社的规模(1973 年)　　(单位:百万日元,人)

	资本金	总资产	销售额	职员
三菱商事	33477	3201250	7484192	9682
三井物产	33042	3426008	6950944	10661
伊藤忠商事	26856	1883393	4237204	7280
丸红	30464	2046008	4444310	7848
住友商事	15686	1458597	4019474	5934
日商岩井	18136	1292824	3496166	6882
东棉	10000	1005427	1834198	4153
兼松江商	7260	729809	1911548	3920
日棉实业	10010	661550	1586800	3940

资料来源:教育社:『資料産業界シリーズ　会社全資料 15　総合商社上位 9 社の経営と比較』、教育社 1980 年、第 74—79 頁。

日本经济泡沫崩溃后,日本的综合商社进入一个调整期。一方面是人员的削减,有统计显示日本的 8 家综合商社从 1997 年的平均每家三到四千人,削减到平均人数 1400 人。另外,综合商社间也开始出现了兼并情况,1977 年安宅产业被三菱商事兼并,1999 年兼松商社缩小事业规模转变为专门商社,2003 年日棉和日商岩井合并为双日,2006 年丰田通商与东棉合并,仍称“丰田通商”。至此,日本的综合商社形成七家的格局,即三菱商事、三井物产、住友商事、伊藤忠商事、丸红、双日以及丰田通商。

此外,综合商社之间的业务统合也在进行。2001 年伊藤忠商事与丸红两家综合商社的钢铁事业合并成立伊藤忠丸红钢铁,2002 年三井物产与住友商事的建材事业合并成立三井住商建材,2003 年三菱商事与双日统合钢铁事业成立“金属一”公司,2008 年三井物产和丸红统合液化天然气事业,成立三井丸红液化天然气。

其实从 20 世纪 80 年代后半期开始,综合商社就已经在纷纷调整战略。其一是改变以往通过销售额竞争的方式,着力追求收益率的提高。从这一时期开始,日本的综合商社普遍实施子公司战略,将以往的许多经营据点改为子公司,使其独立运营,提高经营效率。将经营业绩好的子公司作为联结子公司列为合并会计对象,对业绩不佳者只作为权益法适用对象而从合并会计中排除。其二是强调经营领域的慎重选择和商社功能的高附加值化。其三是注重在全球范围内的战略实施,以求在世界经济中生存和发展。加强国际营销网络,扩大三国间贸易,同时广泛开展国际合作,增大对外直接投资,以世界经济为中心向多国籍化发展。

第二节　贸易、物流与中介功能

三菱合资会社(三菱商事的前身)社长岩崎小弥太曾在 1916 年形象地总结综合商社的功能是“将必要的商品或服务,以必要的方式有效地流通起来”①。目前的 7 大综合商社最初的经营活动基本上都起家于贸易,因此贸易与相伴而生的物流是综合商社最早、也是最基本的功能。

(一)贸易功能

日本的多数综合商社都隶属于不同的大型企业集团,一个典型的日本企业集团一般包括一家大银行、几家工业企业和一家综合贸易公司。在业务收

① 丸紅経済研究所:『最新総合商社の動向とカラクリがよ—くわかる本』(第 3 版)、秀和システム2015 年、第 28 頁。

缩时期,贸易公司通过信贷进口原材料,并把国内滞销的产品大力向国外推销。[①] 如三井物产隶属于三井集团,三菱商事隶属于三菱集团,住友商事隶属于住友集团,丰田通商隶属于丰田集团,各大商社都承担着集团内为数众多的制造业企业的原材料采购、产品出口等业务,负责集团内的贸易往来是其主要业务内容。以三菱集团为例,截至 2018 年 12 月,三菱集团内共有企业 626 家,集团内企业间的贸易大多通过集团内的综合商社来进行。如三菱商事在中国、缅甸、印尼、泰国、马来西亚等地成立有合资或独资公司,其主要业务就是销售三菱汽车公司的汽车等。

在战后初期,为了解决日本国内产品滞销问题,还曾有过由政府出面为制造业企业指定贸易公司为其销售产品的时期。1953 年当时的通产省(现今的经济产业省)产业合理化审议会就号召贸易公司与生产厂家组织集团。"实际上,这意味着如果贸易公司还没有和企业建立联系,通产省将会为其指定一个。凭借着颁发执照的权力和提供优惠资金的能力,通产省最终从占领期间遗留下来的约 2800 个贸易公司中,筛选出大约 20 个大公司,每个商社为一个银行系列或由中、小生产商组成的卡特尔服务。"[②]这样的历史背景,使得综合商社与制造业企业或大型企业集团的联系变得密切起来。

综合商社所涉及的贸易大致可分为如下几种类型。其一是出口贸易,即将日本国内的产品出口到国外市场,或直接出口至海外的合作商,或者经由综合商社在海外设立的子公司进行销售。

其二是进口贸易,即将日本国内尤其是集团内企业所需的商品、原材料、设备、能源、资源等进口至国内,或直接向订货商销售,或经由国内综合商社的

---

① [美]查默斯·约翰逊:《通产省与日本奇迹——产业政策的成长(1925—1975)》,金毅、许鸿艳、唐吉洪译,吉林出版集团有限责任公司 2010 年版,第 225 页。

② MITI, Nempo(fiscal 1954), p. 80; MITI, 1965, PP. 573 - 575; and MITI Jouinalists' Club, 1956, p. 42. 转引自[美]查默斯·约翰逊:《通产省与日本奇迹——产业政策的成长(1925—1975)》,金毅、许鸿艳、唐吉洪译,吉林出版集团有限责任公司 2010 年版,第 225 页。

公司向国内需求客户进行销售。

鉴于日本国内资源、能源短缺，获取海外的资源、能源等原材料是综合商社涉及众多领域中非常重要的一个方面，因此在综合商社的销售额中，多数来自于资源、能源、矿石、金属等原材料，而出口则多以机械等为主（详见表 7-2）。

表 7-2　9 大商社销售额（领域别）（1973 年）　（单位：百万日元）

	金属·矿产	机械	燃料·化学品	食品	纤维	物质·资材
三菱商事	2,323,093	1,265,293	1,432,644	978,857	700,761	785,514
三井物产	2,345,931	1,179,604	796,996	1,007,444	650,536	987,209
伊藤忠商事	644,014	714,597	648,040	515,948	1,358,852	347,346
丸红	1,196,970	925,781	387,694	566,768	895,652	468,240
住友商事	1,415,842	718,252	592,156	451,764	316,383	356,058
日商岩井	1,360,258	652,898	—	388,449	351,144	—
东棉	439,184	302,542	135,138	260,318	470,933	—
兼松江商	405,208	213,100	169,417	330,842	506,229	196,432
日棉实业	381,766	195,591	166,156	322,294	336,100	184,893

注：日棉实业的金属·矿产中包括燃料。

资料来源：教育社：『資料産業界シリーズ　会社全資料 15　総合商社上位 9 社の経営と比較』、教育社 1980 年、第 84—94 頁。

其三是第三国贸易，即在海外进行采购后直接销往有需求的第三国。如截至 2018 年 10 月，三菱商事在国内有 25 个据点，而在海外则有 180 个据点。通过海外各个据点之间的贸易量正在不断增大。

其四是投资+贸易，即综合商社直接在海外设立制造企业或投资资源、能源开发，所生产的产品或获取的资源、能源再向日本国内或第三国销售。产品方面如三菱商事、三菱汽车工业在海外合资开办的 LEJ 公司，以三菱汽车为主向国内外提供电池。能源方面如在澳大利亚西部的 LNG 生产项目中，由三菱商事和三井物产各出资 48%、JX 日矿日石能源公司出资 4%设立，主要是获得 LNG 出口的代理权，已获得日本国内 10 家企业进口的代理权。在文莱的

LNG 项目,三菱商事出资 25%,面向日本供给每年 700 万吨的 LNG,是日本最早的大型 LNG 项目,可以维持 40 年以上的供应。

由于缺乏资源,日本经济发展主要依靠进口,再将其加工后出口,由此产生附加价值。在这一过程中,原材料的进口以及产品出口方面的业务不可或缺,于是综合商社这一商业模式便应运而生。随着全球化进程的不断推进以及各大综合商社海外据点网络的不断扩大,第三国贸易和投资+贸易的形式在综合商社的贸易中所占比重将日益增大。

(二)物流功能

与贸易功能密切联系的是综合商社的物流功能。国内外间的贸易、第三国间的贸易都离不开物流。日本的各大综合商社都有着自身庞大、完善的物流系统。一般的物流流程通常是制造商将产品运输至仓储地,再从仓储地运输至批发商处,再从批发商处运输至零售店进行销售。但综合商社的优势则是将上述流程的物流进行一元化管理。另外,涉及国际间的贸易,除物流本身外,还涉及与之相关的诸多繁杂手续。而综合商社也将其一元化处理。例如,在资源、能源的海外获取方面,虽然也有独资的情况,但大多数案例是综合商社以参股的形式与日本的资源、能源企业或者资源、能源所有国的企业进行合资设立新的项目公司,主要是为了获得资源、能源的销售代理权。例如,在澳大利亚西部的 LNG 生产项目中,三菱商事主要负责进口通关、纳税、与交易双方的联系等各个环节的业务。

各大综合商社为获取海外的资源和能源,基本都拥有轮船、油轮、液化气专业运输船等设备。三菱商事在 2005 年将下属的原油、石油产品运输油轮转移到了新加坡。新加坡近年来已发展成为亚洲海运物流的重要基地,并且新加坡本身也非常注重对海运事业的扶植和培养,积极培养海运专门人才,并积极吸引欧美、亚洲各国的优秀海运人才来新加坡发展,因此,近年来新加坡集中了一大批优秀的海运方面的专家人才。优良的海运业发展环境与优秀海运人才的聚集,是三菱商事将石油及其产品的海运物流基地选择在新加坡的重要原因。再如,三菱商事在美国洛杉矶的近郊拥有自己的油轮设备,以便向日本及其他国家和地区销售美国西海岸地区的石油产品。三菱商社还与海外成立有石油焦炭工业公司,其主要业务就是对JX日矿日石能源公司生产的石油焦炭进行仓储和物流。

再以日本的服装业为例,日本的服装业和服装专卖店大多不在日本国内开设工厂,而主要通过贸易公司在海外生产。因人工费用低廉,这些业务大多集中在中国,从中国进口的比率已经高达8成。但近几年中国人工费上涨了约1倍,为满足日本国内低价位产品的需求,这些服装企业不得不另辟可确保赢利的生产渠道。日本服装业纷纷加大了从人工费用更为低廉的新兴经济体国家的采购力度,日本各综合商社及贸易公司竞相扩大在东南亚的服装生产和采购,主要对象国有缅甸、越南、柬埔寨以及印尼等。

(三)中介功能

物物交易有着非常悠久的历史,而在海外直接投资设立制造企业则基本上是近代以来的事情。日本的综合商社自成立之初就多以贸易和物流业起家,在不断开拓海外市场的过程中,综合商社一方面与海外的客户建立起了相对稳定的交易关系,围绕综合商社形成了一个较为广泛的企业群体抑或利益相关者;另一方面对各个国家的国情、制度、法律、风俗习惯以及各个领域的经济信息、商业行情等都有较为深入的了解。在信息不对称的情况下,上述信息资源对于综合商社来说,无疑是一种“生财之道”。因此,介绍海外客户,收集并提供各类商业信息,开展相应的咨询与斡旋服务并从中收取“手续费”这些中介业务,也成为了综合商社的一项重要职能。

因此,按照商社的传统业务模式,综合商社的利润来源往往是赚取信息差所带来的利润。譬如日本的实体公司即便想知道某个国家某种商品的价格,但困于渠道有限无从知晓。而综合商社则有着天然的便利性,派驻当地的人员就可以打听到相关行情。正是在这种传统业务模式中,实体公司获得重要的市场信息,而综合商社则从中赚取中介费。另外,综合商社还常常为一些有对外直接投资意向的其他企业提供咨询,并协助他们制订计划、建立工厂、提供原材料并负责产品销售工作,形成一整套国际服务项目。①

综合商社拥有丰富的海外网络和商品交易网络,可以为交易双方提供有价值的情报。另外不单单是提供信息,对信息加以分析,为客户开辟新的事业和开拓新的市场,则更是提高了信息的附加价值。② 综合商社在海外设立有为数众多的据点网络,如表 7-3 显示,三菱商社在 1918—1945 年期间就在世界各地设立有数十家事务所。这些事务所重要的一项职能就是广泛收集各类信息,再提供给有需求的客户。因此,日本"综合商社活动的基础就在于信息的综合利用"。③ 总之,综合商社的海内外交易范围广泛,其销售与信息收集的海外网点众多,也发挥着一定的信息服务功能。

表 7-3 三菱商事的海外事务所的推移(1918—1945 年)

地区 年	朝鲜、中国台湾	中国				东南亚、澳洲、中近东	欧洲	北美洲	中南美	合计
		"满洲"	华北	华中	华南					
1918	2	4	5	5	3	3	3	1	0	26
1931	9	3	3	2	1	6	4	4	0	32
1937	10	7	4	3	1	14	5	3	2	49
1939	10	9	9	4	2	18	6	3	2	63
1941	9	10	17	9	4	21	5	4	8	87
1943	10	9	20	14	5	47	3	0	0	108
1945	13	9	27	15	5	62	0	0	0	131

资料来源:三菱商事株式会社:『三菱商事社史』上卷、三菱商事株式会社 1986 年、第 455、576 頁。

① 张宗斌等:《日本大规模对外直接投资的经验教训及借鉴研究》,经济日报出版社 2015 年版,第 101 页。

② 丸紅経済研究所:『最新総合商社の動向とカラクリがよーくわかる本』(第 3 版)、秀和システム2015 年、第 34 頁。

③ 長谷川慶太郎:『甦れ! 日本経済:「自助努力」の経営者が生き残る』、東京、PHP 研究所、1995 年、第 231 頁。

再如三菱商事在英国伦敦设有金属事业的本部，主要的职能就是作为LME（伦敦金属交易所）的成员，密切关注金属产品的价格变动情况，以便及时准确地作出相关决策，或是提供给有需求的客户，发挥着经纪人的职能。

但随着互联网和信息化程度的不断普及，综合商社通过中介来赚取利润的空间在逐渐缩小，信息优势已变得不是那么明显了。

基于综合商社在贸易、物流及信息等方面的优势，在日本企业“走出去”的过程中，综合商社一定是最先进入某一市场的，它的一个最重要的职能就在于获得产业情报和投资机会，打开当地的“商路”，进而控制“商权”，为制造业企业的进入开路，赚取中介费或者与他们分享整个产业链的利润环节。在日本企业“走出去”的早期阶段，综合商社更是发挥了“先导”功能，为其介绍海外客户、寻找合作伙伴、咨询行业信息等。在中国改革开放初期，最早进入中国并投资设厂的企业，有许多都是经由综合商社的介绍、斡旋而引进的。

第三节　价值链参与功能

基本上从20世纪80年代中后期开始，日本各大综合商社的经营战略都进行了逐步的调整，由原来的强调市场竞争和市场占有率以及销售额为主，转向致力于综合商社实际收益率的提高。在实际运营方面，也由原来的以贸易与中介服务为主，向上、下游产业链延伸，不仅进行投资而且有的还实际参与经营，分享不同环节的利润。

综合商社往往依托已有的企业，对其产业链上下游外围企业进行投资，目的是打通产业链和价值链，维持与生产企业的长期合作关系，取得产品的贸易代理权，这与商社作为产业组织者的定位有极大关系。因此许多商社是否投资某个项目的主要考虑因素并非追求利润第一，而是追求长远的产业发展空间。

也正因如此，在20世纪80年代，综合商社是对外直接投资的主体，这一时期综合商社的投资多以投资参股的方式进行,此后综合商社在项目中参股的比例还在逐渐减少。之所以愿意拥有少数所有权,一方面是由综合商社独特的投资功能所决定的,另一方面原因是综合商社已经由传统投资主角转变为投资配角。综合商社作为对外投资方之一的主要功能是充当交换领域和生产领域的代理商,首要业务是贸易中介。只要在生产企业里参与少量的股权,就能够在这家海外企业中得到贸易经营机会和取得贸易代理权等,并可以通过这种模式维持与企业方的长期合作,而并不需要商社本身具备独立经营制造企业的能力。故此,综合商社只需将自己贸易中介的功能不断拓展,掌握海外企业经营过程中贸易流通的控制权,经营领域越广泛,营业额就会越大。[①] 以三菱商事为例,三菱商事集团下设有地球环境·基础设施建设事业集团、新产业金融事业集团、能源事业集团、金属事业集团、机械事业集团、化学品集团、生活产业集团等,开展多种经营。

综合商社参与价值链的经营活动,涉及领域极其广泛,主要有如下几个主要领域。

其一,是能源、资源的开发。在海外有日本企业参与的大型能源、资源项目,几乎都有综合商社的存在。在海外能源开发方面,综合商社的积极参与是日本有别于欧美等其他国家的一大特点。日本的综合商社常常通过与产油国签订长期合同或控制油田权益等形式,为日本获取油气资源。而且多数综合商社如三菱商事、三井物产等甚至拥有自己的天然气固态化设备及液化天然气货运船,积极主导或参与能源物流。

综合商社对能源、资源领域的投资,一方面是以参股的形式进行直接投资,另一方面则是以海外并购的方式进行。综合商社参与能源、资源开发的案例不胜枚举。

油气资源领域中,有三菱商事株式会社以 29 亿美元购入加拿大卑诗省的

① 张宗斌等:《日本大规模对外直接投资的经验教训及借鉴研究》,经济日报出版社 2015 年版,第 76—77 页。

油气资产，三井物产株式会社及三菱商事株式会社出资20亿美元收购伍德赛德石油公司的液化天然气资产，日本丸红株式会社下属的丸红油气开发公司以6.5亿美元价格购买英国石油公司位于墨西哥湾的四处深海油气田开发权，日本丰田通商公司以约80亿日元的价格取得澳大利亚东南部维多利亚州近海天然气田"奥特威气田项目"5%的权益，这也是丰田通商第一次参与面向澳洲国内市场的天然气生产和销售。

伊藤忠商事及国际石油开发帝石公司2010年增持阿塞拜疆共和国位于里海的"ACG油田"权益。两公司认为中国等新兴市场国家的经济高速发展将增加对能源的需求，从而推动原油价格上涨，在此形势下需确保稳定的原油供应源。伊藤忠和国际帝石分别于1996、2003年首次获得开发权益。此外，三菱商事还与日本国际石油开发帝石公司合作共同参与委内瑞拉的油田开发。

日本的综合商社还积极参与海外的新能源产业，如住友商事2010年出资49.9%在法国南部城市莱梅成立合资公司，建设并运营大规模太阳能发电站，装机容量为30兆瓦，开展太阳能发电业务，所生产的电力将出售给法国电力集团。这也是日本企业首次在法国参与太阳能发电业务。此外住友商事还在西班牙等地开展太阳能发电业务，逐步在欧洲扩大对新能源的投资。此方面的案例还有日本川崎重工业公司与大型商社双日在2010年合作获得了俄罗斯远东地区热电联供装置的大订单，其核心装置为燃气涡轮发电机。在矿产资源方面，有三菱商事出资4200亿日元收购智利铜矿等案例。

其二，是基础设施建设领域。日本承接了缅甸最大城市仰光东南部的土瓦经济特区（约400公顷）的开发和基础设施建设，由三菱商事、丸红、住友商事、国际协力机构（JICA）等日本企业及机构进行，约有40家日本企业参与其中。①

---

① 中川美帆:「900兆円市場インフラ獲得の熾烈な戦い」、『週刊エコノミスト』2015年5月19日号、第19頁。

水务事业也是日本综合商社在海外积极参与的基础设施建设领域之一,例如,在并购澳大利亚水道事业公司的项目中,就是由日本产业革新机构(INCJ)、三菱商事以及日挥等共同构成的国际财团进行的。而在并购原由西班牙一家商业银行所拥有的智力水业公司100%股权的案例中,也是由丸红与产业革新机构构成的国际财团进行的。

铁路项目是近年来日本政府和民间企业极力向海外推介的项目,并且也确实取得了不错的业绩。例如,住友商事与日本最大的铁路车辆制造商"日本车辆制造公司"共同出资的车辆制造公司"中国台湾车辆",于2011年1月获得了中国台湾铁路管理部门296辆客车的订单。订单总额约440亿日元(约合35亿元人民币),这些客车将被用在连接台北近郊与主要城市的路线上。丸红、东芝、东日本旅客铁路(JR东日本)也于2013年获得了泰国地铁"曼谷紫线(Purple Line)"的车辆和信号系统订单。

积极完善营商环境,也是综合商社在基础设施建设方面的投资方向。三井物产、丸红、伊藤忠商事等大型综合商社与国内建筑公司合作,在欧美各地兴建饭店、公寓,并且多方面地协助本国企业实现国际化。① 近年来,无论是日本政府还是民间企业都非常注重东南亚这一庞大的市场。但鉴于东南亚许多国家基础设施环境欠佳,日本各大商社加速在东南亚建设工业园区,完善电力、道路、水处理等基础设施,为缺乏资金实力的中小企业进驻创造条件。

其三,是在生活消费领域。有别于三井物产和三菱商事等综合商社的利润主要来自资源、能源领域,伊藤忠商事近年来积极拓展非资源领域市场,力争在非资源领域获得更多的利润来源。目前,伊藤忠商事利润来源的8成来自非资源领域。伊藤忠商事于2014年与泰国最大规模财阀正大集团展开资本和业务合作,在粮食和化学品等资源以外的广泛领域统一推进业务,共同开拓亚洲市场。伊藤忠商事目前将业务的重点主要放在饲料、畜产和水产等相

① 张宗斌等:《日本大规模对外直接投资的经验教训及借鉴研究》,经济日报出版社2015年版,第101页。

关领域,将来还将在保险和信息通信领域扩大合作。伊藤忠商事将提供全球商品采购网和信息收集力等资源,帮助正大集团在业务基础薄弱的欧美地区扩大销售。① 此外,伊藤忠商事还对中国的卜蜂国际出资 25%,该公司在饲料市场占有第 2 大份额。

除饲料等领域外,伊藤忠商事还积极投资于食品领域。日本肉类加工企业普利玛火腿与伊藤忠商事及山东省龙大食品集团携手进入中国肉类加工市场,三家企业于 2015 年成立合资企业(龙大集团旗下的山东龙大肉食品出资 51%、普利玛和伊藤忠合计出资 49%),向中国市场供应采用日本解冻、切割技术加工的高品质肉类商品。这是日本大型肉类加工企业首次在华成立肉类小包装加工基地。②

生活领域中有一项重要的业务就是废旧物品回收,近年来日本的各大综合商社都关注到了这一巨大的潜在商机。三井物产于 2015 年携手从事家电回收等的中国深圳市格林美高新技术以及日本的大型专业公司 HONEST,进军中国的汽车零部件回收再利用业务。将从废旧车中拆解出发动机等,然后通过清洗和修理再加以销售。从出资比例来看,格林美占 45%,HONEST 占 30%,而三井物产占 25%,三井物产出资约 2 亿日元。另外,丰田通商也在中国建立了多个基地,进行报废汽车的回收业务,将拆卸后的铜、钢铁等废料物资进行销售。

其他综合商事也积极涉足生活消费领域,扩大利润来源,延展价值链。如三菱商事与无印良品合作在英国成立合资公司,在以英国为中心的欧洲开设了 44 家店铺(截至 2017 年 2 月末),销售无印良品的商品。同时,三菱商事还与优衣库合作在泰国成立合资公司,在曼谷及其周边设立了 34 家店铺(截至

① 日经中文网:《伊藤忠与华人财阀资本合作转换亚洲开拓模式》,2014/07/25,http://cn.nikkei.com/industry/management-strategy/10310-20140725.html。

② 日经中文网:《日企要用“盒装肉”开拓中国市场》,2015/07/13,http://cn.nikkei.com/industry/tradingretail/15068-20150713.html。

2017 年 2 月末),销售优衣库的服装等产品。丸红还集结了行业内的诸多企业涉足农业领域,开展在中国销售日本式农业技术的项目,将成套提供幼苗、人工培养土、设备管理方法等设施栽培的所需技术。

近年来,日本对向海外推介医疗产业的活动也不遗余力。受日本国内医疗市场萎缩等因素的影响,摆脱单独依赖国内市场显得迫在眉睫的日本医疗行业与力图走出资源能源依赖型藩篱的日本综合商社一拍即合,双方在海外主要是东南亚等地的医疗领域展开互惠合作。2013 年 9 月,三井物产向亚洲最大医院集团(IHH Healthcare 公司)出资 900 亿日元,在 IHH 旗下的新加坡综合医院共同开设诊所,向外界提供日本的治疗技术。而这家诊所正是兵库县神户国际前沿医学扶植中心(International Frontier Medical Support0,以下简称"IFMS")与三井物产 100%出资的 Medicro Partners 共同开设的生物肝移植与肝脏疾病专业诊所。丰田通商也在 2013 年与西科姆集团(SECOM Co., Ltd.)在印度合作开设了一家综合性医院,日本高端医疗机器也将顺势进入印度市场。日本阵营打入医院经营之后将带动一个产业链,日本高端医疗、医疗机器、医药品、医院饮食等多个下游业务端都将出现在世界的医疗产业链上。

综上所述,综合商社积极参与价值链的构建主要具有如下三方面的特点。

(1)多以参股方式参与投资经营活动。综合商社在海外的许多项目都是以参股的形式出现,与项目涉及领域的专业企业进行合作(如能源领域与日本的能源企业进行合作,水务方面与专业的水务公司进行合作,而在铁路项目方面则与日本的各大铁道公司进行合作等),或者与对象国的企业成立项目公司。通过战略联盟、联合经营协议等方式,不仅增强了开发能力,也起到了共担风险、共享利益的作用。其目的在于积极拓展自身的产业链和价值链领域和环节,并分享其中的利润环节,例如综合商社参与海外资源、能源开发的项目,主要目的是为了获得资源和能源的销售代理权。同时,综合商社以参股的形式参与项目,也是其维护与日本相关企业业务关系的一种重要形式。

(2)在价值链中发挥补链职能。比起在某一行业具有专业优势的企业来说,综合商社的优势就在于“综合性”。综合商社自身涉及领域广,而且在物流、金融、信息等方面具有自身优势。而这些综合性的特点,使得综合商社在参与的项目中能够发挥补链作用。即根据具体情况可以发挥不同的职能,有的是对制造业产品进行销售,有的是对资金不足情况下的融资,有的是对项目运营建设方面的统筹和协调,而有的则是侧重于调研、咨询或市场分析等服务。

(3)积极参与价值链还发挥了综合商社的协调与带动功能。日本的大型跨国企业在海外的发展,较多采取“产品的配套式投资”与“综合商社伞型投资”等投资模式。在产业群集聚方面,除大型制造业企业向海外发展时会带动日本国内为之配套的零部件生产商随之向海外发展这种“产品的配套式投资”外,综合商社也发挥了协调与带动功能。在日本跨国公司的对外投资中,超过半数以上的项目都有综合商社的参与。综合商社不仅其本身商业规模大,而且与日本制造业和金融业都存在很深的内在联系,社会协作化程度高,横向联系广,拥有庞大的合作企业群。日本在海外的许多项目,是在综合商社的斡旋、组织、协调下最终实现的。进而形成了一种围绕综合商社,不同行业企业共同参与项目的“综合商社伞型投资结构”。

不过,综合商社积极参与价值链并分享相应的利润,也存在着一定的风险,尤其是在资源开发领域。近年来,得益于技术进步,从地下深处的页岩层开采页岩油和页岩气的成本不断降低,相关商业生产在美国等地已正式铺开。在美国等掀起的这场“页岩气革命”推动下,部分日本综合商社也致力于相关投资与开发,然而并非所有计划都一帆风顺。例如住友商事于 2012 年投入约 1100 亿日元在美国德克萨斯州获得页岩油开发权益,但在启动试勘探后发现地下油层的复杂状况超出了预期,需要很高的开采成本,最终导致能够获得的页岩油产量不足以回收资金。另外伊藤忠商事于 2013 年对美国俄克拉荷马州的资源企业 Samson Resources 曾实施了 25%的出资,但由于经验不足、业务难以预测以及人工费等成本上涨导致盈利状况恶化,使得伊藤忠商事不得不对该企业保有的页岩气开发区进行重新评估,认为短期内在技术上和经济上都难以实现商业化生产。由于页岩油田和页岩气田很多位于地下深处,因此很难预测能否进行有效开采。

另外,日本的综合商社在海外也存在竞争情况,如在智利的铜矿山开发以及澳大利亚液化天然气的开发项目中,三菱商事与三井物产都曾竞相参与,其结果是两家企业不得不被迫实施大规模的减损处理。① 因此,对于日本企业而言,虽然商机不断扩大,但有关开发的风险也会越来越大,相关业务评估的重要性也将凸显。

第四节　金融功能

综合商社除贸易、中介、物流、投资等功能外,还有一项重要的功能,那就是融资功能。综合商社的金融功能有几个方面,其一是综合商社自身在海外市场发行债券;其二是筹措低成本资金进行有效运作,密切关注股票、债券、期货等所有金融商品和所有国家的货币,从筹措、运用两个方面以最佳状态进行金融产品营销组合。"大型项目的制度金融、协调融资等安排,以及向交易方的转账支付和提供担保等,都是综合商社金融业务的职能。再如,贵金属交易、外汇交易、不动产基金、证券投资、资产流动化商务等金融业务都为综合商社带来利润,因此金融服务是综合商社的一大利润来源。"②此外,综合商社还将金融功能逐步向金融产品的开发、销售甚至基金等投资功能扩展。

融资功能源于综合商社有着较为充足的自有资本、资金的筹措能力(综合商社凭借其强大的公司体量和信誉度可以从银行获得充足的贷款),以及对自有资金的运作能力,而对企业贷款进行担保则是源于综合商社在企业界

---

① 日经中文网:《日本大商社栽在资源业务上》,2016 年 3 月 31 日。

② 丸紅経済研究所:『最新総合商社の動向とカラクリがよ—くわかる本』(第 3 版)、秀和システム2015 年、第 35 頁。

及日本社会中的信誉度。

在日本经济高速增长时期，综合商社常常以传统的商社金融介入日本企业的经营活动，例如营业信贷、短期贷款、赊销（信用销售）、转贷、票据融资、向交易方提供过渡性信贷、提供融资担保、预付货款等金融业务。综合商社向海外发放的贷款有时还往往会多于他们本身的股本投资，其背后的原因主要在于综合商社将大部分资金都运用在了攫取海外的资源和能源方面，通过这种方式取得稳定而长期的原材料供应或者获得销售代理权。

在对海外资源的收购中，日本政府或企业多依靠三菱商事、伊藤忠商事、丸红、三井物产等这些商业色彩浓厚的多种经济成分组织。这些商社以资本借贷的融资形式与资源国签订长期供应合同，确保资源供应的稳定性和价格方面的优先权。

故此，综合商社常常将资金以优惠的条件贷出，利率要低于现行市场的利率，而且偿还周期长并可以延期偿还，甚至还可以不用货币偿还贷款，而用商社愿意接受的原材料代替。若商社金融业无法满足企业的资金需求时，商社将凭借其良好的资信能力向大银行借入资金，作为大银行与企业之间的中间人，也称为“间接金融”。

综合商社上述以“贷款换取进口”的方式，其收益稳定程度明显优于“投资换取进口”，而且债务人也无需担心重新安排债务和借贷者信用程度的下降，因此同时受到了购买方和资源供应方的采纳。不仅商社本身在对外投资中热衷于海外贷款，商社的海外公司和子公司也利用综合商社自身稳定的信用水平，将其筹集来的资金借贷给他们的海外企业。日本的诸多综合商社在海外都设立了海外金融子公司，以销售融资和资金运用为重点，开展综合性的金融业务。如三菱商事在 1984 年以后设置了 6 个海外金融子公司。其目的在于建立贸易银行，承担债券市场上的买卖中介、投资顾问、贷款、商品的国际经营等综合业务，并以其信用实力为依托，发行短期流通债券筹措资金。

有些商社还在海外开展金融领域的合作，创办投资基金。例如三菱商事与中国科瑞集团于2011年7月在中国香港成立合资公司,设立投资基金,总投资额为100亿日元,双方各占50%的股份,是第一家专门为日本企业开展中国业务提供支援的投资基金。投资对象是拥有技术、品牌实力但因不具备独立开展中国业务而需要支援的中坚企业。主要包括:①具备长远发展条件的日企;②在华设立合资公司的日企;③与日企建立战略合作关系的中国企业等。投资领域涉及节能技术、水处理、蓄电池等环境能源领域、餐饮服务业、面向高龄者的银色产业等。投资年限为5年,计划于数年内投资3—4个项目,目标收益率为10%以上。综合商社把这种融资类的功能作为对外直接投资中重要的战略工具,以少数的资本投入控制了附属企业大量的交易活动,起到了事半功倍的效果。①

综合商社的上述金融业务,尤其是经由银行贷款给综合商社,综合商社再转贷给企业的所谓"间接金融"(作为贷方的金融机构经由综合商社向中小企业贷款比较容易确保其债权的安全性,故对综合商社的贷款额庞大,因其有"商誉"),完成了由中长期信贷向中短期信贷的转换。间接金融方式弥补了银行信贷缺陷,扩大了民间企业的融资渠道,是对银行等金融机构的有益补充,承担了银行应有的融资职能和信用担保职能,同时也代替银行承担了本应由银行来承担的风险。

综合商社之所以有强大的融资能力,也与其投资方式密切相关。如前所述,综合商社在海外项目中的参股比例一般都比较小,其原因就是注重资金的流动性,能够维持商社高比例的资金周转率。

综合商社的金融功能,"解决了不少企业资金周转的困难"②,对于那些因各种原因难以从银行获得贷款的企业尤其是中小企业来说,无疑是一种极大的支持。综合商社通过贸易功能和金融功能,从实物与资金两个方面密切了

---

① 张宗斌等:《日本大规模对外直接投资的经验教训及借鉴研究》,经济日报出版社2015年版,第97—98页。

② 王键:《日本企业集团的形成与发展》,中国社会科学出版社2001年版,第171页。

与交易客户间的关系。

在日本因石油危机进入低速增长后，随着经济发展速度的放缓，企业以及日本社会整体对资金的需求都有所降低。再加之石油危机之后，日本出台了对大额融资的限制，从而使得综合商社的金融功能在逐渐弱化。所以，综合商社积极在日本国内开展直接金融活动，通过股票扩容增资和发行可转换公司债券等继续开展金融活动。

第八章　服务型组织：全方位的服务网络

企业在“走出去”时需要对投资目的地的法律、投资环境、合作方的详细情况、政府的态度乃至当地的文化民俗等进行细致而周密的调查研究，只有这样才能避免企业进军海外时陷入盲人摸象式的尴尬，否则信息不对称将造成“逆向选择”问题和“道德风险”问题。而上述行为仅靠企业自身单方面的努力是难以实现的，需要得到多机构、多渠道的支持与配合。日本在海外有着数量众多的派出机构，如日本贸易振兴机构、各类咨询公司、综合商社、当地商会以及各类的政府派出机构等，从而为“走出去”的日本企业共同构建起一个庞大的服务支持系统。

第一节　日本服务型组织的类型分析

其一，是施策机构。日本存在着诸多的施策机构，这些施策机构有的是独立法人性质，有的是研究开发法人性质，有的是作为企业性质存在，但无论其法人性质如何，这些机构都具有官方背景，属于半官方机构，其职责就在于落实日本政府的相关政策，为“走出去”的日本企业提供各类支持。日本贸易振兴机构（JETRO）是众多服务机构中极其重要的机构之一。日本贸易振兴机构及其在海外的众多派出机构，将从各处搜集来的信息进行分析、判断，然后提供给日本国内的相关部门。日本政府在多项政策中都强调要充分利用日本贸易振兴机构的信息网络优势了解海外的合作企业、当地国的国情等，为企业提供必要的信息服务。① 日本政府制定的“中小企业海外发展支援大纲”即要求日本贸易振兴机构应与中小机构密切合作，制定一套完整的支援体制，大力支持中小企业的国际化转型。再如日本的“新成长战略”中也提及日本政府通过日本贸易振兴机构对日本中小企业的海外事业发展提供42亿日元的资金支持，要求从中小企业海外事业的准备阶段、进入阶段（展览会、洽谈会等）直至合同缔结阶段（出口手续、知识产权等）在国内外进行全方位的支持。②

为了更为有效地整合相关资源，日本还组建了一些专门的服务机构，以服务于企业的经营活动。如为了推进海外矿产资源勘查开发，日本于1963年成立了金属矿业事业团这一隶属于资源能源厅的准政府性质的机构，直接或间接地参与日本海外矿产资源的勘查开发事务，特别是对日本企业的矿业跨国经营提供全方位支持。2002年又将1967年创建的石油公团归并到金属矿业事业团，新组建独立行政法人“石油天然气·金属矿产资源机构”。该机构已于2005年正式开始运作。主要职能包括：建立全球矿产资源信息网络，通过技术合作和经济援助，降低企业在海外勘查开发的风险，在海外开展基础地质调查，承担项目前期风险，引导企业选点。2009年7月由政府和16家企业出资成立的“产业革新机构”基金，也是为了充分发挥政府、企业和协会组织的“合力”经营资源作用而设立的。

日本国际协力体系（Japan International Cooperation System，简称JICS），为

① 経済産業省『平成25年度予算概算要求について』、2013年1月11日、http://www.meti.go.jp/main/yosangaisan/fy2013_01/pdf/01.pdf、20頁。

② 経済産業省：「新成長戦略」実現に向けて（これまでの進展と、今後の課題），2011年1月。http://www.meti.go.jp/topic/data/growth_strategy/pdf/progress2011jan.pdf。

一般财团法人，成立于1989年。该机构是日本最早设立的专门的调配机构，主要以日本政府开发援助（ODA）中无偿资金援助中涉及的调配、管理业务为其活动主要内容（详见表8-1及图8-1），是一个围绕日本的国际合作提供服务的专门机构。其事业内容包括：（1）有关国际合作项目的调配业务；（2）有关国际合作项目的管理业务；（3）有关国际合作项目的咨询业务；（4）有关国际合作项目的咨询业务；（5）有关国际合作项目的建筑、土木工程的设计、监理业务；（6）有关国际合作项目的NGO支援业务；（7）有关国际合作项目的普及启发业务；（8）为达成本财团目的而进行的其他必要业务。[①] 其涉及的调配物品包括药品、医疗器械、粮食、原材料、燃料、农业机械、交通工具、特种车、建筑机械、教育器材、紧急援助物资等各种器材，此外还涉及建筑物的材料调配、施工监理等。

表8-1　“为实现良好循环的经济对策”进展工作表（外务省）

<table>
<tr><td>对策支柱（大区分）</td><td>Ⅰ．竞争力强化对策</td><td>担当部局</td><td>国际协力局</td></tr>
<tr><td>对策支柱（中区分）</td><td>1. 以竞争力强化为目标的投资促进、创新等</td><td rowspan="2">担当课</td><td rowspan="2">国际协力总括课</td></tr>
<tr><td>对策支柱（小区分）</td><td>（3）海外项目的推进</td></tr>
<tr><td>对策施策名称</td><td colspan="3">在发展中国家、新兴国家普及日本方式及基础设施建设出口等的支持体系</td></tr>
<tr><td>事业名称</td><td colspan="3">充分利用经济增长中的发展中国家、新兴市场国家的活力（日本方式普及、非项目型无偿资金援助）</td></tr>
<tr><td>2013年补充预算</td><td colspan="3">45亿日元</td></tr>
<tr><td>事业概要</td><td colspan="3">通过向今后经济仍将持续增长的发展中国家、新兴市场国家提供日本具有优势的医疗器材及新一代汽车等产品，创造日本产品的持续性需求的同时，促进日本方式的普及并支持日本企业的海外发展。</td></tr>
<tr><td>实施方法</td><td colspan="3">对发展中国家的无偿资金援助</td></tr>
<tr><td>进展指标</td><td colspan="3">到2014年9月末，通过调配代理机构的投标率达到100%。</td></tr>
</table>

① 一般財団法人日本国際協力システム：『組織概要』、http://www.jics.or.jp/soshiki/gaiyou.html、2016年3月11日。

续表

实施方案	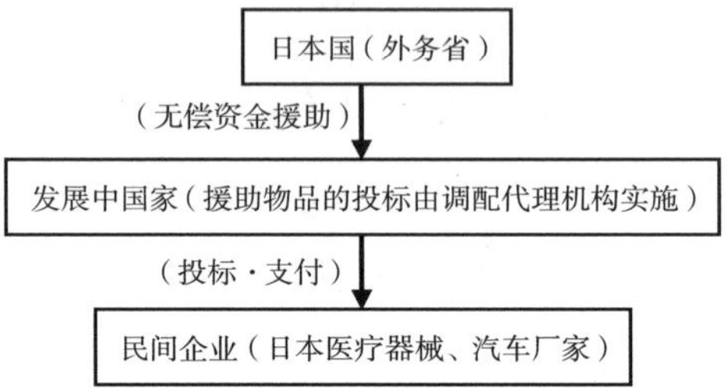
事业进展状况	1. 从 2014 年 3 月 11 日开始，开始与发展中国家政府进行有关无偿资金援助的交换公文缔结。交换公文缔结率为 100%。 2. 2014 年 4 月 28 日，通过调配代理机构进行投标公告，截至 2014 年 6 月末，投标公告率达到 55.6%。
受理机构	日本国际协力体系（JICS）

资料来源：内閣府：『好循環実現のための経済対策」（平成 25 年 12 月 5 日閣議決定）の進捗状況・Ⅰ. 競争力強化、1.競争力強化のための投資促進、イノベーション創出等、(3) 海外展開の推進・成長する途上国・新興国の活力の取り込み（日本方式普及ノン・プロジェクト無償資金協力）（事業番号 52）』、2013 年 12 月 5 日、http://www5.cao.go.jp/keizai1/keizaitaisaku/followup/followup02/pdf/052.pdf、2016 年 3 月 12 日。

其二，是综合商社。日本的综合商社也发挥着对企业海外发展的服务功能，“综合商社活动的基础就在于情报的综合利用”①。综合商社可称之为日本型的“超级跨国公司”，其海内外交易范围广泛，拥有多种功能，实行综合经营，同时还积极向海外投资设点，增建其销售与情报收集的网点。“综合商社灵活运用国际化的信息网络，促进了海外直接投资的增加以及国际间贸易的扩大，是日本经济国际化的先导。”②

其三，是日本还有一些财团、社团、NPO 或 NGO 等组织，也在服务企业“走出去”方面发挥着积极作用。这些组织更聚焦于某个领域，其支持与服务更加专业化。如一般财团法人海外投融资信息财团（JOI），是为促进同各国

① 長谷川慶太郎：『甦れ！日本経済：「自助努力」の経営者が生き残る』、PHP 研究所 1995 年、第 231 頁。

② 大森一宏、大島久幸、木山実：『総合商社の歴史』、関西学院大学出版会 2011 年、第 201 頁。

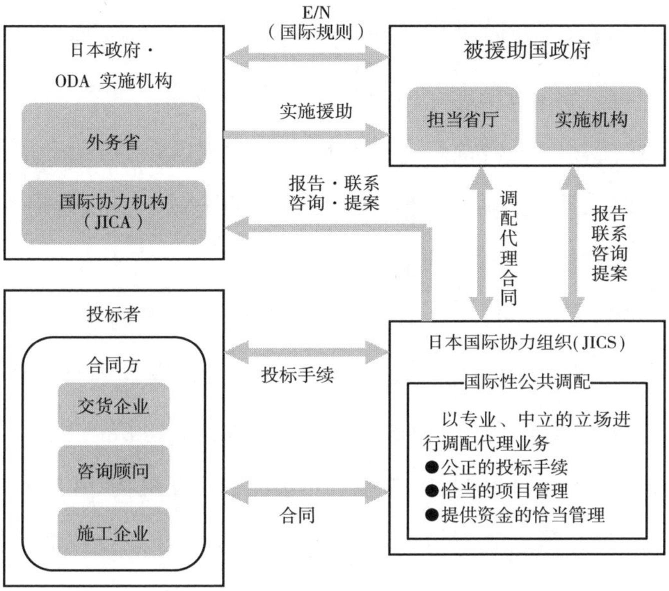

图 8-1　无偿资金援助项目中 JICS 的位置

资料来源:一般財団法人日本国際協力システム:『JICS INFO-PACK・組織・事業概要』、http://www.jics.or.jp/pdf/outline.pdf、第 2 頁。

的经济交流以使日本海外直接投资健全、顺畅地得以展开而设立的。该财团设立于 1991 年 12 月 16 日,于 2010 年变更为一般财团法人。由日本主要生产商、商社、银行等的代表及学界发起成立。其主要服务内容有:财团主办、后援、协办有关海外直接投资的讲座、研究会,每年 80 次左右;由各会员与财团共同主办讲座;发行杂志《海外投融资》(双月刊);每年发行报告书;实施调查研究;通过网络提供信息等。一般财团法人海外职业训练协会(OVTA)成立于 1982 年,其主要业务内容有:随着企业的海外发展,在当地通过职业训练等培养必要的人才、在当地提供针对性的训练教材、信息杂志等;由经验丰富的咨询员提供洽谈、支持,对外国研修生的日语及生活方式等进行指导等。此外,还有一般财团法人海外产业人才育成协会、一般社团法人日本在外企业协会等组织。

其四,是日本各类驻外机构也是一个庞大的服务网络。除日本政府驻外使领馆外,日本的各类政府机构、施策机构、大型企业、综合商社等有着诸多的海外派出机构,这些机构在企业向海外发展时也发挥着重要的作用。有学者认为,一个企业把它的华盛顿办事处比拟为一个大使馆,这个办事处遵从和阐释对企业具有巨大影响的联邦政府的行为,有助于对这些行为明确立场,并对政府沟通企业的观点起着主渠道的作用。①

其五,是咨询公司。日本在海外拥有数量庞大的咨询公司,并成立有海外咨询企业协会(成立于1964年),这些海外咨询公司发挥着如下的职能:①为日本政府提供有关国际合作政策制定和实施的建议;②协调政府与企业、企业与企业乃至企业与国际机构间的关系;③与国际开发机构、外国政府以及政府机关、海外咨询业界等建立网络关系;④接受大型综合开发咨询项目等。

第二节 具体服务领域及措施

在企业向海外发展的过程中,涉及的事务非常庞杂。因此,需要不同职能的服务机构对应不同的服务领域,积极为日本企业的海外发展提供多元的支持。

(一)信息服务

在信息过剩、消息爆炸甚至是信息污染的现代化商业环境中,企业无时无刻都面对外部信息所带来的信息“溢出”或“挤出”效应,②由于信息的不对称性,有时往往导致市场失灵。而市场失灵的一种情况,是人们在市场环境中不

① [美]默里·L. 韦登鲍姆:《全球市场中的企业与政府:第6版》,张兆安译,上海人民出版社2006年版,第345页。

② 范黎波、张岚:《母国和东道国经验的博弈对跨国并购决策的影响——影响机理与实证检验》,《国际商务——对外经济贸易大学学报》2015年第2期。

能得到足够的信息以作出切合实际的决策。许多产品信息的获得是困难或是昂贵的。①

惯常的信息流,是把那些可能影响到企业经营的政府现行政策和未来计划及行动等信息提供给企业的决策者们。故此,企业更加需要的是在信息的收集、筛选、甄别、分析等方面的服务性机制安排。

为发展信息服务业,日本政府特别成立了信息处理振兴事业协会(IPA),进一步完善发展信息服务业的各项法规。除此之外,政府还通过公开发表一些政府对信息服务业现状调查及预测的研究报告来引导民间企业的投资行为。如 1980 年,通产省的产业结构审议会信息产业部发表了《80 年代的信息化及信息产业的发展状况和未来对策》,起到了引导信息产业发展的作用。②

日本 SBI 控股公司于 2010 年 3 月 18 日宣布将与中国新华社集团的专业经济报纸《中国证券报》成立合资公司,开通提供中国的经济新闻与金融信息的日语新闻网站。由于日本投资者对中国经济信息的需求渐增,SBI 希望通过与中国主流媒体的合作丰富信息量。SBI 控股公司还曾于 2009 年 12 月开通美国《华尔街日报》日语新闻网站,积极推进与海外媒体的业务合作。日本 SBI 控股公司与海外媒体间的合作,将为日本企业向中国、美国的发展提供必要的商务信息。

中小企业在资源禀赋等方面较之大型国际化企业,具有天然的欠缺性。因此,日本政府乃至各类信息服务机构都强调要为日本中小企业的海外发展提供更多的便利。日本贸易振兴机构即主要承担该方面的职能,这将在后文中作为重点案例予以详细分析,此处不再赘述。而另外一个专门为中小企业提供信息支持服务的机构便是日本商工会议所,这是日本专门为中小企业提

---

① [美]默里·L. 韦登鲍姆:《全球市场中的企业与政府:第 6 版》,张兆安译,上海人民出版社 2006 年版,第 31 页。

② 陈建安等:《产业结构调整与政府的经济政策——战后日本产业结构调整的政策研究》,上海财经大学出版社 2002 年版,第 107 页。

供支持和服务的经济团体。该团体不仅在国内设有为数众多的分支机构,在各地方自治体设有当地的商工会议所,而且还在海外设立有类似的分支机构。为推进环太平洋伙伴关系协定(TPP),2015 年 12 月 17 日,日本当时的经济再生相甘利明在日本东京都内与日本商工会议所的三村会头进行会谈,强调要坚持“助力日本中小企业向海外发展,努力创造环境”这一方针。对此,三村会头表示:“希望大家提供信息以及环境支持,使中小企业可以开辟新事业。”甘利明对此做出回应:“商工会以及商工会议所应提供窗口,与日本贸易振兴机构等一同助力日本企业的海外发展。不仅针对大企业,也会积极支持中小企业。”日本的一些海外项目,在具体的洽谈、项目进行过程中尤其是在海外信息的共享方面都不同程度地得到了驻海外的当地日本商工会议所的支持。

有一类组织是根据不同行业领域来提供信息服务的,如一般社团法人海外农业开发协会,其中一项职能就是对海外农业方面信息的收集、整理与提供。该协会主要就发展中国家农业相关的资料,以及与日本 ODA 支持下的官民合作,强化对非洲等地区的支持,灵活运用日本国内振兴农业·农村以及都市农业的技术和经验,为会员企业“走出去”提供信息支持。①

此外,一些调查公司以及信息咨询公司也为企业的海外发展提供重要的信息资源支撑。如日本并购重组中介机构乐国富公司主要对日本在海外的企业并购行为进行数据收集、分析及发布。如该公司在 2008 年时指出,2008 年日本企业海外并购金额达 7.4621 万亿日元,比 2007 年增加了 1.6 倍。并购案数量比 2007 年下降 11%,仅为 2399 起。该公司还进一步指出,日本企业凭借雄厚的资金实力和日元升值的优势积极投资海外市场,这是 2008 年日本企业海外并购金额大幅增加的主要原因。这些分析信息,必然会从行业动向等

① 一般社团法人海外農業開発協会:『平成 28 年度事業報告並びに決算書』、http://www.oada.or.jp/pdf/20171213%E5%B9%B3%E6%88%9028%E5%B9%B4%E5%BA%A6%E3%80%80%E4%BA%8B%E6%A5%AD%E5%A0%B1%E5%91%8A%E4%B8%A6%E3%81%B3%E3%81%AB%E6%B1%BA%E7%AE%97%E6%9B%B8.pdf、2017 年 3 月 31 日。

方面为日本企业在海外的经营活动尤其是并购行为提供重要的并购信息。

日本国内外庞大的信息服务提供机构,无论是国家政府系统的还是民间机构组织,围绕企业的海外发展,从海外行业信息、合作方、当地政策及法律等多方位、多领域地构筑了密集的信息资源网络,有力地保障了企业在海外经营的顺利展开。

(二)海外安全服务

企业在向海外发展时,面临着诸多的不确定性或风险。这些不确定性或风险一方面可能来自于企业经营方面,如企业的重要信息泄露、专利技术被窃取或被盗用等。也可能来自投资所在国以及所在区域的法律政策的变化与调整,如投资所在国政权更迭出现变故,地区发生骚乱,或者当地外资政策的重要调整等。也有可能来自一些突发事件,如在泰国的日本企业就曾多次遭遇洪水灾害而导致了较为严重的损失。另外,也有可能涉及危及驻海外企业人员的人身安全等事件。

上述种种情况说明,海外安全、海外利益维护是企业在"走出去"过程中必须认真加以应对的重要课题,这将是在很大程度上关乎企业能否在海外生存和发展的根本性问题。

例如在经济高速增长时代,日本驻外企业在南美、东南亚等地就曾连续遭遇多起绑架事件。对此,日本政府及民间企业长期合作,不断摸索、总结经验,建立了一套完整的预防系统及应急系统,维护了日本企业及国家在海外的利益。以对外投资为例,日本各大企业都在对外投资中,把当地安全程度作为一个重要评估标准。为把握当地安全状况,企业和雇佣调查公司会对当地安全进行事前评估、调查。日本外务省、日本贸易振兴机构也对全球各国商业安全、人身安全进行密切监控,将相关信息及时提供给日本企业及前往当地的观光人员。日本外务省的网页内,其"旅行信息"栏下设有"外务省海外安全网页"与"在外使领馆医务官信息"两大项,内容丰富,各项栏下内容随时更新。

以最近的信息为例，更新内容有“关注马里示威”、“发出乌兹别克斯坦旅行危险警报”、“乌兹别克斯坦首都地区传来绑架外国人信息”等。日本政府常对世界各国各地区分别发出安全级别警报，日本人去陌生国家，先要查外务省网页，看看当地到底属于什么安全级别。日本的海外企业，均有高度的信息调查系统，日本政府十分重视日本企业在全球收集的信息，并将此服务于日本海外企业的安全。

除外务省等政府部门和机构外，日本的一些社团组织也积极致力于海外企业安全方面的服务。如一般社团法人日本在外企业协会主要业务是对在海外日本人的安全、健康、医疗及危机管理等提供服务，该协会定期发行出版物，为海外派遣者提供信息咨询、安全意识教育说明等。按照国别和地区出版系列《海外派遣者手册》，目前已出版中国、墨西哥、新加坡、马来西亚、中欧、西欧、菲律宾、印度尼西亚、美国等单行本。

一般社团法人海外邦人安全协会（JAPAN OVERSEAS SECURITY ASSOCIATION，简称 JOSA），最初名为“海外生活情报中心”，是 1976 年日本为了应对日本人赴海外旅行者的不断增加，为其安全考虑而成立的。设立当时，该组织是由日本外务省管理的社团法人。2000 年 12 月该组织改称“专门社团法人海外邦人安全协会”，其职能除原有的保护海外日本人的安全外，增加了保护在海外发展的日本企业、团体的职能。2013 年 4 月，随着法人制度调整，变更为由内阁总理大臣认可的一般社团法人。该协会广泛地为赴海外的日本人、日本团体提供有关海外安全的信息并积极开展安全意识教育活动，并适时提供准确的建议和提醒，同时将世界各地的海外安全信息向协会会员提供，以期对日本人、日本企业等的安全对策有所助益。在其网站上有诸如重要的海外安全对策、海外安全的基础知识、旅行前的准备事项、从何处收集信息、必须购买海外旅行保险、海外纠纷的案例及对策、因当地法律·风俗·习惯而导致的纷争、有关毒品的纷争、与危险相伴的“自然体验旅行”、健康管理、紧急事态对策、护照信息等相关知识和提醒信息。

（三）调查研究

经过数十年的发展,日本企业在向海外发展时,积累了较为丰富的经验,同时也汲取了失败的教训。因此,日本企业在向海外发展时,对于投资当地国的国情、外资政策、合作方信息、行业发展特征等都会进行周密而详尽的调查研究。可以说在海外相关情况的调查研究方面,日本拥有丰富的经验和较为密集的调研网络体系,这是日本企业在“走出去”过程中所表现出的一大特色。

其一,是日本政府及相关部门进行的调查研究活动。日本内阁府经常会进行一些有关的调查研究,并发布具体调研数据。其中一项就是海外生产比率的调查。如内阁府在 2011 年 1 月份的调查结果,显示中坚企业、中小企业海外生产比率从 2004 年的 1.4%快速升至 2009 年的 5.7%,估计 2015 年达 8.2%。这些调查研究无疑为企业的海外发展提供了前瞻性的考量信息。

在日本企业向海外发展的过程中,经济产业省是主要涉及的关键部门。经济产业省多年来一直就日本企业的海外事业活动进行年度调研,并每年发布调研报告,成为了日本企业了解海外事业发展的重要参考依据。例如该省在 2012 公布的 2010 年度海外事业活动基本调查报告,对在海外拥有当地法人的 4243 家日本企业(金融、保险业、不动产业除外)和 18599 万家当地法人为对象进行了调查。此外,经济产业省还针对大型制造业企业进行相关调查研究活动。在其于 2011 年 8 月对 61 家大型制造业企业进行的紧急调查显示,1 美元=76 日元的状况若持续半年以上,79%的企业收益将减少;在关于企业应采取对策的调查中,回答向海外转移生产研发据点的企业由原来的 23%增至 46%,回答扩大海外原材料采购的企业由 47%增至 56%,努力降低成本的企业从 67%降至 59%,等等。

此外,经济产业省下属的中小企业厅还经常就国内中小企业以及在海外发展的中小企业情况进行适时调研,为中小企业的发展提供必要的参考依据。

例如，该厅在 2011 年 8 月面向国内 90 多家中小企业就当时日元升值形势下中小企业的经营计划等进行了一项紧急调查。对国内调查结果显示，针对当时美元兑日元汇率维持在 1:77 的历史高位这一状况，约 73%的企业认为“企业收益已因此遭受损失”。而对于倘若日元升值持续半年以上的影响，则约有 28%的企业回答“将考虑提高海外生产的比重”，另有 7%以上的企业还表示会将生产和研发基地迁移至海外。

其二，是日本的相关施策机构所进行的调查研究活动。近年来，日本官民并举，积极向海外推介日本的基础设施建设项目。众所周知，基础设施建设涉及领域多，项目投资规模大、投资风险高，因此进行详细的调查研究就显得尤为重要。而在这方面，日本国际协力机构（JICA）在调查研究方面承担着主要的职能。在涉及海外的大型基础设施建设项目时，日本国际协力机构一般会根据当地的实际情况，会同相关日本企业进行初期阶段的可行性调查，为项目的实施提供可行的建设计划及具体实施方案。再如，在支持日本水务事业的海外发展时，日本国际协力机构开展有名为“PPP 基础设施事业合作准备调查”的调研项目。该调查项目以事业体（包括官、民两部分）作为调查范围，就其作为 PPP 基础设施事业有无实现的可能性进行调查，并提供一定的调研经费支持。

除基础设施建设投资外，海外能源资源开发也是风险高的项目。为此，JOGMEC 承担着对可能存在油气资源的矿区进行基础地质调查的职能，一方面强化与资源国的合作关系，取得优先交涉权，支持民间企业的进入；另一方面 JOGMEC 还将承担项目前期风险，引导企业选点。其具体的调研支持体现在两个方面，其一是“海外联合地质调查”，由 JOGMEC 与资源拥有国联合进行，资金由日本政府提供。其二是“海外地质调查”，则完全由 JOGMEC 利用日本政府的资金进行。换言之，海外从事前期草根勘查的风险基本由日本政府承担，在探到矿产或圈定区块后，再由日本企业申请取得矿业权。从而极大地减轻了企业在能源资源勘探方面面临的风险，提高了企业参与海外能源资源开发的积极性。确保了企业获得相关利益的同时,也保证了日本在获取海外能源资源方面的国家利益。

日本国际协力银行(JBIC)多年来持续开展有关日本制造业企业海外事业发展情况的问卷调查,并及时公开发布调查报告,已成为日本企业海外发展时的重要参考依据。例如在2011年12月发布的“我国制造业企业海外事业展开的调查报告——2011年度海外直接投资问卷调查结果”的报告。该问卷调查有效回答企业数为11006家,其中对日本企业加速海外事业发展的原因、海外生产比率、设立海外分支机构数、国家及地区选择等情况进行了调查分析。并认为在日元升值居高不下的状况下,扩展海外业务成为日本多数企业的选择。

其三,是财团、社团机构所进行的调研支持活动。除政府部门及相关施策机构外,日本还有部分财团、社团组织也在积极为日本企业的海外发展提供相应的调查研究支持。如一般财团法人自治体国际化协会(CLAIR)开展有“自治体的海外活动支援”项目,以支持日本各地方自治体开展的海外活动。其主要支持活动有:(1)对自治体的职员开展海外活动时提供必要的支援:①为宣传推广当地的旅游及地方产品而进行展示活动及事前协商等;②为扩大当地产品的销路而进行海外现地调查及信息收集;③涉及航空线路及港口方面的高层营销;④涉及地区振兴的海外先进经验的调查研究等;⑤参加友好城市等的周年纪念活动及出席国际会议等。(2)除自治体的职员外,对各自治体的相关团体进行的海外活动予以支援。①地方商店接受自治体的“海外市场挑战支援补助金”后赴海外开展商品展示会,协会可以予以支持;②由县、地方自治体以及商工会议所等组织以拓展地方产品销路派遣海外调查团时,在与海外当地相关机构的联系等方面予以协助。(3)对各自治体的海外据点的活动予以支持。(4)对地方自治体相关部门的职员进行的有关地方自治的调查研究等海外活动予以支持。

自治体国际化协会(CLAIR)具体的支援流程如下。

1. 对活动的计划、事前准备进行必要的支援

（1）就访问地、调查地的选定等海外活动的企划进行洽谈。在制定海外活动计划时，就当地的基本情况、习惯以及如何有效开展活动等，对访问地和调查地的选定进行咨询，可以通过邮件、传真、电话等方式进行。

（2）与访问地、调查地的预约、联系等业务。除为委托方选定的访问地、调查地进行预约外，还可进行有关事项的转达等联系事宜，询问的事项必要时可提供文字翻译工作。

2. 在当地开展活动时予以必要的支援

（1）对海外当地活动进行人员的提供或介绍、安排。①派协会海外事务所的职员同行前往访问地。②由协会海外事务所的职员提供支援。自治体在海外参加或举办活动时，协会海外事务所的职员可提供接待及宣传等协助活动。③介绍活动等的支持人员。自治体在海外当地参加或举办活动时，可为其介绍进行接待、展台等方面的志愿者人员。④翻译方面。在访问或调查中，必要时可以为其联系翻译人员。

（2）现地活动时必要的设备等予以提供、介绍或安排。①对在当地建立临时联系点时，协会海外事务所可以出借、提供办公桌、电话、传真及电脑等设备，还可提供用于资料印刷的打印机、复印机，也可以提供用于洽谈的会议室等。②提供或联系协调解决海外当地的会场设施等，也可以免费使用协会海外事务所的会议室。③资料及活动物资等的临时存放。在海外当地开展活动时，必要的资料或物资可以在协会海外事务所临时存放和保管。④车辆配备。在海外当地的移动，可为其配备必要的车辆。

（3）提供当地信息及在当地开展活动的经验等。海外事务所提供简报。在海外调查或访问时，有关海外当地的行政、财政制度、地区政策的最新动向等，协会海外事务所可以为其汇总材料并提供使用，也可以提供在活动进行中涉及的当地的习惯、惯行等信息。

（4）其他支持内容。在海外当地进行的活动或参加在海外的活动时，如

有领导参加时,事前的宣传活动可以予以支持。

此外,自治体国际化协会(CLAIR)还积极通过海外事务所开展委托调查活动,如2017年就开展了如下活动:在澳大利亚、中国开展了有关友好合作交流项目现状的调查;在美国、英国、法国、新加坡、韩国、澳大利亚、中国开展了有关儿童从阳台坠落事故信息以及事故预防的安全标准的调查;在美国、英国、法国、新加坡、韩国、澳大利亚、中国开展了世界各国留学生吸引政策的调查;在美国、法国、新加坡、韩国、澳大利亚、中国、瑞典、挪威等国开展了有关海外主要城市领导人利用船舶视察现状的调查;在英国开展了有关伦敦奥运会选手村住宿地开会时内装费用等的调查;在法国开展了兰斯市概要的调查;在德国开展了柏林市都市农业的调查等。①

还有一些社团组织通过加强与日本政府部门的合作,通过委托研究、委托项目等方式,为企业的海外发展提供调研支持。如一般社团法人海外农业开发协会,接受日本国际协力机构的委托,在2017年进行了强化马拉维国中规模灌溉开发维护管理能力的项目,就加纳国通过泵灌溉小规模农家市场志向型农业,开展了强化与民间中心合作的调研项目等。②

再如一般社团法人海外基础设施建设研究协会,是以支援日本政府开发援助(ODA)对新兴市场国家的基础设施建设项目而设立的。其主要业务活动内容有:①对新兴市场国家的铁路、空港、港口、桥梁、公路、电力、上下水道、城市开发等基础设施建设情况进行调查与研究;②从外务省、国土交通省、经济产业省等中央省厅、国际协力机构(JICA)等独立行政法人以及世界银行、亚洲开发银行、非洲开发银行等金融机构邀请讲师,面向会员举办研讨会和学

---

①　一般財団法人自治体国際化協会:『【平成29年度】CLAIR海外事務所を通じて行った依頼調査件名リスト』、http://www.clair.or.jp/j/operation/docs/H29_chousa.pdf、2018年6月。

②　一般社団法人海外農業開発協会:『平成28年度事業報告並びに決算書』、http://www.oada.or.jp/pdf/20171213%E5%B9%B3%E6%88%9028%E5%B9%B4%E5%BA%A6%E3%80%80%E4%BA%8B%E6%A5%AD%E5%A0%B1%E5%91%8A%E4%B8%A6%E3%81%B3%E3%81%AB%E6%B1%BA%E7%AE%97%E6%9B%B8.pdf、2017年3月31日。

习会，向会员提供相关信息；③与海外当地政府部门及企业开展信息互换与经济交流等支援活动，以期提供有效的商务对接服务，以达到支持促进会员海外发展的目的；④通过《亚洲经济新闻》强化信息的传递，目前以登载企业在日本国内难以及时掌握的亚洲、大洋洲地区的基础设施建设相关信息（如铁路、空港、桥梁、公路、能源、上下水道、通信、城市开发等）为主；⑤举办以加强会员间亲睦关系为目的的交流会等。

除上述部门及组织外，日本的其他组织也积极发挥着调查研究的职能。如日本经济新闻社于2011年9月所做的调查，就显示今后3年将有350家日本制造业中坚企业、中小企业以印度尼西亚、泰国、菲律宾、越南等国为中心进军东南亚市场。从行业来看，主要以汽车零部件企业和电子机械零部件企业为主，如丰田汽车在印尼新建工厂，松下将采购物流本部迁至新加坡等。此外，一些专业的调研公司也就日本企业的海外发展进行相关的调研活动，而帝国数据库就是其中重要的一个。例如，在2011年7月，日本帝国数据库对全国23065家企业进行了有关日本产业空洞化的企业意识调查，回收有效回答企业数为11006家。该调查数据显示，今后希望向海外发展的企业中，日本东海地区有约3成企业希望加速海外事业。其中居于前五位的分别是静冈县（计划加速海外发展的企业占全部静冈县地区调查企业数的32.7%），其次是群马县（30.1%），爱知县（29.3%），长野县（25.6%），滋贺县（25.5%）。此外，该问卷调查还对加速发展海外业务的原因，如日元升值、运营成本、汇率风险等影响因素进行了调查。该报告认为日元升值是日本企业加速向海外发展的最大原因，在全部11006家有效回答企业中，有5414家企业是鉴于日元升值这一因素而考虑向海外发展的，占全部有效回答企业数的49.2%。居于第2位的是日本国内的高成本；居于第3位的则是电力等能源供给问题的影响。帝国数据库于2012年8、9月间对有意向海外发展的企业情况进行的相关问卷调查显示，回答有意向海外发展的689家企业中，行业比例最高的是制造业（40.3%），而较往年同类调查上升最快的服务业，较往年的比例提高了

35.8%。表明有意向海外发展的服务业企业数增长很快。

此外,一些地方金融机构还就与其存在业务关系的企业开展相关调研。如大阪市信用金库在2011年10月对与其存在业务关系的1370家中小企业进行的调查显示,认为日元升值对其产生负面影响的企业达到了24.2%,具体来看,制造业为30.8%,销售业为28.0%,零售业为15.8%,建筑业为17.8%,运输业为24.3%,服务业为9.6%。而从中小企业的具体应对策略来看,有9.5%的制造业、14.9%的非制造业认为应该扩大海外市场,加速推进海外战略。

上述调研活动,从是否向海外发展、适合自身发展的国家或地区选择、海外相关行业的发展状况、投资地国情、合作方信息等方面,为即将"走出去"的企业及已经在海外开展经营活动的企业提供了重要参考。调查研究方面的支持在一定程度上减少了企业在信息收集、调查研究等方面的成本支出,有针对性地为日本企业的海外发展提供了重要的数据支撑和实地调研支持。

(四)人才支持

企业"走出去"向海外拓展业务时,必然伴随着人才的国际化以及对国际化人才的需求。适应于企业海外发展的国际型商务人才、技术人才等,对于企业是否能顺利在海外开展相关业务并稳定持续发展具有十分重要的意义。

日本政府非常注重对国际型人才的培养,在日本相关的多个政策文件中,都提到了国际型商务人才对于企业海外发展的重要性。2011年7月,日本专门创设了"产学协动人才育成圆桌会议",其目的就在于"集结产学界的领袖,以国际化的视角开展创新活动,提高日本在世界范围内的存在感,培养多样化人才"。[①] 该组织集结了来自企业及高校的十余名精英(详见表8-2)。

---

① 経済産業省:『産学協働人財育成円卓会議—日本復興・復活のために—の設立趣旨等について』、http://www.meti.go.jp/policy/economy/jinzai/san_gaku_kyodo/shiryo2.pdf、20160617。

表 8-2　产学协动人才育成圆桌会议成员

姓名	所属	姓名	所属
石原邦夫	东京海外日动火灾保险公司董事长	枪田松瑩	三井物产公司董事长
江头敏明	三井住友海外火灾保险公司董事长	大桥洋治	全日空航空公司董事长
大八木成男	日立制作所董事长	北山祯介	三井住友银行董事长
小林荣三	伊藤忠商事董事长	志贺俊之	日产汽车最高执行责任人
篠塚胜正	冲电气工业顾问	下村节宏	三菱电气董事长
数士文夫	JFE 控股顾问	佃和夫	三菱重工业公司董事长
永山治	中外制药董事长	藤吉建二	三井化学董事长
松下正幸	松下公司副董事长	三浦惺	日本电信电话社长
三村明夫	新日本制铁董事长	山下澈	NTT 董事长
渡边捷昭	丰田汽车顾问	有川节夫	九州大学校长
伊贺健一	东京工业大学校长	井上明久	东北大学校长
镰田薰	早稻田大学校长	佐伯浩	北海道大学校长
清家笃	庆应义塾长	濵口道成	名古屋大学校长
滨田纯一	东京大学校长	松本紘	京都大学校长
山内进	一桥大学校长	山田信博	筑波大学校长
鹫田清一	大阪大学校长		

资料来源:経済産業省:『産学協働人財育成円卓会議(第 1 回)の開催について・資料 1　産学協働人財育成円卓会議—元気な日本復活のために—参加メンバー』、http://www. meti. go. jp/policy/economy/jinzai/san_gaku_kyodo/shiryo1_member_list. pdf。

日本存在着诸多社团法人、财团法人等社会组织形式,其中有部分社会组织是专门以人才培养为主要业务内容的。下文即对海外产业人才育成协会、工程技术协会以及海外职业训练协会三个社会组织的人才支持措施详作分析。

一般财团法人海外产业人才育成协会(简称 AOTS)即是其中之一,是专门为日本培养海外产业人才或开展相关人才交流的组织。

表 8-3　海外产业人才育成协会的业务活动内容

项目名称	项目细分
一、国库辅助项目	1. 技术合作活用型·新兴市场国家的市场开拓项目(研修·专家派遣项目)
	2. 输出低碳技术人才的培养支援项目
二、委托项目	1. 技术合作活用型·新兴市场国家市场的开拓项目(制度·事业环境整备)
	2. 技术合作活用型·新兴市场国家市场的开拓项目(国际化促进实习生项目)
	3. 护士候选人·护理师候选人日语研修项目(基于日菲经济合作协定)
	4. 护士候选人·护理师候选人日语研修项目(基于日本与印度尼西亚间的经济合作协定)
	5. 国际劳动关系项目
	6. 产业财产权人才培养合作项目
	7. 亚洲生产性机构项目
三、新国际合作项目	
四、AOTS 综合研究所的项目	
五、日本与东盟经济产业合作委员会(AMEICC)事务局的相关项目	
六、融资项目	
七、与相关机构的合作	
八、WNF 基金(同窗会交流基金)的运用及对项目实施的合作	

资料来源:一般財団法人海外産業人材育成協会:『平成 29 年度事業報告書』、https://www.aots.jp/hida/jp/about/pdf/disclose_4_1806.pdf、2018 年 3 月 31 日。

海外产业人才育成协会的国库辅助项目,主要是协助日本经济产业省为发展中国家或新兴市场国家的民间企业等培养当地产业人才,为日本企业尤其是中坚·中小企业的海外发展时强化必要的海外基地开展人才支持,同时也致力于提升当地产业技术水平和促进当地的经济发展。其形式主要包括开展研修项目和派遣专家。具体而言,就是邀请发展中国家、新兴经济体国家从事经营、制造、销售、实际操作等的技术人员、管理人员到日本学习日语、日本的企业文化、管理技术等,或者到接收研修人员的日本企业学习专业技能,此外还向海外派遣讲师和专家,就经营、生产管理的改善以及商品品质的提升等举办讲座或技术指导。

赴日本的研修内容主要包括三个方面。其一，是一般的研修，包括①日语（分6周和13周两种）；②一般讲义（讲授日本的社会文化、产业及技术等）；③赴企业等机构进行实地参观考察；④研修生会议；⑤企业等的参观考察（远距离，分6周和13周两种）；⑥其他（成果发表会等）。其二，是管理研修班的课程，包括①经营管理知识（日本企业经营的特征、经营战略、人力资源管理、财务管理、市场营销、领导能力、创新、设计管理、信息通信技术的应用等）；②品质经营与品质管理：管理人员运用“全公司品质经营”（TQM：Total Quality Management）的品质管理方法对现场问题解决、品质保证、品质管理的作用等进行讲解；③生产管理：日本式生产管理的特征、生产率提高、5S[①]·改善、标准化、生产管理方面管理人员的作用发挥等。其三，是实地研修，主要是进入接收企业的工厂进行研修。

此外，还有海外研修和专家派遣形式。海外研修主要是就企业经营和工厂管理方面所必须的、常用的各种管理技术方法等，由日本派遣讲师赴当地向产业人才进行讲授，这一形式的好处是可以扩大海外人才研修的范围，因为毕竟只有少数人能赴日本进行研修。人员的邀请、企划和具体实施一般由当地的合作机构来进行。具体的讲授内容分为“案例募集型”和“协会企划型”两种，前者是由当地的合作机构进行策划，而后者由协会来进行策划。

专家派遣主要是面向发展中国家的日资企业以及日本未曾出资的当地企业派遣日本的技术人员作为专家，就如何提高生产能力、提升产品品质、改善经营和生产管理以及当地人才的培养等进行培训。对在海外日本企业出资50%以上的日资企业或者与日本企业有商务关系的当地企业，还开展经营指导及合理化建议等支持活动。

为了把握派遣专家的活动情况以及收集海外的各类商业信息，海外产业

---

① 5S：起源于日本，是指在生产现场对人员、机器、材料、方法等生产要素进行的有效管理，是日本独特的一种管理办法。具体指整理（Seiri）、整顿（Seiton）、清扫（Seiso）、清洁（Seiketsu）和素养（Shitsuke）五个方面。因其日文发音的第一个字母均为“S”，故称为“5S”。

人才育成协会还实施有调查员制度。在专家海外派遣前,就当地情况以及危机管理等进行说明,同时为了提高专家的指导能力和水平,还将提供异文化交流以及必要的信息等相关内容。在专家的安全管理方面,为了应对专家在派遣国可能遇到的意外情况,还整备紧急时的联络(专家网络),以便能够随时和派遣专家取得联系。

海外产业人才育成协会的委托事业主要有低碳技术输出方面的人才培养项目、护士·护理师候选人日语研修项目、国际劳动关系项目、产业财产权人才培养合作项目以及亚洲生产性机构项目等。

低碳技术输出方面的人才培养项目,主要是辅助经济产业省以促进日本企业所拥有的低碳技术的国际出口,为削减温室气体排放作出贡献。其主要内容包括对能源基础设施等的运转和维护管理,以及就海外当地日资企业等工厂中生产过程中的节能等对当地人才进行培训。主要方式也分为接收海外人员赴日研修、海外研修和专家派遣三种。

该协会接收委托的业务主要是技术合作活用型·新兴市场国家市场开拓项目,该业务又细分为两类。一类是制度·项目环境整备方面,主要是接受经济产业省的委托,就发展中国家日资企业的商务环境整备、贸易与投资的活性化等,将支撑日本经济发展的制度、体系等引介到发展中国家,以促进发展中国家的人才培养。另外一类是针对实习生的促进国际化项目。该项目主要是协会与日本贸易振兴机构进行合作,接受经济产业省的委托,以培养国际化人才为目的,向新兴市场国家相关机构、业界团体、当地民间企业、日资企业等派遣日本的人才。对于派遣人才的招聘,将在协会和日本贸易振兴机构的网站以及日本各地商工会议所的网络平台进行发布,经协会审查后选定具体人选。在实习结束后,获得的经验、成果等由协会负责统筹、共享,归国后还将在企业、高校、媒体等开展成果案例的分享等活动。

护士·护理师候选人日语研修项目。主要是接受经济产业省的委托,基于日本与海外各国签订的经济合作协议(目前涉及该领域人才培养的主要是菲律宾和印度尼西亚两个国家)，邀请菲律宾和印度尼西亚两个国家的护士候选人、护理师候选人赴日进行为期6个月的研修。通过研修培训，可以取得日本的国家资格，成为护士和护理师，并在日本参加就业。这些赴日的护理人员在赴日前将由另外的团体组织在当地进行日语的预备研修学习，进行语言学习之后再赴日进行专业培训。在为期6个月的学习到正式赴医院等机构就职之前，还将就“获得满足在地区社会生活的日语运用能力和生活适应能力”“获得在职场作为即战力就业的日语运用能力和职场适应能力”以及“培养在职场及地区社会的自律学习能力”等为目标，进行以日语及日本社会文化适应等为内容的研修。

国际劳动关系项目。主要是接受厚生劳动省的委托，以构筑日本企业及相关机构间稳定的商务关系及经济合作关系方面人才的培养为目的，以便加深对日本的劳资关系法、人事劳务管理、劳动情况等的理解，对参加国的企业或组织的劳动关系进行长期稳定化的支持。其主要内容有邀请讲座、现地讲座及劳资纠纷预防网络业务三方面的内容。邀请讲座主要是将日资企业和日本事务所设立比较多的国家的相关经济团体或会员企业的高级管理人员邀请到日本，按照不同主题就劳资关系及人事劳务管理等开设讲座。另外在日本的外资企业的相关国家总部的高级管理人员也在邀请范围之内。而现地讲座则是由日本派遣专家赴海外，就劳动关系相关的各种制度、最新信息以及职场环境改善等进行讲解。而劳资纠纷预防网络业务，则是在各类培训中对参与人员进行调查并使之数据化，供相关企业参考。

产业财产权人才培养合作项目。主要是接受一般社团法人发明推进协会的委托，在亚洲、中南美及非洲等地区，出于整备普及产业财产权制度相关的人才基础，将上述地区的相关国家与产业财产权制度有关的人才邀请至日本进行研修学习。

而亚洲生产性机构项目。则是接受亚洲生产性机构(APO)的委托，以在亚洲地区发展的日系中小企业、当地日资企业的商务合作方以及当地企业等的职员为对象，就日本优秀的提升生产性的技术、具体做法等开展培训，主要是为了培养高质量的产业人才，以提升日本海外日资企业及当地企业的生产率。

除海外产业人才育成协会外，一般财团法人工程技术协会也开展相关的人才培养活动。例如，工程技术协会于 2017 年 3 月完成了“2016 年度以国际竞争力强化为目标的人才培养实施报告书”①，该报告书是在公益财团法人 JKA 的机械工业振兴资金支持下完成的。该报告书对日本培养国际型工程技术人才的业务活动进行了全面而详细的总结分析。该报告书认为，日本未来将会进一步强化“基础设施建设出口战略”，而日本的工程技术产业必然是主力，未来在海外项目中发挥支柱作用的将是各类国际型工程技术人才，必须在开发、培养方面倾注大量心血。协会以下属的“产学企划调整部会”为中心，积极开展各类人才培养和人才交流活动。

其一，是协会主要开展的人才培养活动：（1）举办各类工程技术讲座。在大学开设通期讲座，讲师一般都由工程技术企业具有丰富实践经验的项目参与者担任。（2）举办工程技术产业研修会。分工程技术业界研讨会和职业生涯支援研讨会两种，讲授工程技术产业的魅力、工程技术是什么？做什么业务？等以此来传播工程技术产业的魅力。（3）讲师派遣。与大学的课程联动，由业界干部和现职的公司职员介绍实际的项目，发挥工程技术产业界应该发挥的社会作用和应有价值。（4）协会邀请参加研讨会。协会每年都会召开许多的学术研讨会，邀请感兴趣的学生参加，让其感受工程技术的魅力。（5）工程技术体验研讨会。以全学年制的学生为对象，对其讲解工程技术的概要、项目的操作方式及其中的乐趣所在等，同时让学生通过参观车间、设施、访问企业等进行实际体验。（6）在海外据点进行的人才培养讲座。在泰国、马来西亚、印度尼西亚等国就工程技术管理等内容举办相关的讲座。

其二，是开展产学人才交流活动。工程技术协会下属的“产学人才交流

---

①　一般財団法人エンジニアリング協会：『平成 28 年度国際競争力を目指した人材育成の実施報告書』、https://www. enaa. or. jp/wp-content/uploads/pdf. gif、2017 年 3 月。

中心”，在经由产学企划调整部探讨、建议和支持下，经人才开发推进会议确认后开展如下五个方面的活动。(1)工程技术讲座。理工科大学对“工程技术管理”“项目管理”方面的教育知识有所欠缺，另外对掌握工程技术所必须的合理性思维及问题解决能力的培养也不足。鉴于上述现状，协会邀请具有丰富实务经验的讲师，在东京大学工学部系统创成学科、东京大学大学院新领域创成科学研究科、横滨国立大学大学院工学府、中央大学理工学部都市环境学科、九州大学大学院综合理工学府等高校，重点介绍国内外的典型项目案例。(2)工程技术产业研修会。以挖掘和培养下一代工程技术产业所需人才为目的，开设“工程技术业界研讨会”，该研讨会得到了多家赞助会员企业的大力支持。该研讨会主要介绍日本工程技术产业的魅力及社会责任，参加研讨会的有业界的高管人士、活跃在项目最前沿的年轻职员等。

其三，是海外人才培训。该活动由该协会下属的海外人才培训中心进行，主要是在日本国内开展海外项目管理训练课程，由马来西亚、印度尼西亚、泰国等地实际参与项目的海外日资企业的职员进行讲授。组织会员企业的培训人员赴海外日资企业进行实地的参观考察。如在有关泰国的项目讲授后，组织参加研讨会的培训人员赴泰国进行实地的访问交流和参观，访问交流和参观的接待方包括驻泰国日本大使馆、曼谷日本商工会、日本贸易振兴机构曼谷事务所以及大林组、TNS、山九、日立亚洲、鸿池组、清水建设、千代田化工建设、西松建设等企业在泰国设立的当地法人企业等。

一般财团法人海外职业训练协会(OVTA)的业务主要围绕即将赴海外的人员进行赴任前的相关培训展开。其职能主要有四个方面：(1)海外派遣前研修。对即将被派遣国外的人员进行赴任前的教育，由在各国富有业务经验的实务人员或专家授课。(2)提供各国(分亚洲、北美洲、南美洲、欧洲、非洲、东盟等地区)的就业、劳动、能力开发等商务信息。(3)人才培养方面的国际合作。受日本厚生劳动省委托，实施与人才培养、职业训练等相关的调查研究项目。(4)国际合作项目的咨询业务。该协会拥有具有丰富相关经验的专家和资源，在国际协力机构（JICA）于海外实施的人才培养领域的国际合作项目中，就短期专家和调查团的派遣、企划、设计、评价等业务开展支援活动。

表 8-4　一般财团法人海外职业训练协会 2016 年度海外派遣前研修

序号	课程名称	针对地区	课时	主要内容
1	赴任国概况	中国、泰国、印尼、越南、墨西哥、巴西	各 3 小时	理解赴任国的一般知识、异国文化、生活环境等，做好赴任前的准备
2	赴任者心得	中国、泰国、印尼、越南、印度	各 3 小时	从派遣人员的立场，让其理解赴任国的经济社会状况和商务环境
3	人事、劳务管理	中国、泰国、印尼、越南、印度、墨西哥、巴西	各 3—6 小时	海外商务活动的开展，劳务管理和劳资关系等劳动问题是最重要的课题，为了避免因“人”的问题而失败，理解劳动法的基础和劳动惯例、发挥人才的最大效率
4	商务法的要点	中国、泰国、印尼、越南、印度	各 3 小时	学习赴任国当地法人在运营、经营活动中必要的法律、制度的要点
5	会计、税务要点	中国、泰国、印尼、越南、印度	各 3 小时	学习赴任国的会计及税务处理的基础和要点
6	人际交流基础	中国、泰国、印尼	各 3—6 小时	理解上述三国人际交流中语感的差异，学习寒暄、自我介绍等构建良好人际关系的基本短语
7	中国会计	中国	初、中、高三级各 3 小时	最令中国当地法人苦恼的是中国会计。认识理念的不同，学习避免失败的会计处理方法
8	国际化管理	各国通用	6 小时	理解管理中的异文化，作为当地法人的责任者，学习必要的当地领导的管理方法及沟通技能等
9	异文化交流	各国通用	6 小时	通过案例，学习在以亚洲为中心的异文化下，如何顺畅地进行有效的商务交流
10	东盟商务开展	东盟地区	3 小时	通过案例，学习在以亚洲为中心的异文化下，如何顺畅地进行有效的商务交流
11	在日外国人研修	各国通用	3 小时	以初次来日本工作的外国人为研修对象，学习日本的概况、劳动惯例、职场惯例、商务礼仪等

资料来源：一般财团法人海外職業訓練協会：『平成 28 年度海外派遣前研修』、http://www.ovta.or.jp/div/global/learning.html。

随着企业逐渐加快海外发展的步伐，在日本留学的外国留学生也进入了日本企业和相关机构的视野，围绕留学生的人才争夺战也逐渐展开。例如由日本留学生就业支援机构 PASONA GLOBAL 和大阪府等共同主办，于 2011 年 1 月 15 日在大阪市召开的面向外国留学生的企业联合说明会上，就吸引了夏普、松下等大公司以及中型制造企业、零售业、园艺公司、会计事务所等 61 家企业的积极参与。不少参加招聘的企业表示，不断扩大的海外业务是许多企业希望招聘外国留学生的理由，这些企业有的在海外设有子公司或办事处，有的则是国内客户企业将经营转移到了海外，而有的则是与海外开展有国际业务，都将招聘留学生作为一种便捷的人才招揽途径。

除在信息、海外安全、调研及人才等方面的支持外，日本政府及相关组织还在其他领域对企业的海外发展提供支持。

1. 海外发行债券的保险支持

长期以来，由于日本金融机构不愿意为日本企业在亚洲国家和地区发行当地货币债券提供担保，几乎没有一家日本企业通过发行当地货币债券来筹措资金，从而严重制约了日本企业在当地的发展。为此，日本经济产业省 2004 年 4 月 8 日宣布建立“亚洲债券保险制度”，为在亚洲国家和地区投资的日本企业发行当地货币债券提供保险，此举为日本企业在亚洲国家和地区通过发行债券筹措资金开辟了通道。日本经济产业省决定首先在日资企业比较集中的泰国、菲律宾等东盟国家实施亚洲债券保险制度，为日资企业在当地筹措事业发展资金提供帮助，具体保险事宜由该省所属的日本贸易保险机构负责实施。日本五十铃汽车公司在泰国投资设立的五十铃泰国公司将成为这一制度的最早受益者。该公司为了提高卡车生产能力，决定在泰国发行 10 亿铢（约合 2500 万美元）的当地货币债券。这些公司债券将由日本瑞穗银行提供担保，日本贸易保险机构对其进行保险。假如五十铃泰国公司失去偿还债务的能力，瑞穗银行将负责赔偿，而瑞穗银行则可以从日本贸易保险机构获得事先约定的补偿。这一制度将为日本企业在当地筹措资金提供极大的便利和保障。

2. 专利、版权等维护方面的支持

为支持包括音乐、电影、动漫、电视剧、游戏等在内的日本内容产业在海外的正常发展和顺利推进,响应日本政府于2002年提出的《知识产权立国》战略,在经济产业省和文化厅的支持下,日本于2002年8月成立了一般社团法人内容海外流通促进机构(Content Overseas Distribution Association,简称CODA),以应对海外日本内容产业的盗版和侵权问题。其主要工作职能在于为确保日本内容产业的产品在海外正常流通,应对盗版问题,进行信息收集分析、共享产业界信息以及探讨有效的解决对策等。其主要业务有:(1)就海外的盗版等侵害知识产权问题进行信息收集和调查研究;(2)就海外的盗版等侵害知识产权问题与企业间共享信息、合作促进;(3)就海外的盗版等侵害知识产权问题共同强制推进;(4)宣传启发等。①

3. 投资咨询支持

一般社团法人日本投资顾问业协会,成立于1987年10月,是经当时的大藏大臣(即现今的财务大臣)许可而设立的。其设立的目的在于保护投资者,同时开展对投资运用业、投资咨询业、投资代理业的管理和规范,可以自主制定并修改规则。2007年9月《日本金融商品交易法》施行后,依据《日本金融商品交易法》第78条,改为由内阁总理大臣认定的社团法人,属于认定金融商品交易业协会。其职能也较以前有所扩展,在原有职能的基础上增加了与不动产业相关的有价证券运用业者、基金运用业者等行业的会员,会员的身份进一步多元化。截至2017年3月末,该协会共有会员751家,其中投资运用业会员273家,投资咨询及代理业会员478家。该协会的主要职能有如下几个方面:其一是确保会员业务的公正性和适当性,致力于保护投资者。为此,

---

① 一般社団法人コンテンツ海外流通促進機構:『事業概要』、http://www.coda-cj.jp/activity/jigyou.html。

重点开展如下 7 方面的服务:①自主制定必要的协会规则,对于制定的规则有改废权限;②为应对会员业务多元化的特征,在遵从规则的基础上组织研修活动;③对于自主规则的遵守状况,实施跟踪调查;④亲临会员企业进行实地监察;⑤对会员企业作出个别指导及相关处分;⑥委托特定非营利活动法人证券·金融商品斡旋洽谈中心(FINMAC),开展信访、斡旋业务;⑦作为“认定个人信息保护团体”,致力于个人信息的保护。其二是致力于投资运用业及投资咨询业、投资代理业的健全发展,其主要业务有:①基于金融商品交易法,向金融厅及相关机构进行提案建言及协商;②致力于构建“日本版管理守则”体系;③通过举办研究会、信息提供等活动致力于公司治理机制的提升;④作为投资教育的一环,在大学开设辅助讲座;⑤通过刊物及网站开展宣传活动;⑥为应对会员的特殊需求,实施各种业务研修活动;⑦发布统计资料并制作业务参考资料;⑧与国内外相关团体开展合作交流,实现信息共享等。

4. 共同研究支持

为加强企业间的合作研究,日本于 1961 年建立了工矿技术研究组合制度。企业就特定的研究课题共同提供研究人员和资金,结成非营利性的工矿技术研究组合,开展共同研究。对于加入该组合的企业,其支出部分可实行特别折旧,组合本身享受各种税制上的优惠待遇。参与这种研究组合的成员企业几乎都是大企业,研究课题多与尖端技术相关。课题一旦完成,组合自动解散。日本在国内成立了数十个类似的共同研究组合,在提高日本技术水平方面发挥了重要作用。

5. 技术支持

JOGMEC 担负着石油天然气探矿、与开发相关的应用技术进行研发等职能,主要包括提高原油回收率技术、油气层掌控技术、坑井挖掘·开发技术、非常规油气田开发技术、油气有效利用技术以及环境协调型油气田开发技术六个方面,未来环境协调型油气田开发技术将是其技术开发的重点。其目的在于提升日本在油气资源探矿及开发方面的相关技术，以便迅速进行对操作技术的支持以及开拓新项目的支持等。除技术开发外，JOGMEC 还为相关企业在海外的具体项目提供技术指导和技术支持。主要包括现场操作支持、技术研修支持、技术研发活动的资金支持、技术研发的设备支持等。

第三节　案例分析：日本贸易振兴机构（JETRO）

日本贸易振兴机构是日本企业向海外发展时最为重要的支持组织之一，其庞大的信息汇总分析能力和遍布世界各地的事务所为日本企业的海外发展提供了强大而多元的支持体系。

（一）JETRO 的发展历程及主要职能

独立行政法人日本贸易振兴机构（Japan External Trade Organization，简称 JETRO）最早源于日本于 20 世纪 50 年代成立的海外市场调查会。20 世纪 50 年代日本重新开始了民间贸易，为了振兴日本的出口事业，日本需要在海外进行常设展示场所的运营、参加国际商品展览及交流会、振兴日本的设计产业等。由于当时信息不发达，为了支持上述相关活动的顺利开展，日本认为有必要成立一个机构，专门进行海外相关领域的市场调研。为此，日本于 1951 年成立了财团法人海外市场调查会。1954 年日本又将财团法人海外市场调查会与当时的国际展览协议会、日本贸易斡旋协议会三个组织进行合并，成立了财团法人海外贸易振兴会。1958 年将财团法人改为特殊法人，成立特殊法人日本贸易振兴会。

日本之所以整合相关组织成立统一的日本贸易振兴会，其原因就在于日本要解决所谓的“盲目贸易”问题。因为在 20 世纪 50 年代中期，日本的多数制造商在不了解海外市场产品需求的情况下进行盲目的生产和经营，并且也缺乏国外代理帮助他们密切关注关税税率变动、产品规格变化等信息，同时也没有相应的机构和组织帮助他们宣传和推销自己的新产品。[①]因此，日本决定将承担海外市场调查职能的海外市场调查会与承担国际展览领域业务的国际展览协议会以及承担海外贸易合作职能的日本贸易斡旋协议会三个机构予以合并，成立统一的“日本贸易振兴会”，集海外市场调查、国际展览活动及海外贸易合作等功能于一体，从而形成一个综合性的国际商情机构。

20 世纪 70 年代，随着海外投资的增多，为加强与海外的交流，日本贸易振兴会于 1971 年新设了海外 PR 部，并真正开始了面向发展中国家的业务。1973 年开始开展海外投资洽谈业务，1983 年开始实施中小企业国际化对策。1996 年，开始开展为了地区的国际化而进行的产业交流（LL 事业）。1998 年，JETRO 将成立于 1970 年的亚洲经济研究所统合于旗下。2000 年，开始通过网络提供信息。2002 年，又设置了经济法制度课，以应对知识产权保护和 FTA 等问题。2003 年 10 月 1 日，依据《独立行政法人日本贸易振兴机构法》（2002 年 12 月 13 日法律第 172 号），改组为独立行政法人日本贸易振兴机构。[②] 日本贸易振兴机构在国内有东京本部、大阪本部、亚洲经济研究所、日本食品海外宣传中心（JFOODO）、贸易情报中心以及 45 个事务所，在海外的 53 个国家设立有 74 个事务所（截至 2018 年 11 月 12 日），在国内有职员 1063 名，海外有 736 名职员，合计 1799 名（截至 2018 年 10 月 10 日）。

---

① ［美］查默斯·约翰逊：《通产省与日本奇迹——产业政策的成长（1925—1975）》，金毅、许鸿艳、唐吉洪译，吉林出版集团有限责任公司 2010 年版，第 253 页。

② 日本貿易振興機構：『日本の貿易・投資の推移とジェトロ事業の変遷』、https://www.jetro.go.jp/ext_images/jetro/profile/pdf/history_0908.pdf。

表 8-5　日本贸易振兴机构的海外事务所

（截至 2018 年 11 月）

地区	事　务　所
亚洲(27 个)	中国 8 个:广州事务所、上海事务所、成都事务所、大连事务所、青岛事务所、武汉事务所、北京事务所、香港事务所 印度 5 个:艾哈迈迭巴德事务所、金奈事务所、新德里事务所、班加罗尔事务所、孟买事务所 越南 2 个:河内事务所、胡志明事务所 其他 12 个:雅加达事务所(印尼)、首尔事务所(韩国)、新加坡事务所(新加坡)、科伦坡事务所(斯里兰卡)、曼谷事务所(泰国)、金边事务所(柬埔寨)、卡拉奇事务所(巴基斯坦)、达卡事务所(孟加拉国)、马尼拉事务所(菲律宾)、吉隆坡事务所(马来西亚)、仰光事务所(缅甸)、万象事务所(老挝)
大洋洲(2 个)	悉尼事务所(澳大利亚)、奥克兰事务所(新西兰)
北美洲(8 个)	美国 6 个:亚特兰大事务所、旧金山事务所、芝加哥事务所、纽约事务所、休斯敦事务所、洛杉矶事务所 加拿大 2 个:多伦多事务所、温哥华事务所
俄罗斯、独联体(3 个)	俄罗斯 2 个:莫斯科事务所、圣彼得堡事务所 其他 1 个:塔什干事务所(乌兹别克斯坦)
中东(5 个)	迪拜事务所(阿联酋)、特拉维夫事务所(以色列)、德黑兰事务所(伊朗)、利雅得事务所(沙特阿拉伯)、伊斯坦布尔事务所(土耳其)
中南美(7 个)	布宜诺斯艾利斯事务所(阿根廷)、波哥大事务所(哥伦比亚)、圣地亚哥事务所(智利)、圣保罗事务所(巴西)、卡拉卡斯事务所(委内瑞拉)、利马事务所(秘鲁)、墨西哥事务所(墨西哥)
欧洲(14 个)	米兰事务所(意大利)、伦敦事务所(英国)、维也纳事务所(奥地利)、阿姆斯特丹事务所(荷兰)、日内瓦事务所(瑞士)、马德里事务所(西班牙)、布拉格事务所(捷克)、杜塞尔多夫事务所(德国)、柏林事务所(德国)、布达佩斯事务所(匈牙利)、巴黎事务所(法国)、布鲁塞尔事务所(比利时)、华沙事务所(波兰)、布加勒斯特事务所(罗马尼亚)、
非洲(8 个)	开罗事务所(埃及)、亚的斯亚贝巴事务所(埃塞俄比亚)、内罗毕事务所(肯尼亚)、阿比让事务所(科特迪瓦)、拉格斯事务所(尼日利亚)、约翰内斯堡事务所(南非)、马普托事务所(莫桑比克)、拉巴特事务所(摩洛哥)

资料来源:根据 JETRO 网站汇总整理。

上述 JETRO 在海外设立事务所的情况截至 2018 年 11 月,较之 2015 年时有一些变化,比如亚洲增加了 1 个,在印度的事务所由 2015 年的 4 个增至 5 个,增加了艾哈迈迭巴德事务所;非洲增加了 2 个,即埃塞俄比亚的亚的斯亚贝巴事务所和莫桑比克的马普托事务所;欧洲减少了3个,即瑞典的斯德哥尔摩事务所、丹麦的哥本哈根事务所以及芬兰的赫尔辛基事务所;中美洲减少了2个,即哥斯达黎加的圣约瑟事务所和巴拿马的巴拿马事务所。从JETRO在海外设立事务所情况的变化,在一定程度上也反映出日本与该国经贸往来关系重要性的变化,至少表明对亚洲尤其是印度以及非洲的重视程度在上升。

根据JETRO设立的目的,在《独立行政法人日本贸易振兴机构》第3条规定:"对有关我国贸易振兴的事业进行统合且有效实施,同时对亚洲地区等的经济及相关各种形势进行基础性、综合性的调查研究并普及其成果,并以促进扩大与以上述地区间的贸易和经济合作为目的。"①据此,JETRO目前主要担负着如下五方面的职能。②

其一,是促进对日投资。作为对日投资的综合支援机构,对外国企业开展引资活动的同时,对外国企业在日本设立据点予以支持。尤其是对能够带来大型投资、大规模雇佣的生产基地设立,能够带来明显经济效果的研究开发基地及区域总部基地的设立,以及促使日本地方产业活性化及强化产业基础的案例等,予以重点支持。

其二,是对日本产农林水产品、食品的出口进行支持。为实现日本政府"到2019年农林水产品及食品出口额达到1兆日元"的目标,以及为政府推进地方创生作出贡献,JETRO最大限度地运用国内外网络平台,与各领域的出口团体进行合作,与相关省厅以"全日本"的姿态致力于农林水产品及食品的出口。

其三,是对日本企业(尤其是中坚企业·中小企业)的海外发展进行支援。驱动JETRO在国内外的网络平台,对中坚·中小企业等的出口业务、海外发展业务予以支持,并与相关机构、各地方自治体等开展合作,根据企业的具体情况提供专业性支持服务。对于在海外发展的日本企业,在介绍销路、规

---

① 日本貿易振興機構:『プロフィール』、https://www.jetro.go.jp/jetro/profile.html。

② 日本貿易振興機構:『ジェトロの取り組み』、https://www.jetro.go.jp/jetro/、2019-01-06。

避风险的协调等根据企业情况和发展阶段进行相应的支持外,还将就业务调整以及在第三国拓展新业务等予以支持。

其四,是通过海外情势的调查研究,为企业活动和通商政策作出贡献。JETRO 将充分利用机构在国内外设立的据点、海外地区及产业方面丰富的人力资源、与当地政府·企业·研究机构·国际组织间的网络以及亚洲经济研究所的研究成果等资源优势,开展调查与分析活动,为日本企业提供最新的海外商务信息。此外,还在日本企业的经营活动及通商政策等方面,通过积极向国内外政府进行提案、建议的方式作出自身的贡献。

其五,是为国际化时代下的地方振兴作出贡献。这是近年来 JETRO 新增加的一项职能,为了实现基于日本再兴战略的"地方振兴",JETRO 最大限度地运用已有的与国内外政府及自治体、企业间的网络资源、对日投资及海外业务开展的经验、技能等,促进日本的各地方自治体与海外进行对接以取得具体成果等方面进行综合性支持。

表 8-6　JETRO 的经费来源(2017 年度)　　(单位:百万日元)

项目	收益	占比
运营费交付金	26801	69.8%
国库补助金	4992	13.1%
委托收入	3356	8.7%
业务收入	3119	8.1%
其他收入	134	0.3%
收入合计	38402	100%

资料来源:独立行政法人日本貿易振興機構:『平成 29 年度事業報告書』、https://www.jetro.go.jp/ext_images/disclosure/info/jigyou2017.pdf。第 15 页、2019-01-06。

从表 8-6 可以看出,JETRO 的经费中,80%以上的经费由政府提供,其余自筹经费有委托收入和业务收入等,占比不到 20%。但从此前的数据来看,自筹经费有增加的趋势(主要是委托费用的增加,2013 年该占比为 4.5%),换言之,来自政府的经费在逐渐减少。

(二)JETRO 的支持体系

JETRO 的支持体系非常庞杂,按其大的类别可以分为洽谈接待、特定领域支持、知识产权保护、实施海外调查、海外商务拓展、差旅支持、面向海外发展企业的支援、人才培养、吸引外国企业九个大类,并且每一类都有具体的领域细分。

表 8-7　JETRO 支持体系一览表①

领域	支持服务	领域	支持服务
洽谈接待	进出口、海外发展实务洽谈	海外调查实施	海外小型调查服务
	农林水产品、食品出口洽谈	海外商务的展开、扩大	展示会、洽谈会的出展支持
	制造业、服务业领域海外业务洽谈		希望出口案件的支援服务
	就出口可能性与海外当地专家洽谈		以海外发展为目的的海外商品展示会的个别支持
	仿制品、盗版侵权洽谈窗口		以海外发展为目的的专家利用资助业务
特定领域支持	服务产业个别企业支持	差旅支持	海外简报服务
	日用品、生活杂货等海外销路开拓支援		商务委任取得服务
	知识产权运用的商务支援		海外投资咨询洽谈服务
	非洲商务支援	面向海外发展企业的支援	中小企业海外发展的现地支持
	基础设施系统出口促进服务		商务支持中心
知识产权保护	海外知识产权侵害调查		投资中国企业支持中心
	仿制品、盗版侵权洽谈窗口	人才培养	国际即战力育成实习
	中小企业商标登录先行调查、洽谈业务		贸易实务在线讲座
	海外卷入知识产权纠纷时的费用资助	吸引外国企业	面向外国、外资企业的支援服务
	出国申请费用资助(中小企业等赴国外支援事业)		

资料来源:根据 JETRO 网站汇总整理。

① 日本貿易振興機構:『ジェトロの支援サービス一覧』、https://www.jetro.go.jp/services/advice/。2015-12-29。

JETRO 对海外发展企业的支持程序如下,从计划到海外发展直至设立企业开展当地经营都进行系统性的支持。(见图 8-2)

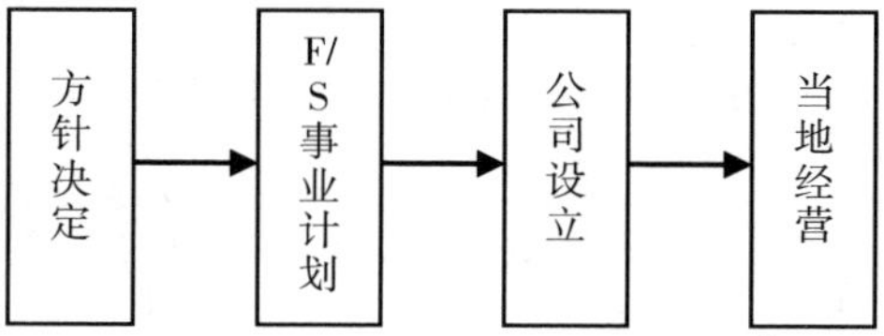

图 8-2　JETRO 的支持程序

JETRO 在支持企业的海外发展时,从计划阶段、寻找交易客户、具体业务洽谈再到订立合同等都予以支持(详见表 8-8)。

表 8-8　JETRO 支持海外发展的具体内容(按步骤)①

阶段	分类	具体服务内容(收费与否)	注意事项
计划阶段	咨询调查	贸易、投资咨询(免费);农林水产品、食品出口咨询窗口(免费);研讨会、讲演会(免费/收费);贸易咨询会(免费);海外小型调查服务(收费);海外协调员的出口支援咨询服务(免费,限定中小企业);海外简报服务(免费);JERTO 商务信息库(免费)	出口计划阶段应了解的事项: ①事业战略明确化:海外发展战略中商品的选定、市场调查、目标地区(层)的明确化,整备公司内部体制 ②掌握贸易实务:收受订单、安排物流方式、支付保险、通关、结算、金融、索赔应对 ③规制、认证的事前确认:确认对象国的贸易管理制度·环境制度、取得认证、准备检查证明、原产地证明 ④制定战略:制订资金计划、人才战略、物流路线、销售渠道、宣传手段等计划;制定合规对策、汇率风险对策、英语或当地语言的网站
	信息提供	各国基本进口制度等(国别、地区信息)(免费);调查报告(免费);贸易投资咨询 Q&A(免费);世界各国的税率(免费);世界商务信息(通商弘报)(收费);《国际商务信息》杂志(收费);电视节目"今日世界"(免费);在线研讨会(免费)	
	人才培养	贸易实务讲座(免费/收费);贸易实务在线讲座(收费);国际即战力育成实习(免费)	

① 日本貿易振興機構:『ステップ別支援サービス』、https://www. jetro. go. jp/services/fdi_guide. html。

续表

阶段	分类	具体服务内容（收费与否）	注意事项
寻找出口商、交易商	参加展示会、洽谈会	JETRO 主办的国内洽谈会（免费）；JETRO 支援的海外商品展示会（免费）；世界商品展示会信息（J-messe）（免费）	寻找出口商、交易商的注意事项： ①展示会、洽谈会：在国内外举办各种展示会、展销会；寻找最适合自身产品的展销会、展示会进行参展 ②其他手段：从商务信息库、企业数据库、企业名录等资料可以查找到 ③信用调查：交易前，希望能够确认交易对象（备选）企业的信用度
	现地调研	销路开拓业务（收费）	
	登录匹配网站	交易信息数据库（TTPP）（免费）	
	获得海外企业名单	海外小型调查服务（收费）；JETRO 商务信息库、各种数据、书籍（免费）	
	知识产权保护	中小企业商标先行登录调查、咨询（免费）；仿制品、盗版侵权咨询窗口（免费）	
洽谈	洽谈准备	贸易、投资洽谈（免费）；运用展示会、洽谈技巧研讨会（免费）；贸易投资洽谈 Q&A（价格表制作法）（免费）	为了顺利开展洽谈工作的注意事项： 展览会参展的事前准备：制作传单、宣传手册、制作海外销售用的价格表、设计展位、掌握与海外买家洽谈的技能
	展示会、洽谈会	JETRO 主办的国内洽谈会（免费）；JETRO 支援的海外商品展览会（日本馆）（部分收费）；世界各地的展览会信息（J-messe）（免费）	
	预约海外当地企业	获得商务预约的服务（收费）	
签订合同	掌握合同的留意点	贸易、投资咨询（免费，但合同内容的判断应向律师咨询）；贸易投资咨询 Q&A（免费）	签约前的注意事项： ①确认合同条款：商品的规格、价格、交货期、运送方式、付款条件等 ②合同制作
	制作合同书	贸易实务讲座（英文合同）（免费）；贸易实务在线讲座（英文合同）（收费）；实务程序库、国际合同书雏形集数据库（DRAFTSMAN）（打印时收费）	

表8-9　日本企业海外发展计划表样式①

内容	1月	2月	3月	4月	5月	6月	7月	8月	9月	10月	11月	12月	1月	2月	3月	4月	5月	6月	7月
1. 海外发展企划案制作	↔																		
2. 国内调查		↔	↔																
3. 现地派遣		↔		↔	↔	↔	↔	↔	↔	↔	↔	↔	↔	↔	↔	↔	↔	↔	↔
4. 公司内部决策			●																
5. 海外发展计划制作			↔	↔	完成														
6. 成立公司项目组				●															
7. 咨询合同				●															
8. 现地法人设立日程					↔														
制作申请书						↔													
办理投资厅、海关等的手续						↔													开始生产　○月○日
公司登记手续							●		设立当地法人										
公司设立								●											
银行开户								●											
存入资本金								●											
9. 制作公司运营手续、规章																			
10. 工厂建设							↔	↔	↔	↔									
（1）工厂设计							↔	↔	↔										
向消防、环保部门等提出申请																			
（2）工厂建设									↔	↔	↔	↔	↔	↔	↔				
（3）生产设备设计						↔	↔							↔	↔	↔	↔		
11. 原材料调配																			
（1）确认当地调配材料的质量								↔	↔	↔									
（2）准备购入当地调配的零部件													↔	↔	↔				
12. 招聘职工																			
教育・研修													↔	↔			↔	↔	↔
制定就业规则														↔	↔	↔			

① 日本貿易振興機構：『計画表サンプル』、https://www.jetro.go.jp/ext_images/theme/fdi/basic/plan/sample_rev.xls。

此外，JETRO 还对具体的海外发展实例进行相关程序的解读①，以更为直观的方式为企业的海外发展提供服务（详见图 8-2 及图 8-3）。

图 8-2 案例一：
○○农机株式会社（总部：福冈市 从业员工：105 名）
海外事业部部长 铃木太郎
创业 30 年的中坚农业机械企业
以生产与当地情况相符的农业机械为目的
制造工厂计划设在东南亚的某处

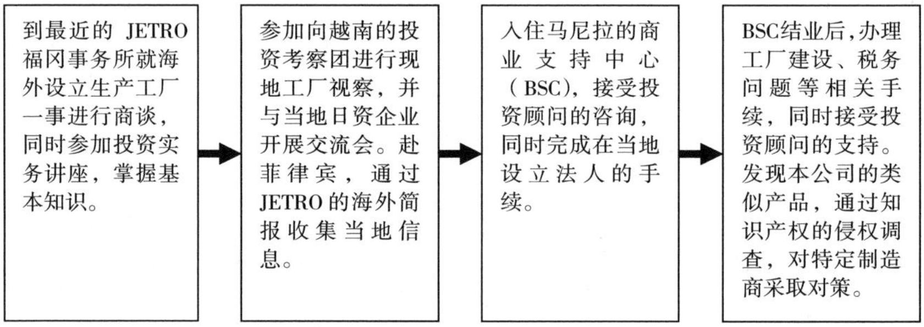

8-3 案例二：
○○乌冬面株式会社（总部：香川市 从业员工：950 名）
海外支店准备室 铃木太郎
日本国内开展连锁企业经营 15 年
目标是 3 年内在海外开设 10 家店铺

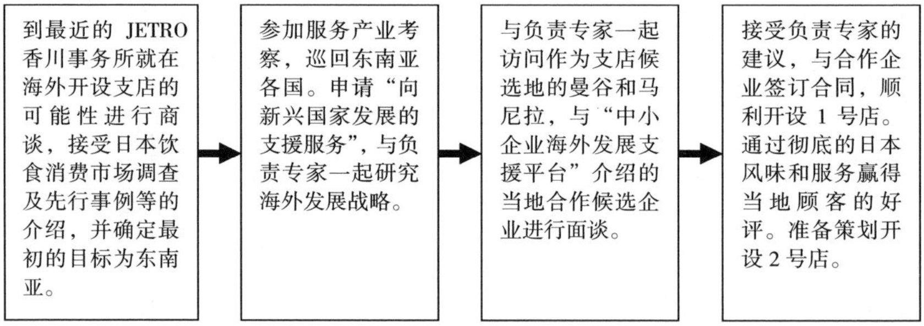

JETRO 还通过积极促进日本的对外经贸合作来为日本企业的海外发展提供支持。例如，为了促进日本与土耳其间的经济合作，JETRO 设立了“关于日本・土耳其经济合作的研究会（JETRO 研究会）”，以该研究会的提案为基

① 独立行政法人日本貿易振興機構：『海外進出支援・ステップ別支援サービス』、https://www.jetro.go.jp/services/fdi_guide.html。

础,2014 年 1 月日本与土耳其政府间达成合作意向。另外,JETRO 还在日本与 EU 间的经济合作协定、RCEP、日本与哥伦比亚间的经济合作协定等的协商中开展前期调查研究活动,为日本双边及多边协定的签署作出贡献。①

另外 JETRO 最为重要的职能是提供信息,JETRO 通过各种方式为海外发展的企业提供商务信息。

表 8-10　JETRO 提供的海外商务信息

信息类别	信息提供方式	备　注
商务新闻·报告	世界的商务新闻(通商弘报)	实时发布各种商务信息
	地区·国别分析报告	对世界各地区的经济分析
	调查报告	提供 JETRO 进行的各种调查报告
	视频报告(电视节目“当今世界”)	通过专用电视节目介绍各种商务信息
	世界贸易投资报告	年度出版,分析世界贸易、投资现状
	营销信息	各地各行业的营销信息、价格调查等
	出版物	JETRO、亚洲经济研究所的杂志、书籍等
各国的制度·手续	有关进出口的基本制度	约 60 个国家和地区的进出口制度信息
	有关海外投资的基本制度	约 60 个国家和地区的投资制度信息
	贸易·投资洽谈 Q&A	对日本及各国的贸易投资政策进行解读
	世界各国的税率	175 个国家的税率信息
	投资价格比较	各个国家、城市、各种投资情况的比较
各国的基本信息	统计指南	日本与世界各国贸易统计、投资统计、国际收支统计数据
	各国(地区)数据比较	各国基础数据、贸易、投资制度、基础性经济指标的比较
商品交易会·展览会信息	JETRO 支援的商品交易会·展览会	登载 JETRO 主办及合办的展示会、洽谈会等信息
	世界商品交易会·展览会信息(J-messe)	各类展示会、展销会信息的检索服务(可按照会期、领域及举办地进行检索)
询价案件信息	询价案件信息(TTPP)	各类产品价格的检索服务
	政府采购数据库	提供各种政府采购的信息

资料来源:根据 JETRO 各类数据整理。

① 独立行政法人日本貿易振興機構:『平成 25 年度事業報告書』、https://www.jetro.go.jp/ext_images/disclosure/info/jigyou2013.pdf。第 16 页、2016-01-09。

（三）中小企业领域

JETRO是日本政府委托的专门负责中小企业海外发展的施策机构。例如经济产业省于2011年6月制定的“中小企业海外发展支援大纲”，为中小企业海外发展等支援项目提供25亿日元预算，另外，还将为中小企业开创日本品牌支援项目提供5.9亿日元预算，配合中小企业海外销路的拓展。其中“大纲”就提及要求日本贸易振兴机构（JETRO）应与中小企业密切合作，从在国内的准备阶段一直到与海外合作者签约制定一套完整的支援体制，协助日本中小企业开拓海外市场，大力支持中小企业的国际化业务开展。

表8-11　JETRO对中小企业海外发展的支持体系

类别	具体支援内容
产业领域支持机制	●与机械以及生活等相关的制造业 ●环境·基础设施 ●服务产业
横向支持机制	●海外发展·在外日资企业支持 ●知识产权运用·保护 ●国际化人才的活用与培养 ●规则形成支援 ●海外各地区的商务交流支援 ●日本品牌宣传 ●在东盟创造新产业支援 ●中低收入国家市场开拓 ●发展中国家的商务活动
基本支持机制	●海外商务信息的调查、分析与提供 ●贸易投资洽谈 ●海外展示会出展支援 ●与其他机构间的合作

资料来源：根据JETRO网站相关资料整理制作。

JETRO在产业领域，针对中小企业实施“日用品、生活杂货等的海外销路开拓支援”项目。开展的具体业务有：（1）海外洽谈会。在中国及东盟各大城市，与当地买家（如零售商、批发商、进口代理商、电商等）举办洽谈会。（2）海外展示会。在海外举办的展示会、商品展销会等展览中设置 JETRO 展馆,支持国内中小企业的出展活动等。(3)国内洽谈会。在日本国内举办以特定产业领域为对象的海外展馆开设计划时,提供洽谈支持。(4)以作为开拓海外销路的参考为目的,举办座谈会、学习会等。

在基础设施出口领域,为了支援日本企业等在海外获得基础设施系统的项目,以及普及日本型都市开发等事业的海外开展,JETRO 实施“促进基础设施系统出口・普及日本型都市开发等的专家派遣和招聘项目”,邀请海外的基础设施商务相关人员(如政府相关负责人、对象国企业基础设施采购人员、基础设施开发技术人员以及基础设施操作人员等),以及向海外派遣日本的基础设施技术人员等专家,JETRO 为其提供差旅费及活动经费等(2017 年度预算为 450 万日元,共实施 9 件项目)。具体涉及的领域有水务、废弃物处理、能源、铁路、都市开发等基础设施。①

在支持服务行业(如流通、零售、外食、理发美容、教育、护理、内容产业等)的中小企业海外发展方面,JETRO 充分运用自身在海外及国内的网络资源,对向海外发展或开设分支机构的中小企业实施“服务产业个别企业支援”项目。具体支援内容包括:(1)提供计划向海外发展涉及的国家、地区及城市的信息;(2)海外发展时提供相关的建议;(3)介绍合作伙伴候选者;(4)介绍有关公司设立的专家,如会计事务所、法律事务所、劳务咨询等,JETRO 负责提供与专家商谈的费用;(5)介绍有关海外发展的支持企业,如各种供应商、不动产公司、物流公司、市场营销策划公司等。(6)安排赴发展对象城市的重点商圈视察。2016 年日本经济产业省与 JETRO 等合作建立了“新出口大国联合体”,着眼于跨太平洋伙伴关系协议(TPP)的生效,为中小企业发展海外业务提供支持。该联合体有地方自治体、商工会议所、金融机构等 718 个团体

---

① 独立行政法人日本貿易振興機構:『平成 29 年度インフラシステム輸出促進・日本型都市開発等普及のための専門家派遣・招へい事業』、https://www.jetro.go.jp/ext_images/services/infrastructure/outline201706.pdf、2017 年 6 月。

加入,熟悉海外业务的原企业高管等坐镇 JETRO,为中小企业提供咨询服务。此外,为在越南推销日本中小企业的产品,JETRO 与永旺、全家、迷你岛(MINISTOP)等公司开展合作,在越南当地的店铺进行试卖活动,希望借此扩大出口。

在知识产权方面,为支持中小企业在海外申请专利、实用案例·创意·商标等,JETRO 实施“中小企业等外国申请支援项目”,资助向国外专利局等的申请费、代理人费用以及翻译费等,资助额度为资助项目经费的 1/2,上限为每个中小企业 300 万日元(其中专利 150 万日元、实用案例·创意·商标 60 万日元、假冒商标对策 30 万日元)。此外,为支持拥有创新性技术和产品以及相应知识产权的中坚·中小企业及创业公司的海外发展,JETRO 还实施有“日本知识产权商务化活用支援项目”。

在针对中小企业海外发展时国际化人才的应用、培养方面,其一,是 JETRO 与相关省厅、团体等合作,对以留学生为主的外国人的就职等实施“外国人才活跃推进项目”,同时每年召开一次“中坚·中小企业国际化展开中活用外国留学生座谈会”,为留学生等外国人才与中小企业间开展对接服务。其二,是应对中坚·中小企业对专业技术人才的需求,JETRO 编制有《外国高级人才活用资料集》,对何为高级人才、如果录用、培养等不同阶段都进行详细的说明,并编制有具体的企业案例。① 其三,是实施“国际化促进实习生项目”,向日本国内的中坚·中小企业等推荐拥有发展中国家国籍的青年人才的对接服务,以此来强化日本企业的海外发展人才机制。其四是举办“贸易实务在线讲座”。

此外,为推动日本中小企业向海外发展,JETRO 还实施有“社会课题解决型规则形成支援项目”“地区间交流支援事业”“日本在东盟新产业创出支援”等项目。

---

① 独立行政法人日本貿易振興機構:『新輸出大国コンソーシアム事業　高度外国人材活用資料集』、https://www.jetro.go.jp/ext_images/theme/hr/data/data.pdf、2018 年 2 月。

(四)农林水产品及食品领域

日本政府提出了“到2019年日本的农林水产品、食品出口额达到1万亿日元”的目标,为地方振兴作出贡献。对日本产农林水产品、食品的出口进行支援成为近年来JETRO承担的另外一项重要职能,JETRO最大限度地活用国内外网络资源,与各类出口团体开展合作,与相关省厅共同致力于农林水产品及食品出口销路的扩大。

JETRO对日本产农林水产品及食品出口进行的支援措施主要有如下四个方面:其一是提供海外信息,对商业谈判技能提升予以支援。JETRO活用国内外网络资源,将收集到的有关出口的海外制度、规则、市场信息等刊登在网站上供相关业者使用。另外,在全国各地以讲座的形式,提高相关从业者商业谈判的技能,并向其提供海外市场及海外的进出口制度等信息。同时,还可以通过JETRO在日本设立的各个事务所开设的农林水产品及食品出口洽谈窗口进行个别商谈。其二是提供商谈机会。为了开阔有志于出口事业的从业者的视野,在具有全球影响力的展览会中设置日本展馆,招聘出展者并为其提供部分出展费用。另外,也在国内外举办有买家参加的洽谈会等。其三是向海外宣传日本品牌。面向海外的买家、零售店及饮食店,举办宣传普及日本料理法、制法、历史、品质等日本产食品魅力的讲座等。其四是对有志于出口的案例进行支援服务,对个别事业者的出口提供支援。邀请各领域的专家,根据客户产品及公司状况进行战略策定,收集市场买家信息,陪同参加海外商品展览会及洽谈等,直至最终缔结合同。

JETRO负责农林水产省制定的“海外日本产食材支援店认定制度”。该制度是为了强化日本产农林水产品及食品在海外的宣传,依据农林水产省制定的“有关海外日本产食材支援店认定指南①”,对在国外使用日本产食材、酒

① 農林水産省:『海外における日本産食材サポーター店の認定に関するガイドライン』、http://www.maff.go.jp/j/shokusan/syokubun/attach/pdf/suppo-6.pdf、2017年4月1日。

类的饭店,酒类专卖店以及销售日本食材和酒类的零售店等实施“日本产食材支援店”的认定制度,认定制度的 LOGO 如图 8-4。

图 8-4　海外日本产食材支援店认定制度的 LOGO

截至 2018 年 11 月 30 日,在海外经过认定的店铺数已达 3439 家,其中饮食店 2409 家,零售店 1030 家。从地区和国别来看,饮食店认定最多的是中国内地,为 702 家,其次是中国香港 329 家,第三为泰国 285 家。零售店认定店铺中,中国香港为最多,518 家,其次为泰国 145 家,第三为新西兰 54 家,中国内地为 32 家。① 实施该制度的目的有三:其一,是达到使日本生产的优质、放心、安全的食材销售和活用的目的;其二,是通过日本产食材流通网络的交流和信息共享,确保优质的食材;其三,是通过农林水产省的网站及各种宣传媒介对相关店铺进行宣传。

为了宣传日本产农林水产品及食品的品牌,JETRO 创设了“日本食品海外宣传中心”(JFOODO)。JFOODO 的“LOGO”是将日本的 47 个都道府县用红色的实心圆表示,红色实心圆的大小表示各都道府县的面积,以表示日本全国一体合作之意。

该中心设立的目的是对日本在海外知名度比较高的“武士道”“剑道”

① 独立行政法人日本貿易振興機構:『海外における日本産食材サポーター店　店舗数　地域・業態別』、https://www.jetro.go.jp/ext_images/agriportal/supporter/data_181130.pdf、2018 年 11 月 30 日。

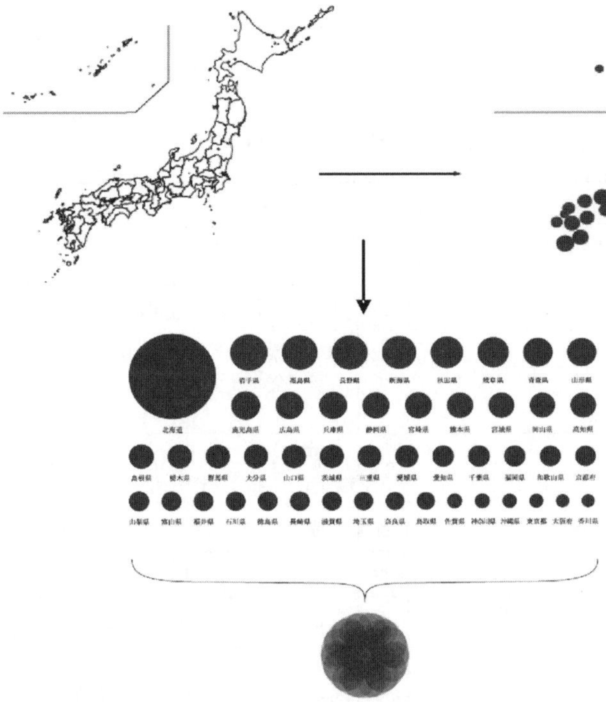

图 8-5　日本食品海外宣传中心 LOGO 设计说明图

“茶道”以及“食之道”等日本文化元素向全世界进行宣传。JETRO 负责对相关产品品牌的宣传进行战略策划与实施,每年选定一定数量的产品作为宣传对象,并选定进行宣传的国家和地区,以提升消费者的认知度和购买意欲为目的。2018 年度宣传活动选定的产品及主要宣传地分别为和牛(中国台湾)、水产品(中国香港)、日本茶(美国)、面粉(美国、法国)、日本清酒(美国、英国、法国、新加坡)、日本葡萄酒(英国、中国香港、美国)、工艺啤酒(美国)。①

为了促进农林水产、食品领域中一次产品等的出口,JETRO 还设立了“一县一支援项目”,由 JETRO 的“农林水产品 · 食品出口促进本部”负责具体实

① 独立行政法人日本貿易振興機構:『2018 年度プロモーション参加事業者募集のご案内』、https://www.jetro.go.jp/jfoodo/project.html、2018 年 7 月 13 日。

施,同时与农水省、经产省、国税厅、外务省、林野厅、厚生劳动省等相关省厅相互协调,共同推进一次产品等的出口。

表 8-12　一县一支援项目

1	北海道	①扇贝;②牛肉和牛;③蔬菜、大米、畜产品、甜瓜;④海带	24	京都	绿茶
2	青森	①苹果;②扇贝	25	滋贺	牛肉(近江牛)
3	岩手	县产畜产品(牛肉、鸡、猪等)	26	和歌山·奈良	柿子
4	秋田	日本酒	27	大阪·关西	蔬菜、水果、水产品等生鲜食品
5	宫城	水产品、水产加工品	28	兵库	使用丹波黑豆、刀豆的各种商品
6	山形	苹果、洋茄子	29	鸟取	梨、西瓜、柿子
7	福岛	桃	30	岛根	松江花卉(牡丹、土耳其桔梗等)
8	新潟县	锦鲤	31	冈山	桃、葡萄等水果及加工品
9	茨城	甜瓜(含加工品)	32	广岛	小沙丁鱼等水产品
10	枥木	水果(草莓、梨、葡萄)	33	山口·北九州	关门海峡附近的水产品及加工品
11	埼玉	盆栽	34	德岛	柑橘类(酸橘、香橙)及加工品
12	东京	筑地的水产品、水产加工品	35	香川	盆栽
13	千叶·神奈川	猪、蔬菜、梨等农畜产品	36	爱媛	木材
14	群马	魔芋制品	37	高知	土佐木材(尤其是扁柏)
15	长野	生鲜高原莴苣	38	福冈	惠比须牡蛎
16	山梨	水果(桃、葡萄)及加工品	39	佐贺	猕猴桃加工品
17	静冈	茶及相关制品	40	长崎	对马干香菇
18	岐阜	柿子	41	熊本	西红柿等水果
19	爱知	当地特色调料(味噌、酱油、甜料酒)等	42	宫崎	畜产品、水果、蔬菜及加工品
20	三重	养殖鲷鱼、金枪鱼、鲥鱼等水产品	43	大分	干香菇

续表

21	石川	传统固定加工品(酱油、味增)	44	鹿儿岛	黑糖、烧酒
22	富山	鲥鱼等水产品	45	冲绳	海蕴
23	福井	日本酒			

资料来源:独立行政法人日本貿易振興機構:『平成 25 年度業務実績報告書(2013 年 4 月 1 日—2014 年 3 月 31 日)』、https://www.jetro.go.jp/ext_images/disclosure/info/jisseki2013.pdf。第 11 页、2016-01-09。

JETRO 与日本农林水产省合作,充分利用双方的信息网络平台,为日本致力于海外发展的农林水产业者以及食品出口业者提供免费的咨询服务。如需了解出口对象国的市场信息、展览会及洽谈会等信息以及各类文书手续等,可以与 JETRO 本部及各个日本地方事务所联系(提供有具体联系方式)。如需了解出口对象国的各种规制、制度,进行放射性物质检查及各类检疫,以及各种支援项目等,可通过农林水产省的出口促进科以及 9 个地方农政局进行了解。如需了解出口对象国的政策,即运用手续以及有关海外当地的咨询,JETRO 与农林水产省公布了 21 个国家约 60 个城市的咨询机构,涉及日本驻外各使领馆、JETRO 的各海外事务所等。[①] 此外,JETRO 网站还通过动画方式让相关企业了解如何进行海外洽谈,并具体对日本各类农林水产品、食品的出口制度予以详细解释和说明,并对各个进行出口贸易的贸易公司进行有详细介绍。

2013 年 5 月 20 日,鉴于日本相当一部分从事农林水产品、食品的相关业者不太熟悉贸易业务,JETRO 专门收集了从事贸易业务的商社、贸易公司、保险公司、物流企业等的信息,制作了"JETRO 农林水产品·食品出口合作企业名录",将相关企业的名称、地址、联系方式、网站、公司销售额、出口地区及出口产品以及负责出口的具体负责人等详细信息进行了收录并刊登于 JETRO

① 独立行政法人日本貿易振興機構:『JETRO×農林水産省輸出のあれこれ相談所』、https://www.jetro.go.jp/ext_images/services/agri-service/soudanjo.pdf。

的网站,供相关企业事业单位咨询洽谈业务使用。①

有了完善的服务体系,将大幅减少日本企业在国外市场开拓、信息收集、广告投入、与国外政府机构建立关系等方面所支付的高额沉没成本。

① 日本貿易振興機構:『ジェトロ農林水産物・食品輸出協力企業リスト』、https://www.jetro.go.jp/industry/foods/trading_company_list.html。2015-12-29。

第九章　智力支持：官产学研协同机制

官产学研合作是技术创新的一种重要组织形式。广义上讲，即指政府、金融机构、企业、科研院所、施策机构、高等院校以及中介服务机构等多个创新主体，为了市场需求和共同的利益目标联合起来，在优势互补、各取所需基础上按照市场经济机制，采取多种合作方式所进行的经济合作活动。官产学研合作具有动态性、系统性、开放性、中心性、协同性等特点①，是一种创新网络平台，以网络形式运作。

日本企业向海外发展时，除企业间的合作、金融机构的融资支持、施策机构及各类服务组织的支持外，还离不开高校及研究机构（包括各类智库组织）等的智力支持。日本长期以来形成了较为完善的官产学研协同机制，高校及科研机构不仅为企业输送人才，而且在新技术研发、设备制造、"走出去"时面临的技术难题等方面都对企业予以支持。

第一节　官产学研合作的政策体系

在日本有关经济、科技、教育等领域的政策文件中，"产学合作""产学官

① 吴潍、陈莉平：《产学研合作创新网络的结点分析及其构建》，《价值工程》2007年第1期。

合作”“产学研合作”“官产学研合作”等不同的提法都曾使用过。上述提法，一方面是涉及的主体不同，例如“产学合作”主要涉及产业、高校两个主体，而“官产学研”涉及四个主体。另一方面是突出的主体不同。如之所以称“产学合作”而非“学产合作”，主要在于突出和侧重于“产业”的主导地位或主体地位。本研究统一使用“官产学研”的提法。

日本“官产学研协同机制”，包括了四个主体，分别是“官”“产”“学”“研”。之所以将“官”排在首位，主要是日本政府在产学合作方面发挥了重要的主导作用。其次，官产学研协同机制的最终目的就在于研发成果的转化及应用，因此产业界抑或企业界的需求导向是至关重要的，故而“产”排在第二位，再次是“学”和“研”。

四个主体中的“官”，包括两个层面的含义，其一，是指日本政府及其隶属于政府的相关省厅、地方自治体及其下设行政部门；其二，是指由日本内阁以及各省厅管理的施策机构。这些施策机构大部分为行政独立法人，也有的以国策公司的形式运营，其职责在于具体执行政府的相关政策。“产”也包括两层含义，其一是日本的综合性经济团体、各产业界组织的行业协会以及由数个产业界组织组建的“产业联盟”等，上述组织代表日本经济界、某几个或某一个产业界的利益。其二是单一的企业组织或由数个企业组建的“企业联盟”等。“学”一般指高校，可以是组织，如隶属于高校的研究机构或研究团队，也可以是个人，如某一专家学者等。而“研”包括三个层面：其一是隶属于日本政府及各省厅的专门研究机构。其二是施策机构中的“研究开发法人”组织，这类机构的职责主要在于支持研究与开发，承担或组织协同民间难以承担的高风险、高投入的研究项目。其三是除高校研究机构以外的各类智库组织，主要从理论或实证的视角对日本企业“走出去”战略提供智力支持。

受日本“稻作文化”以及“集团主义”文化的影响，日本向来注重“协作”精神。早在1933年，日本就成立了“产学合作研究委员会”，旨在探讨产业界与学界之间的合作研究问题，并予以相应的政府指导。战后初期，日本曾走过一段“模仿”的过程,大量利用欧美的科技成果进行应用和开发研究。而“模仿”的同时,日本也非常注重自身的科技创新,强调大学与产业界的密切联系。例如早在1956年,日本经团联就发表了《关于适应新时代要求的技术教育的意见》,指出“要使理工系统的大学和产业界紧密地联系起来,大学方面要准确把握产业界的要求”。同年,日本通商产业省的产业合理化审议会向日本政府提交了《关于产学合作的教育制度》的咨询报告。在1960年日本内阁会议通过的《国民收入倍增计划》中,将产学研合作教育视为一项国策,强调“要特别重视产学合作”“加强教育、研究、生产三者之间的有机联系”。由此,日本从国家层面正式确立了“产学官”合作的研究开发机制。

随着日本自身科学技术水平的不断提升,到20世纪80年代,“模仿”欧美等发达国家科学技术这种“搭便车”的效果日益减弱,日本不得不依靠自身进行科技创新。为此,日本在80年代提出了“科技立国”的国策。1981年,科技厅与通产省分别制定了《创造性科学技术推进制度》和《下一代产业基础技术研究开发制度》,以此来作为“科技立国”的具体实施措施。同年,日本科技厅和通产省分别确立了官、产、学三位一体的以人为中心的流动科研体制。1983年5月,日本文部省向所有国立大学发布声明并宣布实施《大学——私营企业合作研究计划》,要求民间企业提供研究经费,大学提供研究设备,强化共同体研究。此后,日本逐渐建立了委托研究制度、委托培训制度、捐赠奖学金制度、捐赠讲座、研究室制度、经费划拨与使用制度、研究权属保障制度、人员互派制度等一系列行之有效的制度,确立了较为完善的产学研合作教育制度。例如在税收政策方面,1985年颁布的“促进基础技术研究开发的税制”规定,对新材料、尖端电子工程技术、电气通信技术开发、宇宙开发等基础技术研究开发的营业额扣除7%的国税和地方税。同年颁布的“加强中小企业技术基础的税制”规定对中小企业从税额中扣除6%的研发费,同时设立计算机程序保证准备金、原子能发电工程准备金等,允许企业将部分利润转为准备金并免予课税，从而保证企业对技术创新的资金投入。①

1995年，日本制定了《科学技术基本法》，制订了日本科学技术的基本计划，强化在科学技术方面加强产业界与高校等之间的合作与共同研究。为支持大学成立科技中介机构，日本于1998年制定了《大学技术转移促进法》，该法律将大学等研究机构的研究成果专利化或向企业进行技术转移，在“产”与“学”之间发挥“中介”功能的机构称为“技术转移机构”（Technology Licensing Organization，简称TLO），因此该法案又被称为TLO法。该法案的制定与实施以科研成果的商业化为目的，致力于技术转移活动，有力地推动了“产学”创新网络的形成。

日本政府在2000年制定的《产业技术力强化法》中，规定企业可以无偿使用TLO机构所在国立大学的研究设施，大学教师可以兼职TLO职员、研究成果活用型企业的职员以及股份公司的监事等，从而为密切高校学者与企业间的联系与合作提供了法律保障。

2002年，日本经济产业省推行的“产业聚集计划”和文部科学省推行的“知识产业聚集培育事业计划”在推动产业界与高校联姻开展共同研究，推动产业聚集方面发挥了重要作用，使上万家企业和部分高校、研究所合作，实现了真正意义上的“官产学研”结合。与此同时，日本还在同年成立了旨在推进产学官合作的协调组织——“产学官合作推进会议”。日本自2008年开始还提出在大学、短期大学（两年制大学）以及高等专门学校与企业联合开发、实施产学结合的教学计划，加强大学实践性人才的培养。同时实施了三个人才培养与综合发展计划，即派出型高端人才培养共同计划、产品制造技术人员培养支持计划、服务型革新人才培养推进计划等。②

---

① 张彬：《日本“产学官”一体化的科技创新体制》，《科技信息（科学教研）》2007年第36期。

② 文部科学省：『高等教育改革之国公私立大学を通じた大学教育改革の支援』、http://www.mext.go.jp/amenu/koutou/kaikaku/index.htm。

2015 年 5 月 15 日,日本文部科学省和经济产业省联合设立了“关于理工系人才培养的产学官圆桌会议”,旨在就培养产业界急需人才的培养以及促进产学官合作等议题进行研讨。2016 年 8 月,该“圆桌会议”发表了《关于理工系人才培养的产学官行动计划》,从产业界形势与高等教育的应对、通过产学合作强化对博士人才的培养、通过产学共同研究促进人才培养等方面向日本政府提出了诸多合理化建议。①

2016 年 2 月,日本经团联提交了题为《通过产学官合作强化共同研究——对肩负创新使命的大学・研究开发法人的期待》的研究报告,指出政府应通过成立“指定国立大学”“特定国立研究开发法人”“卓越大学院”等举措进行积极的制度设计,从资金、知识产权、人才三个方面强化支持政策,形成良性循环,以适应新形势下共同研究的需要。②

从日本政府、各省厅及相关机构的政策不难看出,日本围绕“官产学研”合作机制,出台了诸多的政策,制定了相应的具体措施,逐渐构建起一套日益完善的“官产学研”合作体系。未来,日本在“官产学研”合作方面的政策与制度创新还将继续会有新的举措。

第二节　官产学研合作模式及其实践

日本在官产学研合作方面,一方面在政府主导下各省厅设立有相关研究机构,强化与民间企业及高校间的横向合作;另一方面也通过政策鼓励联合攻关。高校等研究机构也纷纷推出举措,建立共同研究体制,强化与政府、产业界的合作,促使研发技术的应用化与成果转化,而产业界则基于问题导向,通

---

① 理工系人材育成に関する産学官円卓会議:『理工系人材育成に関する産学官行動計画』、2016 年 8 月、https://www.meti.go.jp/policy/innovation_corp/entaku/pdf/keikaku.pdf。

② 一般社団法人日本経済団体連合会:『産学官連携による共同研究の強化に向けて—イノベーションを担う大学・研究開発法人への期待—』、2016 年 2 月 16 日、http://www.keidanren.or.jp/policy/2016/014_honbun.pdf。

过多元化的模式和渠道介入高校及研究机构，共同开展合作研究，官产学研四者共同构建起多元化、多渠道的协作机制。

日本的官产学研合作模式大致可以分为如下三种：其一是政府牵头的合作，其二是产业界或企业牵头进行的合作；其三是大学牵头进行的合作。

1. 政府牵头的合作模式

“官”处于主导或半主导地位是日本官产学研合作的重要特征。日本的官产学研合作属于典型的政府主导模式，日本政府在官产学研合作中起到了至关重要的作用。政府积极引导，把产学研合作上升到基本国策的高度，通过立法和经济援助等方式引导企业和大学开展合作。① 1976—1979 年，日本实施了“超大规模集成电路（VLSI）技术研究合作计划”。通过这一政府与产业界合作研究项目的实施，“政府官员们创造了一种合作研究的模式，即在克服种种困难以后，互相竞争的公司可以在通产省的工业科学技术局的支持下进行合作研究，并取得很大成绩。”②

政府经常以合同的形式将课题项目委托高校或企业来进行。例如，1995 年文部省等相关政府部门推出“促进特殊法人等部门有效利用政府资金开展基础研究的制度”，鼓励国立大学接受来自政府部门的委托研究，为联合攻关进行学术研究创造良好的环境。

政府在联合科研中发挥了组织者的作用。对于关系全局的大型项目，政府通过特殊法人的方式进行研究开发。这种特殊法人是日本政府为了达到特定的政策目的而设立的研究机构，其研究管理人员来自企业、大学、公共科研机构和政府，其经费直接由政府拨款，主要从事一般企业或研究机构无法独立完成的综合研究项目。如日本的原子能研究所、宇宙开发事业团、新能源综合

① 孙文：《产学研合作技术创新——国外主要产学研合作组织模式研究》，《江苏科技信息》2011 年第 7 期。

② 朱奕宝：《“官”与科技——谈日本“产学官”联合中的“官”》，《中国科技信息》1994 年第 11 期。

开发机构等。特殊法人的研究开发能力强,在高、精、尖技术领域具有重要的带头作用,同时它是科研人才培养和交流最活跃的地方,其研究成果主要是面对企业,向民间部门转让。①

日本政府还建立了一批推动“产学官”联合的研究机构,如科技厅所属的特殊法人理化研究所,是日本著名的“产学官”研究基地。日本科学技术振兴机构(JST)作为科技管理与服务机构,负责科技创新研究项目、科技成果转让、科学知识普及、科技情报信息、科技交流与合作等事项。文部省所属法人日本学术振兴会设有培养高级人才的特别研究员制度和“产学官”联合研究委员会等。

此外还有日本学术振兴机构、新能源·产业技术综合开发机构、筑波研究联合体、神奈川科学技术园、东京大学研究信息中心、国际超导产业技术研究中心等。这些机构使科研、开发与应用一体化,促使科研成果尽快在企业中得到应用、推广。

2. 以产业界或企业为主的合作模式

企业为了获得研究机构、大学的研究成果或者为了提高企业自身的研究水平,常常采用赞助的方式向公共科研机构和大学提供科研经费,或者直接组成研究小组进行联合研究。

通常采取的做法是委托研究员模式,即企业聘请高校的研究人员对企业的技术和研究人员进行研究生水平的研究指导,以帮助企业提高其研究、开发能力,以及技术人员的研究素质和研究能力。

在推动产品开发本地化的同时,日企还通过携手顶级大学来强化技术开发。如三菱电机在中国的地区总部增加了负责产学协作的员工,并积极扩大与中国大学和研究机构的联合研究。三菱重工业于 2013 年 10 月向新加坡派驻了专门推动与研究机构联合研究的员工,在中国则将火

① 陈建安等:《产业结构调整与政府的经济政策——战后日本产业结构调整的政策研究》,上海财经大学出版社 2002 年版,第 168 页。

力发电站的燃气轮机和功率半导体等电力设备所需的技术开发委托给清华大学。

日企还积极与发达国家的大学开展联合研究。富士通与美国麻省理工学院联合研究在线学习的基础技术。NEC 则加紧与欧美大学进行通过软件控制网络设备的名为“SDN”的技术及大数据相关的研究。

此外,企业还通过奖学金或捐赠的形式与高校展开研究合作。奖学捐赠金模式于 1964 年由日本文部省创设。企业对学、研方设置奖学捐赠金,模式中对学、研方所接受的资助金用途做了具体明确的规定,这种模式对于振兴日本企业界的研究创新起到了积极的推动作用。政府在政策制度上对产学合作给予支持,如对企业捐赠给大学的研究经费在管理上采取灵活的制度,对大学的风险企业减轻税收等。

3. 以大学为主的合作模式

“协调者”制度是 21 世纪初日本政府为促进产学合作推出的一项支援制度,核心内容是由政府出资为大学组织内产学合作机构选聘“协调者”,并委托专业化的中介组织进行管理实施。“协调者”制度始于 2001 年 11 月,首先是由文部省在设有共同研究中心等产学合作机构的 66 所国立大学中选定 16 所大学,并向选定的大学各选聘 1 名产学合作“协调者”。“协调者”在大学产学合作中的作用越来越明确,适应了当今社会大学与企业合作发展的这一需求,对于激活大学优秀研发成果的应用,强化产学合作基础,提高大学乃至国家的国际竞争力,实现地区产业与经济的发展,培养具有产学合作专门知识的人才等,都具有重要意义。①

北海道大学在生物和食品科学方面具有特色和优势,该大学在面向企业开展相关领域的孵化器活动,取得了很好的效果。为增强孵化器的活力,该大学设定了为期 5 年的权限,一般 5 年内企业应外迁,让新的需要孵化的企业可

① 吴宏元、郑晓齐:《日本产学合作中的“协调者”制度及其启示》,《高等工程教育研究》2006 年第 3 期。

以进来,当然也可视情况酌情延长。①

不少高校也都成立有产学研合作的专门机构,如京都大学即成立有产官学合作本部。2014 年 12 月,京都大学依据《产业竞争力强化法》,成立了对经过认证的特定研究成果的应用提供支援的企业——京都大学创新资本股份公司(京都 iCAP)。该公司针对京都大学的研究人员以实现知识商业化为目的而成立的企业提供投资等支援,也就是官民创新项目(国立大学的投资业务)。该公司的业务以针对种子(Seed)企业和早期发展(Early Stage)企业的投资为中心,这类企业一般情况下很难获得民间风投(VC)公司的投资。京都大学还实施有 GAP 基金项目,支持对象是以商业化为目标,试图验证研究成果实用性的试制品制作及实验等研究课题(如制作旨在验证实用性的试制品、实施旨在验证实用性的试运行以及旨在提高实用性的差异追加试验等)。孵化器项目在实施期间成立公司的情况比较多,通过被采纳为京都大学的项目易于确保对初创企业来说最为重要的优秀人才,并最终有助于加速实现研究成果的商业化等。

有些高校还创办有科研成果转化的中介机构,如在学研机构集中的地方建设"高科技市场"、在大学设立"技术转让机构"等。1998 年 8 月,东京大学"尖端科学技术孵化中心"(CASTI)成立,这是日本第一家专门从事大学技术转让业务的股份有限公司,从而开创了一种新的产学研合作模式。此外,日本还建有科技城,以学研为依托,与相关企业有机联系,使科研成果迅速实现产业化。

4. 共同研究模式

日本的共同研究制度创立于 1983 年,其主要方式是国立大学接受企业的研究经费,并把企业的研究人员邀请到高校的研究所、理工科教研室和专门设置的研究开发中心等地,与高校的研究人员一起平等地进行同一课题的共同研究。

---

① 秦裕辉:《"万众创新"确乃教育兴国之要——赴日大学考察交流报告》,《湖南中医药大学学报》2016 年第 3 期。

为进一步促进高校（科研院所）与企业开展共同研究，日本还鼓励成立共同研究中心。日本文部省自1987年开始对一些重要的大学研究机构、国立大学附设研究所等配备大型的研究设备和大量的研究资料，整建成更适宜进行大型化、综合化研究并面向国内及国际开放的共同研究中心。如日本山形大学以工学部为主，成立有山形大学地域共同研究中心以及山形大学大学院风险企业研究所等机构，通过委托研究、派驻委托研究员等方式强化大学与民间企业间的共同研究。山形县盛产稻米，为解决稻米加工企业存在的米糠处理问题，山形大学大学院风险企业研究所利用米糠与树脂混合烧制成新型陶瓷材料，具有毛孔小、硬度高、易加工等特点。该材料可应用于耐滑鞋底、完全不需要润滑的轴承等产品，在海外广受好评，美国夏威夷的国立天文台就使用了该轴承。① 颇具影响的还有"熊本大学地区共同研究中心""神户大学共同研究开发中心""富山大学地区共同研究中心"等，以推进产学官协作的顺利实施。另外比较典型的开展共同研究的案例还有横滨国立大学与日产汽车公司就"独立四轮驱动车辆制作"项目，企业与高校技术人员互动，取得了很好的效果。②

除高校外，日本各地方自治体也成立有相应的共同研究中心。如横滨市于1999年建设了"产学共同研究中心"，为研究者开展多样化研发并进行大规模试验配备有实验楼，同时还为中小企业规模的研究和会议交流配备研究楼。其目的就在于凝聚产业界优秀的技术能力与高校等研究机构的研发能力，提升既有产业高度化也为创造新的产业提供共同研发的合作平台。③ 作为日本唯一的全国产学合作网络联盟，2010年成立的"横滨全国产学合作网络联盟"，以财团法人横滨企业经营支援财团（IDEC）为运营主体，以"横滨全国产学合作推进会议"为推进载体，与6家金融机构、横滨市内的9所大学以

① 张晨曦：《日本理工科大学的产学官一体化案例分析及启示》，《文化学刊》2009年第5期。

② 详见刘湘丽：《日本的技术创新机制》，经济管理出版社2011年版，第214页。

③ 公益財団法人横浜企業経営支援財団：『横浜市産学共同研究センターの募集案内』、https://www.idec.or.jp/JRC%E5%8B%9F%E9%9B%86%E3%81%AE%E6%A1%88%E5%86%85.pdf。

及市外的13所大学签订了产学合作协议,积极开展以“产产学合作”(即一所高校、横滨市内和市外各一家企业间展开的合作,以培养经营人才为主要目的)、“产学金合作”(主要在企业、科研机构、银行或投资公司间展开,以研发项目的融资为目的)、“政产学合作”(即政府职能部门与大学进行合作,以技术提升为目的)等多种形式的合作。

第三节　智力支持机构案例分析

除上述官产学研合作模式外,日本还设立有相关的研究机构,从不同领域、采取不同方式对日本企业“走出去”进行智力支持。现将新能源·产业技术综合开发机构(NEDO)和日本科学技术振兴机构(JST)两个国立研究开发法人在支持企业“走出去”方面提供智力支持的具体政策和举措分析如下。

(一)新能源·产业技术综合开发机构(NEDO)

新能源·产业技术综合开发机构(The New Energy and Industrial Technology Development Organization,简称NEDO),最早设置于1980年,当时称“新能源综合开发机构”,在1988年增加了产业技术研究开发的业务后改为现名。2003年日本进行行政改革之际,该机构变更为独立行政法人。2015年4月1日,根据《国立研究开发法人新能源·产业技术综合开发机构法》又再次变更为国立研究开发法人,主管省厅为经济产业省。

国立研究开发法人的自由度高于独立行政法人①,其研究开发注重长期性、不确切性、预见不可能性以及专业性等②,以“研究开发成果最大化”为第

① 「(社説)独立法人改革　省庁の別動隊では困る」、『朝日新聞　朝刊』、2015年2月5日、第14版。

② 文部科学省科学技術·学術政策局:『国立研究開発法人審議会(仮称)について』、2015年2月3日、http://www.mext.go.jp/b_menu/shingi/dokuritu/005/005f/siryo/__icsFiles/afieldfile/2015/02/20/1354976_8.pdf、2015年4月1日。

一目的，以进行科学技术创新、增强国际竞争力，将日本发展成为世界高水平的研究基地为目标。国立研究开发法人的主要业务在于强化产业竞争力的研究开发，或者在认为各大学、民间企业中资源缺乏的领域通过国内外研究者的先端研究、与民间企业的紧密合作，使研究成果向市场转化。日本的国立研究开发法人和其他独立行政法人相同，都隶属于相关省厅，其 5—7 年的中长期计划由相关省厅主管大臣策定后再由国立研究开发法人具体制定，在得到主管大臣的认可后予以施行。

NEDO 在政策立案、制度设计等方面依赖于日本政府（尤其是其主管省厅经济产业省），而其自身则以强化竞争力和技术创新为宗旨，以解决课题和为全球环境做出贡献的形式服务于产业界、大学、研究机构等。

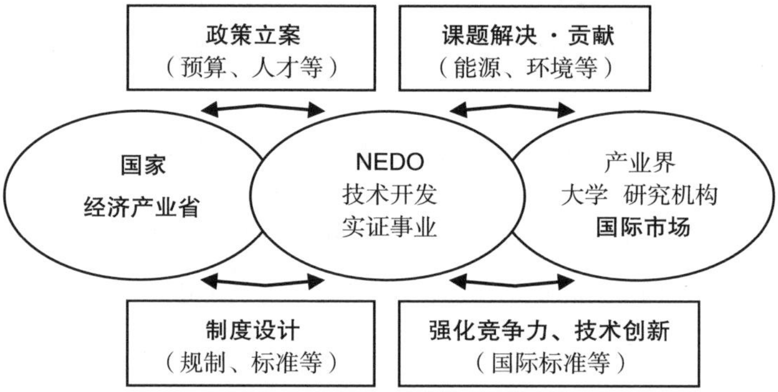

图 9-1 NEDO 的职能定位

资料来源：国立研究開発法人新エネルギー・産業技術総合開発機構：『NEDOのご案内 2015 年度』、2015 年 4 月、http://www.nedo.go.jp/content/100648301.pdf、第 5 頁。

NEDO 在日本企业"走出去"战略中积极发挥在科技研发方面的支持作用，相关的支持活动主要有如下四个方面。

1. 京都机制减排量核证项目

根据《京都议定书》第 12 条，发达国家通过提供资金和技术的方式与发展中国家合作，在发展中国家实施具有温室气体减排效果的项目，这类项目被称为清洁发展机制（CDM）项目合作。通过清洁发展机制项目合作实现的"经核证的减排量"（CER_S），可用于发达国家缔约方完成《京都议定书》中关于减少本国 6 种温室气体（CO_2、CH4、N20、HFC_S、PFC_S、SF_6）排放的承诺。而日本政府将这方面的减排量核证项目委托 NEDO 来进行。从开始接受委托的 2006 年到该项目结束的 2013 年期间，经核证的日本在发展中国家进行的减排量为 9749.3 万吨，基本完成了政府提出的约 1 亿吨的减排目标。该项目的实施，为日本企业在海外尤其是发展中国家推广和应用节能降耗技术及设备发挥了重要作用。

2. 民间主导的低碳技术普及促进项目

该项目旨在利用先进的信息通信技术，实施二氧化碳排放量的削减和定量化，从而达到降低费用等成本的效果。另外还通过该项目向海外对象国普及日本的技术及系统，为日本相关企业在海外开辟和寻找新的市场。NEDO 将具体负责该项目的战略性调查、通过低碳技术促进新的市场形成以及促进减排量的定量化活动等。

在项目的战略性调查中，NEDO 将在海外对象国实施项目的初期阶段、普及阶段等过程中，就存在的难题提出解决方案，并对普及技术必要的制度、规格等的现状与问题，以及定量化的方式等进行深入调研，为企业提供前期的技术保障。

在通过低碳技术促进新的市场形成的项目中，NEDO 将会同海外项目实施对象国的相关部门签订详细的实证项目实施协议，对实施期限、设备的设计、设备的制造与运输、设备有效性确认以及普及启发活动等进行详细的规定（详见图 9-2）。

在促进减排量的定量化项目中，NEDO 将对使用日本技术和设备后二氧化碳减排量的效果、适用性、运转情况等进行测定并进一步提出改善建议。此外还将会同专家对削减的减排量进行定量化分析，并将其作为日本的国际贡献量。①

① 国立研究開発法人新エネルギー・産業技術総合開発機構：『「民間主導による低炭素技術普及促進事業」基本計画』、2019 年 3 月、https://www.nedo.go.jp/content/100876790.pdf。

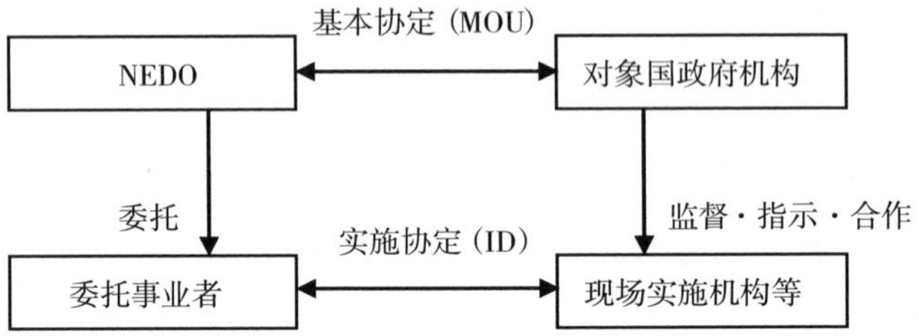

图 9-2　NEDO 实施的以低碳技术创造新市场项目

资料来源：国立研究開発法人新エネルギー・産業技術総合開発機構：『民間主導による低炭素技術普及促進事業・平成 31 年度実施方針』、2019 年 3 月、https://www.nedo.go.jp/content/100891782.pdf、第 4 頁。

3. 国际研究开发・基金项目

该项目的实施期限为 2014—2020 年度，其主要项目内容是日本企业与具有先进技术的外国企业共同开展国际研究开发项目时，NEDO 将与合作国的相关机构并行，对各自国家企业的研究开发费用进行部分资助，以此来推进日本企业的国际性研发创新，加速占领国内外兴市场的技术创新活动（详见图 9-3 及表 9-1）。

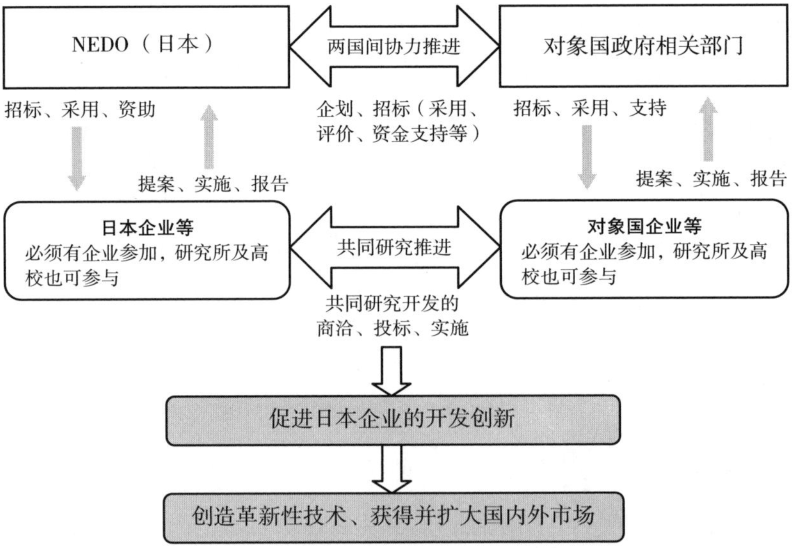

图 9-3　NEDO 实施的国际研究开发・基金项目

资料来源：国立研究開発法人新エネルギー・産業技術総合開発機構：『国際研究開発/コファンド事業』、https://www.nedo.go.jp/activities/ZZJP_100088.html。

表 9-1　NEDO 实施的国际研究开发·基金项目

项目	内　　容
事业形态	共同筹资型(对象国由其相关机构支持)
实施形式	资助项目: 补助率:中小企业、风险投资企业 2/3,其他 1/2 资助对象费用:机械安装费、劳务费、其他经费、委托费及共同研究费
实施期限	原则上从 2019 年度的交付日开始 2 年内,最长到 2021 年 2 月末
总事业规模	上限为 1 亿日元(各年度上限为 5000 万日元)
研究实施场所	日本或对象国
征募条件	在日本国内拥有研究开发基地的单一或复数的日本企业等
对象技术	NEDO 所掌握的新能源、节能、智能社区、环境、机器人、AI、IoT、材料、纳米技术等

资料来源:根据如下资料整理。国立研究開発法人新エネルギー・産業技術総合開発機構:『国際研究開発/コファンド事業』、2019 年 3 月、https://www.nedo.go.jp/content/100887396.pdf。

目前,NEDO 的国际研究开发·基金项目已与以色列、法国、德国等国的政府机构合作,共同对 13 个研究开发项目进行了部分资金支持。①

4. 促进人才培养与产学合作项目

NEDO 于 2006 年开始创办特别讲座,旨在通过讲座的形式,促进日本产业技术的发展,培养先进技术和融合领域技术的人才,通过人员交往互动促进产学合作(详见图 9-4)。

该项目的实施,旨在落实日本第三期科学技术基本计划(2006 年制订)中“通过以大学为基地的产学联动促进教育团体的开发和实施”以及第四期科学技术基本计划(2011 年制订)中“对培养并确保承担地方研究开发和管理工作、产学官合作以及知识产权等工作的人才进行支持”等政策,为解决企业方面普遍存在的人才不足尤其是科学方面的人才不足、产学间人才流动不足以及不同领域间的融合缺乏大胆举措、关联性研究不足等问题而开展的活动。

① 国立研究開発法人新エネルギー・産業技術総合開発機構:『国際研究開発/コファンド事業パンフレット』、https://www.nedo.go.jp/content/100887397.pdf。

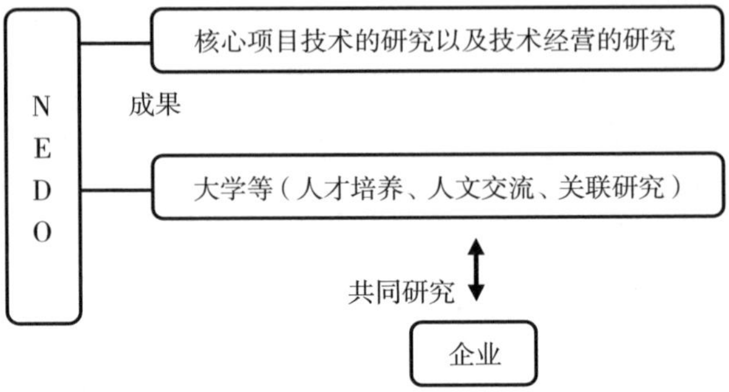

图 9-4　NEDO 促进人才培养与产学合作项目

资料来源：国立研究開発法人新エネルギー・産業技術総合開発機構：『「NEDOプロジェクトを核とした人材育成、産学連携等の総合的展開」基本計画』，2019 年 3 月，https://www.nedo.go.jp/content/100147417.pdf。

NEDO 以核心项目为主，通过特别讲座的形式促进企业研究开发人员与相关高校研究人员之间的互动，并为高校与企业之间的共同研究发挥桥梁和纽带作用。

（二）日本科学技术振兴机构（JST）

日本科学技术振兴机构（Japan Science and Technology Agency，简称 JST）随着科学技术发展的需要，曾经历了不同的发展阶段。占领期结束后，为了促进科技信息交流，日本政府于 1957 年 8 月成立了日本科学技术情报中心（JICST），1961 年 7 月又成立了日本新技术事业团。1996 年 10 月 1 日，日本政府在原有的日本科学技术情报中心和日本新技术事业团的基础上，成立了日本科学技术振兴事业团（特殊法人），隶属于日本科学技术厅。2003 年 10 月，日本科学技术振兴事业团更名为独立行政法人日本科学技术振兴机构（JST），2015 年 4 月变更为国立研究开发法人，隶属于文部科学省。该机构以实现科技创新立国为目标，是日本最重要的科技信息机构，也是日本资助基础研究、执行国家科技基本计划的主要机构之一。

作为日本国家科学计划的主要实施机构，JST 的使命一是以实现科技创新立国为目标，促进从基础研究到产业化全过程的研究开发；二是营造包括促进科技信息流通在内的科技振兴所必需的基础环境。JST的主要职能有四个方面：①集中产、学、官各方力量，大力推进基础研究、高新技术研究和应用开发研究；②建立牢固的科研基础设施和信息网；③招聘国内外高水平的学者到国立研究机构工作；④推进技术转移和开展研究支援活动。

涉及企业“走出去”战略的项目主要有如下三个方面。

1. 滨口计划

该计划由曾任JST理事长的滨口道成提出，主要目的是加强国内外大学、研究机构、产业界之间的联系。其主要内容有：(1)为应对开发式科学，推进大数据驱动型研发，积极收集和利用各类科技信息，构筑有利于创新的生态系统，积极发挥产业界与社会间的桥梁作用，加强与国际间的联系，推进日本的科学技术外交，将JST打造成为挑战独创性研发、具有战略性管理体系的网络型研究机构。(2)就共创未来的研究开发战略开展提案活动。JST将促进自然科学与人文科学的融合，强化有关科技创新的智能信息机能，就综合研究开发战略、国际型研究开发网络、科技研发前沿动态、研发成果量化指标等内容积极开展提案和建言活动。(3)创造未来型人才的培养。强化大学、研发机构、企业等组织之间的合作，促进外籍研究人才和女性研究人员、青年科研人员等的录用，以高风险、挑战型研发项目为主，致力于应用型人才的培养。(4)为地方振兴做出贡献。JST充分利用自身在全国的网络平台，强化地方高校、研究机构和企业间的匹配机制，致力于各地方的大学、研究机构创新性技术的生成和人才培养，促进地方产业振兴。(5)充分运用JST具有的多样性、综合性的特点开展业务活动。JST将推进风险应对及合规管理，促进以创新为先导的事业调整政策，致力于推进以开展最佳活动方式为目的的机构改革，实现最佳的经营资源配置，促进与外部组织间的人事交流，培养国际型人才，积极开展对外宣传活动，扩大影响力。①

---

①　国立研究開発法人科学技術振興機構：『濱口プラン』、2019年4月、https://www.jst.go.jp/pdf/hamaguchi_plan.pdf。

2. JST 国际战略

作为开展世界先进水平研发的网络型研究机构，JST 确立“国际视野下的创新”作为开展活动的指导方针。2012 年 8 月，JST 制订了“第 3 期中期计划相关的国际战略”①，主要内容有：通过加强数据收集与分析、开展共同研究和国际间的产学合作，对日本的外籍研究人员以及日本研究人员赴海外等活动进行支持，以及支持青少年开展科学技术方面的国际交流等活动，加强与发达国家间的合作与协力。加强与东南亚各国、中国、印度等新兴经济体间的合作，推进研究基地型共同研究、国际产学合作等活动，以“协动实现协创”为重点，构筑多层次的合作、协作关系。以科学技术外交的视点和实现可持续发展为目标，积极构筑与亚洲、大洋洲、中东、非洲、中南美等地区发展中国家间的合作关系，致力于全球性问题的解决，同时也提升日本的科学技术水平。以多国共同出资开展共同研究为目的推进多国间的共同研究及知识与信息的互补与共享。

为实现上述目的，JST 将从事业部门和管理部门两方面同时强化机构的协调职能，强化对国际形势的应对能力、培养国际型人才、改善机构英语版网页等方式提升国际宣传能力，充分利用机构设在巴黎、北京、华盛顿、新加坡等地的海外事务所，强化信息收集能力，加强与海外各机构间的关系，以推进国际战略的实施和国际业务的开展。

3. 支持研究开发项目

JST 以国立研究开发法人的身份，在广泛搜集科研成果的基础上，从中筛选出对国民经济可能产生重要影响并有开发前途，但民间企业又难以单独承担开发费用的项目作为应用开发课题，交由新技术审议委员会审议确定后，再出资委托民间企业或企业联合体进行应用开发。JST 将为研发活动提供必需

---

① 国立研究開発法人科学技術振興機構：『独立行政法人科学技術振興機構第 3 期中期計画に係る国際戦略』、2012 年 8 月、https://www.jst.go.jp/pr/intro/intl_strategy/jst_intl_strategy3.pdf。

的费用(此费用由国家财政列支),研究开发的成果归国家所有,参与的企业在获准时享有优先使用权。此外,JST还实行有“开发斡旋”活动,从技术所有者和实施企业双方的“中介”立场出发,针对开发风险较小、离实用较近的技术,通过契约调整彼此关系的方式,采用合伙、技术入股和买断等形式开展“开发斡旋”活动。旨在从技术所有者手中广泛获得优秀科研成果,通过向海内外企业广泛推介,为科研成果持有者挑选有意合作开发的企业,协助其签订开发合同并对执行情况进行监督,促使其尽快商业化。该方式转化风险较小,成功率较高,一般适用于中小企业的科研和创新。

此外,在支持日本企业“走出去”的智力支持方面,JST还通过建立“综合目录数据库(ReaD)”“研究成果应用综合数据库(J-STORE)”“研究人才数据库(JREC-IN)”“研究信息数据库”等数据库资源为相关企业提供海量的科学技术信息,并通过独创性研究成果育成项目、支援成果专利化、建立失败知识数据库等方式,为“走出去”的日本企业提供智力服务。

政府推动企业、研究机构和大学联合进行科研攻关是战后日本科研体制的一个显著特点。“日本能克服战争影响和自然资源的约束,迅速恢复经济实力,其中有效的产学研合作起到了很大的作用。”①研究机构、大学与企业间的联系与合作非常紧密,它们的研究内容直接反映了企业的要求。日本政府促进产学研实践的机制类型非常丰富,包括法律、资源流动机制、拨款制度、技术转让和成果转化制度、产学研效果评价制度等。其中有一些制度,例如技术转让和成果转化、产学研效果评价等,明显属于可以由市场机制发挥作用的领域,但在日本均属于政府干预的内容。② 总之,在日本政府主导下,在相关机构的推动和支持下,产学研合作对日本的科技创新、成果转化发挥了重要作用。而由此形成的官产学研合作机制也为日本企业“走出去”提供了必要的智力支持。

① 陈芳柳、陈莉平:《国内外产学研合作的比较研究及其启示》,《沿海企业与科技》2007年第2期。

② 梁楠:《产学研战略联盟的国际比较》,《经济师》2009年第10期。

第十章　对中国企业“走出去”的启示

日本政府在国家战略、法律、财政等方面提供制度保障，各省厅根据自身职责定位制定具体的落实措施，共同在宏观层面给予政策支持；搭建多层次的官民协同平台实现各功能主体间的协调与资源共享，而各施策机构作为政策的具体实施机构，在资金、人才、技术、信息等方面予以多方位支持，有时甚至直接介入具体项目，官民协同平台与施策机构两者共同在中观层面进行协同与支持；而在企业“走出去”的进程中，银行、商社、企业等各行业间也采取多元化的协同模式，共同推进海外项目的具体实施。从而形成“宏—中—微”一体化合作、上下联动，抱团“走出去”的发展模式（见图 10-1）。

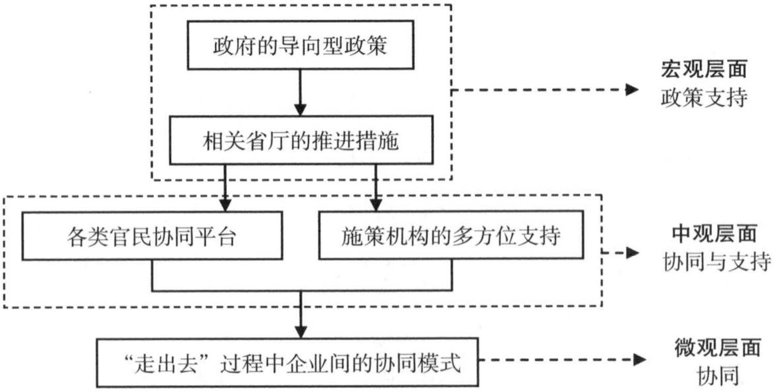

图 10-1　日本企业“走出去”的协同支持体系

中国自改革开放以来，由于国内资金短缺，无论是中央还是地方政府一直以来对“开放政策”强调的主要是“招商引资”的一面，并不鼓励对外投资。其实从字面意思来理解“开放”，既包括“引进来”也包括“走出去”。直到 1999 年，中国政府逐步提出让有实力的国内企业“走出去”，并陆续放宽了对国内企业海外投资的限制。2001 年，中国企业“走出去”被提升至国家战略层面，中央及各地方政府一方面制定和出台了一系列放宽限制的政策，另一方面也制定了诸多支持企业“走出去”的优惠政策和具体措施。伴随着“一带一路”倡议的提出与稳步推进，更是有力地助推更多的中国企业“走出去”扩展海外项目，获取海外资源与利益，参与国际竞争。中国企业“走出去”的经历与日本 20 世纪 70、80 年代的情况极为相似，同属“追赶型”经济发展阶段。中国企业目前“走出去”面临的许多问题都是日本曾经经历过的。因此，日本的经验和教训比其他国家更有参考价值和启示意义。

第一节　转变政府职能，强化政策的诱导功能

无论是中国企业“走出去”还是“一带一路”倡议，其主角无疑应该是企业，但仅靠企业自身的力量很难应对，需要政府在制度层面予以积极的支持。政府的有效政策支持是企业“走出去”战略的成功保证。无论是企业的海外投资设厂还是资源、能源获取，政府长期、连续、稳定的政策支持，是企业“走出去”拓展海外业务的“底气”，将极大地降低企业的投资风险。

企业“走出去”战略的推进，需要政府尽量为企业创造有利的环境和条件。从日本企业的海外发展模式来看，无论是中央政府还是各地方自治体，都有着明确的职能定位，那就是发挥政策的诱导功能与协调职能。正如时任财政部中国国际经济交流中心信息部部长徐洪才所言，“政府层面，应该从组织机构、体制机制、政策法规等方面进行创新，从战略上明确企业走出去的目标

定位和规则,充分发挥政府的宏观引导作用。”①

转变政府职能,要明确各主体的职能定位。在企业“走出去”的过程中,日本之所以呈现出多层主体的参与和协同,主要是日本在相关立法和政策中,明确规定了国家和社会各界在其中的职能定位,明确了中央政府、地方自治体、公共团体、企业及个人在其中的责任。例如在日本于2010年5月制定的《知识产权推进计划2010》在提及日本内容产业的海外业务拓展时,明确指出向海外发展时的资金供给、确保海外的销售渠道以及对促进国际共同制作进行支持等事项由经济产业省、总务省负责,国际共同制作协议的缔结由外务省与经济产业省负责,大型电影的拍摄招商由经济产业省、警察厅和国土交通省负责,灵活运用国内外的各种重要活动进行综合性的宣传由总务省、文部科学省、经济产业省、国土交通省以及外务省负责,而通过网络向海外用户提供日本的动漫及音乐产品,则由经济产业省负责。② 这就从制度层面、法律层面、政策层面将各个层级的主体都纳入到了支持企业“走出去”的体系之中。

转变政府职能,要强化政策的诱导功能。所谓政策诱导功能,就是指政府要发挥在支柱性产业选择、相关政策制定、法律制度的出台与完善等方面的职能定位。政府要对重点发展产业的市场前景、收益预估、存在的机遇和风险以及自身的优势与劣势等进行充分调研和研判,并在此基础上制定国家的总体战略和具体的产业发展计划。如近年来日本涉及助推企业“走出去”的相关政策就有《能源政策基本法》(2002年)、《知识产权推进计划2010》(2010年)、《新成长战略》(2010年)、《基础设施建设出口战略》(2013年)、《日本复兴战略-JAPAN is BACK-》(2013年)以及《能源基本计划》(2014年)等。可见,日本的相关政策都是以法律和政策作为依据和支撑的。

---

① 徐洪才:《“走出去”,协会政府企业要协同一致》,《中国建材》2014年第10期。

② 知的財産戦略本部:『知的財産推進計画2010』、2010年5月21日、https://www.kantei.go.jp/jp/singi/titeki2/2010keikaku.pdf,2015年6月10日。

第二节　加强政策、部门及行动间的协调能力

协调职能是中央政府和地方政府在支持企业“走出去”过程中应发挥的一项重要职能。所谓的协调分政策的协调、部门的协调以及行动的协调三个层面。

其一是加强政策间的协调。国际环境日趋复杂多变，企业“走出去”时涉及的环节繁多，程序复杂，许多问题涉及不同的政策。为使“走出去”的企业更好地应对国际环境，围绕国家的总体战略布局，各部门、地方政府应加强彼此间的协调，相关支持措施应协调一致，应形成较为完善的、相互衔接和互补的“支持政策链”，形成完整的体系性政策。既有宏观层面的发展战略和中观层面的产业发展政策，同时也有微观层面的资金支持、人才支持、信息支持等具体措施。加强政策间的协调还应减少不必要的环节和手续，减少行政性审批，提高支持企业“走出去”的效率，激励“走出去”企业的积极性。由于围绕中国企业“走出去”以及“一带一路”的相关政策体系还并不完善，为及时适应多变的国际形势，加强政策的协调需要及时了解“走出去”企业层面的述求，对既有支持政策进行及时的调整、修改和完善，避免出现用“老政策”难以解决“新问题”或者“老政策”解决不好“新问题”的尴尬现象。日本支持企业“走出去”的相关政策，重新根据新需求及时修订的文件很多，这是日本政策体系比较重要的一个特征。

其二是加强部门间的协调。美国华盛顿大学教授、美国企业研究中心主任默里·L. 韦登鲍姆曾指出，美国政府机构制订出了许多特殊的长期计划，但却处于一种不协调的状态，他认为应该协调政府的行为，对此他指出：“内政部投入巨资去开发西部的农业用地，而农业部则计划和实施了更多的津贴项目，以解决作为结果而发生的农业过剩。教育部以及卫生和福利部对青少年进行职业培训，而劳工部则实施了法定的最低工资，从而使得无经验的工人

寻找工作的可能性减少。"①他同时还指出，从客观上来说，政府决策的不协调并不是由于缺乏计划而引起的。相反，这些不协调反映了政府决策者们只是主要根据来自重要利益集团的政治压力来作出决策，而不是以目标分析、经济上或其他的一些因素为基础来作出决策。日本为推动相关政策的制定和执行，通常都成立有相关的审议会、协议会、恳谈会、有识之士会等组织，对各部门的不同建议、意见予以协调，以增强政策的全面性、协调性与客观性。

中国企业"走出去"以及"一带一路"倡议的实施必然涉及多个部门，应针对重要的发展领域成立相关的协议会，如高铁、基建设施建设等甚至可以成立专业性的协议会，加强多部门间的协调，实现信息的共享。日本的相关政策中都会明确所涉及的具体部门、具体机构应有的职能分担。中国的相关政策也应明确部门的职能定位，理顺各部门的关系，避免"政出多门""政令不一""多龙闹海"的现象，避免发生有利益时相互争抢，而遇到责任时相互扯皮、推诿的现象。

相关部委及地方政府作为政策的实施主体，其职能重心应放在协调与政策的执行与监督上。有时好的政策往往在实施时"走样"，其问题出在实施部门的职能错位。"日本大企业和政府机构的共同优点是执行力好，决定好任务后可以准确无误地执行"②，日本在政策确定后，各个部门会按照既定政策制定具体的落实措施，以保证政策的顺利推进。因此，中国的政策实施部门抑或具体措施的制定部门，其职能重心应调整到如何"助推"政策的执行上来，在于根据政府政策对自身的职能定位，将政府的政策进行细化，共同推进政策的有效执行和贯彻，而并非是一味地进行"管理"和"约束"。

其三是行动的协调。企业"走出去"战略的实施涉及政府、企业、金融、保

---

① [美]默里·L. 韦登鲍姆：《全球市场中的企业与政府：第6版》，张兆安译，上海人民出版社2006年版，第276页。

② [日]池田信夫：《失去的二十年：日本经济长期停滞的真正原因》，胡文静译，机械工业出版社2012年版，第76页。

险、物流等多个功能主体，仅从政府角度而言就有政府政策、高层营销、多边与双边交往、国际经贸合作机制等。政府及相关部门需要协同各个行动体之间的关系，围绕“走出去”企业的海外重大项目、重点发展领域等，开展协同行动。尤其是政府部门，要在支持鼓励政策、与“走出去”企业在海外发展的对象国关系维系与加强等方面予以积极配合。例如，近年来日本采取“多方下注”的方式与相关国家积极缔结双边、多边的投资贸易协定、开展首脑外交、加大政府开发援助力度等方式，为企业“走出去”创造良好的经营环境和制度保障的做法就非常值得借鉴。

第三节　改组或建立专门的政策实施机构

目前，我国正在全力推进机构改革，尤其是国有企业改革。建议中国改组或成立一批政策实施机构，助推企业“走出去”。近年来，“私有化——把经营与责任从政府转移到私人部门——已经变得越来越普遍。在许多国家，私有化最普遍的形式是出售原为政府所有、操作的企业形态的运行机构。”①

在日本企业的海外发展模式中，一些政策实施机构发挥着独特功能和重要作用。这些机构大多为独立行政法人，日本的独立行政法人制度始于 1997 年桥本龙太郎内阁时期进行的行政改革。即以“行政机能之减量及效率化”为目标，因应公共事务的庞大与复杂性，原本由政府组织负责的公共事务，经执行后被普遍认为不适合再以政府组织继续运作，而牵涉的公共层面又不适合以财团的形式为之。遂以“政策制定与政策实施相分离”为原则，将部分政府行政职能下放、剥离，设置“独立行政法人”。

日本的政策实施机构其经费大多来自国家预算，以使其工作更富效率，更贴近政策的针对主体。日本《独立行政法人法》第 46 条规定“政府在预算范围

---

①　[美]默里·L. 韦登鲍姆：《全球市场中的企业与政府：第 6 版》，张兆安译，上海人民出版社 2006 年版，第 324、325 页。

内,对独立行政法人交付其充作业务财源的必要金额的全部或部分金额。”①

日本的政策实施机构针对主体明确,多按照行业或领域设置。在涉及助推企业“走出去”方面的政策实施机构,如“石油天然气·金属矿物资源机构”(JOGMEC)的主要职能是对日本在海外的石油天然气、金属矿物资源的探矿、开发、资源储备等予以支持;“国际协力机构”(JICA)主要负责对发展中国家进行技术合作、人员培训、派遣专家、合作标准调查以及器材提供等;“日本贸易保险”(NEXI)则对日本企业的贸易、海外投资、融资进行担保等。上述政策实施机构主要以国家政策的实施为职责,在日本企业向海外发展过程中,多个政策实施机构都承担了各自不同的职能,多从资金、技术、人员、信息等方面对企业的海外发展予以支持与协同。

日本的政策实施机构,以独立行政法人化的形式,将国有机构转变为半官方半民间的施策机构,使部分政府职能企业化,提高了政府工作效率,体现了简政放权的原则。其职能行使更贴近市场、贴近企业,有效地理顺了政府和企业的关系、也更加有力地支持了日本企业“走出去”战略的推行,这一做法值得我国借鉴。

其实在我国扩大开放、吸引外资的过程中,国外许多非官方机构都发挥了积极作用,为外企在华投资提供了各种服务和支持。② 在政府不宜直接采取措施的领域,这些政策实施机构将成为重要的政策执行主体。而且在出现矛盾和纠纷时,由这些机构代替政府直接出面能够获得更大的伸缩空间。

目前,中国“走出去”的企业或者中国在海外的一些大型项目,有相当一批是由国有企业承建的。一方面,国有企业在资金、技术、人员等方面具有强大的优势,有能力承接海外的大型项目建设。但另一方面,国有企业在诸多领域与

---

① 『独立行政法人通則法』、(1999 年 7 月 16 日法律第 103 号)、http://law.e-gov.go.jp/htmldata/H11/H11HO103.html。

② 赵昌文:《合力“走出去”企业在海外经营中与各类机构的协同》,《北大商业评论》2014 年第 6 期。

民间企业是重叠的,势必形成一种与民企争夺资源、利益的现象存在。同时“国有企业”的身份有时也会招来种种“非议”,因其有中国政府作为背景。因此,建议中国改组部分国有企业或新组建类似的政策实施机构,或者成立一批有威望、高效率、协调政府与企业关系的半官方机构负责并承担海外事务的调查、资料收集、贷款担保、补贴发放等职能,可以按照日本模式依据行业领域来组建,如信息、能源、海外安全、基础设施建设等专门的政策实施机构,使其成为高效地协调政府与企业关系的半官方机构,一般不直接参与项目经营,而是在项目和民间企业背后助推企业在海外的发展,更好地服务于国家战略的实施和推进。

第四节　构建官民协同支持体制

在日本,民营部门分担了国家的经济职能。政府和民营企业共同改善了处理经济问题的种种方式方法,使市场发挥实现国家经济目标的作用。① 在日本助推企业“走出去”的海外发展模式中,其政策的推行一直都在强调“官民一体”观念,并在具体实施时采取多元化的措施。“只有把不同见解、不同管理方式的公司整合起来才能创造出协同效应。”②结合日本的相关经验,中国在强化官民协同体制助推企业“走出去”方面,应该做好如下工作。

其一是从中央到地方构建企业“走出去”或“一带一路”建设的官民协同平台。如构建中央政府和各地方政府的“中国企业走出去协调委员会”、“一带一路建设协调委员会”等平台,将政府相关管理部门、主要参与企业、金融机构、行业团体、专家学者等集聚于平台内,在政策制定前通过审议会等方式积极征求来自企业、经济团体、专家学者的不同意见,实现资源与信息的共享,在政策推行过程中进行具体事务的协调等。

① [美]查默斯·约翰逊:《通产省与日本奇迹——产业政策的成长(1925—1975)》,金毅、许鸿艳、唐吉洪译,吉林出版集团有限责任公司 2010 年版,“前言”。

② 越石:《日本企业“走出去”曾经的教训和经验》,《国际融资》2009 年第 12 期。

例如对于“走出去”的行业领域、选择区域的布局等也应纳入官民协同机制。以中国的对外承包工程为例，由于经营区域的高度集中，中国企业在亚非拉地区的承包工程投标竞争激烈，部分热点市场已经呈现过度竞争和不当低价竞争的现象。2012 年中国在亚非拉三个地区承包工程的新签合同额和完成营业额分别占全部对外承包工程新签合同和完成营业额的 91.95%和 91.29%①。中国政府和地方政府有必要从战略角度出发，在分散投资的行业和地区分布上多做协调工作，尽量减低企业面临的风险。

其二是构建“官产学研金”的研发协同机制。加强政府、企业、高校、科研院所、金融机构等的合作，加强创新研发。通过一定的机制向“走出去”企业开放国家或高校、科研院所的实验基地，共享设备和仪器，开展共同研究，提高企业的研发创新能力，国家可给予一定的经费支持。加强高校、科研院所在“走出去”企业面临技术难题时的技术指导，强化高校、科研院所与企业间的战略联盟，促进科研成果的应用转化，金融机构可制定相应的融资政策予以必要的资金保障。

其三是鼓励更多的民间组织服务于企业“走出去”战略。民间组织大致可以分为两类：一类是行业协会，无论是日本还是中国都成立有各行业的协会。在企业“走出去”的过程中，行业协会因其专业性强可以发挥极其重要的作用。如协调功能、信息共享功能等，尤其是在前期调研、商务谈判等方面可以发挥重要的作用。第二类是非行业协会性质的民间组织。日本存在着为数众多的民间组织，其法人属性分别有一般财团法人（如海外产业人才育成协会等）、地方共同法人（如日本下水道事业团等）、公益社团法人（如日本下水道管路管理业协会等）、NPO 法人（如日本企业再生支援机构等），这些机构分别在国际人才培训、技术服务、信息提供、海外业务咨询、寻找海外项目或合作方等专业领域发挥着一定的作用。

① 根据中国对外承包工程商会提供的数据计算而成。转引自王文治、扈涛：《中国对外承包工程投资区位的决定因素——“亚非拉”国家的经验研究》，载佟家栋、张伯伟主编：《天津世界经济学会论文集（2013 年卷）》，南开大学出版社 2015 年版，第 49 页。

第五节　鼓励政府公共部门“走出去”

近年来，亚洲、非洲等地区的基础设施建设项目、城市管理、公共事业投资等项目逐渐增多，这为中国企业“走出去”提供了绝佳的机会与巨大的发展空间。尤其是“一带一路”倡议中，基础设施建设是重要的一个领域，而基础设施建设所涉及的基础设施互联互通、国际大通道建设以及道路、桥梁、港口建设、城市管网建设等，大多涉及公共部门。

中国的许多公共部门已在国内的相关领域积累了丰富的实践经验和较为成熟的管理运营技巧和实际操作技术，在相应的人才和设备方面也具有一定的优势。中国应借鉴日本发展海外水务事业的经验，借助中国企业“走出去”战略和“一带一路”倡议，鼓励各地方政府的水务局、燃气公司、公路管理局等公共部门“走出去”，或成立相应的海外项目公司“走出去”，一方面与相关企业相互配合，形成完善的服务管理体系，构建民间企业负责建设、公共部门负责维护、管理、运营的“系统化走出去”发展模式，增强国际竞争力。另一方面也可加强与对象国以及其他发达国家相关公共部门间的合作与交流，培养和历练国际型管理、技术人才，学习先进的管理运营经验。

第六节　构建完善的海外投资服务体系

无论是中国企业“走出去”还是“一带一路”倡议，比起美国、日本等发达国家企业的海外发展而言，毕竟时间较短，尚有诸多不完善、亟待解决甚至完全空白的领域。中国企业在“走出去”时，除国家政策层面的支持外，地方政府、经济团体、行业协会、银行业、保险业、科研咨询机构等也应在信息、人才、融资、保险等方面提供全方位的配套服务，亟需构建完善的海外投资服务体系。

其一，是建议国内的相关组织和机构在海外增设更多的派出机构。以日本贸易振兴机构为例，在国内有东京本部、大阪本部、亚洲经济研究所、日本食品海外宣传中心（JFOODO）以及贸易情报中心以及遍布全国各地方的45个事务所，在海外的53个国家有74个事务所。此外，国际协力银行、综合商社、大型金融机构等都在海外设立有为数众多的海外派出机构，这些机构在当地信息提供、项目进展的当地协调、合作方介绍乃至资金支持等方面发挥了重要的作用。

其二，是构建、完善企业“走出去”的服务链。以日本为例，在信息提供方面有遍布海外各地的日本贸易振兴机构（JETRO）的办事处、综合商社以及咨询公司等；在融资方面，除日本的政策银行外，包括三大金融集团（三菱UFJ、三井住友、瑞穗）在内的民间银行、地方银行等都积极对企业的海外发展业务进行投融资服务①；在保险方面，则有日本贸易保险（NEXI）等对日本企业的贸易、海外投资、融资等提供风险保障。日本经济团体联合会、日本商工会议所、各行业协会等也积极予以协助。此外，日本的高校、科研机构也在产品、设备的研发及解决企业面临的技术难题等方面予以智力支持。中国也应有意识地构建和强化服务于企业“走出去”的服务链，逐步形成完善的、稳定的、全方位的服务链。

其三，是充分利用海外华人优势，构建海外服务网络。中国在海外100多个国家拥有数千万华人，这是中国企业“走出去”以及参与“一带一路”倡议可以倚重的重要资源。美国学者韦登鲍姆称该群体为“筷子网络”。

> 一个会说话的玩具娃娃可能在中国香港设计，在中国的另一个地区装配，而所用的电路集成片却是中国台湾制造的。这种超越地区的“筷子网络”也包括其他一些重要的区域，在这些区域内具有华人背景的企业家、贸易商和金融家作出了重要的经济贡献。根据有些数据统计，马来西亚、泰国、印度尼西亚和菲律宾的华人开办的企业在这些国家私人部门中的比重约达70%。中国人经营的非官方的经济和官方的经济是不同的，官方经济通常是由一些大型的跨国公司主宰的。以

① 参见程永明：《近年来日本企业海外发展动向及新特征》，《日本学刊》2013年第3期。

华人为基础的经济主要是由家庭式管理的企业所组成,而不具有像日本、西欧和美国那样的大公司特征。从广州到新加坡,吉隆坡到马尼拉,这种基于传统团体延伸的有影响的网络是东亚经济的脊梁骨。

尽管中国人移居到了其他的亚洲国家,但这些华人仍然保留了一种深沉而巨大的色彩,并也受到了如此的对待。儒家的传统是相当大的,尤其是价值的核心观念。例如,对权威的等级结构的忠诚,孩子和成人之间有一个规范的行为准则,以及亲友间的信任等。①

韦登鲍姆还进一步指出,在东南亚,以华人家庭定位的企业习惯于同“筷子网络”的成员进行非正式的业务,这是因为这些企业比较信任关系网络中的成员以及有同样语言和文化背景的人。充分利用好海外华人群体这一优势,可以更好地助推中国企业在海外的发展。

第七节 “抱团走出去”采取合作共建模式

日本企业在海外发展时,尤其是面对投资及开发风险高、周期长、规模大的项目,多数情况下都会采取相互之间结成松散性的联盟共同向海外发展。这样不仅可以实现优势互补、资源共享,而且还可以达到分散风险的目的。建议我国企业在“走出去”时加强顶层协调,可根据具体情况采取“抱团走出去”的方式,而在具体的项目竞标时,也应该多采取合作共建的方式来进行。

其一,是相关企业间可通过相互持股的方式,形成命运共同体。日本企业间有着相互持股的历史传统。企业集团内部各公司之间相互持股,进而形成环状持股结构。就单个企业相互持股而言,持股率比较低,但就一个企业对所有其他企业的持股而言,持股率则是高的。由于企业之间相互持股形成了资本的结合关系,因而在一定程度上能够结成风险共担、利益均沾的“命运共同

① [美]默里·L.韦登鲍姆:《全球市场中的企业与政府:第6版》,张兆安译,上海人民出版社2006年版,第220页。

体"。日本一些企业在面临经营危机乃至濒临破产时,能够"起死回生",多数都得益于相互持股企业的救助,而国外企业对日本的企业较难实现并购,其原因也在于此。这既有利于经济的稳定发展,又有利于联合起来与国外对手竞争,更有利于共同维护国家的经济利益与经济安全。

其二,是"以国企带动民企"、"以大企业带动小企业"共同开拓海外市场。国有企业在规模、资金等方面具有天然的优势,在国有企业参与海外项目时,可以适当带动相关的民营企业参加,促使民营企业尽快提升国际竞争能力。此外,以日本的系列制生产方式为例,大型制造业背后都有一个为之配套的产业集群,而大型的商业服务项目也将吸引诸多的日本商户进驻。这种"以大带小"的模式值得我们学习和借鉴。中小企业在信息、资源、资金等方面有着天然的不利条件,大型企业可以发挥带动功能,带领更多的中小企业、民营企业"走出去"。

其三,是多业种企业链条式"走出去",增强对产业的控制力。日本在海外事业拓展中的不少案例,都是不同行业的企业共同参与。链条式发展模式,就是将资源、产业、融资、服务等不同环节的企业联系起来,形成产业链、利益链、价值链。其主要表现形式有:政府开发援助实施时跟进的是日本企业的设备、技术的出口;制造业走出去后跟进的是配套中小企业、银行、综合商社、咨询公司、服务业、物流等。

例如在海外资源、能源的获取方面,日本一般的参与方往往都会有专业的资源,能源企业、综合商社、银行等多个行业的企业共同参与。而在日本向海外拓展医疗事业时,则通常由负责医院基础设施建设的基建企业、医院、医疗设备企业、医药品制造和供应商等多方的参与。

不同行业的企业对同一项目的共同参与,其益处在于形成稳定的产业集群,不仅可以提高大型企业的零部件供给能力,还将在一定程度上降低企业的运营成本;增强企业整体的国际竞争力,加强对项目、产业各个环节的控制力;延长且补充企业在项目中的产业链,每一个参与企业根据自身优势在项目中发挥不同职能并分享整个产业链的利润环节,实现优势互补、共担风险的同时也实现了整个联合体经营效率的最大化。

建议在国家有关部门的组织协调下，搭建必要的协调平台，引导不同领域的企业抱团、结盟形成合力，推动国内产业集聚区整体走出去，将不同资源、不同产业、不同融资各个环节联系起来，彼此间形成产业链条、利益链条，增强企业海外发展的竞争力和生存能力，同时可化解单打独斗所带来的风险，相互合作，相互获利。

其四，是与海外机构共同合作承揽项目。按照日本的相关经验，这种共同合作可分为三个层面：(1)与投资对象国政府或企业进行合作。这将有利于处理和解决与投资对象国的关系，减轻投资对象国政府的疑虑（投资对象国一般都顾虑对别国投资的过度依赖，尤其是外资独资形式），同时对融入当地实现企业的现地化生产也提供了便利条件。(2)与第三方开展项目合作。这也是目前中国在“一带一路”建设时提倡的方式。与第三方在海外共同合作，可以实现优势资源互补，通过共同合作进一步熟悉和掌握开展跨国经营的有益经验，而且可以分散企业的各类风险。同样，与第三方合作还可以在一定程度上降低被投资国家对过度倚重单一国家企业的疑虑。(3)与本国政府以及国际组织一起参与海外项目。日本的许多项目都有政府背景的政策实施机构（如国际协力机构、石油天然气·金属矿产资源机构、新能源·产业技术综合开发机构、国际协力银行等）的参与，而且日本在海外的许多项目都有日本政府开发援助（ODA）作为部分融资，这对于投资对象国政府、当地企业乃至普通民众而言无疑是一种信用保证。另外，与世界银行、亚洲银行、国际货币基金组织等国际机构间的合作，将有力地提升项目在投资对象国乃至国际上的知名度、信誉度和安全性，确保项目的顺利实施。

第八节　强化标准化战略争取市场控制权

日本政府在2010年5月发布的《知识产权推进计划2010》中确定了包括“国际标准化特定战略”在内的三个发展战略，明确提出根据技术动向、市场动向以及日本所拥有的优势，将先进医疗、水务、新一代汽车、铁路、能源管理、内容媒体及机器人七项作为发展重点，旨在致力于使日本的上述七个领域实现国际标准化，向全球推介日本的尖端技术和管理标准。为此，在水务领域，日本的国土交通省、厚生劳动省和经济产业省三省厅设立了“水务领域国际标准化战略研讨委员会”，重点研讨水务领域的国际标准化问题。而日本高铁相关企业也联合美国、澳大利亚等国成立了“国际高速铁路协会(IHRA)”，致力于日本高铁规格的国际标准化。

中国企业在海外的项目以及参与“一带一路”建设过程中，也应注重相关的国际标准化战略，不仅要有“中国速度”“中国质量”，还要有“中国标准”。国际化标准战略不仅是提升中国整体国际竞争力的一种体现，更将为相关产品和技术的批量出口奠定良好基础。

第九节　发展中国特色的综合商社体系

在日本企业“走出去”的过程中，许多项目都有综合商社的参与。历史上传统的综合商社多以贸易和获取原材料为主，以“贸易先行”随后“投资跟进”的方式带动制造企业积极开拓海外市场。综合商社凭借其在海外从事贸易的经验、合作方以及对当地的了解等信息资源，从中赚取“中介”利润。但近年来日本综合商社的经营战略大为改变，其经营范围不断向上下游延伸利益关系链，获取不同环节的利润。

尤其是在对海外资源、能源的获取方面，日本多依靠三菱商事、伊藤忠商事、丸红、三井物产等这些商业色彩浓厚的多种经济成分组织。上述综合商社以资本借贷的融资形式与资源或能源拥有国签订长期供应协定，确保资源能源供应的稳定性和价格方面的优先权。值得注意的是，虽然日本商社在他国企业多有参股，但是它们一般不参与资源国的资源开发和生产，这样可以在享受资源增长红利的同时避免陷入当地的就业和土地纠纷，并且能够尽量回避劳资双方矛盾以及有效规避来自东道国的政治纠结与影响。

日本综合商社的出现和发展，尽管与日本的国情密切相关，但也并非是无法参照学习的，韩国、英国、美国也都存在着类似的商业组织。中国也应该组建或改组成立类似的商社组织，以协调、参与、中介、融资、贸易等方式拓展企业在海外发展的产业链。

第十节　加强海外利益保护与海外安全

其一，是加强项目前期的调研与咨询，降低经营风险。日本企业在"走出去"时往往会对投资目的地的法律、投资环境、合作方的详细情况、政府的态度甚至当地的文化民俗等进行细致周密的调查研究，加强对目标国家各种法律法规、经济环境的认识，并充分发挥当地日本使领馆、当地日资企业、日本商会的协调作用。尤其是政治风险，这是"一个企业不得不去经营的法律的和社会的环境"。[①] 突然变化的政治风险往往会同传统的金融风险、经济风险等交织在一起。因此在项目进行前必须对投资对象国的政治情况、外资政策、公共政策、国际商贸障碍等进行详细的了解和慎重的评估。对于一些被评估为"高风险"的国家和地区，投资一定要慎重。这样可做到"知己知彼"，最大限度地降低来自政治、经济等方面的风险，提高项目的成功率。

其二，是国家应加大对中国海外利益保护和境外安全知识的宣传。国际形势日趋复杂多变，恐怖事件、劳资纠纷问题、环保问题、知识产权问题等时有发生。中国应该对即将赴海外的企业和人员加强相关知识的培训，做好应急预案，以防不测，切实保护中国在海外的经济利益，维护中国在海外的人身安全、设备安全、财产安全等。

其三，是中国企业"走出去"不应急于求成，要着眼长远。日本企业在海外事业发展时，往往会先行确立稳定的发展战略，在投资、物流、零部件供应等

① ［美］默里·L. 韦登鲍姆：《全球市场中的企业与政府：第6版》，张兆安译，上海人民出版社2006年版，第262页。

方面与多个国家的多个领域建立稳固的合作关系，而这些合作关系往往是建立在先“吃亏”后“盈利”的长远战略基础上的。以日本在海外的资源能源项目为例，日本逐渐形成了多元化的海外油气权益获取方式，不着眼于代理权而是尽量争取勘查权与开采权。通过向能源矿产国的矿山建设提供贷款或援助，受援国以一定比例的油气资源偿付贷款。与产油国签订长期合同，保证油气资源的长期稳定供给。这样可以为日本企业的海外业务奠定稳定的发展基础。建议中国企业在海外拓展业务时，不拘泥于短期利益，要建立长远、稳定的合作方或资源供给渠道，稳扎稳打，稳步拓展海外业务。

第十一节　为企业搭建多元的融资平台

融资问题对于企业的发展而言（不论是在国内开展经营活动，还是“走出去”拓展国际业务），历来都是一个极其重要的问题。中国的许多企业特别是一些中小型民营企业，在进行国际投资时缺少资金支持，一直以来都是制约或困扰其进一步发展的主要瓶颈。因此，搭建相对健全、完善的融资平台是中国企业“走出去”的关键所在。

其一，是政府要根据“走出去”企业在海外的投资行业、投资区域等特点，加强对企业尤其是中小型企业的融资支持，助推优质企业实现国际化发展，进而反促中国的产业升级，不断提升企业在国际价值分工中的地位。

其二，是与对外援助结合，加强国家开发银行的资金支持力度。日本在海外的许多项目，都是以政府开发援助的方式开展，跟进的是日本企业的设备、技术。其中作为日本政府开发援助的实施机构，国际协力银行（JBIC）发挥了重要的作用。中国的国家开发银行基本上有着类似的性质，应加强国家开发银行在项目调研、项目策划方面的参与，利用对外援助资金助推项目的具体落地。目前，中国已经认识到了这一点，即企业的融资问题要与政府的对外开发援助相结合。“在资本输出的时候，尽量选择发展中国家和地区作为目的地，运用我们国家的对外援助活动，实现有效对接，通过多种形式参与新一轮的全球产业转移。”①

其三，是通过 PPP 等模式吸纳民间资金。中国虽然经历了 40 多年的高速经济增长，但金融市场却没有得到相应的发展。金融市场的相对落后和金融制度的不完善使社会储蓄不能及时、有效、合理地转化为企业资金以满足企业的融资需求，导致企业（尤其是中小企业）普遍面临融资约束问题。日本从政府层面而言，创新了政府的介入方式和投融资体制。在融资方面创建了 10 多个官民基金，积极以 PPP 等模式带动更多社会资本参与海外投资。

另外，如一些大型项目面临的资金不足问题，日本的经验是先从资金层面需求少、风险小的地区入手。例如，为了避免因难以确保资金而导致计划停顿和延迟的情况，川崎重工重点在中国香港和新加坡等资金层面风险较少的地区展开订单争夺战。这一点也值得我们借鉴。

第十二节　强化海外企业社会责任

企业“走出去”不能只盯着资源和能源，也不能只盯着赚取企业利益，而应该在当地积极投资建厂，解决当地的就业问题。一般海外比较受欢迎的是能够给当地带来就业机会以及拉动投资和消费的绿地投资。因此，中国企业在“走出去”时，其所代表的不仅仅是企业本身，更代表了中国的形象，必须在获取利益的同时强化企业的海外社会责任。

其一，是在海外发展的中国企业要在项目进行时，适当雇佣当地的劳动力参与经营，或将培训当地技术人员纳入企业经营范围。另外，在项目进行中还需协调好与当地居民的关系、与当地环境的关系。

其二，是在零部件的采购方面，可以在符合标准的情况下适度地当地化。其实日本在这方面做得并不是很好，汽车、手机、电机等核心部件都在日本，一

① 王威伟：《落实 41 号文件，做好境外投资》，《中国建材》2014 年第 10 期。王威伟为时任工业和信息化部原材料司副处长。

般的标准和技术含量相对较低的零部件则选择在海外或当地采购。即实行所谓的“螺丝刀”经营法:海外的组装工厂使用由日本本国生产的关键部件,而在当地不实施研究和开发。因此,这就缩小了对被投资对象国的经济贡献。对此,一位分析家采用了“彩虹”的词语来描绘大型日本公司的这种倾向:“美国工厂坐落在这里,而母工厂位于日本,母子工厂互相之间不存在任何接触……而黄金的罐头是在另一端。”①中国企业在允许的情况下,可以适度实现部分零部件采购的当地化,这也将为当地企业创造经济效益,有利于中国企业在海外的长期稳定发展。另外,适度开放较为成熟的技术,也将倒逼企业进行新的技术创新,推动产业升级。

其三,是尊重国际管理方式开展企业经营活动,维护企业信誉。中国企业在“走出去”时,要按照国际管理方式和当地政府相关政策来经营企业,避免行贿、克扣员工工资引发劳资纠纷、强行占地等行为的发生。日本瑞穗银行产业调查部的大野真纪子曾表示,中国拥有上海电气、东方电气和哈尔滨电气这三大重型电机企业。据称,这些企业曾一度进入东南亚等市场,但由于发生了信赖性问题,目前出口业绩不佳。② 因此,“走出去”的中国企业要尊重国际管理方式开展好海外经营,遵照当地的法律法规行事,加强合规管理,切实维护企业在海外的形象,以实现企业在海外的可持续发展。

其四是适当地开展公益事业,展现企业的良好形象。日本的海外企业经常在投资地进行捐赠、建立图书馆、学校、植树等公益活动,还经常与当地市民开展多种形式的互动活动。这些活动的开展不仅展示了企业的良好形象,还将会以“小投资”换取“大回报”,以短期付出换回长远收益的效果,为自身业务在海外更好地开展提供保障。

---

① Cynthia Day Wallace,“Econonmic Overview,” in Japanese Investment in the U. S, Washington, DC: Nitze School of Advanced International Studies, 1990, p. 14. 转引自[美]默里 · L. 韦登鲍姆:《全球市场中的企业与政府:第6版》,张兆安译,上海人民出版社2006年版,第226页。

② 西條都夫:《中日企业正面交锋将到来》,2015/04/01,日经中文网:http://cn.nikkei.com/columnviewpoint/column/13371-20150401.html。

参考书目

日文参考书目

小島清:『日本の海外直接投資』、文真堂 1985 年。

増地昭男:『経営文化論』、中央経済社 1990 年。

洞口治夫:『日本企業の海外直接投資:アジアへの進出と撤退』、東京大学出版会 1992 年。

石井昌司:『日本企業の海外事業展開』、中央経済社 1992 年。

山岡洋一:『東アジア巨大市場—日本は「脱米入欧」に舵を取れ—』、ティビーエス・ブリタニカ1994 年。

山之内靖、J.V.コシュマン、成田龍一:『総力戦と現代化』、東京、柏書房、1995 年。

長谷川慶太郎:『甦れ! 日本経済:「自助努力」の経営者が生き残る』、PHP 研究所 1995 年。

小林正彬:『政府と企業　経営史的接近』、白桃書房 1995 年。

吉原英樹:『国際経営』、有斐閣 1996 年。

渡辺利夫、草野厚:『日本のODAをどうするか』、日本放送出版協会 1997 年。

嘉数啓、吉田恒昭:『アジア型開発の課題と展望』、名古屋大学出版会 1997 年。

新堀聡:『21 世紀の貿易政策』、同文館 1997 年。

松野弘、小阪隆秀:『現代企業の構図と戦略:転換期の産業社会と企業活動の革新』、中央経済社 1999 年。

竹中平蔵:『ソフト・パワー経済——21 世紀日本の見取り図』、PHP 研究所

1999年。

石井一生:『日本貿易55年』、ジェトロ2000年10月。

高中公男:『海外直接投資論』、勁草書房2001年2月。

石井寛治:『日本銀行金融政策史』、東京大学出版会2011年2月。

依田薫:『小さい会社の公的資金・補助金のすべて』、実業之日本社2005年7月。

今田栄司:『図解でわかる投資ファンド』、日本実業出版社2006年2月。

小林規威:『日本企業国際化の研究—基礎データにみる光と陰』、文真堂2011年9月。

大森一宏、大島久幸、木山実:『総合商社の歴史』、関西学院大学出版会2011年11月。

田中隆之:『総合商社の研究』、東洋経済新報社2012年4月。

馬田啓一など:『日本のTPP戦略課題と展望』、文真堂2012年5月。

有限責任あずさ監査法人企業成長支援本部:『中堅・中小企業のアジア進出ガイドブック』、中央経済社2012年。

通商産業政策史編纂委員会:『通商産業政策史』(全12巻)、財団法人経済産業調査会2013年3月。

伊藤賢次:『国際経営—日本企業の国際化と東アジアへの進出—【第3版】』、創成社2013年9月。

熊本浩明、佐藤江司:『事例で読み解く成功する海外展開と経営管理』、清文社2013年10月。

美原融監修:『産業と会社研究シリーズ⑤商社——2015年度版』、産学社2013年12月。

鈴木修一:『中小企業海外展開支援』、経済法令研究会2013年12月。

高橋由紀子:『欧米・新興国・日本16か国50社のグローバル市場参入戦略』、東洋経済新報社2013年12月。

山崎秀夫:『2020年の日本と世界—スマート革命から新たな産業革命へ—』、幸福の科学出版株式会社2014年1月。

一般社団法人金融財政事業研究会:『海外進出支援実務必携』、一般社団法人金融財政事業研究会2014年1月。

佐竹隆幸:『現代中小企業の海外事業展開—グローバル戦略と地域経済の活性化—』、ミネルヴァ書房2014年4月。

真家陽一:『中国改革の深化と日本企業の事業展開』、2014 年 6 月。

深沢淳一、助川成也:『ASEAN 大市場統合と日本』、文真堂 2014 年 10 月。

河瀬誠:『「アジア・新興国」進出を成功させる海外戦略ワークバック』、日本実業出版社 2014 年 11 月。

池本修一、田中宏:『欧州新興市場国への日系企業の進出ー中欧・ロシアの現場からー』、文真堂 2014 年 12 月。

黒崎誠:『世界に冠する中小企業』、講談社 2015 年 2 月。

善養寺幸子:『政策コンサルタントが教える官民連携』、幻冬舎 2015 年 2 月。

小島浩司:『金融機関のための中小企業海外展開支援　実務のポイント—進出計画から現地経営まで—』、経済法令研究会 2015 年 2 月。

村本孜:『元気な中小企業を育てるー日本経済を切り拓く中小企業の意のイノベーターー』、蒼天社出版社 2015 年 3 月。

藤岡資正:『タイの経営、日本の経営』、アナリアコミュニケーションズ2015 年 4 月。

大野泉:『町工場からアジアのグローバル企業へー中小企業の海外進出戦略と支援策』、中央経済社 2015 年 5 月。

新井ゆたか:『Next Marketを見据えた食品企業のグローバル戦略』、ぎょうせい 2015 年 5 月。

大澤裕:『中小企業が「海外で製品を売りたい」と思ったら最初に読む本』、ダイヤモンド社 2015 年 5 月。

村本孜:『中小企業支援・政策システムー金融を中心とした体系化ー』、蒼天社出版 2015 年 7 月。

大久保昭平:『中小・ベンチャー企業ための東南アジア進出戦略』、中央経済社 2015 年 7 月。

丸紅経済研究所:『最新総合商社の動向とカラクリがよーくわかる本【第 3 版】』、株式会社秀和システム2015 年 11 月。

天野倫文など:『新興国市場戦略論』、有斐閣 2015 年 12 月。

田口芳昭:『なぜ日本企業は真のグローバル化ができないのか』、東洋経済新報社 2015 年 12 月。

国分俊史など:『世界市場で勝つルールメイキング戦略』、朝日新聞出版 2016 年。

一般財団法人アーネスト育成財団:『日本的グローバル化経営実践のすすめー

失われた30年を取り戻せ』、芙蓉書房 2016 年 9 月。

日本政策金融公庫総合研究所:『中小企業の国際経営』、同友館 2016 年 10 月。

田中義徳:『国内頭打商品で利益を生み出す海外進出戦略』、幻冬舎 2016 年 12 月。

小林元:『海外事業を成功に導く仕事術』、ぎょうせい2017 年 1 月。

外務省経済局:『我が国の経済外交 2017』、日本経済評論社 2017 年 1 月。

中文参考书目

[日]木村武雄等:《日本财界集团及其人物》,复旦大学历史系日本史组译,上海人民出版社 1974 年版。

[日]柴垣和夫:《三井和三菱》,复旦大学历史系日本史组译,上海译文出版社 1978 年版。

[英]阿瑟·刘易斯:《经济增长理论》,周师铭、沈丙杰、沈伯根译,商务印书馆 1983 年版。

陈淮:《日本产业政策研究》,中国人民大学出版社 1991 年版。

陈建安:《面向 21 世纪的日本经济》,上海科学技术文献出版社 1994 年版。

[法]巴斯夏:《和谐经济论》,王家宝等译,中国社会科学出版社 1995 年版。

[日]石井昌司:《日本企业的海外战略》,林青华译,花城出版社 1998 年版。

冯昭奎编著:《日本经济》,高等教育出版社 1998 年版。

王键:《日本企业集团的形成与发展》,中国社会科学出版社 2001 年版。

[美]E.S.萨瓦斯:《民营化与公私部门的伙伴关系》,周志忍等译,中国人民大学出版社 2002 年版。

陈建安等:《产业结构调整与政府的经济政策——战后日本产业结构调整的政策研究》,上海财经大学出版社 2002 年版。

金仁淑:《投资大国的兴衰——日本对外直接投资模式及效用研究》,吉林人民出版社 2002 年版。

师玉兴、温晓芳主编:《国际金融概论》,中国财政经济出版社 2003 年版。

富永健一:《日本的现代化与社会变迁》,李国庆、刘畅译,商务印书馆 2004 年版。

[瑞典]西格法德·哈里森:《日本的技术与创新管理——从寻求技术诀窍到寻求合作者—》,华宏慈、李鼎新、华宏勋译,北京大学出版社 2004 年版。

[意大利]安娜·格兰多里主编:《企业网络:组织和产业竞争力》,刘刚、罗若愚、祝茂、胡小伟、张浩辰译,中国人民大学出版社 2005 年版。

[美]G.M.格罗斯曼、[以]E.赫尔普曼:《利益集团与贸易政策》,李增刚译,中国人民大学出版社 2005 年版。

[美]迈克尔·波特:《竞争优势》,陈小悦译,华夏出版社 2005 年版。

[美]默里·L.韦登鲍姆:《全球市场中的企业与政府:第 6 版》,张兆安译,上海人民出版社 2006 年版。

科尔:《犬与鬼——现代日本的坠落》,周保雄等译,中信出版社 2006 年版。

张健:《外商直接投资区域选择》,经济科学出版社 2006 年版。

[日]宇田川胜等:《竞争力:日本企业间竞争的启示》,锁箭译,经济管理出版社 2006 年版。

[日]西尾胜:《行政学(新版)》,毛桂荣等译,中国人民大学出版社 2006 年版。

任治君主编:《对外经济关系论》,西南财经大学出版社 2006 年版。

[美]布鲁斯·格林沃德、贾德·卡恩:《企业战略博弈:揭开竞争优势的面纱》,程炼译,机械工业出版社 2007 年版。

王月辉:《日本企业中国市场攻略》,科学技术文献出版社 2007 年版。

后小仙等:《多维视角下的政府经济行为研究》,中国科学技术大学出版社 2007 年版。

[美]彭维刚:《全球企业战略》,孙卫、刘新梅等译,人民邮电出版社 2007 年版。

王志乐主编:《日本企业在中国:可持续发展与互利共赢》,中国经济出版社 2007 年版。

胡方:《市场主导型企业改革与国际竞争力——当代日本企业改革的理论与实证研究》,人民出版社 2007 年版。

杨蕙馨、冯文娜:《中间性组织研究——对中间性组织成长与运行的分析》,经济科学出版社 2008 年版。

[英]弗里曼:《技术政策与经济绩效:日本国家创新系统的经验》,张宇轩译,东南大学出版社 2008 年版。

里亚·格林菲尔德:《资本主义精神——民族主义与经济增长》,张京生、刘新义译,上海世纪出版集团 2009 年版。

冯玮:《日本经济体制的历史变迁:理论和政策的互动》,上海人民出版社 2009 年版。

[日]日本经济产业省编:《日本新经济增长战略》,林家彬等译,中信出版社 2009

年版。

崔岩:《日本的经济赶超》,经济管理出版社 2009 年版。

[日]宫崎勇:《日本经济政策亲历者实录》,孙晓燕译,中信出版社 2009 年版。

巨荣良:《竞争合作范式与网络化企业组织研究》,中国社会科学出版社 2009 年版。

王国顺、郑准、杨昆:《企业国际化理论的演进》,人民出版社 2009 年版。

杨栋梁:《日本近现代经济史》,世界知识出版社 2010 年版。

[美]查默斯·约翰逊:《通产省与日本奇迹——产业政策的成长(1925—1975)》,金毅、许鸿艳、唐吉洪译,吉林出版集团有限责任公司 2010 年版。

[美]罗伯特·S.卡普兰、戴维·P.诺顿:《组织协同——运用平衡记分卡创造企业合力》,博意门咨询公司译,商务印书馆 2010 年版。

[美]海伦·米尔纳:《利益、制度与信息:国内政治与国际关系》,曲博译,上海人民出版社 2010 年版。

郑准:《基于关系网络的企业国际化理论与实证研究》,经济科学出版社 2010 年版。

[美]霍金纳德·范李等:《群》,时娜译,南海出版社 2010 年版。

[美]罗伯特·吉尔平:《国际关系政治经济学》,杨宇光等译,上海人民出版社 2011 年版。

尹晓亮:《战后日本能源政策》,社会科学文献出版社,2011 年版。

[日]伊藤元重:《国际经济学导论》,张季风、叶琳译,社会科学文献出版社 2011 年版。

王辉耀主编:《中国海外发展:海外看中国企业"走出去"》,东方出版社 2011 年版。

[美]弗雷德·卢森斯、乔纳森 P.多:《国际企业管理:文化、战略与行为(第 7 版)》,赵曙明、程德俊译,机械工业出版社 2011 年版。

[美]T.J.彭佩尔:《体制转型——日本政治经济学的比较动态研究》,徐正源、余红放译,中国人民大学出版社 2011 年版。

钟飞腾:《管控投资自由化:美国应对日本直接投资的挑战(1985—1993 年)》,社会科学文献出版社 2011 年版。

李博:《日本公司治理契约关系变革研究》,经济管理出版社 2011 年版。

刘湘丽:《日本的技术创新机制》,经济管理出版社 2011 年版。

[英]苏珊·斯特兰奇:《国家与市场(第二版)》,杨宇光译,上海人民出版社 2012 年版。

唐向红:《日本文化与日本经济发展关系研究》,东北财经大学出版社 2012 年版。

席艳乐:《国际公共产品视角下的国际经济组织运作——以三大国际经济组织为例》,西南财经大学出版社 2012 年版。

曹永森:《政府干预经济基础理论与行为模式》,国家行政学院出版社 2012 年版。

[日]池田信夫:《失去的二十年:日本经济长期停滞的真正原因》,胡文静译,机械工业出版社 2012 年版。

丁敏、井如鹏:《日本中小企业研究》,世界知识出版社 2012 年版。

[加拿大]明兹伯格等:《战略过程:概念、情境、案例(第 4 版)》,徐二明译,中国人民大学出版社 2012 年版。

国务院发展研究中心企业研究所:《中国企业发展报告 2013》,中国发展出版社 2013 年版。

赵嘉辉:《产业政策的理论分析和效应评价》,中国经济出版社 2013 年版。

[日]鹤田满彦:《全球化资本主义与日本经济》,张迪译,社会科学文献出版社 2013 年版。

张京红:《日韩对华直接投资战略及贸易效应比较研究》,北京语言大学出版社 2013 年版。

[美]阿维纳什·K.迪克西特、巴里·J.奈尔伯夫:《策略思维——商界、政界及日常生活中的策略竞争》,王尔山译,中国人民大学出版社 2013 年版。

陈都伟:《日本企业文化——结合管理学和政治经济学的研究》,中国社会科学出版社 2013 年版。

于萍:《价值系统形成与演变机理:基于价值链(网)理论的分析》,中国社会科学出版社 2013 年版。

姚继东、沈敏荣编著:《超级合作:如何在动态的竞争中展开合作》,机械工业出版社 2014 年版。

[日]堀口健治、笹仓和幸主编:《日本现代综合商社论——三菱商事与事业创新》,丁红卫、葛东升译,知识产权出版社 2014 年版。

[日]冈本久吉:《企业分离新战略——日本品牌企业多样化经营大变革》,孔令杰译,中信出版社 2014 年版。

李蛟:《日本银行业国际竞争力变化研究》,河北大学出版社 2014 年版。

张季风编:《日本能源文献选编:战略、计划、法律》,社会科学文献出版社 2014 年版。

[美]多纳休、泽克豪泽:《合作:激变时代的合作治理》,徐维译,中国政法大学出

版社 2015 年版。

陈强教授课题组:《主要发达国家的国际科技合作研究》,清华大学出版社 2015 年版。

黄群慧、贺俊等:《真实的产业政策:发达国家促进工业发展的历史经验与最新实践》,经济管理出版社 2015 年版。

董微微:《创新集群形成与发展机理研究》,经济科学出版社 2015 年版。

曾丹:《日本企业第三配置机制研究》,中国社会科学出版社 2015 年版。

张宗斌等:《日本大规模对外直接投资的经验教训及借鉴研究》,经济日报出版社 2015 年版。

佟家栋、张伯伟主编:《天津世界经济学会论文集(2013 年卷)》,南开大学出版社 2015 年版。

王辉耀主编:《中国企业全球化报告(2015)》,社会科学文献出版社 2015 年版。

吴敬琏主编:《比较》第 84 辑,中信出版社 2016 年版。

赵云峰:《中国铜矿企业对外直接投资研究》,天津社会科学院出版社 2016 年版。

徐显芬:《未走完的历史和解之路——战后日本的战争赔偿与对外援助》,世界知识出版社 2018 年版。

日本相关网站

内閣府:http://www.cao.go.jp/。

首相官邸:http://www.kantei.go.jp/。

経済産業省:http://www.meti.go.jp/。

農林水産省:http://www.maff.go.jp/。

外務省:http://www.mofa.go.jp/。

外務省　海外安全ホームページ:http://www.anzen.mofa.go.jp/。

文部科学省:http://www.mext.go.jp/。

国土交通省:http://www.mlit.go.jp/。

厚生労働省:http://www.mhlw.go.jp/。

環境省:http://www.env.go.jp/。

総務省:http://www.soumu.go.jp/。

財務省:http://www.mof.go.jp/。

法務省:http://www.moj.go.jp/。
日本銀行:http://www.boj.or.jp/。
統計局:http://www.stat.go.jp/。
中小企業庁:http://www.chusho.meti.go.jp/。
独立行政法人国際協力機構:http://www.jica.go.jp/。
独立行政法人日本貿易保険:http://nexi.go.jp/。
独立行政法人石油天然ガス・金属鉱物資源機構:http://www.jogmec.go.jp/。
独立行政法人日本貿易振興機構:https://www.jetro.go.jp/。
独立行政法人中小企業基盤整備機構:http://www.smrj.go.jp/index.html
国立研究開発法人科学技術振興機構:http://www.jst.go.jp/。
国立研究開発法人新エネルギー・産業技術総合開発機構:https://www.nedo.go.jp/。
株式会社国際協力銀行:http://www.jbic.go.jp/。
株式会社国際協力銀行:http://www.jbic.go.jp/。
株式会社海外交通・都市開発事業支援機構:http://www.join-future.co.jp/。
株式会社産業革新機構:http://www.incj.co.jp/。
一般社団法人日本経済団体連合会:http://www.keidanren.or.jp/。
一般社団法人コンテンツ海外流通促進機構:http://www.coda-cj.jp/。
一般社団法人海外農業開発協会:http://www.oada.or.jp/。
一般社団法人日本外食ベンチャー海外展開推進協会:http://jaof.jp/。
一般社団法人海外建設協会:https://www.ocaji.or.jp/。
一般財団法人自治体国際化協会:http://www.clair.or.jp/。
一般財団法人エンジニアリング協会:https://www.enaa.or.jp/。
一般財団法人日本国際協力システム:http://www.jics.or.jp/。
NPO 法人日本企業財政再生支援機構:http://www.jcrsp.com/。
農林中央金庫:http://www.nochubank.or.jp/。
地方共同法人日本下水道事業団:http://www.jswa.go.jp/。
公益社団法人　日本下水道管路管理業協会:http://www.jascoma.com/。
公益社団法人日本水道協会:http://www.jwwa.or.jp/。
公益財団法人経済同友会:http://www.doyukai.or.jp/。
公益財団法人横浜企業経営支援財団:https://www.idec.or.jp/。
アジア開発銀行:http://www.adb.org/ja

日本政策金融公庫:https://www.jfc.go.jp/。

日本政策投資銀行:http://www.dbj.jp/。

日本商工中金:http://www.shokochukin.co.jp/。

日本商工会議所:http://www.jcci.or.jp/。

三菱 UFJ 銀行:http://www.bk.mufg.jp/。

三井住友銀行:http://www.smbc.co.jp/。

みずほ銀行:http://www.mizuhobank.co.jp/。

双日株式会社:https://www.sojitz.com/jp/。

東京海上日動火災保険:http://www.tokiomarine-nichido.co.jp/。

東京都水道局:https://www.waterworks.metro.tokyo.jp/。

大阪市信用金庫:https://www.osaka-shishin.co.jp/。

帝国データバンク:http://www.tdb.co.jp/。

日经中文网:http://cn.nikkei.com/。

后　　记

本书是本人承担的国家社会科学基金2015年度一般项目“日本企业‘走出去’战略中的协同支持体系研究”的研究成果。该课题的研究从立项至结项历时三年有余，承蒙专家评审错爱，结项等级为“优秀”。

该课题的顺利完成，首先要感谢课题组的两位成员，她们分别是国务院发展研究中心企业研究所的马淑萍研究员、天津社会科学院日本研究所的平力群研究员。两位老师从课题论证、中期研讨、阶段性成果撰写等方面为本研究的顺利完成提供了诸多智力支持。对两位老师的大力协助，本人表示诚挚的感谢。同时也希望在后续的研究中还能得到两位老师的精心指导。

本课题在研究过程中，就相关内容曾发表过十余篇学术论文，也曾在多个学术研讨会上与学界前辈进行过数次交流，受益颇多。他们分别是中国社会科学院日本研究所的张季风研究员、徐梅研究员，东北师范大学日本研究所的陈秀武教授，辽宁大学日本研究所的王铁军教授，河北大学日本研究所的马文秀教授，吉林大学东北亚研究院的崔健教授，黑龙江社会科学院东北亚研究所的笪志刚研究员，南开大学日本研究院的李卓教授、张玉来教授以及天津社会科学院原院长张健研究员等。对于诸位学界前辈通过不同形式对本课题提供的帮助和指导，本人深表谢意。

本书的出版得到了天津社会科学院出版基金及院国家课题配套资金的资

助,本人在此表示深深的谢意。对于人民出版社洪琼编审为本书的辛勤付出也深表感谢。本人深知对于日本企业“走出去”战略中的协同支持体系的研究,涉及面极为广泛,本书的研究只是尽可能地就主要领域、主要方面进行了论述。相信该书还有许多不完善之处或存在诸多谬误,敬请学界方家指正。

责任编辑：洪　琼
封面设计：石笑梦
版式设计：胡欣欣

图书在版编目(CIP)数据

日本企业“走出去”战略中的协同支持体系研究/程永明 著. —北京：
人民出版社,2022.7
ISBN 978 - 7 - 01 - 024290 - 3

Ⅰ.①日…　Ⅱ.①程…　Ⅲ.①企业战略-研究-日本　Ⅳ.①F279.313

中国版本图书馆 CIP 数据核字(2021)第 258060 号

日本企业“走出去”战略中的协同支持体系研究

RIBEN QIYE ZOUCHUQU ZHANLÜE ZHONG DE XIETONG ZHICHI TIXI YANJIU

程永明　著

人民出版社 出版发行
(100706　北京市东城区隆福寺街 99 号)

北京中科印刷有限公司印刷　新华书店经销

2022 年 7 月第 1 版　2022 年 7 月北京第 1 次印刷
开本:710 毫米×1000 毫米 1/16　印张:22
字数:360 千字

ISBN 978 - 7 - 01 - 024290 - 3　定价:89.00 元

邮购地址 100706　北京市东城区隆福寺街 99 号
人民东方图书销售中心　电话 (010)65250042　65289539